张孜江

高文 主编

CHINESE HANQUE
COMPLETE WORKS

中国汉阙全集

中国建筑工业出版社

图书在版编目（CIP）数据

中国汉阙全集 / 张孜江，高文主编. — 北京：中
国建筑工业出版社，2017.5
ISBN 978-7-112-20564-6

Ⅰ. ①中… Ⅱ. ①张… ②高… Ⅲ. ①石阙-研究-
中国-汉代 Ⅳ. ①K879.14

中国版本图书馆CIP数据核字（2017）第053498号

责任编辑：张振光　毋婷娴
责任校对：焦　乐　李美娜

中国汉阙全集

张孜江　高　文　主编

＊

中国建筑工业出版社出版、发行（北京海淀三里河路9号）
各地新华书店、建筑书店经销
北京方舟正佳图文设计有限公司制版
北京中科印刷有限公司印刷

＊

开本：880×1230毫米　1/16　印张：27½　字数：552千字
2017年7月第一版　2017年7月第一次印刷
定价：120.00元
ISBN 978-7-112-20564-6
　　　（29980）

序

秦并天下，写放六国宫室置之咸阳北阪。汉践国祚，京师州郡多广厦连城。秦汉建筑综今汇古、蔚然大观，不仅在技术和营造上超越前人，功能上又由往昔的遮风、避雨、御兽、却敌，进而加入对尊天、礼神、求仙、宣威、愉情的追求。"非壮丽无以威天下"，建筑也从居室的象征而上升为宗教、权力、业绩、财富的象征。秦汉时期所形成的、体现东方文化内容之一的中国土木建筑体系，一直为后代所仿效，发展和完善。然而两千多年以来，经历了多次改朝换代，以及战争兵燹和天灾人祸，时至今日，秦汉地面建筑实物几乎毁灭殆尽。目前我们还能看见的，主要是两个方面。一是屹立在西北边陲荒原中的一些烽燧遗物，以及秦汉长城和边关的一些残壁断垣，二就是以秦始皇陵、汉武帝茂陵、汉宣帝杜陵等为代表的帝王陵建筑（现在只剩下高大的封土堆）和以石阙为代表的墓葬及祭祀类建筑。若论保留汉文化信息量最丰富者，非汉石阙莫属。

西风残照，汉家陵阙。阙上石雕，带着斑斑创痕，默默地向人们昭示着昔日的繁盛。面对这些立于茫茫天地之间的石阙，使人深深感受到浓缩其中的历史和凝聚其中的荣华，同时其苍古雄劲的艺术特色，又不停地呼唤出观者深藏于心的激情。这种激情，既是汉代人的强烈追求，也是汉代人雕镌这些硕大的作品时所注入、所要告知后人的。

近几十年来，有关汉石阙的研究成果甚丰，仅专著就有数部。但均有缺憾。要么仅讨论特例，要么材料不全面，要么部分材料并非第一手而造成叙述不完整不清晰。研究的基础是材料的完整和准确。今天中国汉石阙的研究，最需要的也是期待材料的完整和准确。《中国汉阙全集》的编撰者们，在此次成书过程中，与摄影师一起，对中国现存 37 个汉阙，历尽艰辛，逐一到实地进行调查、拍照、核实材料。故《中国汉阙全集》的出版，不仅仅是提供了确实可信的汉石阙的材料和数据，更是编撰者们对中国汉阙文化的一次守望与探索。

祝贺《中国汉阙全集》的出版！

是为序。

顾森

2016 年 9 月 7 日于北京

目录

第一章　概论

中国汉阙概论

高 文

一、汉阙考

中国汉阙，是世界建筑文化中一颗璀璨的明珠，镶嵌在美丽富饶的中国大地上，千百年来，始终闪烁着中华文明的绚丽光辉，中国现存的 37 处汉阙，为世界独有。

中国阙的历史悠久，阙，是成对地建立在建筑群入口处的两侧，标志着建筑群入口的建筑物。

阙的出现可追溯到几千年前的新石器时代，那时的人类为了防备野兽的侵袭，也为了防御部落的征战，往往在部落聚居的周围，挖有防御用的壕沟，并建有树枝编筑的围栏，为方便进出又在围栏上开出了缺口，后来在围栏缺口两侧修造了供瞭望和守卫的木楼，这时的木楼之间并未设门，日夜有人守卫，这种木楼应是阙的初级阶段。东汉许慎《说文解字》曰："阙，门观也。"《尔雅·释宫》谓："观，谓之阙。"汉代刘熙《释名》则云："阙，阙也，在门两旁，中央阙然为道也。"古代"阙"与"缺"二字相通，文中第二个阙字便是缺的意思，是对前一个阙字的注释，这句话应理解为"阙，就是围墙缺口两侧的建筑，在门的两旁，中间的缺口是进出的通道。"可见阙的产生，即是从缺口通道两侧的标志而来的，"阙"字是一个形声字，其形从门，其音从欮，说明阙确实与它们有着千丝万缕的联系。在汉阙的铭刻中，除了河南泰室阙、山东武氏阙、四川梓潼杨氏阙和四川新都王稚子阙（已毁）的铭文中直称"阙"，四川绵阳杨氏阙、德阳司马孟台阙、渠县冯焕阙、沈府君阙、北京秦君阙等均铭曰："神道"。此外，山东平邑功曹阙称"门阙"，山东皇圣卿阙称"大门"。如此等等，其称谓不下十余种。称谓之多，解释之繁，正是时代之痕迹。国家出现以后，出现了城市，在城墙的出口处，依照部落聚居地围墙缺口旁的建筑，修建了城阙。汉代的城市，从都城到边寨，大多筑有城阙。《汉旧仪》说："长安城方六十里，经纬各十五里。"东汉的洛阳城，其城墙周围二十八里，汉代边远小城的城墙一般也有数里。城大，城门也多，长安城便有十二座城门。《广韵》引《汉典职》曰："洛阳十二街，街一亭；十二城门，门一街也。"这些城门都是下面有门，门上置楼。这类城门楼，便是城阙。边远小城的城门亦大都如此，仅是门的数目较少，规模较小而已。关于城楼即城阙的记载很多，这里就不再详述。

至于宫室阙，它与城阙不同，仅是一个在城墙上，一个在宫墙上。《史记·高祖本纪》汉初"萧丞相营作未央宫，立东阙、北阙、前殿、武库、太仓。"东汉班固在《西都赋》中描述长安："其宫室也……树中天之华阙。"张衡在《东京赋》中亦说：洛阳"建象魏之两观，旌六典之旧章。"不仅都市之帝王宫殿置有豪华的门阙，就是王侯权臣也毫不逊色。王延寿在《鲁灵光殿赋》中描述曲沃，"崇墉岗连以苓属，朱阙岩岩而双立"。左思在《蜀都赋》中亦形容成都，"华阙双邈，重门洞开"。王侯将相如此，一般官吏和地主宅院的门墙

汉阙演变1

汉阙演变2

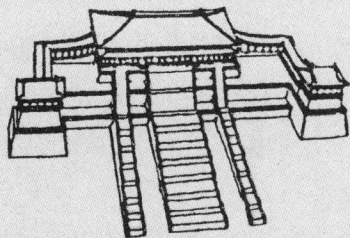

汉阙演变3

汉阙演变4

上也置有高耸的门阙。这在山东沂南汉墓出土的画像石和重庆沙坪坝出土的汉代石棺上都有表现。甘肃张掖郭家沙滩一号汉墓出土陶塑楼院模型，四周是围墙，前面双阙与墙相连，阙门上有楣、有盖。这座模型也是汉代宫室阙的真实写照。

商代的城墙，在我国不是最早的。《管子》曰："夏人之王……民乃知城郭门宫闾屋之筑。"《世本·作篇》也说："鲧作城郭。"后来的人们大多沿袭其说。《吴越春秋》："鲧筑城以卫君，造郭以守民，此城郭之始也。"《淮南鸿烈》中说："夏鲧作三仞之城。"这些记载虽属传说，但大体上是可信的。夏朝是中国第一个奴隶制国家，在其前的鲧时应该已有原始形态的城邑。《国语·吴语》说："昔楚灵王不君，其臣箴谏不人，乃筑台于章华之上，阙为石廓，陂汉以象舜帝。"徐旭生《中国古史的传说时代》中对此有所解释："'阙为石廓'，是说阙的本体用土筑成，外面用石头包围起来，使它不容易倒塌。这是后来人的增饰，或者就是楚灵王的增饰。"对舜时有阙，徐氏似乎是怀疑的。我们认为，舜去夏近，从文献和考古发掘中已知夏朝建有规模较大的宫室郭。由此推想舜时有可能出现阙的雏形。阙的原始形态，当然比完整的城垣、宫墙的出现要早。其后，人们认为地筑成高台，再后，人们有可能建成能避风雨、防袭击，具有一定建筑规模的哨所"观"。这种建筑高可以观，从形象来描绘就是"亭"。由于它高于一般建筑，后来它又建为双重，

汉阙演变 5

汉阙演变 6

汉阙演变 7

汉阙演变 8

便叫作"楼"。阙，就是指两个或多个小丘阜以及台、亭、楼之间形成进出通道的缺处，即此处所形成的两两相对的建筑。从阙的形成过程而言，"缺者，阙也"，"中间阙然为道也"。这事实上恰好揭示了阙的原始意义。进入阶级社会以后，作为以保卫私有制和巩固阶级社会秩序为职能的门阙，逐渐趋于定型。这类阙用在统治者的居室、宫殿之前，故名"室阙"，用在多数人聚居的邑、城、国的城墙上，就是"城阙"。但是，这些最本质的东西，先秦和汉、晋的记载都简单而零碎。惟有《史记·商君列传》中三次提到商鞅筑阙时，是作为政治斗争的重要措施来叙述的。商鞅变法的时代是新兴的封建制度取代奴隶制度的变革时代。商鞅在变革秦政之后十二年（公元前350年），"筑冀阙、宫庭于咸阳，秦自雍徙都之"。这完全是出于保证封建制度顺利确立而采取的政治谋略。另一方面，商鞅还"象魏以悬法"。在冀阙上公布新的政令。严厉的新法，借巍峨高大的冀阙显示其无上的权威。从这个意义上讲，在阶级和国家出现之后，城阙和宫室阙在一定程度上象征着统治阶级的政权，是国家机器的一部分，具有权威感。

活人使用的阙，不知什么时候开始为死人所"用"，成为事死如事生的"鬼排场"。早在原始社会就存在图腾崇拜、祖先崇拜与自然崇拜，以及由此发展起来的灵魂观念和鬼神迷信。此后，夏人"遵天命"，殷人"尚鬼神"。从奴隶社会到封建社会，"国之大事在祭与戎"——没有一个朝代、一个帝王敢于忽视这个。于是，祖先祠和死者陵墓前便有了阙。《左传》所记庄公十七年的"经皇"，如按杜预之说，就是有关陵墓阙的最早记载。东汉时，这类阙已十分普遍。本书所收录的，除河南中岳泰室阙、少室阙、启母阙、正阳庙阙和山东嘉祥县武氏祠为祠堂阙之外，其余30座汉阙，均为陵墓阙。然而除了祭祀祖先和安顿灵魂之外，推而广之的天地山川和一切神祇都要加以祭祀，于是又出现了另外几类阙。泰室阙，便是汉光武帝封泰山时见到的秦始皇、汉武帝所建之阙；中岳三阙，亦祠庙神道阙，皆为嵩岳而立。另外，还有一种所谓的阙，是自然而非人力所成，以河南洛阳龙门的"伊阙"最著名，传说为禹凿龙门所致。另外，如孙绰《游天台山赋》中所谓的阙，看来仅是诗人配合神仙生活而驰骋的想象。他说："双阙云竦以夹路，琼台中天而悬居。朱阙玲珑于林间，玉堂险映于高隅。"这只不过是自然界的某种"如阙"的景象。此外，如道家的"金阙"、"玉阙"，更是不具实体的抽象概念。

阙的功能可以分为五种：

第一种是城阙，立于城门两侧，作为城市入口的标志，是阙中规模最大的一种。现已无实物存在，仅有古文献记载。

第二种是宫阙，立于宫城和宫殿两侧，由于城门和宫门都很高大，故以上两种阙规模也非常雄伟，以显示都邑和皇家气派。这两种阙往往与城墙和宫墙相连，都可登临瞭望、守御。汉以后在双阙间设门，门上盖以屋顶，并用祥鸟饰于脊上，后世称谓"凤阙"，如四川新津汉墓出土的画像砖所示。南北朝时期的城市和宫殿，同样设立城阙和宫阙，

所不同者，门上已不是简单地盖以屋顶，而有了门楼之设置，如麦积山127窟北魏壁画所示。唐代实物资料尚存遗址，如唐长安大明宫含元殿遗址，从遗址情况可知，该殿两侧伸出之楼阁，栖凤阁和翔鸾阁应是由宫阙演变而来，这时的阙已接近楼阁的形式，下部是高大的夯土台基，上立雄伟的木结构建筑，由大殿经过行廊可达阁内，楼阁更衬出大殿的高峻，与大殿互相辉映，使宫阙的发展达到了一个鼎盛时期。宋代城门已不建阙，而宫城仍保留建阙的制度，如北宋东京宫城丹凤门，于门楼（宣德楼）两侧建垛楼，自垛楼向外伸出行廊，连接阙楼，这种情况与大明宫极为相似。明清两代，宫阙的设置一如前代，故宫午门两侧向外伸出城台，城台上的行廊与阙楼相连，至今午门两旁通向太庙和社稷坛的门仍称为阙左门、阙右门，说明午门两侧伸出的城楼确实起着阙的作用。明清故宫午门是城阙和宫阙发展的最后阶段，午门反映了阙的终结形式，作为封建等级制度的象征、标志。随着封建社会的完结，阙这一建筑形式就此成为历史。

第三种是第宅阙，立于贵族府第入口两侧，其规模比城阙和宫阙略小。这种阙由于地域和技术的差别，又分为三个不同形式，一个形式是独立于门前两侧，不与围墙相连，两阙间没有屋顶，如山东沂南汉墓石刻所示。另一个形式是与府第的围墙相连，两阙间设门，门上盖以屋顶，如甘肃张掖汉墓出土陶楼院，以及河南焦作汉墓出土彩陶仓楼就是这一形式。还有一个形式虽与围墙相连，但两阙间未覆盖屋顶，如河南郑州汉墓出土庭

院空心砖所示。第宅阙汉代使用较多，且比较普遍，汉以后已不多用。从汉墓出土画像砖、画像石棺（椁）和明器中能见到其形象，无实物留存，从现有资料看来，第宅阙多为单出阙，即没有子阙。

第四种是祠庙阙，立于祠庙入口两侧，规模较小，这种阙多见于实物，如河南登封泰室阙、少室阙、启母阙、正阳庙阙，山东嘉祥武氏祠阙，重庆忠县庙阙。这些阙都立于祠庙前的神道两旁，不与围墙相连，两阙间也未覆以屋顶。祠庙阙一般附有子阙，未见单阙出现。祠庙阙盛行于汉代，汉以后不用此制，故无后世之祠庙阙。

第五种是墓阙，立于墓前神道两侧，规模也较小。这种阙不仅留存实物多，而且其图形在画像砖、画像石棺和画像石上也较多。后代则仅见于帝王陵墓前的夯土残基。墓前建阙的制度大约起于西汉，当时只限于帝王享有，至东汉盛行。这时县令、太守以上的官吏均可在墓前建阙。根据主人的身份，分别修建单出阙、二出阙，以及三出阙，出阙数越多，则地位越高。南北朝以后，一般官吏不再建阙，唯帝王陵仍保留此制。墓阙由于各地和材料技术的差异，除构造外形有所不同外，名称也各有不同，有直呼为阙者，如四川梓潼李业阙阙身刻"汉侍御史李公之阙"；四川新都王稚子阙（已毁）铭文："汉故先灵侍御史河内县令王君稚子阙"；有称神道者，如四川德阳司马孟台阙铭文："故上庸长司马孟台神道"；北京汉幽州书佐秦君石阙铭文："汉故幽州书佐秦君之神道"；以及四川渠县冯焕阙、沈府君阙都以神道相

汉阙演变 9

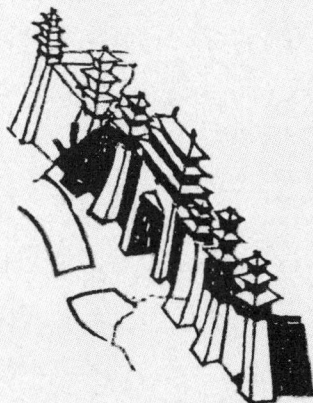

汉阙演变 10

汉阙演变 11

汉阙演变 12

称。也有称其为墓道者，如四川夹江杨氏阙铭文："汉故益州太守杨府君讳宗德仲墓道"；更有将阙直呼为大门者，如山东平邑皇圣卿阙刻："南武阳平邑皇圣卿冢之大门卿已元和三年"铭文。名称虽有不同，但其表示墓主人身份地位，和墓的位置是一致的。墓阙一般建于墓前神道两侧，两阙间无屋顶，大型陵墓往往筑有围墙，故其阙与围墙相连，小型墓无围墙，则独立于墓前。大型墓阙为帝王陵墓所用，下部采用高大的夯土台基，台上建立木结构楼阁，由于年代久远，现在见到的帝王墓阙，只剩下夯土残基，阙楼早已垮塌无踪影。汉代以后各代帝王陵墓均建有墓阙，至元、明、清三代则不复使用。

阙在出现的初期，其用途只是作为建筑群出入口的标志，到后来人们逐渐赋予其更多的功能。《古今注》："其上可居，登之可远观"，说明阙具有了登高望远的作用。《白虎通义》："门必有阙者何？阙者，所以释门，别尊卑也"，这就有了代表地位、权势的作用。《春秋公羊传》："天子诸侯台门：天子外阙两观，诸侯内阙一观"，这时的阙已起到了表现封建等级制度的作用。《释名》："门阙，天子号令赏罚所由出也"，更将其赋予张贴告示，宣读号令的作用。

阙的演变大约经过了这样的过程：新石器时代为纯瞭望、守卫的木楼；到奴隶社会国家建立后，已演变为完全意义上的阙，这就是城阙和宫阙；西汉初期贵族府第开始使用宅阙，建在府第出入口两侧，以显示其地位、身份，并作为大门的标志。西汉晚期为了祭祀的需要，也为了表示对神的敬重，想象以人间最美好的生活方式，仿造皇宫宫阙的形式将其缩小修建于祠庙入口两侧，这就出现了祠庙阙。也是在这一时期，由于盛行厚葬之风，对死者事死如生，希望其死后能达天国，享受天国美好生活。天国是什么样的呢？人们无从知道，只好将人间最高贵的生活方式，这就是皇宫中的生活方式，作为天国生活的模式。同时，也为了表示死者的身份地位，于是在墓前的神道两侧建阙，这样便出现了墓阙。大多数墓阙，也是县令、太守以下的官员墓葬，虽然未建阙，却将阙的形象制成明器，或刻在画像砖、画像石棺的图案中。特别是把阙的形象刻在石棺的前挡头，刻在崖墓的墓门上，或刻在最显著位置上，凸显了墓阙是通天之门。四川简阳鬼头山崖墓出土的画像石棺的双阙图像之上刻"天门"二字，解决了学术界讨论墓阙功能的难题。墓阙与天门，考古学家赵殿增在此书中有专题论文论述。

二、汉阙上的画像艺术

中国汉代画像石，包括石阙、石棺、崖棺、崖墓、石室墓之画像雕刻等。汉代石阙是中国汉代画像的重要组成部分，历来为人们所重视。中国汉阙的雕刻，内容丰富，题材广泛，构图优美，雕刻精良。

两汉时期，中国的经济、文化比较发达，特别是四川、山东、河南等地，冶铁、制盐、纺织等手工业，居全国重要地位；农业方面兴修水利，广泛使用牛耕，封建地主经济高度发展；方士鼓吹神仙，儒士、方士合流，儒学与天人感应、阴阳五行相糅合，谶纬迷信流行。这些都反映在汉阙画像中。四川、山东、河南、重庆等地多山，盛产石头；冶铁的发展，锋利的斤、刀、钻、凿工具，也为雕刻汉阙画像提供了原料和技术条件。所以汉代石阙主要分布在四川、山东、河南、重庆、北京等地，四川最多，占现存中国汉阙的80%左右。现存汉阙中列为全国重点文物保护单位的有：四川雅安的高颐阙、四川渠县沈府君左右阙、四川渠县冯焕阙、四川绵阳杨氏阙（前定名为绵阳平阳府君阙）、山东嘉祥武氏阙、河南登封泰室阙（曾用名太室阙）、河南登封少室阙、河南登封启母阙等12个汉阙。汉阙是建筑、绘画、书法、雕刻等综合艺术的杰作，其精湛的画像可以和石棺、崖棺、崖墓的画像石以及四川、河南、陕西等地的汉代画像砖相媲美。

中国汉阙画像，题材内容丰富。从其反映的内容，大致归纳为以下几类：

（一）炫耀墓主生前威势和仕宦生活题材　这类内容主要表现死者的社会地位、生平经历、享乐生活以及拥有的财富，同时也反映了汉代劳动人民的生产、生活状况。在中国很多的汉阙上均有车骑出行画像。雅安高颐阙"车骑"前后为两乘有盖的辎车，前一乘的后面有骑卒随从。后一辎车之后，为一骑，骑者手执一麾。道路旁边有树和观众。雅安高颐阙"车从"画像，后面为一乘二马车，前面有伍佰八人，前六人手执盾，后两人所执何物，不甚可辨。河南登封泰室阙的"车骑出行"画像，前面刻一匹马拉着辎车，华盖下主人，穿着斜襟长衣，拱手而坐。

驭手坐于车前拉着缰绳，后面一人骑马跟随，应是主人的侍从。四川绵阳杨氏阙"骑从"画像，所画为两骑前行，后有骑卒两行八人，手执斧钺作疾走状。上述这些场面充分反映了汉代贵族驾车游玩的悠闲生活，也显示了封建贵族的权势和威仪。高颐阙"车从"和绵阳杨氏阙"骑从"两个车前均有伍佰八人，与《续汉书·舆服志》记载的"璪弩车前伍佰，公八人，中二千石，二千石、六百石皆四人，自六百石以下至二百石皆二人"制度相符合，由此可以考察其主人的身份。

献礼图，见于雅安高颐阙、绵阳杨氏阙、渠县赵家村无铭阙和王家坪无铭阙及夹江杨氏阙。其所刻位置皆在檐下楼部上层正中。画面内大都一门半闭，一侍役立门内作接待状，门外左右为请求谒见的引介者和献物者。绵阳杨氏阙所刻多漫漶不清，门外仅存一着汉装者，这是作引介的汉朝小吏。其余诸阙亦皆有汉吏作引介人。献物者有两款，渠县三阙上的献物者下摆尖削，既非汉装，亦非"夷装"，以带飘飞似神仙，手持三株树，这大概是献仙物的仙人。雅安高颐阙、夹江杨氏阙上的献物者着"夷服"。杨氏阙上献物者的服装似今天的苗装。高颐阙上的颇为复杂，有似西域服装的，有似"西南夷"装束的。所献诸物难以详辨，大约有珠宝、宝刀、珍禽、骆驼等。所刻"夷人"，有的近似汉人，也有的大头、宽面、巨眼、高颧骨。山东平邑皇圣卿西阙上刻献俘图，图上有悬挂的胡人头和横躺的无头尸体，下有二步卒押送三绑缚的胡人前来敬献，同一石上榜题有"元和三年……"车骑图、献俘图和献礼图炫耀了墓主人生前的权势和享乐生活。

（二）历史故事和民间故事　中国汉阙上雕刻的历史故事有古代帝王、圣贤、忠臣、孝子等。山东嘉祥武氏阙上雕刻的"荆轲刺秦"，图像刻画的正是那图穷匕见瞬间所发生的故事高潮：匕首掷中庭柱，秦王割袖而逃，怒发直竖的荆轲被武士拦腰抱住，下面却有一个被吓得五体俯地的秦武阳。对比之下，荆轲临危不惧的英勇形象给人以深刻印象。四川渠县王家坪无铭阙背面第一层亦刻有"荆轲刺秦"图，亦是匕首掷入柱上，秦王惊慌而逃。荆轲，为战国末年刺客，卫国人，卫人叫他庆卿，游历燕国，燕人叫他荆卿，亦称荆叔。后被燕太子丹尊为上卿，派他去刺秦始皇。燕王喜二十八年（公元前227年），荆轲带着秦逃亡将军樊於期的头和夹有匕首的督亢（今河北易县、涿州市固安一带）地图，作为进献秦王的礼物，献图时，图穷而匕首见，刺秦王不中，被杀死。武氏阙东阙子阙阙身北面第二层画像，刻四人，为"周公辅成王"，左一人正在向成王施礼，左第二人体态较小，为年幼的成王。右第二人手持一幡，应为周公，右第一人亦正在施礼，应为周公的随从。武氏阙西阙子阙阙身第二层亦刻"周公辅成王"，此画像亦刻四人，与东阙子阙阙身北面画像相同。山东平邑皇圣卿西阙东面画像第一层、亦刻"周公辅成王"，刻五人，中一人体态较小，坐在一个小框形的栏内，周围人向他施礼。周公，西周初年政治家，姬姓，周武王之弟，名旦，亦称叔旦。因采邑在周（今陕西岐山北），称为周公，曾助武王灭商。武王死后，成王年幼，由他摄政。其兄弟管叔、

蔡叔、霍叔等人不服，联合武庚和东方夷族反叛。他出师东征，平定反叛，大规模封诸侯并营建洛邑（今洛阳）作为东都。相传他治礼作乐，建立典章制度，主张"明德慎罚"，其言论见于《尚书》的《大诰》、《多士》、《无逸》、《立政》等。在四川雅安高颐阙右侧第二层刻"季札挂剑"的故事，刻一人，在此流泪施礼，应为季札。《史记·吴太伯世家》："季札（吴国公子，封于延陵，故又称延陵季子）之初使，北过徐君，徐君好季札剑，口弗敢言。季札心知之，为使上国，未献，还至徐，徐君已死，于是乃解其宝剑，系之徐君冢树而去。从者曰：'徐君已死，尚谁予乎？'季子曰：'不然，始吾心已许之，岂以死倍（背）吾心哉！'"所以，后人将"挂剑"、"悬剑"、"延陵许剑"、"许剑"、"死生一剑"等表示对亡友的吊唁、追怀及信义；用"留徐剑"、"徐墓剑"等指祭品；用"徐君墓"泛指亡友之墓。石阙上所刻的历史故事，亦属彰德的范畴，其目的是"成人伦、助教化"。四川渠县蒲家湾无铭阙上的"董永侍父"、河南登封启母阙上的"郭巨埋儿"、雅安高颐阙上的"高祖斩蛇"和"博浪沙椎秦皇"等等，都是传播中国传统文化的忠孝和儒家思想。

（三）舞乐百戏　音乐舞蹈是劳动人民创造的艺术，早在原始社会，人们就"击石拊石，百兽率舞"。到了商代，已有了相当的进步，统治阶级把音乐舞蹈作为自己享乐的工具，又是配合礼治的工具。到了汉代更普遍用于宴乐，不仅帝王统治者有宫廷舞伎，即使一般的官僚、地主富商们也多蓄歌童舞女，所以在各地出土的汉代画像砖、汉

代画像石和画像石棺里，"乐舞百戏"的画面特别多。在各地的汉阙上，"乐舞百戏"的画面同样也多。百戏的内容相当丰富，它在我国有着悠久的历史传统和独特的民族风格，到了汉代已经达到相当高的艺术水平。杂技是其中的主要门类，单人说唱的形式也较多。汉代的百戏由西域传入了新的内容，别开生面。马戏是汉代杂技的一个突出内容，如《盐铁论》说："马戏斗虎"。《三国志·甄皇后传》注："后年八岁，外有立骑马者，加人皆上阁视之，后独不行"。可见马戏的表演是相当精彩的。如河南泰室阙上刻一天鹿，正在飞奔，其背上有梳发髻的一女子，正在做反弓倒立。飞马做倒立反弓者甚多，而天禄上做反弓倒立的这是第一次在汉画上看到，十分难得。还是在泰室阙上，一马飞奔向前，一人立在马背上做一些动作，此图也十分精彩。河南登封少室阙上刻有一幅马戏画像，雕两匹马四蹄腾空奔驰的骏马，前一匹马鞍上有一挽双丫髻的少女，穿紧身衣裤，做反弓倒立。后面一匹马上有一女子舒展长袖随风向后飘扬。长袖的飘动和人体的自然后倾，刻画出马跑的飞快速度，同时也使我们感到汉代马戏的惊险和技艺的高超。登封启母阙上有一幅幻术画像，刻一人袒胸，双手抱一长颈瓶，仰面向上喷火，这可能是由西域传入中国的口中喷火幻术。山东莒南孙氏阙第三栏内，左侧两人前后盘坐，前下方有一琴，前者似作鼓琴状，后者似作打击乐器，右侧跪一人扬袖而舞。第四栏内，右两男，左两女，各跪立对揖。

现在足球风靡世界，而中国足球却相对落后，殊不知足球就发源于中国。河南登封少室阙和启母阙都有踢足球的画像。踢足球，古代叫"蹴鞠"或"蹋鞠"，蹴就是踢，鞠就是球。刘向《别录》："蹴鞠者，传言黄帝所作，或曰起战国时。"《汉书·枚乘传》："蹴鞠刻镂。"颜师古注："蹴，足蹴之业；鞠，以韦为之，中实以物；蹴鞠为戏乐也。"《战国策·齐策》中说："临淄甚富而实，其民无不吹竽鼓瑟……蹹（踢）鞠者。"可见战国时期"蹴鞠"这种运动已经流行了。到了汉代更加普遍，汉高祖刘邦的父亲就很爱"蹴鞠"。《西京杂记》载："成帝好蹴鞠，群臣以蹴鞠为劳体。"汉武帝以及卫青、霍去病还把"蹴鞠"作为军事体育运动的一个项目。古代的鞠是用熟皮子作壳，里面填塞羊毛，所以，有把它叫"毛丸"的。至于球里用胆充气的方法，则在唐代才开始发明，叫作"气球"。少室阙上蹴鞠画像，是刻一个头挽高髻的女子，细腰，穿长袖舞衣，舞袖轻盈地向后飘扬，双足跳起，正在踢球。其两边各刻一人，一人穿长衫坐在凳上手拿鼓桴击鼓，一人跪坐着伴奏。从这幅画像所表现的内容看，汉代也把踢球配上音乐，作为舞蹈来表演。蹴鞠发展到唐代，称为"蹴球（毬）"，即唐代的足球运动。《文献通考·乐考二十》："蹴球，盖始于唐，植两修竹，高数丈，络网于上，为门以度球。球工分左右朋，以角胜负。岂非蹴鞠之变欤？"是则唐代蹴球已有球门，并分队比赛，与现代足球相似。

（四）神话传说　汉阙上表现神话传说的题材也相当丰富。如西王母、日月神、仙鹿、龙、虎、朱雀、九尾狐、三足乌等各种仙人、神怪，以及各种奇禽异兽、天人感应的祥瑞均有。这些题材在汉画像砖、汉画像石、铜镜、壁画上也很多。四川芦山樊敏阙、绵阳杨氏阙等所刻的神山，是西王母居所。《山海经·大荒西经》中云："西海之南，流沙之滨，赤水之西，黑水之前，有大山，名曰昆仑之丘。有神……名曰西王母。"汉阙上所刻西王母皆坐龙虎座。雅安高颐阙和渠县诸阙皆有为西王母驱使的九尾狐、三足乌。《山海经·大荒东经》云："青丘之国，有狐、九尾。"渠县蒲家湾阙、赵家村阙、德阳司马孟台阙等皆有蟾蜍、玉兔等。古籍中蟾蜍出现较早，玉兔出现较晚。据闻一多先生的解释："考月中阴影，古者传说不一。《天问》而外先秦之说足征焉。其在两汉，则言蟾蜍者莫早于《淮南》，而言蟾蜍与兔者莫早于刘向，单言兔者莫早于诸纬书。"河南启母阙刻有一龙驱神人和日轮的画面，可能是日御牺和的故事。古代太阳的别名甚多，徐坚《初学记》引《广雅》云："日名耀灵，一名朱明，一名东君，一名大明，亦名阳乌，日御羲和。"羲和即太阳的母亲，《山海经·大荒南经》曰："东南海之外，甘水之间，有羲和之国。有女子名曰羲和，方浴日于甘渊。羲和者，帝俊之妻，生十日。"郭璞注曰："羲和能生日也，故曰为羲和之子，尧因是主羲和宫，以主四时。"由此看来，羲和不仅是太阳的母亲，而且尧的时候还曾是管天象历数的官。帝俊即帝喾，是古代中国东方殷民族所奉祭的上帝，即卜辞中常见的高祖夒。河南启母阙和少室阙，都有

月宫的画像，画面雕月中蟾蜍和玉兔捣药。汉代人认为月中的蟾蜍就是姮娥的化身，《淮南子·览冥训》云："羿请不死之药于西王母，姮娥窃以奔月，怅然有丧，无以续之。"姮娥是中国古代东夷民族传说中以善射闻名的羿的妻子，羿曾上射十日下杀猰貐为民除害。因汉文帝名恒，为避其讳遂改姮为嫦，故姮娥即嫦娥。月中有玉兔捣药也是一则神话，《初学记》卷一引《灵宪》云："月者，阴精而成兽，象兔始焉。"汉乐府诗中也有"采取神药山之端，白兔捣成虾蟆丸"的句子。有的学者因傅咸在《拟天问》中说了"月中何有？白兔捣药"的话，便认为月中有白兔是魏晋时代人们的臆想。从阙上刻画有白兔捣药的图像证明，至迟东汉的人们已经有此看法。河南泰室阙雕有一幅虎食瘦小人的画像，这可能是张衡《东京赋》所说的虎食鬼魅的故事。"度朔作梗，守以郁垒，神荼副焉，对操苇索。"薛综注曰："东海中度朔山有二神，一曰神荼，二曰郁垒，领众鬼之恶害者，执以苇索而食虎。善曰：《风俗通》曰，黄帝书，上古时有神荼、郁垒昆弟二人，性能执鬼。度朔山上有桃树，下常简阅百鬼，鬼无道理者，神荼与郁垒持以苇索，执以饲虎。是故县官常以腊祭夕饰桃人垂苇索，画虎于门，以御凶也。"河南少室阙刻有二鸟并立，各有一翼的画像，可能这是比翼鸟。《史记·封禅书》："东海致比目之鱼，西海致比翼之鸟"。《集解》韦昭曰："各有一翼，不比不飞，其名曰鹣之。"《山海经》云："崇吾之山有鸟，状如兔，一翼一目，相得乃飞，名曰蛮。"河南泰室阙上有捉鸥鹯的画像。

鸱鸮就是我们俗称的猫头鹰，汉代人也叫枭或枭鸟。鸱鸮是常在夜间觅食的猛禽，商代人们把它当作梦神或黑夜的主宰者，因此，不少青铜器的造型和装饰花纹多以鸱鸮为题材。但到了战国以后，却被人们认为是不祥之兆，汉代人更认为它是"食母"的"不孝"之鸟。当时人们还把鸱鸮和凤凰对比作为愚恶的代称。此外，河南泰室阙上刻一巨鳖，其位置相当显著。另外还有两幅各刻一似人似鳖的动物，这可能是夏禹的父亲鲧的神像，也即夏氏族的图腾之一。鲧是虞时的治水官，属于鳖图腾氏族的一位酋长。阙上刻鲧的神像，应是远古图腾信仰习俗的反映。启母阙有夏禹化熊的画像。禹体态肥胖，似人似熊。周身用弧形线条表现，旁边两人注目观看，显示出惊诧的表情。这应是夏禹化熊的神话传说。

中国汉阙的雕刻技法，多种多样，主要技法有浅浮雕、深浮雕、透雕、阴线刻、凹面线刻、凸面线刻等。四川、河南、北京、重庆各阙多浅浮雕、深浮雕。山东各阙多阴线刻，凹面线刻和凸面线刻。汉阙画像的独特艺术风格表现在画面处理上，是善于利用汉阙阙顶、阙盖、介石、阙身、阙座等分层分格构图，把天上、人间，衣、食、住、行，包罗古今的众多事物有条不紊地展现出来，形成构图复杂、饱满均衡、细致绵密的特点。汉阙雕刻艺术的另一特点是古朴庄严，构图简练、匀称、和谐，使这个汉阙上建筑、书法、雕刻融为一体，形成一个整体美。汉阙雕刻艺术是1800多年前我国民间能工巧匠创造的艺术珍品，反映了汉代人民伟大的创造才能。

山东武氏祠武梁碑文有段珍贵的记载："良匠卫改，雕文刻画，罗列成行，撼骋技巧，委蛇有章。"说明了汉代雕刻匠师具有高超的技艺，正因为有这些民间良匠才创造出这些不朽的石刻画像作品。

三、汉阙上的书法艺术

众所周知，中国的方块字是一种古老而又经过多种演变的文字，研究者均认为重点是中国古代的著名的碑碣，殊不知汉代石阙上的铭文、汉砖、汉画像石棺、汉画像石上的题刻等，是研究中国汉字演变的一块宝地，特别是汉代石阙书法异常丰富，是深受人民喜爱的群众书法作品，我们要讨论的就是民间书法家的大作。

书法是中国特有的传统艺术，书法的演变从秦代开始隶变，使汉字的书写形式发生了一个飞跃，完全突破了原来的书写法则，线条形态和汉字结构发生了极大的变化。到东汉，终于形成了各种风格的隶书争奇斗艳，百花纷呈的局面。东汉以后，隶书又演变成今楷、今草。因此，汉代书法实际上是中国书法艺术发展承先启后，继往开来的时期，任何形式的书法遗迹，都具有不可忽视的意义。

研究书法者认为，汉代书法有两大潮流，一为碑版，一为简牍。笔者认为在汉代书法潮流中，不应忽视流传最广，使用最多的"民间书法"。它独树一帜，与碑版、简牍鼎足而三。碑版多数是显贵者使用以彰功业，纪功事，刻于石，立于显要，以图永存。而简牍或为故有典籍，或为司徒文书，削竹斫木以书，或存之私室，或存之公署。两者不但工具迥异，且用途亦不同。民间书法，多为中产或贫民阶层刻在砖上，或刻在石棺上，或刻在墓内，或刻在阙上，字数、体积均较小。如同文学一样，汉有赋和乐府之分，书法也有碑版、简牍及民间书法之分。前者为士大夫文学、士大夫书法，后者为民间文学、民间书法，两者交辉，互不掩抑。

中国汉阙，从宋代赵明诚《金石录》开始记载，许多阙已散失或漫漶，有文字可见或有拓本传世者有二十四件。这二十多件，全是东汉从建武到建安的两百多年间的书法作品。汉阙的铭文，大都刻在阙身正面，也有刻在阙身侧面，更有刻在阙部椽端部的。铭文多采用阴刻，其书体或篆或隶，或单隶，或楷隶；或如简书，或如帛书，或如砖铭，或如瓦铭；或纤劲，或雄浑，或简直，或朴厚……汉阙书法，实可视为汉代书法的缩影。汉阙书法，从一个侧面，较为全面地反映了那一时代的书法艺术风貌。

泰室、少室、启母三石阙是汉代石阙留存至今较早的实物。三阙均为神庙大门阙。其中泰室石阙又称《嵩山泰室石阙铭》、《中岳泰室石阙铭》、《中岳泰室阳城石阙题记》，为三阙中保存最好的，都是隶书，此铭字大约七八分，方正精劲，略呈横扁势。其横直画用笔多含篆书意蕴，中锋涩进，坚进稳健，圆实挺拔。它是汉阙铭文中的佼佼者。在东汉，用篆书来刻石的稀如凤毛，传至今日，除《袁安》、《袁敞》二石外，少室、启母二阙确应算作汉篆巨制，世之鸿宝，篆书之上乘也。

山东嘉祥武氏阙，长期被埋在土中，自清乾隆五十一年（公元1786年）才被学者、书法家黄易发现，其铭文书法古朴遒劲，雅丽精伦，为汉隶中所罕见者，历来为书者所重。受到赵明诚、翁方纲、潘钟瑞等诸多名家的青睐。除武氏阙铭文外，山东还有《南武阳功曹阙》、《南武阳皇圣卿阙》也享有盛名。出土北京西郊《幽州书佐秦君阙》的书法，是东汉前期由古隶走向成熟隶书演进的中间阶段的书风，具有典型代表，因此，它的发现是研究中国绘画史、雕刻史、建筑史的重要实物资料。郭沫若1965年在题跋上就曾指出："我们应该把石匠宜肯定为公元一、二世纪之交的名雕刻家，撰述中国美术史的人，请特别注意。秦君石阙的柱形、纹饰、文字、雕刻都具有相当高的艺术性，不可忽视。"

四川渠县冯焕阙、沈府君二阙则是以飞腾奔逸的风格见称于后世书坛。而沈府君双阙铭文，不仅保存完好，而且字体较大。在书法艺术上，波撇尤长，任情恣逸，被康有为赞为"隶中之草"。雅安高颐阙铭廿四字文刻在右阙四周排列着的二十四根石椽的顶端上，椽头径约四寸许，每椽一字。书法浑朴清超，体势超逸，气魄恢宏，伟丽绝伦，堪称蜀书雄放书风之冠。四川汉阙书风，以雄放见称，若再以气势论，则推王稚子阙、夹江杨氏阙，虽风化严重，但留存有拓片传世，书法峻爽瘦挺，清癯可喜。近十多年新发现的昭觉石阙和成都王文康阙、王君平阙的铭文，内容丰富，字数较多，有的多达四百余字。有的内容属公文类，其书法风格，是我们今天在汉代刻石中找到的由隶而楷的过渡体，"楷隶"的早期实物。像王君平阙侧刻这样成熟的楷书笔法，实应视为仅有。它比由隶而楷的最具代表性的"二爨碑"，尚要早二三百年，此阙铭的出现，毫无疑问为中国书体演变的历史提出新的课题和内容。它同时证明，任何一种新书体的产生总是先孕育在民间，要重视、爱护民间书法艺术！

四、汉阙与天门

在众多的关于汉阙的古文献记载中，若干朝代以来，没有提出或发现对汉阙解释的新问题。直到20世纪80年代（1982～1987年），重庆市巫山县出土东汉镏金铜牌共14件，10件为圆形，还有方形、长方形、柿蒂形等。在5件圆形铜牌中央榜提有"天门"二字，两侧为双阙，下方端坐一神仙，应为"西王母"，周围有青龙、白虎、朱雀和三青鸟、九尾狐等神兽，空间处布满云气纹，构成天门的基本形态。其他圆形铜牌内容大体相同，有两件还用横栏分隔为上下两部分。甘肃成县博物馆也收藏有一件圆形镏金铜牌，据说为本地出土（也可能是从三峡等地流入的）。铜牌与巫山县出土的东汉圆形镏金铜牌的大小、形状、内容、技法基本相同，略有差异。铜牌中央为圆壁，上方榜题"天门"二字，两侧为双阙，两阙相连，阙身外侧和上部有两对芝仙草，阙中心下方端坐"西王母"，双阙正上方有九尾狐，外侧有三青鸟，是为西王母觅食的神鸟，空隙处布满云气纹。铜牌图像上镏金，底色银白发亮，十分精美，是否是镏银，尚待验证。

1988年四川简阳市鬼头山东汉崖墓出土的3号画像石棺上，有"天门"等15处，31个字的榜题，镌刻在相应的画面旁。石棺右侧正中为双阙，阙顶立二朱雀，上方有隶书"天门"二字。阙间立一人，旁边题为"大可（司）"。相关侧面画面"白虎"、"玄武"、"伏羲"、"女娲"、"大苍"、"日月"、"先人博"、"先人骑"等榜题，标明了"天门"中有关画像的名称和位置，有利于研究汉画的内涵、组合与主题。特别是在一棵神树上方题有"柱铢"二字，是汉画中对神树的一种最为明确的称谓。

重庆巫山县出土的汉代镏金铜牌上有"天门"二字。四川简阳鬼头山东汉崖墓里出土的3号石棺上在双阙旁有榜题"天门"二字，引起了专家学者的高度重视。专家们认为，阙的功能在演变，最初阙的出现，只是为住地安全，设防野兽。城阙、宫阙、宅第阙的出现，阙既是建筑物前之装饰物，进而又是权力与地位的象征。到西汉墓阙出现，人们对阙的认识，不仅是权位的象征，而对阙的认识和阙的功能起了很大的变化。汉代人们崇拜西王母，人们祈求长生不老，或死后升天成仙。人们向往美好的生活，无论是逆境还是顺境，总是希望死后能进入无忧无虑的天堂。因此，在民间石刻匠人心目中，天堂的生活，类似现实社会的皇家宫廷生活。于是，在阙、画像砖、画像石棺和崖墓的画像上，就陆续出现了阙的题材，阙成了通天之门。县令、太守，或三千石以上的官员死后，墓前可立双阙。中产阶级或不富裕者，死后也想进入天堂，但是没钱修造墓前的石阙，于是就在石棺的挡头、画像砖、画像石棺、崖墓的墓门上刻画双阙。如简阳三号石棺、彭山一号石棺、都江堰石棺浮雕，对"天门"世界作了想象。简阳三号石棺右侧中部，刻有单楼素面双阙，阙顶一对凤凰昂首对立。双阙上部榜题铭文"天门"二字。"天门"二字一语道破文物考古中对墓室雕阙的性质和功用的争论，它不是人们常说的表现墓主人地位的显赫象征，也不是墓室主人身份的表现，而是通往天堂世界的大门。双阙之间，站立一戴冠，穿长袍，拱手迎接通天之人的"亭长"。彭山一号石棺对"天门"里的情况作了进一步介绍。天门内有神马拴在树上，有辟邪、仙鹿、朱雀等充满灵气的动物。门内人来人往，有主人捧着迎候，有亭长和客人交谈。都江堰石棺刻画了"天门"里的建筑：四阿顶式门厅，两侧采用吊脚楼式样，还有四阿顶式门庭，两侧柱上有直斗。这些栏杆式建筑，配以两重双阙气势宏伟，这就是民间艺术家心目中的天堂建筑。

四川新津崖墓崖棺浮雕，还表现了天堂世界的极乐生活。两个仙人端坐于云气之上，左边在鼓琴，右边的捧一乐器，一飞龙置于右侧，两赤身裸体女仙人正在几案上玩六博游戏。四川荥经石棺则刻画了"秘戏"的场景。左侧一男一女，盘腿而坐，男的正用右手托住女的下颌骨作亲密接吻状。《汉书·周仁传》说："以是得幸，入卧内，与后宫秘戏。"这两人正是在后宫秘戏，门庭两侧，各有一朱雀站立，中间是一仙童看门。四川郫县二号石棺棺盖上刻牛郎织女的故事。牛郎牵牛，织女执梭，正是"维天有汉，监亦有光。跂

彼织女，终日七襄。虽则七襄，不成报章。睆彼牵牛，不以服箱"（《诗经·小雅·大东》）。

五、汉阙的研究与保护

对汉阙的研究始于宋朝，由于宋朝研究金石学的兴起，如赵明诚《金石录》、洪适《隶释》、《隶续》等书中均收录有汉阙。赵明诚《金石录》写于公元1117年，实际上比《金石录》早六七年欧阳修的《集古录》，已记录了武家两位成员武班和武荣的墓碑铭文。赵明诚的功绩在于他记录了武氏墓地的另外三部分遗存，即武氏石阙、武梁和武开明碑，以及一批后来被称作是武梁祠的画像石。清乾隆五十一年（公元1786年），黄易重新发现武氏祠，引起金石学界极大兴趣，如翁方纲等人均投入对武氏祠的画像、武氏祠阙的研究。由于黄易在挖掘这些被埋没的石刻时，按出土时的位置在各块石头上编了号，出土后重新组装也就基本恢复了原貌。这对研究来说，无疑是往前大大进了一步。可以说，武氏祠的重新发现，是汉画像、汉画像石、汉阙、画像砖的研究上的一个重要转折点。它主要表现在：摆脱了孤立的、离开具体文化氛围的状态。从武氏祠阙画像的分布位置，可以探求汉人祭祀、追念场所的内容和空间结构。对汉画的研究由附属于文字研究的图像本身的研究方向发展。由于武氏祠有众多的榜题，对确定画面内容极为有利，又由于武氏祠的画面内容认定，无疑有标尺的作用，对解释更多别地出土的汉画像、壁画，有直接参考的价值和功能。正是因为武氏祠的重新被发

现，汉画像的真正内容和含义，才逐渐为今天的人所认识。加之汉画像的研究国际化，武氏祠画像以其庞杂的内容和研究上定向性强等特点，吸引了许多外国学者的研究，反过来又推动了国内的研究。

从黄易发掘武氏祠后一百来年没有任何关于武氏祠考古发掘的记载。直到1871年，一位称作轩辕华的人，在武氏祠遗址又找到两块画像石。1891年和1907年，法国汉学家沙畹（Eidonqyd Chaudtmex）两次到武梁祠，1913年出版了《中国北方考古考察》，成为研究武氏祠的西方学术经典。日本考古学家大村西崖（Omvla Seiqdi），1907年访问武梁祠，出版了研究这个主题的重要日语专著。1907年，一个叫沃尔帕（Pvolpeit）的西方人，从东阙和西阙前面的位置掘出两个圆雕石狮。日本考古学家关野贞（Sekino Tei）于1907年访问了武氏祠，他绘制了一幅遗物出土的位置图，还详细记录了保存在保管室中的画像石。1981年中国考古学家蒋英炬和吴文祺合作出版武氏祠堂石刻的详细记录。1986年在山东嘉祥召开武氏祠发掘200周年纪念会上，山东蒋英炬、河南周到与四川高文三人发出倡议，成立"中国汉画学会"，到1993年正式成立，著名学者冯其庸任会长，顾森任秘书长。1990年吕品主编的《中岳汉三阙》由文物出版社出版。1992年徐文彬、谭遥、龚廷万、王新南合编的《四川汉代石阙》由文物出版社出版。1994年高文主编的《中国汉阙》由文物出版社出版。2006年巫鸿（原在北京故宫博物院，后留学美国，现美国哈佛大学美术史与人类学双重博士）的《武梁祠》一书由"生活、读书、新知"三联书店出版。从20世纪80年代开始，中国汉阙的研究，进入了鼎盛期。

关于汉阙的保护，这个课题本不是我们编纂者所讨论的议题。但是由于我长期从事文物工作，与汉阙接触较多，特别是近一两年来，由于编写《中国汉阙全集》，两次走遍了地处河南、山东、四川、重庆、北京、江苏的35处汉阙。因此，对汉阙现状及各地汉阙保护措施效果的对比，有较深的认识与体会，有一定的发言权。目前全国的37处汉阙，其分布为：四川19处，河南4处，山东5处，重庆6处，北京、安徽和甘肃各1处。从现在的对汉阙保护情况来看，凡是汉阙，盖有房屋进行保护的，风化的程度很轻或较轻。如山东的5处汉阙，即嘉祥武氏祠阙，一直盖有房屋保护。平邑功曹阙和皇圣卿阙，自70年前由该县八埠顶迁移至平邑镇小学后又迁移至平邑县文物管理所陈列室，都在室内，所以对阙保护得较好。莒南孙氏阙，原在莒南县文物管理所陈列室，近来才迁移到山东省博物馆新馆陈列。河南省也是如此，中岳三阙，均一直在室内保存，近年他们申请批准，在原址改建、扩建陈列大厅，对汉阙的保护，更为有利，广大观众参观和专家、学者进行研究、拍摄照片、影片都极为方便。另外，河南正阳汉阙也盖有房屋保护，所以河南的4处汉阙，风化不严重，保护得都较好。重庆市辖区修三峡水电站，新出土三处汉阙，忠县邓家沱汉阙和万州武陵汉阙，都还在整理当中。忠县乌杨阙已迁移到新建的重庆中国三峡博物馆大厅陈列。四川19处，18处在室外，原地保存，重庆原有的盘溪汉阙，忠县丁房阙和无铭阙，也都在室外保存。只有四川梓潼李业阙原在县城南门外李节土祠内，1964 年移祠外建亭保护。由于李业阙原在李节土祠内，后又移至新建的亭内，所以四川的 18 处汉阙和重庆市 3 处汉阙，都没李业阙保护得好。除李业阙以外，其余的汉阙都存在严重的日晒雨淋，风雨侵蚀，有的长满了青苔杂草，对汉阙后患无穷。由于近年来受大气污染的加剧，酸雨的侵蚀越来越严重，加之日光的常年照射、温湿度的剧烈变化，风化呈加剧之势，特别是选用砂岩质石材建造的汉阙，极易受到环境变化因素的影响。

因此，建议文物行政部门尽早邀请相关文保专家、学者到现场实地调查，制定出汉阙的保护与管理方案。不论最终采用何种保护方案，从我们的深入体会来看，至少建房建亭保护汉阙，是较好易行的办法，也是延缓汉阙风化的有效途径。

第二章　中国汉阙研究

汉阙与汉代建筑

姚 军

一、前言

汉代建筑的研究，资料获取的来源大抵有五：一是文献资料。二是图像资料，包括画像石、画像砖及墓葬壁画中的建筑图像。三是崖墓等墓葬资料，包括崖墓上的建筑及建筑构件雕刻及崖墓本身的结构。四是墓葬出土的建筑模型，包括楼房。五是现存的汉代石阙等建筑实物。

仅就上述五种资料的获取方式来说，文献资料多侧重文学性，缺少对建筑具体形象及结构等的描述。图像资料则是以雕刻（浮雕或线刻）、描绘等技法描述建筑形象，相对文献而言，建筑形象较为直观，但要具体到建筑结构的研究则显然远远不够（图1）。墓葬资料包括崖墓结构、崖墓雕刻的建筑结构、构件等，仍属于写实性的东西，具有直观和空间结构感，但缺乏整体性，如崖墓顶部一般有仿木藻井结构，而对建筑的屋顶部分则难以表现或表现不全面（图2）。出土的建筑模型是随葬冥器，是当时建筑实体缩小、

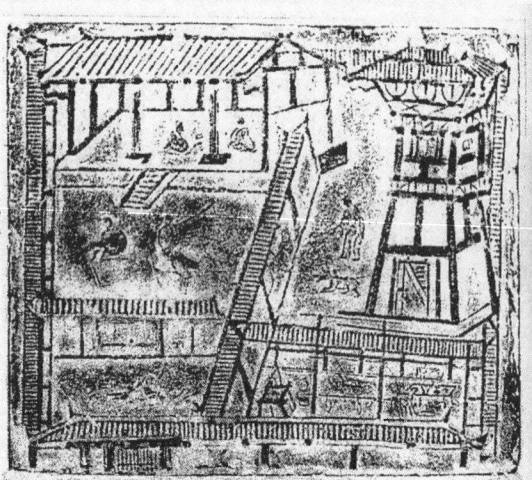

图1 画像砖建筑图像（成都出土）

图2 崖墓结构（绵阳新皂桐子梁M50）

图3 陶建筑模型（宜宾市翠屏区山谷祠汉代崖墓出土）

模型化的产物，相对比较写实，形象、结构直观（图3），和图像资料一样，要对建筑结构进行研究则仍显不足。

现存的汉阙能够真实反映汉代阙类建筑，包括建筑形象、建筑结构、建筑装饰及构造技术等，同时，阙又与文献记载的汉代建筑相映证，因此，研究汉代建筑离不开阙，阙成了认识和研究汉代建筑重要的第一手实物材料。

二、阙及阙的种类

关于阙，东汉时期的刘熙在他的《释名》中定义为："在门两旁，中央阙然为道也。"就是说，阙是位于建筑的入口（门）两旁的建筑，两两相对，但不相联。

文献记载中的阙，最早见于《诗经》，"挑兮达兮，在城阙兮"，表明周代就已出现城阙。春秋战国时期，关于阙的记载就更多了，不仅有城阙，还有宫阙。汉代是阙盛行的时期，有城阙、宫阙、宅第阙、祠庙阙，还有墓阙。魏晋时期，上述几种类型的阙数量逐渐减少，隋唐时期，城阙、宫阙仍有使用，墓阙则仅限于帝王陵墓专有，宅第阙和祠庙阙不再使用，或为其他建筑形式所代替。宋代以来一如隋唐旧制，由于里坊制的解体，宅第阙消失，只有宫阙一直延续至清代，阙与宫墙相连，演变为故宫午门的形式。

不论如何，阙为建筑入口处的标志性建筑，这是其基本功能，后代虽多有变化，但这一基本意义没有改变。上面所说的城阙、宫阙等是因阙的位置不同而名称也有区别。

城阙，位于城门前面，《诗·郑风》："挑兮达兮，在城阙兮。"孔颖达疏："谓城上之别有高阙。"阙即为城门两旁的望楼，因此后代多以城阙指代城。又南朝宋之问《明河篇》"洛阳城阙天中起，长河夜夜千门里"，唐王勃《送杜少府之任蜀州》"城阙辅三秦，风烟望五津"即为例。唐懿德太子墓壁画中的阙楼图（图4）、宋代铜钟雕刻当为城阙。

宫阙，建于宫殿前面的阙，因此只有皇帝才能拥有。《史记·高祖本纪》："高祖还，见宫阙壮甚，怒。"《史记·文帝纪》"未央宫东阙罘罳灾"。崔豹所说"人臣将朝，至此则思其所阙"，即指宫阙。

宅第阙，与宫阙相区别，宫阙是帝王宫殿外的门阙，宅第阙一般是诸侯、权贵、大

图4　城阙（唐懿德太子墓壁画）

图5 宅第阙（大邑出土画像砖）

户人家大门外的建筑。规模较宫阙要小，汉代画像砖、画像石及墓葬壁画中可见宅第阙的形象，立于大门外，两两相对。四川不少东汉墓墓道两侧常有阙与执盾人的画像砖，依其位置，应为墓主人衙署或宅院前所置双阙的示意(图5)。宅第阙在魏晋时期应还存在。实物资料不见。

祠庙阙，立于祠庙入口两侧。现存实物有河南登封太室祠阙、少室祠阙、正阳庙阙、启母祠阙和山东嘉祥县武氏祠阙等。

陵阙、墓阙，一般建于陵墓前、神道两侧。陵阙是帝陵前的阙，墓阙是一般墓葬前的阙，其规模远小于陵阙。汉以后墓阙基本不见，陵阙则在唐、宋时期仍有影响存在。如陕西唐乾陵经过考古发掘的乳峰三出阙遗址和南神门外三出阙遗址，河南巩义市北宋皇陵的阙台现在仍清晰可见。墓阙是现存实物最多的一类，四川雅安高颐阙、芦山樊敏阙、渠县冯焕阙等均为墓阙实物。

三、阙的类型及结构

据调查、统计，我国现存阙37处，分布于山东、河南、安徽、北京、甘肃、四川、重庆等地，其中以四川地区数量最多，共计19处，重庆6处，山东5处，河南4处，安徽1处、北京1处、甘肃1处。这37处阙时代多为东汉时期，晚者可到西晋。就保存状况而言，四川梓潼李业阙、新都区王稚子阙及德阳上庸长阙仅存残损的阙身，重庆忠县邓家沱阙残存数段，实际保存较好（形制完整或较为完整）的不到30处。最低者为山东平邑县的皇圣卿阙，通高约2.5米，最高者为重庆忠县丁房阙，通高6.15米。现存阙从类型来说，主要是墓阙，其次是祠庙阙。

阙从形制上来说有单出阙、双出阙和三出阙几种类型。单出阙只有一个母阙（或称主阙），形制最为简单，阙座上为阙身，上覆仿木雕刻的阙顶。双出阙由母阙（或称主阙）和依附于母阙的子阙（或称附阙）构成，因此也叫子母阙。子阙和母阙均置于阙的阙座之上，均有仿木雕刻的阙顶。主阙一般高出子阙1米以上。三出阙不见于汉代实物和画像资料，仅在唐懿德太子墓壁画和宋代的铜钟上见到，形制最为复杂，从墓主和壁画内容看，三出阙主要用于城阙和宫阙，唐陵中也有发现，等级是最高的。

阙的建筑材料，有用木的，主要是城阙、宫阙，也有用石的，主要是祠庙阙、墓阙。甘肃安西县（现为瓜州市）踏实一号大墓墓阙为我国东汉时期唯一一处土坯垒制的子母阙实物遗存，阙身由芦苇和土坯相间砌成，阙顶为四面坡式，是为形制特例。

不论是单出阙、双出阙（也叫子母阙）和三出阙，其基本结构大体相同，由阙座、阙身、阙楼、阙顶几部分构成（图6）。阙座置于基础上，基础一般对地面稍作处理，或铺垫厚0.5～12厘米的卵石搅拌白泥层（四川雅安高颐阙），或用石板铺筑（四川绵阳平阳府君阙）。阙座用经过雕制的整块石料或多块石料组成，前者如四川高颐阙，阙座选用2.55米×1.65米×0.45米的整块石料，四角部和腰部施以浅雕单斗栱。后者如四川绵阳杨氏阙，阙座由三块2.67～2.74米×1.83～1.85米×0.42米石料组成，四角及其正后两面的中部均有雕刻。阙身落于基座上，双出阙由于阙身体量较大，没有适合的整块石料作基座，一般主阙坐落于石基座上，附阙一半落于基座上，如四川梓潼

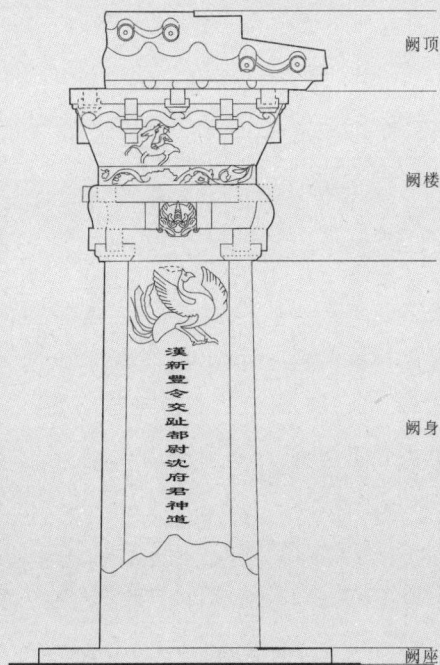

图6　阙基本结构图

县贾公阙，主阙阙身位于阙座中部，附阙阙身一半位于阙座上，另一半落于地基上。阙座面有卯孔，与主阙身、子阙身底面榫头吻合。

阙身或由多块石块砌筑而成，或以整石为身。以多块石块砌筑的阙身，阙身垂直，无收分或收分不明显。一般阙身与阙顶相接处的石块平面增大，其下四周斜削与阙身相接，上部则承托仿木雕刻挑出的屋顶。构成阙身的石块以单块或一层为单位，其上雕刻图案、人物、车马等装饰图案和铭文。这类阙应该是汉代一般砖、石阙的通行式样，如河南登封市嵩山三阙和山东嘉祥县武氏祠阙。以整石为阙身者，阙身直如山东平邑功曹阙，或下大上小，收分明显。阙身以上，用块石分层雕刻仿木枋子、斗栱、椽子，其上为庑殿屋顶。四川地区是我国阙分布最多的地区，阙分为石块分层砌筑和整石为身两种，前者如雅安高颐阙、绵阳杨氏阙等，阙身由多层大小块石料堆砌组成，梓潼贾公阙主阙阙身残存五层条石，附阙阙身由四层条石垒成、其上刻方柱等。后者如四川渠县诸阙和梓潼李业阙等，阙身上小下大，收分明显。

双出阙母阙与子阙相依附部分用工具凿成斜纹，表面粗糙。由于子阙体形较母阙小，因此母阙阙身侧面有子阙阙身的凹形衔接面，母阙上有卯口，以与子阙能够牢固衔接。

阙楼是阙顶与阙身之间分层雕刻的枋子、斗栱和椽子的仿木结构部分。武梁祠阙及河南嵩山三阙均为两块整石，下层为长方形，子阙紧靠其侧，上层石块上小下大呈斗状。块石上施雕刻。无斗栱。这是形制最为简洁的。山东平邑二阙阙身上施石一层，刻为上、下两层，

较阙身层层挑出，上层四角雕刻斗栱。四川渠县冯焕阙、蒲家湾无铭阙、沈府君阙等阙于坐斗上施纵横交错的枋二至三重，四角雕刻负重力士。上层枋上置四周饰雕刻整石一层，整石上亦为一整石，上宽下削，雕刻柱、斗栱，其上为阙顶，与嵩山汉三阙不同。重庆诸阙又与上述诸阙不同，是结构形制最为复杂的一种，阙楼高二至四层，重檐，阙身上以施装饰的整石一层为界，分置两重上下两层枋之间施柱的结构，或上层雕刻与渠县冯焕阙相同的结构，故整个阙较其他阙高大。

阙顶一般以块石垒砌或整石雕刻，分层叠压覆盖。阙顶一般雕刻为五脊四面坡的庑殿顶，单檐或重檐，屋面雕刻出筒瓦瓦垄形状，前有瓦当。瓦垄置于瓦口内，下有遮檐（椽）板，其下为线刻或高浮雕的椽。阙身上部一般有榫头，与阙顶楼部下枋子层底面的卯孔吻合。

四、阙的建筑形制

阙作为汉代建筑的实物形象，对研究汉代建筑具有重要价值。阙对汉代建筑形制结构的表现主要是通过雕刻手法来表现的，这种雕刻技法包括减地雕刻，如阙身上对柱的表现；浮雕，如椽子、建筑装饰等；圆雕，如斗栱、枋子等。应该说这种雕刻表现方式，既是写实的，同时又是写意的（图7）。

阙座。即阙的台基部分，建于地面基础之上，基础经人工处理。平面呈长方形，用整石分层垒砌。

平面。阙平面一般呈长方形，面阔与进深比似乎存在地域性特点，如河南登封嵩山三阙面阔与进深比为3:1；四川高颐阙、绵阳杨氏阙约为2:1；四川夹江杨宗杨畅阙与四川渠县诸阙约为3:2；山东平邑功曹阙、皇圣卿阙约为6:5，接近方形。平面呈长方形和接近方形，可能与阙的形制关系较大，双出阙一般平面呈长方形，而单出阙平面接近方形，给人以稳健的视觉感受。

柱。阙身一周有六柱（主阙和子阙同），柱顶以阑额连接，形成面阔两间、进深一间的结构。柱的形状主要是方形柱，柱随阙身形状，柱脚大，柱头小，可以看成是侧脚的前身。柱头上没有平板枋，直接承坐斗。

柱通过平面雕刻来表现，包括立柱和童柱两种形制。立柱雕刻于阙身，以整石为阙身者，柱雕刻明显，系将两柱间的平面减去以突出柱，柱间又施雕刻，这种基本为写实的。块

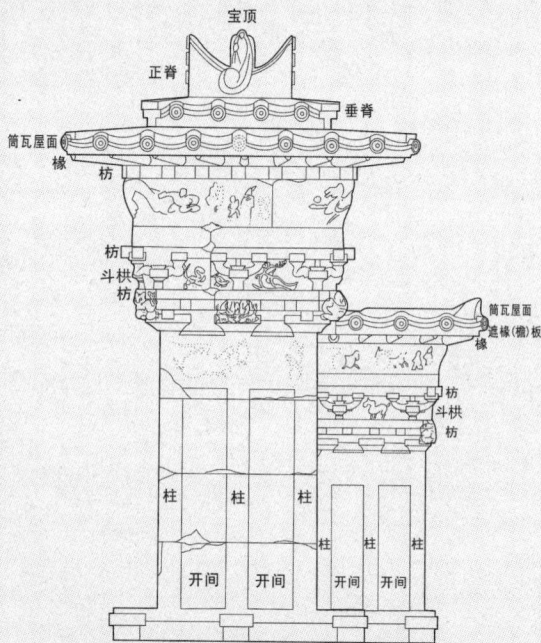

图7　阙的建筑形制

石垒砌阙身的因各石间或分层有雕刻，则是以写意的方式表现，通过线雕以示意性表现。

童柱位于层楼或平座两枋间，方形。

在阙中还可见到汉代独特的一种柱的形式，即束柱。这种柱是将柱捆扎在一起作为柱使用的，一般认为是木料缺乏而采取的构架方式。见于四川乐山麻浩崖墓和柿子湾、棉花坡汉崖墓（图8），渠县赵家村西无铭阙也有束竹柱的形制（图9）。

斗栱。斗栱起着扩展屋面出檐和传递屋面荷载的作用。汉阙中既有斗栱，也有斗栱分离只有斗的。单独的斗为坐斗和散斗。坐斗，长方形，位于柱头上方，"十"字口，上承枋。斗栱则位于楼层的上方，支撑阙顶屋面。

汉阙中的斗栱基本为一斗两升，即栱上有两个散斗，从汉画像砖、画像石、崖墓及考古出土明器模型等看无不如此，应该是汉代最为基本的斗栱形制。汉阙一般不论主阙、子阙，一周各有六至十朵斗栱，即正面、背面一般两朵或三朵斗栱，侧面为一朵或两朵斗栱。阙上雕刻的斗栱形制较为丰富，有学者对四川、重庆现存的石阙的斗栱的形态研究后，分出五型十式，可见斗栱在汉代发展较为成熟。这种形制之间可能存在时间或地域上的特点。

斗栱由斗和栱两个组成构件，斗又分坐斗和散斗，坐斗为长方形或方形，正中开"一"字口或"十"字口，上承栱、枋。散斗位于栱端，或开口，或不开口（无耳），用以承接枋子。汉阙的栱有普通型栱和曲臂型栱两类，普通型栱的栱臂平直，两端作90度垂直而上，下角作45度切去，如忠县丁房阙左阙背面所刻栱。或栱臂平出，两端有卷杀，卷杀有斜杀和近于圆形两种，如渠县冯焕阙（图10）、绵阳杨氏阙。栱上承散斗。曲臂型栱的栱臂弯曲，或栱臂弯曲而上作弓形，如雅安高颐阙（图11）和芦山樊敏阙所刻斗栱，或栱臂弯曲呈如意云头形，如渠县蒲家湾无铭阙（图12）、渠县赵家村东、西二阙所刻斗栱等。还有一种称之为鸳鸯抄手栱的，实际是两朵单独斗栱的组合，因此一般有两个坐斗，散斗或有两个或有三个，如渠县沈府君阙（图13）、忠县甘井沟无铭阙即刻有此型阙。

在转角的处理上，散斗到角的，两面栱

图8　束竹柱（四川乐山柿子湾崖墓）

图9　束竹柱（赵家村西无铭阙）

图 10　斗栱形制之一（渠县冯焕阙）

图 11　斗栱形制之二（雅安高颐阙）

图 12　斗栱形制之三（渠县蒲家湾无铭阙）

图 13　斗栱形制之四（渠县沈府君阙）

端共承散斗，散斗不到角的，两面各在近角处设一散斗。但需要注意的是，每个阙并不是只用其中一种形制的斗栱，组合使用较为普遍（图14）。

斗一般直接置于柱头上，雅安高颐阙右阙坐斗下设一薄皿片，为其他各阙所不见。

对于汉阙斗栱的用材，有学者根据保存完整的雅安高颐阙右阙为例与宋代《营造法式》进行分析研究，认为汉代对材分制度运用已经较为普遍。

雅安高颐阙右阙斗栱尺寸折合材分表
（采自《四川汉代石阙》）（依《营造法式·大木作》折合）

名称	主阙		耳（子）阙	
	实际尺寸	折合分数	实际尺寸	折合分数
材高	12.2厘米=3.7寸	11.21分	9.2厘米=2.8寸	11.2分

名称	主阙		耳（子）阙	
	实际尺寸	折合分数	实际尺寸	折合分数
材宽	10.8厘米=3.2寸	10分	8.3厘米=2.5寸	10分
栔高	6.6厘米=2寸	6分	5.5厘米=1.7寸	6.8分
弓臂栱长	50厘米=15.2寸	约46分	45厘米=13.3寸	约53分
曲臂栱长	50厘米=15.2寸	约46分		

图14　转角斗栱（雅安高颐阙）

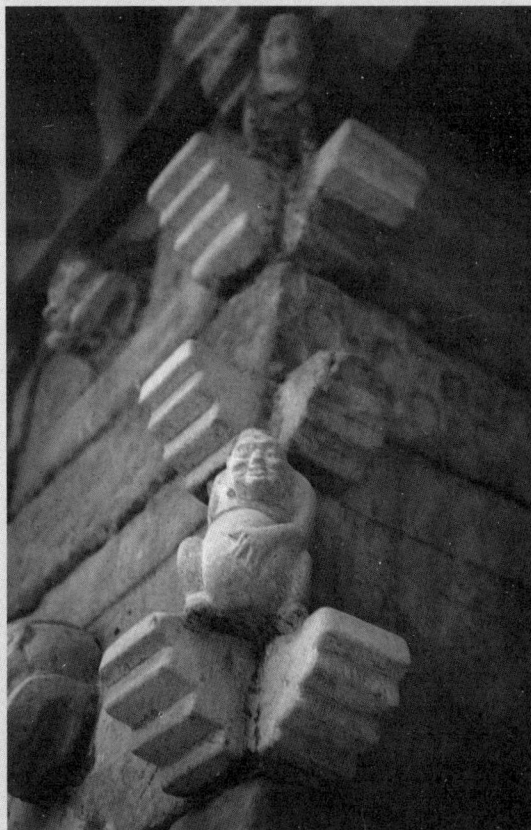

图15　枋头卷杀（重庆乌杨阙）

枋。枋常见断面为方形，也有长方形。主要见于楼层或平座，散斗上也施枋，上承椽。枋一般纵、横叠压排列，楼层或平座有的两重，有的三重，枋头一般为素面，不作雕饰。渠县冯焕阙中使用45度角枋。重庆忠县丁房阙、乌杨阙、干井沟无名阙主阙各枋枋头有二至三瓣卷杀（图15）。

椽。汉阙中的椽均为圆形，椽头断面基本为圆形，无装饰。重庆诸阙中椽的出檐部分经砍削，椽头变小，有的椽肚被砍削成前细后粗、椽头上翘，呈飞椽式样。

椽的摆放方式，一般与瓦垄平行，即与阙身的前、背面及侧面垂直，在翼角的处理方式上也是相同的，只不过椽身相应变短，与角椽呈45°。子阙的转角部分椽则分别从正面（或背面）及侧面伸出，与角椽成一定的角度，但两椽相交成直角。山东武梁祠阙及河南嵩山三阙均为如此。四川和重庆地区汉阙的椽的摆放方式与山东、河南有异，应该是地方特色。正面（背面）或侧面正中的椽与阙身垂直，角椽从阙身的转角部分搭设，与阙身呈45°角。椽的摆放从正中椽开始向两侧，椽向外撇呈"八"字形，一般正面（背面）五至七椽，侧面三至五椽；子阙正面（背面）二至四椽、侧面三椽。子阙正面椽与阙身垂直平出。角椽与相邻两椽亦不相交（图16）。

整个屋顶由整石雕刻而成，椽间封闭，应是椽椀之类的构件。

椽和屋面瓦垄关系有两种情况：一是椽与瓦垄不对应，交错排列，如嵩山三阙，太室阙瓦垄间距18厘米，椽距21厘米。启母阙瓦垄间距21～27厘米，椽距18厘米。椽距较大，椽距与瓦垄间距不对应，表明椽上应该有木基层。二是椽与瓦垄对应或基本对应，如渠县冯焕阙、沈府君阙、蒲家湾无铭阙和重庆忠县乌杨阙、丁房阙、甘井沟无名阙等主阙正面和背面椽与瓦垄对应，即筒瓦落于椽上，侧面椽位于板瓦瓦沟的中部。

渠县冯焕阙、忠县甘井沟无名阙于斗栱下雕刻椽头一周，排列密集，应是楼层的承重结构部分。椽头为圆形。

遮檐（檐）板。位于椽的上面，上承瓦。遮檐（椽）板上刻有瓦口，以固定板瓦。从椽的情况看，椽木基层上应该铺装有苫背。

瓦。有板瓦、筒瓦和勾头几种形制，板瓦为底瓦，筒瓦为盖瓦，筒瓦前端为勾头，但没有发现后代使用滴水的例子。根据雕刻，瓦当规格较大，太室阙瓦当直径9～11厘米，瓦垄间距18厘米。启母阙瓦当直径12～14厘米，瓦垄间距21～27厘米。少室阙瓦垄间距16～27厘米。三阙的年代接近，但瓦当直径和瓦垄间距不同，似乎可证瓦无具体的规格。四川、重庆地区的瓦当规格较小，

图16　屋面椽排列方式（重庆乌杨阙）

芦山樊敏阙主阙瓦当直径 4 厘米，瓦垄间距约 16 厘米。瓦当或素面，或饰汉代流行的柿蒂纹（如嵩山三阙）和云纹（如渠县冯焕阙、沈府君阙、蒲家湾无铭阙等）。

瓦伸出遮檐板，以保护椽头以免受日晒雨淋而风化糟朽。

阙顶。阙顶由阙仿木屋顶、遮檐板和椽子及介于阙顶与阙身之间雕刻由枋子、斗栱层组成，这部分应该是楼层的表现，应该是文献记载中的"观"的表现，下文将有详述。这里的阙顶指阙的仿木结构屋顶。

阙顶主要是五条脊、四面坡的四阿顶（即庑殿顶），子阙因顶的一半紧靠在主阙上，所以只作半四阿顶。一般高一层，单檐，也有高两层的，如雅安高颐阙、忠县乌杨阙、忠县甘井沟无名阙、忠县丁房阙。整个阙顶一般用二至三块大石雕刻，一般正脊为一块。屋面的檐端平直，山东武梁祠阙屋面檐端正面成一条线，屋面瓦垄雕刻也不突出，瓦、遮檐（椽）板、椽之间以减地雕刻，带有写意的味道，因此整个屋顶显得呆板。而河南登封嵩山太室阙及四川、重庆地区的阙顶屋面虽遮檐（椽）板下皮为水平直线，但末端一垄的瓦当和滴水略有提起，使瓦垄的外轮廓线呈反翘状态，加之底瓦、盖瓦采用圆雕技法，瓦垄突出，椽、遮檐（椽）板、瓦之间为层层递增伸出，整个屋面生动、活泼（图 17）。

阙的屋顶有较深的出檐，但坡度较为平缓。

脊。包括正脊和垂脊两类。正脊或以一块整石雕刻而成，基本以水平直线为主，无装饰或雕刻扣合的瓦当，嵩山太室阙、少室阙、忠县乌杨阙正脊正面雕刻扣合的瓦垄，

脊端两侧雕刻 2～3 层瓦当，向上反曲。太室阙两侧面各雕 6 个瓦当，排列为上一、中二、下三。乌杨阙正脊两侧面各雕刻 5 个瓦当，排列为上一、中下各二。

垂脊分一段式和两段式两种做法，一段式即垂脊为整段，呈水平直线，脊端雕刻瓦当，表明垂脊上有覆盖筒瓦的做法。这种阙顶由一整块石或多块石拼合雕刻而成。两段式的阙顶分上、下两层，分别由两块整石或多块石块拼合雕刻而成，下层为下盖，盖平，屋顶雕刻垂脊、遮檐（椽）板和瓦垄；上层为上盖，有正脊、垂脊和瓦垄，覆盖于下盖上，两盖垂脊的脊端均雕瓦当，正视、侧视时脊由两段组成。重庆忠县丁房阙、乌杨阙垂脊前端叠瓦当三枚，排列为上一、下二，呈"品"字形（图 18）。叠瓦当的做法是汉代较为普遍，

图 17　瓦垄（重庆乌杨阙）

图 18　脊饰（重庆乌杨阙）

除丁房阙、乌杨阙外，还有嵩山太室阙、启母阙、少室阙及四川渠县冯焕阙的垂脊均为如此，不同的是乌杨阙的脊端弯曲起翘明显。

脊除脊端雕刻瓦当外，表面一般饰以直线，唯忠县丁房阙脊端起翘明显，饰以单云纹。或为魏晋隋唐时期鸱尾之雏形。正脊正中饰圆球，当为后代宝顶之雏形。高颐阙正脊作银锭形，正中饰柱形宝顶。

装修与装饰。阙的装修则是以部分借代全部的文学手法，通过雕刻来表现的。我们能够看到和推测到的装修有门和楼层的栏板。阙正面柱间刻有铺首，铺首是门上的构件，因此我们可以推测柱间施有实榻门。

阙在表现装饰方面相对较少，如正脊两端、垂脊前的叠瓦做法，可以认为是后代建筑鸱尾和垂兽的前身。另外正脊也有使用宝顶的，也是建筑装饰的一种。

五、阙与汉代建筑

通过对汉阙的对比、分析、研究，我们对汉代木构建筑大体作以下复原。

建筑有单层，也有多层。用单檐，也有重檐。根据阙所提供的信息，我们可以认为最高的阙为四层（重庆忠县丁房阙、忠县甘井沟无名阙）。

建筑有台基，台基平面为长方形。台基素面或有装饰。台基下为基础部分，基础部分在建台基前要作夯打处理或铺垫卵石搅拌白泥层处理。

台基上立柱，根据汉代其他的图像等资料，柱下应该有柱础石，但阙中没有实例。柱头有阑额连接。柱间施实木门，门上施兽面衔环铺首。

柱头施坐斗，斗上施纵横交错的方形或长方形枋，构成二层的楼层，枋头素面或二、三瓣卷杀。枋上立柱，柱间设栏杆（阙为整石雕刻，可能受面积限制，不能完整表现），柱上施枋，枋上施斗栱，上托枋。枋上承椽，椽上为木基层和苫背，木基层前为遮檐（橑）板，遮檐（橑）板上有瓦口，以固定瓦。这是高两层的结构。三层结构的建筑是于二层之上再构建与二层结构相同的楼层。楼层或密铺木椽以增强承重。

屋顶为五脊四坡的庑殿顶，筒、板瓦屋面。脊为条瓦（用线条表现）脊，正脊平直或用瓦当叠起而起翘，垂脊前端或平直，或叠瓦当起翘。正脊正中施宝顶。

由于阙这类建筑本身的限制，建筑的内部梁架结构不能表现。根据立面雕刻所提供的信息，结合崖墓资料和文献资料，楼层顶部应该有平棊或藻井。

我国古建筑学家陈明达先生曾以四川雅安高颐阙为例，对汉代的木结构建筑情况进行探讨、复原（图19，参见《文物》1961年第12期）。

六、阙、观试析

我们再分析"阙"与"观"。

文献中有阙、观互称。《尔雅》"观谓之阙"，《说文》"阙，门观也"，《风俗通义》"鲁昭公设两观于门，是谓之阙。宫门双阙也。"《宫室考》"天子之雉，阙门两观。诸侯之雉，台门一观。天子外阙，诸侯内阙。何休注，天子雉门，两旁筑土为台，而虚其中，望之阙然，故谓之阙。台上有屋，悬国典以示人，巍然而高，

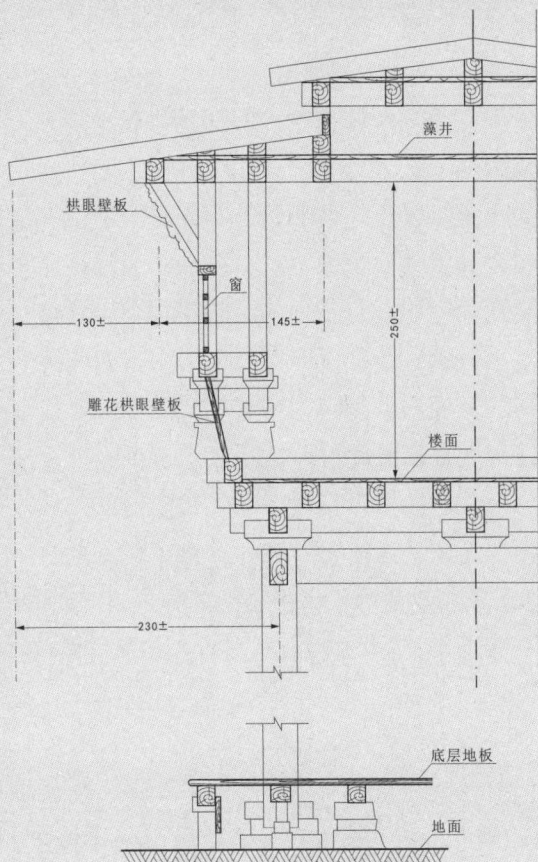

图19 陈明达先生根据高颐阙复原的汉代建筑

图中标注：藻井、栱眼壁板、窗、雕花栱眼壁板、楼面、底层地板、地面、130±、145±、250±、230±

故谓之象魏，以其示人故谓之观。"《三辅黄图》"阙，观也，周置两观，以表宫门，其上可居，登之可以远观，故谓之观"，似乎阙、观相同。

根据以上文献记载，表明阙有两个基本功能，一是别尊卑，是地位的标志，带有严格的等级性，这在其他的文献中有明确的记载，图像资料也可以表明这一点。其二，阙可以登临，可以远观。因此阙、观是同一建筑，似乎是将一个建筑分为上、下两部分来解，阙是下部的土台基，观是台基上的屋形建筑。

从汉阙实物和图像、墓葬资料分析，我们认为阙和观实际就是阙的两个不同构成部分的名称，与实物相对地，"阙"为阙身部分，"观"即阙楼部分，阙身因其在人的水平视线范围内，"阙，在门两旁，中央阙然为道也"（《释名》），这是阙的"表"的功能部分，晋人崔豹甚至附会地认为，"人臣将朝，至此则思其所阙，故谓之阙"，认为之所以称阙，是因为两阙不相连，中间有缺口。上朝之时，臣子到宫门口，看到阙时，就想想自己是否有什么没有做到的地方，阙即缺也。

观，"观也，于上观望也"（《释名》），表明观又有瞭望的功能，因此，对建筑的要求而言，"其上可居，登之可以远观"（《三辅黄图》），与阙实物对比，"观"即阙楼部分。

因此，周于正月之吉"悬治象之法于象魏，使万民观象，挟日而敛之"（《周礼·大宰》），是将法治张贴于阙身上，告示万民。故《释名》中又有"门阙，天子号令赏罚所由出也"的说法。孔子"与于蜡宾，事毕，出游于观之上，喟然而叹"（《礼记·礼运》），是登阙楼而叹也。因此，阙、观为同一建筑的构成部分，功能不同，名称不同，以示区别，这也是对文献记载的合理解释。

参考资料：

徐文彬等．四川汉代石阙 [M]．文物出版社，1992 年 10 月

高文、王锦生．中国巴蜀汉代画像砖大全 [M]．国际港澳出版社，2002 年 9 月

相关考古调查发掘简报，不一一列举。

汉阙的形式与内容

张孜江

距今两千多年的汉代石阙，是我们已知还能看见的地表上的汉代建筑。目前，在全国范围内只有山东、河南、四川、重庆、北京、安徽和甘肃七省市发现有少量的汉代实物阙，共计37处。在这37处中，有19处是在原址上从未移动过；其余为出土发掘或因种种原因不在原址，已迁移新的地方。这些汉阙是我们洞悉汉代的历史、社会、文化、建筑、艺术、书法、雕刻、民俗等方面的一扇窗口，具有不可替代性，有着极高的历史价值、艺术价值和文化价值。

据文献记载，阙最早建于春秋时期，《古今注·都邑》注曰："阙，观也。古每门竖两观于其前，所以标表宫门也。其上可居，登之则可远观，故谓之观。人臣将至此则思其所阙，故谓之阙。"说明阙当时主要置于宫殿、寺庙、城门前，它既是宫殿的象征，又是揭示政令和依托远眺、以利防御的地方。

阙，一般以石、砖、土、木建造。到了汉代有较大的发展，从众多汉画像石、画像砖中可以看出，既有单阙，又有双阙；有双重檐的，还有三重檐的。当时不仅宫殿、寺庙、城门前有阙，而且贵族官僚的府第前也都有阙。《后汉书·百官志》注引蔡质的《汉仪》说："王莽初为大司马，府门有阙。"其时，阙已成了表示官爵地位和功绩的象征性建筑，《白虎通义》曰："门必有阙者何？阙者，所以饰门，别尊卑也。"阙的层数越多越高，就表明主人的身份或地位越高，比主人地位低者来到阙前，须下车、下马以示敬意。

根据阙的使用功能，学界一般将阙分为城阙、宫阙、祠庙阙、宅第阙和墓阙五种形式。由于阙是建于地面的建筑物，经历了两千多年岁月的风雨侵蚀，能留存至今的汉阙寥寥无几。绝大部分土阙已成为土堆，荒草丛生，难以辨认；而木质阙只能在留存下来的画像砖、画像石、壁画等图案里窥其一斑，实物早已无存；因此，保留下来能看见的主要是石阙，这些幸存者也大都已成残垣断壁。即便如此，从这些留下来的实物汉阙身上，我们一样能感受到汉代在建筑艺术、雕刻艺术、书法艺术以及历史文化等方面所传达的信息。

一

阙，是一种左右对称、中间形成缺口通道、建在城门或建筑群前面的建筑物。东汉刘熙在《释名》中说："缺者，阙也，在门两旁，中央阙然为道也。"这揭示了阙的原始意义和功用。

阙最初只是用来标志原始部落外垣建筑群的入口，渐渐地，人们开始赋予它更多的功能。在新石器时期，出现了单纯作为守卫、瞭望的木楼，起登高望远的作用，正如《古今注》所说："其上可居，登之可远观"，这是阙的原始雏形。商周以后出现的城阙、宫阙，才是真正意义上的阙，不但城门、宫门有阙，贵族的府第也开始建造使用阙。《白虎通义》说："阙者，所以释门，别尊卑也。"说明阙是地位和权势的象征。《春秋公羊传》：

"天子外阙两观，诸侯内阙一观。"说明阙还代表着奴隶社会、封建社会的等级制度。而"门阙，天子号令赏罚所由出也"（《释名》），更是给予了阙昭告天下、发号施令的地位。

到了以"事死如事生"的汉代，阙发展到鼎盛时期，这时候，流行在墓室前建阙。现保存下来的汉阙主人大多数都有一定的身份地位。除了王公贵族以外，一般百姓，也可以建阙以示纪念。《盐铁论·散不足》记载："中者垣阙梓恩"。现存的山东武氏祠双阙和南孙氏阙，从其阙上的铭文，没有雕刻头衔官职，证明是其子为其父所立的墓阙。

汉朝贵族官僚们除生前在自己的宅第前建阙以示威仪外，死后，也在自己的坟墓前立阙，这些坟墓多采用方锥平顶形式，坟墓前建石造享堂，其前立碑，碑前为神道，神道的两侧排列石羊、石虎和有翼的石狮，最外建石阙两座，模仿木结构建筑形式，在台基和阙身、楼部等部位有浮雕仿柱、枋、斗栱，并雕刻人物花卉，上面覆盖瓦垄屋顶，如四川雅安高颐阙、绵阳杨氏阙等。

魏晋南北朝时，阙的形式还在继续出现，但不论是规模还是数量都已大不如汉代，到了唐宋时期，由于社会的繁荣发展，对外交流的扩大，在大都市里，阙已失去了其意义，被逐渐废弃，只有少量的宫阙和帝王陵墓等地还有使用，祠庙阙、墓阙已不再使用，而城阙逐渐退化，到元、明、清后，阙被其他建筑艺术形式所替代，只在北京皇宫的午门，还能依稀看到一点阙的影子。

二

从目前仅存的 37 处汉阙来看，其分布范围，主要集中在北京、山东、河南、四川、重庆、安徽和甘肃等七个省市。北方的山东现还保存 5 处、河南 4 处、安徽 1 处阙以外，北京的秦君阙还是发掘出土的，早已不在原址保存，而移至博物馆室内展出。安徽淮北无铭阙很早的时候都已经拆毁，其石料已作他用。西北地区的甘肃省还保存有土坯制作的阙，但风化已非常严重，余下的 25 处汉阙，主要幸存在四川、重庆两地较为偏僻的地方，就是这 25 处汉阙，也并不是所有的阙都在原址保存，像四川成都的王平君阙、西昌的无铭阙、梓潼的无铭阙、杨公阙、贾氏阙，重庆忠县的乌杨阙、干井沟阙、丁房阙和邓家沱阙、万州武陵阙等，因城市建设、道路改建等原因，而迁移至新的地方保存，或出土发掘后就被博物馆等单位收藏。

在陕西、甘肃、北京等地，还有部分土阙的残留基址，由于这些土阙早已坍塌成为土堆，杂草丛生，其上的建筑物也早已无存，一般人难以辨认，就是走到跟前，除能看见少量的人工夯筑土墙似的遗迹以外，也只能靠想象来还原这些阙当初的形象。

根据汉阙目前保存的环境现状来看，大致可分为四种情况：1、全封闭室内存放的阙，这类阙的代表主要是河南、山东的汉阙，以及重庆盘溪无铭阙，其共同点是为阙建了个"家"，用砖石建造房屋将这些阙全部罩住，避免了风吹日晒。2、半遮挡式存放的阙，如四川梓潼的李业阙、无铭阙，以及四川德阳的司马孟台阙，在这些阙的顶上都建有遮挡风雨的屋顶，但四周空旷，只有德阳司马孟台阙为清光绪九年建砖石龛包裹阙身，只裸露出前半部分。3、博物馆收藏的阙，主要有重庆的乌杨阙，已迁移到重庆中国三峡博物馆展览大厅步行楼梯的两侧。而万州武陵阙、四川芦山石箱村无铭阙、北京秦君阙已作为展品，陈列在展厅里，供观众参观。成都的王平君阙、四川昭觉阙和西昌无铭阙，却收藏在库房里，未能示人。4、全露天存放的阙。这是目前大多数汉阙的命运，主要集中在四川、重庆和西北等地，包括甘肃瓜州的踏实土坯阙、四川雅安高颐阙、绵阳杨氏阙、夹江杨公阙、芦山樊敏阙、梓潼贾氏阙、杨公阙和渠县的几个阙，以及重庆忠县的几个阙。这些阙绝大部分在原址上，没有建任何建筑遮挡，任凭风吹雨打。

从这四种汉阙的保存方式看，以建有房屋和存放在博物馆展厅内的阙保存最好，风化程度也最小；阙顶上有遮风挡雨的次之；裸露在室外的保存情况最差。

三

汉阙是一种集建筑艺术、雕刻艺术、书法艺术等为一体的建筑，是汉阙研究的主要内容和重点之一。

从建筑的角度看，汉阙是我们现今除了汉代长城遗址以外，能见到的汉代地面建筑物实体，从一个侧面反映了汉代的建筑风格

和建筑思想。除甘肃瓜州的土坯阙，由于是泥草所建，未见铭文雕刻（或书写的铭文已剥落无考），未见纹饰雕刻以外，其他的石阙都有纹饰雕刻或铭文雕刻。

汉阙的建筑结构，一般由阙基、阙身、阙楼和阙顶四个部分组成。南方的阙与北方的阙在建筑形式上有所区别，南方因多雨潮湿，在建筑风格上体现了木结构的建筑形式，特别是阙的楼部表现尤为突出，梁、枋、椽、斗栱、瓦垄等木结构上能见到的中国传统木建筑构件大多都能找到，而且阙顶的造型也呈坡面屋脊状，出檐较大，盖住阙身，以防护多雨地区的雨水冲刷。而以山东、河南为代表的北方汉阙建筑结构，却以墙体垒筑形式为主，纹饰主要雕刻在阙身部位，楼部及阙顶只是简单地装饰一下，略显呆板，没有四川、重庆等南方汉阙的楼部内容丰富和表现活泼、多样。

说到中国建筑的传统形式，必说斗栱，而斗栱是中国传统建筑特有的建筑构件。所谓斗栱，就是在方形坐斗上用若干方形小斗与若干弓形的栱层叠装配而成，具有结构和装饰的双重作用。在汉阙上当然也不例外，汉阙中的斗栱基本形制为一斗两升，即栱上有两个散斗，如四川雅安高颐阙、绵阳杨氏阙、重庆忠县丁房阙、干井沟阙等。也有一斗三升的，如山东平邑的功曹阙和皇圣卿阙。斗下是否置皿板不一致，目前只发现四川雅安高颐右阙有皿板，栱端的卷杀也不止一种，四川汉阙中有用复杂曲线构成 S 形和 P 形状的，最为特殊。由于中国封建社会的等级制度，斗栱的建筑"只有宫殿、寺庙及其高级建筑

才允许在柱上和内外檐的枋上安装斗栱"。从这个意义上说，这些保存下来有"斗栱"的汉阙，至少也属于"高级"建筑。

枋和椽也是大多数汉阙上不可缺少的构件。枋一般为纵、横叠压排列，方形为主，也有长方形的，主要见于楼层或平座，散斗上也施枋，上承椽。枋头一般为素面，不作雕饰，但四川雅安高颐右阙枋头上雕刻有铭文。汉阙中的椽基本为圆形，椽头断面无装饰。椽的出檐部分有的被砍削，有的椽肚被砍削成前细后粗、椽头上翘，呈飞椽式样。

雕刻艺术，是汉阙艺术的重要组成部分，从现存的汉阙看，阙的雕刻技法主要包括浅浮雕、高浮雕、圆雕、阴线刻、阳线刻等。四川、河南、北京、重庆等地的汉阙多采用浅浮雕、深浮雕和圆雕。山东的汉阙以阴线刻、阳面雕刻的技法较多。在画面处理上，汉阙画像善于利用阙顶、阙盖、介石、阙身、阙座等部位分层、分格构图，把天上、人间、神灵异兽、民俗民风、衣食住行等包罗万象的众多事物，有条不紊地展现出来，形成构图复杂、层次分明、饱满均衡、细致绵密的特点。汉阙雕刻艺术的另一特点是古朴庄严，雕刻技法及构图简练、匀称、和谐，与汉阙的建筑形式、书法艺术融为一体，形成一个整体美。装饰纹样有绳纹、菱形纹、波浪纹、圆圈纹等几何纹和植物花卉。

汉阙上的铭文，多为"阴刻"，偶然有采用"阳刻"。大都刻在阙身正面，也有刻在阙身侧面的，还有刻在枋上的，其书体以隶书为主。隶书到了东汉逐渐成熟并定型化，但汉阙上的书体或隶，或篆，或楷隶，或草隶，或兼而有之，其书法艺术或雄浑古朴，或柔美纤劲，实为汉代书法艺术之缩影。

四

汉阙画像，内容丰富，题材广泛，与汉代画像砖、画像石（石棺、石函）共同组成中国三大汉代画像，其反映的历史文化内涵异常丰富，主要分为神话传说、神灵异兽、历史故事、社会生活及装饰纹样。

神话传说是汉阙画像里主要题材之一。内容主要包括伏羲女娲、西王母、日月神、仙鹿、九尾狐、三足乌、比翼鸟、蟾蜍、玉兔等各种仙人、神怪，以及各种奇禽异兽、天人感应等祥瑞，还有日御羲和、月宫传说、羿射九日、夏禹化熊等神话传说。

常见的神灵异兽主要包括青龙、白虎、朱雀、玄武等四灵，这类画像主要雕刻在汉阙的阙身上，或汉阙楼部的"介石"上，雕刻技法多采用平面线刻或浅浮雕。

历史故事或传说是汉阙画像的重要内容，有反映帝王圣贤"高祖斩蛇"、"博浪沙椎秦皇"、"周公辅成王"等历史传说，也有"董永伺父"、"郭巨埋儿"等教导孝顺的民间故事，还有 "荆轲刺秦"、"季札挂剑"等反映忠勇之士的历史故事，这些雕刻的历史故事，其目的是"成人伦、助教化"，属彰德的范畴，都是传播中国传统文化的忠孝和儒家思想。

社会生活在汉阙画像里表现比较丰富，有反映仕宦、贵族等日常的"车马出行"、"车骑出行"，人物、拜谒等内容，也有献礼图、献俘图、乐舞百戏、杂技等。炫耀墓主人生前的权势威仪、社会地位和享乐的幸福生活。而装饰纹样是作为汉阙画像的有益补充，各类装饰性的图案在汉阙中有所表现，主要有菱形纹、圆圈纹、方框等几何纹，以及绳纹、水波纹、圆点纹及植物花卉。这类纹饰一般不以主图的形式出现，而是对主图进行烘托，或上下图案的连接、转换，起过渡的作用。

五

汉阙是中国独有的建筑形式，目前，这些仅存的 37 处汉阙，因受自然环境恶化的影响，风化非常严重，留存在汉阙上的纹饰、图案、文字等信息在逐渐消失。

《中国汉阙全集》是近年来，对汉阙发掘、研究的一个总结，收录的汉阙，大部分保存在边远的地区，交通不便，主要编辑人员跋涉千里，实地调查、拍摄，第一次将国内目前已知的汉阙全部收录，全景式、全方位进行了图文介绍。并通过相关专家对汉阙在建筑艺术、书法艺术、雕刻艺术、民俗民风、保存现状调查和保护研究等各方面进行研究论述，在附录部分，还收录了在画像砖、画像石里有关汉阙的形象资料，以及文献记载的相关资料，不仅使本书成为图文并茂、资料性强的工具书，同时，也在汉阙的学术研究方面进行了有益探索，填补了国内在汉阙研究与资料收集方面的空白。

需要说明的是，由于土阙保存现状堪忧，已沦为土堆，荒草丛生难以辨识，且没有图案纹饰或铭文等内容留存，因此，本书未对这些土阙进行收录。书中最后的附录部分，

也是第一次将汉阙作为主题，全方位收录了汉阙在汉代画像石、画像石棺、画像砖等里的形象，为汉阙的进一步研究，以及中国建筑史和建筑艺术、雕塑艺术、绘画艺术、书法艺术、风俗习惯等方面的研究，提供佐证。

目前，仅存的汉阙，因受自然环境恶化的影响，风化非常严重，留存在汉阙上的纹饰、图案、文字等信息在逐渐丢失，为了留住这些珍贵的史料，急需将这些汉阙上的资料信息详细地记录整理出版，便于今后的保护和研究。

中国汉阙中反映的汉代书法艺术

邓代昆

汉代，凭借着空前强盛的国力和繁荣的经济，一方面承继着过去的传统文化，一方面勇敢地、创造性地突破超越传统，其文学、哲学、史学、绘画、书法、雕塑、音乐、舞蹈、建筑、天文、数学、医学等，俨如闪烁于天宇的星辰，交相辉映，蔚成了光华灿烂的汉代文化，达到自殷、周以来我国上古文化的巅峰。沿着两汉四百余年的历史河流漫步，汉文化的稀世奇珍俯拾皆是，书法艺术正是那些奇珍中放着异彩的瑰宝。

汉代的书法艺术，如同它的文学、绘画、音乐、雕塑、建筑一样，以其博大深沉和不可企及的神秘而迷人的艺术力量，一千余年来，依然在感动和叩撼着人们的心灵，曾有多少崇爱书艺的后世学子，如醉如痴，以无比欣慕的心情徘徊、依恋在它们周围，力图在它们中间寻觅到那打开通往书法艺术殿堂的锁钥。

汉代书法艺术，在整个中国书艺发展史上有着不同寻常的意义和特殊地位，是极具关键性的一代。两汉之交，经历了文字学家们所称谓的"隶变"期。隶书的逐渐成熟和定型化，使中国汉字从"象形"的桎梏中最后挣脱出来，完全符号化、纯粹化，从而使中国书法艺术的抽象美更为突出、更为自由地展示出来。隶书的萌蘖可以追溯到东周，中间经历了数百年的孕育发展，至汉代终于取代周、秦时代通行的籀、篆书，一跃而成为主体。但与此同时，它种书体也在跃跃欲试，一露芳姿，篆书也只是退居到了边隅位置，并不是完全被摒弃而戛然终止。据汉代许慎记载，两汉之际的王莽王朝所使用的书体就有"古文"、"奇字"、"篆书"、"佐书"、"摹印"、"鸟虫篆"等六种。而事实上又何止此六种，晋代卫恒说："汉兴而有草书"，近百年来大量出土的简书告诉我们，草书的出现很早，西汉初始就已能窥见其端倪了。而且，章草和今草乃为同时出现，绝不同于前人"草亦章草之捷"，即今草脱胎于章草的说法。另外，此时行书和楷书也都已应运而生，在酝酿着它们的雏形了。因此我们说，汉代是中国书法史上百花竞艳、诸体臻于大备的时代。汉代书法，广泛地表现于金、石、竹、木、帛、砖、瓦等各种材料上。其中尤以刻石最为丰富多彩，绚丽多姿，对后世的影响也最为深远。汉阙书法，则属于汉代刻石书法中一种风格别具的表现形式。

"阙"最早多为宫室大门前的最高层建筑物，通常左右各一。因两阙之间有空缺，所谓"中间缺（阙）然为道也"（汉·刘熙《释名·释宫室》）的缘故，所以称之为"阙"。据晋代崔豹《古今注》言，阙又可以称作"观"或"象魏"。其妙用在"标榜宫门"、"昭示四方"、"用别尊卑"，用巍然高耸的表象，炫示夸耀主人的显贵尊荣。而把这种标榜活人身价的东西，移用到死人身上，在陵墓前建置墓阙，则是稍晚一点的发明。墓阙的建造，分木造和石造两种结构，流传至今而未泯灭者，都为石结构。汉阙见于载录，年代最早者为宋代赵明诚《金石录》上所记西汉建元二年（公元前139年）的《郑三益阙》和清代杨铎《函青阁金石记》上所记西汉河平三年（公元前26年）的《麃孝禹阙》。《郑三益阙》我们今天已无法见到；《麃孝禹阙》今虽犹藏山东省博物馆，或又被李文田、康有为断为伪物，故今之所存汉代石阙，实已尽为东汉时物了。究其原因，或与"新莽恶称汉德，凡有石刻，皆令仆而磨之（宋尤袤《砚北杂记》）"有关。刘勰《文心雕龙·诔碑》上说："东汉以来，碑碣云起"，在当时，建阙的盛况是可以想见的。然而千余年来，经自然的或人为的破坏，如今我们能见到的汉阙在全国也仅只三十余处了。它们分别分布在四川、山东、河南、重庆等地，其中以四川发现为最多，有19件之多，占全国总数的二分之一。这些遗阙，由于岁月的吞噬，有的阙石剥泐太甚，字迹漫漶不清，或已完全没有文字了。其有文字可见或有拓本传世者，尚计有二十四件，即如下表所示：

阙名	建阙年代	建阙地点	书体	备考
御史李业阙铭	建武十二年（公元36年）	四川梓潼	隶书	【清】陆增祥《八琼室金石补正》
莒南孙氏石阙刻字	元和二年（公元85年）	山东莒南	隶书	山东文物总店编辑《山东汉碑刻》
汉南武阳功曹阙铭	章和元年（公元87年）	山东费县	隶书	【宋】赵明诚《金石录》
王文康阙铭	永元六年（公元94年）	四川彭山	隶书	邓代昆"成都汉阙刻石铭文考释"《四川文物》88·1
王君平阙铭	永元九年（公元97年）	四川彭山	隶书	邓代昆"成都汉阙刻石铭文考释"《四川文物》88·1
王稚子阙铭	元兴元年（公元105年）	四川新都	隶书	【宋】欧阳棐《集古录目》
幽州书佐秦君石阙铭	元兴元年（公元105年）	北京	隶书	人民美术出版社《东汉碑刻的隶书》
太室石阙铭	元初五年（公元118年）	河南登封	隶书	【清】刘青藜《金石续录》
幽州刺史冯焕阙铭	永宁二年（公元121年）	四川渠县	隶书	【宋】洪适《隶释》
少室石阙铭	延光二年（公元123年）	河南登封	篆书	【清】叶奕包《金石录补》
启母庙石阙铭	延光二年（公元123年）	河南登封	篆书	【清】顾炎武《金石文字记》
南武阳皇圣卿阙铭	永和三年（公元138年）	山东费县	隶书	【清】陆增祥《八琼室金石补正》
武氏石阙铭	建和元年（公元147年）	山东嘉祥	隶书	【宋】赵明诚《金石录》

阙名	建阙年代	建阙地点	书体	备考
王君平阙侧铭	永寿元年（公元155年）	四川彭山	楷隶	邓代昆"成都汉阙刻石铭文考释"《四川文物》1988·1
昭觉石阙铭	光和四年（公元181年）	四川昭觉	草隶	吉木布初，关荣华"四川昭觉县发现东汉石表和石阙残石"《考古》1987·5
高颐西阙铭	建安十四年（公元209年）	四川雅安	隶书	【清】汪鋆《十二砚斋金石过眼续录》
沈君石阙刻铭		四川渠县	隶书	【清】杨铎《函青阁金石记》
上庸长石阙铭		四川德阳	隶书	【宋】洪适《隶释》
平阳府君阙刻铭		四川绵阳	隶书	【宋】洪适《隶续》
汉益州太守杨宗阙铭		四川夹江	隶书	【宋】赵明诚《金石录》
汉侍中杨休阙铭		四川梓潼	隶书	高文《四川汉代画像石》
汉故太守尹公阙铭		四川广元	隶书	【清】张廷济《清仪阁金石题识》
汉蜀中书贾公阙铭		四川梓潼	隶书	【清】陆增祥《八琼室金石补正》
汉贞女罗风墓阙铭		四川	隶书	【宋】洪适《隶续》

高碑大碣遍及海宇的东汉，隶书逐渐步入它的成熟期，声势之浩大，风貌之多样，灿若星辰，光芒四射，成其为登峰造极的黄金时代。但正由其体势日臻完美，隶法也就随之日趋完备，使早期隶书那种朴拙古质、天真随意的自然美也随之逝去了，被波磔分明、端严方正的整饬美所替取，出现了像《华山碑》、《史晨碑》、《熹平石经》那样的高华典丽，气象庄肃，却缺乏灵宕生气的作品。而汉阙刻铭书法，则多出自民间工匠手笔，意少束缚，远离"正统"书风桎梏，在丰碑若林的东汉刻石书法中，别开生面，自辟蹊径，表现出一种奇异的生命力量。一方面冷静地保持着西汉以往的初始隶书的稚拙真率，为东汉法度森森的书坛，透进一股活跃清新的气息。另一方面，又不同寻常地将动宕飞鹜的草书笔法融入阙石文字中。而更令人惊讶的是，在近年出土的《王君平阙侧》刻铭中，竟已出现了成熟的楷书字，这一发现，无论是在书法艺术史，还是在书法发展史上，都将赋以崭新意义。

汉阙的铭文，大都刻在阙身正面，也有刻在阙身侧面的，有的镌刻在阙的角石（如"表"）上，更有镌在阙的石椽端部的。铭文多采用"阴刻"，但也有偶然采用"阳刻"的。其书体或篆，或隶，或草隶，或楷隶，或众体杂糅；或如简书，或如帛书，或如砖铭，或如瓦铭；或纤劲，或雄浑，或简直，或朴厚……汉阙书法，实可视为汉代书风的缩影，换句话说，汉阙书法，从一个侧面，较为全面地反映出了它那一时代的书法艺术风貌。

"太室"、"少室"、"启母"三处石

阙是汉代石阙留存至今较早的实物。三阙均属于神庙大门阙。因三阙都建在河南嵩山山麓中，所以又称其为"嵩山三阙"。又因嵩山属我国"五岳"中的"中岳"，故或又称其为"中岳三阙"。其中"太室阙"建于东汉元初五年（公元118年），"少室阙"、"启母阙"则系东汉延光二年（公元123年）颍川太守朱宠所建造。

太室石阙，又称《嵩山泰室石阙铭》、《中岳泰室石阙铭》、《中岳泰室阳城石阙题记》。为嵩山三阙中保存最好的。有两段铭文，隶书。铭高一尺三寸，横四尺六寸五分，共刻二十八行．行九字，独第三行为十字，行与行间有格界之。铭曰："……惟中……崇高神君，……，伐……最纯，春生万［物，肤］寸起云，润施源流，［鸿蒙沛］宣，广……海，莫不蒙恩，圣朝肃敬，众庶所尊，斋诚奉祀，战栗尽勤，以［颂］功德，刻石纪文，［垂］显……异，以传后贤，元初五年四月，阳城［县］长左冯……万年吕常，始造作此石阙，时……，……川太守京兆杜陵朱［宠］，丞［江夏西陵］……，监……府……阳［翟］……，丞河东临［汾］……［临汾］张嘉，……史……，乡三［老］严寿，……凡，佐石，……垂，崇高亭长苏重，时监之，阳翟平陵亭部阳陵格，王［孟］，功……车卿，王文……潘，……共……鹖……鹖人虎鹖人……师鹖少……鹖"。有额，原阳刻篆书九字，后面三字今已磨灭掉。尚余"中岳泰室阳城"六字。此铭字大约七、八分，方正精劲，略呈横扁势。其横直画用笔多含篆书意蕴，中锋涩进，坚劲稳健，圆实挺拔。其"水"部

偏旁字，皆化三点为三斜画，如飞似动，新颖别致，与字中"波"画相映，如鱼飞鸢跃，姿意弥远，前人赞其"书风醇茂安闲，波挑好似风吹衣袂"，实非虚语。其作捺笔，尽用双钩写成，故波磔特别阔大，此种处理法，在汉代书法中也为仅见，开后世双钩书法的先河，其所具意义，"不可不详识之。"（清·王虚舟语）（图1）

在东汉，用篆书来刻石而堪指的例子，实已是稀如凤毛，传至今日，除《袁安》、《袁敞》二石外，《少室》、《启母》二阙确乎应算做汉篆巨制，为其佼佼者了。《少室石阙铭》，或称《嵩山少室石阙铭》，刻于西阙南面，形制与太室阙相仿。铭高一尺三寸，宽五尺九寸。《少室阙铭》原刻三十九行，前十七行现已磨泐殆尽，仅仅还能辨识出十几个字了。其行间有格界之，每行四字。其铭曰："……字

图1《泰室石阙铭》（局部）

……

……景……山……坛……休……灵……采……畴……清远……木连……（不明）……林芝（不明）暗……]不明）（不明）三月三日（不明）郡阳城县（不明）兴治神道（不明）君丞零陵泉陵薛政，五官……阴林，户曹史夏效，监庙……辛述，长西河……阳冯宝，丞汉阳冀秘俊，廷……赵穆，户曹史张诗，将作［……］严寿，庙猛，赵始（东阙题记）江［孟］、李［阳、……］仲、潘除、郑益、相盛、潘阳、原文、令常、孙……、……重、令容、（以下……）"。有额，阳刻篆书"少室神道之阙"六字。《启母阙》，《嵩山开母庙石阙》，铭文凡二十四行。行十二字。曰："鹃［二月］（缺）鹃［……］川郡阳……开母庙兴［治神］道阙，时太守［京兆］朱宠，丞零［陵］泉陵薛政，五官［……］阴林，户曹史夏［效］，监……陈修，长西河……阳冯宝，丞汉阳冀秘俊，廷……赵穆，户曹史张诗，将作……严寿，佐左福。［昔者共］工，范防百川，柏鲧称遂，……［其］原，洪泉浩浩，下民震惊，［禹］……［大］功，疏河……九山甄旅，［咸秩无］文，爰纳涂山，辛癸之闲，三……亡入，菡勒斯民，［同］心济……正，……又遭乱秦，［圣汉］……亨，于兹冯神，翩彼飞雉，［烌铧……］［其］庭，贞祥符瑞，灵支梃生，……［鸑］化，阴阳穆清，兴云降雨，……［盈］，守……不歇，比性乾坤，福禄来……数相宥我君，千秋万祀，子子孙孙，表碣铭功，昭……棘，延光二年，·重曰，德洋溢而溥优，……政，……靓韵……摇……黼，皇极正而降

休，……颖，芬兹……于圖畴，……［闭］，木连理于胜条，……盛，……日新而累熹，……［慕］化，咸来王而会朝，……其清静，九域……其修治，……祈福，祀圣母……山隅，［神……］亨而饴格，厘我后以万祺，于胥乐而罔极，永历载而保之。"铭文大意为讴颂夏禹及启母事迹。二铭书法浑朴雄深，醇古遒厚。《少室》较之《启母》，笔画微显瘦挺。结体整肃而宽疏，于雄肆中见清朗（图2）。清王澍《虚舟题跋》评其云："石甚粗劣，篆文亦未尽善，然刻虽未工而字殊朴茂，商彝、周鼎、清庙、明堂，可以寻常耳目间珊巧之物同日而语乎？"《启母》结体则绵密朴茂，工整严谨（图3）。二铭笔力雄放，圆润宛遒，深得秦篆遗意，前人或有诗赞云："嵩高二室望中森，开母庙前云雾深，今古苍茫三石阙，嬴秦篆仅此嗣音。"（党晴梵《论书绝句》）汉篆遗留今日者已是太少，且如《少室》、《启母》这样的杰构则就益发显其可贵，历来的书论家们对其评价都是极高的。杨守敬《平碑记》云："汉（指西汉）隶之存于今者，多砖瓦之文，碑碣皆零星断石，惟《太室》、《少室》、《开母》三阙字数稍多，且雄劲古雅，自《琅邪台》漫漶不得其下笔之迹，应推此为篆书科律。世人以郑文宝《峄山碑》为从李斯出而奉为楷模，误矣。"潘钟瑞则说："其笔势圆满，顿折具可推寻，足为学者之楷法。"康有为更以为："茂密浑劲.莫妙于《少室》、《启母》，可谓世之鸿宝，篆书之上乘也。"

颇享盛名的《武氏石阙》在山东嘉祥县城南三十余华里的"武家林"村武氏祠内。是阙建于东汉建和元年（公元147年），分东

图2 《少室石阙铭》（局部）

图3 《启母庙石阙铭》（局部）

西二阙，当地人称它们做"石蜡台"、"灯台"或"斗鸡台"。长期来，阙石被埋没土中，直到清代乾隆五十一年（公元1786年）才被时官济宁通河同知的书法篆刻家黄易访得。阙铭刻在西阙正面的"双龙衔璧"画像下面。铭文高43厘米，宽55厘米，隶书，字径约2厘米。八行，行十二字，末行九字，共计九十三字，所以阙又称"九十三字铭"。其铭曰："建和元年，太岁在丁亥，三月庚戍，朔四日癸丑，孝子武始公，弟绥宗、景兴、开明，使石工孟李、李弟卯造此阙，直钱十五万，孙宗作师子，直四万，开明子宣张，仕济阴，年廿五，曹府君察举孝廉，除敦煌长史，被病天没，苗秀不遂，呜呼哀哉，士女痛伤。"（图4）乾隆时所拓本字迹清晰，基本无残损，漫漶至今日所拓仅有半数可辨。书法古朴遒劲，雅丽精伦，石虽漫漶严重，而古厚道雅之气自在。此铭殊小，为汉隶中所罕见者，历来为书者所重。杨守敬在《平碑记》中说："汉隶小者，无过于此，赵德甫（赵明诚）称为遒劲，史庆长赞其精稳，洵足楷式百代。"在武氏祠中除此"隶法沉厚亦可喜"（翁方纲语）的

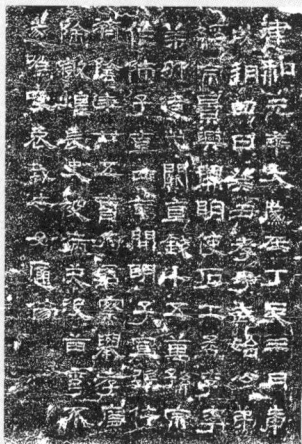
图4 《武氏石阙铭》

武氏阙铭外，书法可与之相颉颃的《武梁画像题签》实堪一提。此"题签"也以小隶字书就，书法遒丽方峻，潇洒自然而又不失法度，且其字数众多，计约九百数十字，堪为后世学书者津梁。潘钟瑞尝跋此铭说："汉隶小者流传最少。以此笔画坚劲，虽巨碑亦罕伦比。舍画取书，精华具在，浑然古色，尤便临摹，洵可宝玩也。"贵州姚华也品其书法说："虽若简朴，笔势尤明白可寻，白文类多圆劲浑脱，不惟笔力堪师，以毫翰求之，亦往往中锋直下，宛转生姿也。"

山东阙石传至今天，除武氏石阙为最著者外，《南武阳功曹阙》，《南武阳皇圣卿阙》，也颇享有盛名。《功曹阙》建于章和元年（公元87年），《皇圣卿阙》建于东汉永和三年（公元138年），为汉早期石阙。二阙原建在费县，平邑城北八埠顶（今属平邑县），1932年移至平邑城关第三小学。因二阙四面均刻有画像，所以又称其为《南武阳南石阙画像题字》和《南武阳平邑皇圣卿西阙画像题字》。《南武阳功曹阙》铭曰："故南武阳功曹，乡啬夫，府文学……平邑君……卿之阙，卿……困苦，天下相感……仟……三……观朝廷……明君……直任人……二……来……德……道，以为国三老，……章和元年二月十六日，……子文学叔……石工……乡啬［夫］……伯……廷……直四万五千，此上……皆食……仓。"（图5）《南武阳皇圣卿阙》铭曰："南武阳平邑皇圣卿冢之大门，卿以元和元年十二月廿……日己卯鹍殇鹍元和三年八月鹍（以下……）"二阙刻铭均为隶书，书法典雅朴和，雍容率意，多见逸趣。

《莒南孙氏石阙铭》，又名《孙仲阳石阙铭》，《孙仲阳为父造石阙铭》，建于东汉元和二年（公元85年）。较平邑《功曹阙》尚早二年。此阙1965年2月发现于山东莒南县县北原延宾公社东兰墩村，发现时为农家砌猪舍之用。现存山东石刻艺术博物馆。阙身由一石构成，上窄下宽，阙铭镌刻在其左侧，铭文多有损泐。文为："元和二年正月六日孙仲阳仲升父物故，行丧如礼，刻作石阙，贾直万五千。"29字，字形较大，字径8至10厘米。此铭书法，简直率意，方肆古拙，用笔疏爽迅利，多见草势，字体大小、斜正、疏密任随，似有不经意者，参差洒落，奇逸飞动，天趣迥出，颇与汉简书同韵。

1964年发现于北京西郊景山的《幽州书佐秦君阙》，为东汉永元十七年（公元105年）物。书法气魄雄伟，浑穆宏深，体在篆隶间，在北方汉阙刻铭中堪居首位，非是它阙可与匹敌的。铭文分阴、阳刻二种，阳文两组分刻在阙之角石（表额）上，字径在三、四寸间，大小参错，或方或扁，融为一体，了无痕迹。此书用笔强劲刚健，方峻遒厚，表现出阳刚美的极致。阴文镌刻在阙柱上，柱之左侧内刻"乌还哺母"隶书四字，其下复镌隶书七行，计约一百四十余字，文曰："维乌维乌，尚怀反报，何况于人号治四灵，君臣父子，顺孙弟弟，二亲薨没，孤悲恻但，鸣号正月，旦夕思慕沍心，长罔五内，力求天命，年寿非永，百身莫赎，欲厚显相，尚无馀日，鸣呼，匪爱力财，迫于制度，盖欲章明孔子葬母四尺之裔行上德，比承前圣岁少，以降昭皆，永为德俭，人且记入于礼，秦仙爱敢宣情，征之斯石，示有表仪，孝弟之至，通于神明，子孙奉祠，欣肃慎焉。"书法率意自然，朴拙有古意。柱之正面刻隶书一行，文为"永元十七年四月卯今改为元兴元年十月鲁公石巨宜造。"其书高浑雄深。朴厚淳古，用笔圆凝苍润，既质且华，可与西汉刻石中的《群臣上寿刻石》、《五凤刻石》并驾媲美。此阙书法或当是出自那位造阙大师石巨宜的手笔，这便使后世人们不得不叹服惊讶，对这位古代艺术家表示出钦慕和崇敬。《幽州书

图5 《南武阳功曹阙》

图6
《王稚子阙铭》

佐秦君阙》的书法，在东汉前期那种由古隶向成熟隶书演进的中间阶段的书风中具有典型的代表性，因此，它的发现，除了对研究中国绘画史、雕刻史、建筑史有着重大意义外，在中国书法史上也有其重大意义。郭沫若先生1965年就曾指出："我们应该把石巨宜肯定为公元一、二世纪之交的名雕刻家，撰述中国美术史的人，请特别注意。秦君石阙的柱形、纹饰、文字、雕刻都具有相当高的艺术性，不可忽视。"

四川汉阙书风当以雄放见称，若再以气势论，则推《王稚子阙》、《高颐阙》最为磅礴。《王稚子阙》，建于东汉元兴元年（公元105年），为东汉循吏王涣的墓阙，墓在四川新都弥牟镇西北5里。有东西二阙，西阙刻铭："汉故先灵侍御史河内县令王君稚子阙"；东阙刻铭："汉故兖州刺史雒阳令

王君稚子阙"。西阙于雍正九年（公元1731年）没入沟中，复出时已无字可见了。东阙本嵌砌在四川省新都区北十二里公路旁砖龛中，现已毁。石由右上方向左下方剥裂，除"汉故"二字完整外，"兖州刺史雒阳令"七字则渐次由小而大剥裂，"王君稚子阙"五字荡然（图6）。此阙明拓本实已残泐，据方若《校碑随笔》所说："必宋拓本乃得其全文"，是知二阙皆有宋拓完整本传世。此铭隶书，大字厚重，巍峨雄茂，而又能道润古雅，观之肃然，故被翁方纲赞为"法度劲古，过于钟（繇）梁（鹄）。"

《高颐阙》建于东汉建安十四年（公元209年）。阙在四川雅安市东北二十里的姚桥"高孝廉墓"前，即现雅安市城市建设新区，成都至雅安高速公路金鸡关出口处，雅安汉阙博物馆所在地。有东西二阙，东阙已残损，

    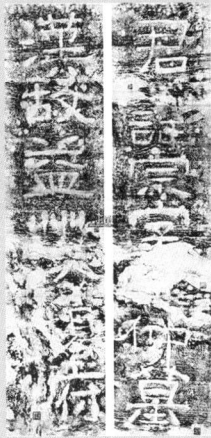 

图 7　　　　图 8　　　　图 9　　　　图 10　　　　图 11　　　　图 12
《高颐阙铭》　《冯焕阙铭》　《尹公阙铭》　《贞女阙铭》　《杨宗阙铭》　《上庸长阙铭》

西阙则完整无毁。阙镌隶书四行，行六字，读为"（汉故）益州太守阴平都尉武阳令北府丞举孝廉高君字贯光"。"高君字贯光"，实应为"高君字贯方"，清人刘喜海《三巴金石苑》谓"光"字，系宋人补刻（图7）。又有橑头铭文二十四字，刻在西阙之四周排列着的二十四根石橑的顶端上，橑头径约四寸许，每橑一字，隶书，合文与阙身铭同。此阙刻铭，用笔稳健凝重却又能体势超逸，书法浑朴清超，气魄恢宏，伟丽绝伦，堪称蜀书雄放书风之冠。

出于四川渠县的《冯焕阙》、《沈府君阙》二阙，则是以飞腾奔逸的书风见称于后世书坛的。

《冯焕阙》，《金石录》载为《冯使君墓阙铭》，《隶释》载《幽州刺史冯焕神道》。阙在今渠县新兴乡赵家村西南，距县城约20公里处，建于东汉永宁二年（公元121年），仅存东阙。刻隶书大字二行，前行九字，后行十一字，合为"故尚书侍郎河南东令豫州幽州刺史冯使君神道"（图8）。《沈府君阙》，阙建造于东汉安帝延光年间（122～125年），略晚于冯焕阙。在渠县北八十里严峰场侧汉碑乡碑亭村"沈君墓"前。双阙完好，阙铭隶书。右阙镌"汉谒者北屯司马左都侯沈府君神道"；左阙镌"汉新丰令交阯都尉沈府君神道"。"冯"、"沈"二阙书法，飞动放逸，笔势开张，用笔纤劲苍郁，波磔彰彰，气势逼人。而《沈府君阙》波撇尤长，任情恣逸，不拘故常，被康有为赞为"隶中之草"。而清人王椿源《沈府君神道碑亭记》更载唐代书论家张怀瓘赞其书法"腾飞杨波，自晋魏以来所能仿佛也"。《冯焕阙》较《沈府君阙》，则更为纤挺瘦劲，字大四、五寸，画细若箸，笔力始终如一。二铭结字精紧，布白清朗，飞腾跳掷，深韵远出。近人祝嘉在品评二阙时说："至蜀中《沈府君阙》、《冯焕阙》，几与真书无异，画势细长，如长江之水，万里浩荡，亦奇作也。"

至于四川之《李业阙》、《杨休阙》、《尹公阙》、《贞女阙》、《杨宗阙》、《上庸长阙》、《贾公阙》、《平阳府君阙》诸石刻铭，书风居"高颐"、"沈府君"间，大抵为笔法坚劲雄茂，方整骏利之作，开魏晋书法先河。

《李业阙》，建于东汉建武十二年（公元 36 年），为现存汉阙之年代最早者。阙原在梓潼县南门外长卿镇南桥村"李节士祠"内，1964 年于祠外筑亭，迁阙亭内。此阙现仅存一阙身，由红砂石凿成，呈下大上小的方柱形。阙铭隶书，镌"汉侍御史李公之阙"八字。其书字体宽博，气势开阔，于法度中见动宕之姿，严饬中露放逸之势。

《杨休阙》在梓潼县北门外一里半处，仅存半阙，据《梓潼县志》载为汉侍中杨休墓阙。石原存一"杨"字，现今连"杨"字也已剥落不可见了。例图所举系旧时拓本，然字体肥重多肉，疑或有后人所加刻者。《尹公阙》原在广元市东南山中，今已荡毁，有拓本传世，邓少琴在其《益部汉隶集录》中收录。铭文二行，行八字，字径约 11 厘米，隶书，曰："汉故太尉尹公之阙"、"汉故郎中尹君之阙"，似为一阙一行，字径约 11 厘米。一行用笔丰肥，意近《乙瑛》，一行用笔纤劲可喜．可视之为《礼器》、《史晨》二碑流亚（图 9）。《汉贞女罗凤墓阙》，未知阙立四川何处，建于何时，唯孙星衍《寰宇访碑录》有载，例图所举为南昌府学复刻本。书法峻爽瘦挺，清癯可喜（图 10）。

《杨宗阙》在夹江县城南 20 华里的甘江镇双牌村新乐公路西侧。又称双杨府君阙。有二阙，《夹江县志》记载，一阙镌："汉故益州太守杨府君讳宗字德仲墓道"十六字，一阙上镌："汉故中宫令杨府君讳畅字仲普墓道"十五字。可惜风化严重，字迹早已残缺不全。今唯《杨宗阙》尚有铭可辨，《杨畅阙》铭已磨灭尽矣。籍或称《杨宗阙》铭为："汉故益州太守……"云云，今据原物，实当为"汉故益州牧杨府君讳宗字德仲墓道"。此阙用笔腴润秀劲，窈曲有姿致，与《夏承碑》笔意仿佛（图 11）。

《上庸长阙》，全名"汉故上庸长司马孟台神道碑"，在今德阳市黄许镇。阙石碑高一丈二，宽二尺八寸，剥蚀严重，今但存"上庸长"三字，"司"字右侧尚隐隐可辨，以下荡然矣。清光绪九年（1883 年）尝建砖亭保护之。隶书，用笔精峻快利，画挺硬而不乏姿致，于精峻中见典雅，快利中见逸气，可视为汉隶中之上乘（图 12）。

《平阳府君阙》在今绵阳市芙蓉溪畔仙人桥旁的绵阳博物馆新馆前，分南北二阙。阙铭刻在主阙阙檐枋头上。籍载，为"汉平阳府君叔神道"八个字。今石剥泐甚厉，唯存"汉"、"平"二字，"平"字尤为清晰，"府"字隐约可见，其余字荡然矣。此阙铭结字精谨，造画奇丽，腰细大尾，波拂褰翻，俨有临风振翮之态。其雍容高华之美，实不稍逊于《华山》、《史晨》诸汉碑名刻（图 13）。

《昭觉石阙》，建于东汉光和四年（公元 181 年），1983 年出土于四川昭觉县四开区好谷乡，现存昭觉县文化馆。此次所出除

图13 《平阳府君阙铭》

图14
《昭觉石阙铭》

图15
《王文康阙铭》

图17
《王君平阙侧铭》

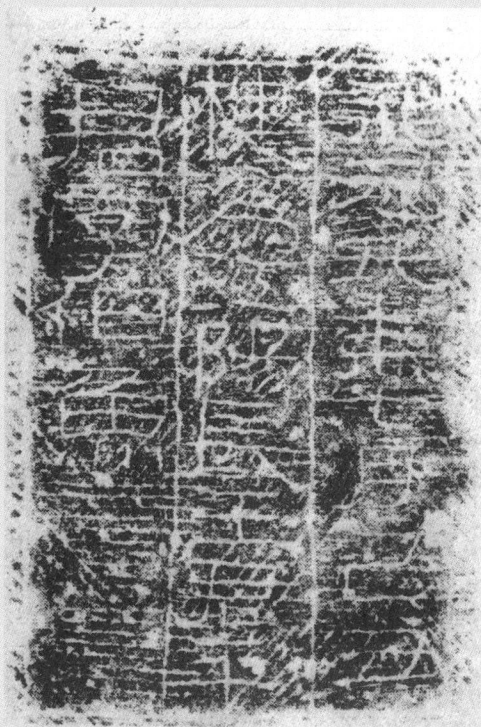

图16
《王君平阙铭》

了石阙残石十数块外，尚有石表（石阙角石）一块。此石高162厘米、厚62.5厘米、侧宽42厘米，呈梯形状，断裂成二截。其正面镌文九行，侧面镌文三行，行字数不等，计约四百余字，内容为当时的公文类物（图14）。书为隶体，书法简劲古雅，甩笔稚拙，不具波挑，意在篆隶间，而笔势奇逸飞动，又俨然隶中之"草"了。布白有行无列，气势绵密，字体的大小、长短，结字的疏密、奇正，皆任意为之，参差纵横，洒落自然，颇有"大珠小珠落玉盘"之妙。此阙书法与蜀地他阙迥异，为蜀风别调，细审其根由，实因昭觉地处边僻，受时代书风影响较少，

尚保留着古隶率意朴拙旨趣的缘故。在此次所出的阙石上，同时还发现有"官匠所造二"的字样，据此我们或可以推断，《昭觉石阙》的书者，应当就是这位名"官匠"的民间工匠了。

1980年7月，在成都东郊发现的作为明代墓门抵石之用的两块有铭文的刻石和部分镌有图案、花饰和动物浮雕的残石，实系东汉时期的墓阙遗物。它们是《王文康阙》和《王君平阙》。那些雕画，为研究汉代的绘画和雕塑，提供了最原始、最真实的实物材料。而那三组年代不同、内容丰富、书风各异的阙铭（其中一阙石，镌有不同年代的两

组文字,这在汉阙铭刻的形式上,是别具一格的),则对于研究我国汉代历史,风俗礼仪,特别是对于研究我国书法艺术及其发展历史,具有珍贵的价值。

《王文康阙》,建于东汉永元六年(公元94年)。其铭镌在阙身正面凹槽,隶书、凡四行,每行字数不等,行间刻线为格界,石漫漶严重,尚可辨者有六十九字。曰:"永元六年,九月下旬,王文康不禄,师友门人、闵其行正,来缘厥功。传曰"嗛者章之"。门生等五十二人,共……维王文康……,兴闱心绝望不……良……不……当……翼济德渊……帝……自远来……谁分畴纪厥行表……墓门。"(图15)此铭书法,用笔结体布白都有很强的随意性,字之大小、画之粗细,皆循其自然,率意为之;字势或长方,或正方,或横扁,其字之大者,画之粗者,可倍于小者、细者;其波撇皆极势舒展,紧逼界线,甚至横空破界而出,有力却三军的伟韵。又每作波撇,劈锋开毫,尽展笔头,使形势开阔,波棱明显,画之尽处,又往往露锋作上翘势,愈显生动,有翩然自得之状。铭文最末之"门"字右竖笔,纵笔伸展开去,真有一发千里之势,使整幅作品获得一种笔尽而意不尽的艺术效果。在用笔上,方圆并施,中锋为主,波撇处兼采侧锋,迟行涩进,或收或放。字之结体,或中空外敛,或中收外放,空不散,密不塞,庄重沉着,潇洒轻灵。整幅布局,有行无列,疏密交错,纵横参差。铭虽漫漶几不可句逗,然粗服乱发,不衫不履,却使愈感其高古奇肆,虚静朴和。

《王君平阙》,建于东汉永元九年(公元97年)。铭文携于阙石正面偏上部分,隶书三行,第一、二行八字,第三行四字,共二十字。四周刻有框界,行间有格界。铭曰:"永元九年七月己丑,犍为江阳长王君平,君宇伯鱼。"(图16)此铭书法意味古雅,奔逸豪放,奇伟雄宕。其用笔,纯以篆法作隶字,起止无踪,杳有端痕。点画圆实浑勃,纤劲如铁铸,有"长锥画沙,钢针界石"之妙。字之转角处,似方实圆,笔调含蓄而明快,凝重而精神。每为波撇,只使笔头略开,无明显磔势,故能于形势开张的长画中始终保持稳健沉着。观其结体布白,皆疏密有致,留放有则,左右取势,舒展峭拔,如"为"、"长"二字波撇,不为界格所围,飞笔破界,一如长枪大戟,气势赫然。此铭书法,逸纵豪宕,纤劲古拙,与东汉摩崖名迹《石门颂》颇相类似,以两书的地域年代看,当为沿于一脉,同一流派的书法。(参阅拙文"成都汉阙刻石书艺初究"——香港《书谱》总九十期)

在《王君平阙铭》的侧面还镌有一组铭文,文凡五行,前四行三十字,第五行可见者二字,整篇除去剥泐损毁十数字外,尚余一百另八字。曰:"永寿元年,孟秋中旬,己酉之日,王求人进赵,率子孟恩,仲恩、叔廉,忉悒悔厉,……消荆,斯志颠仆,心怀不宁,发愤修立,以显光荣,惟干动运,川道静贞,夫人淑……,……川之灵、十六适配、教诲有成、来……瑛,束修舅故,洁以不顾,年逾七十,如……如……,阴阳丧度,三纲离道,明星陨坠,……表,寝疾固绪、大命、催……、魂员归……、……。"铭中别字甚多（图17）。此铭书法高华古雅，逸宕朴茂，非隶非楷，似正似奇，俨如东晋《好大王碑》。其用笔方圆兼并，不拘拘于一律，用方则遒劲爽洒，用圆则神凝气沉。所书长画，不独两端力充，其中截亦筋健骨雄。字之结体似是信手拈来，雍容舒缓，妙造自然。加之多参用侧笔，故能于平实中寓飞动，朴拙中见华滋。统观全篇，势跃气振，跌宕洞达，给人以强烈的生命感和动人心魄的艺术力量。

《王君平阙侧铭》，已不是单一纯正的隶书体，它已具备了很成熟的楷书笔法，是我们今天在汉代刻石中找到的由隶而楷的过渡体"楷隶"的早期实物。在此铭中，那种最具隶书表征的波磔已经基本消失；对横的表现，方圆峻峭，不复作所谓"蚕头"，至收尾处，也多不再作上翘势（即"雁尾"），而是采用楷法的向下回抱；其作撇画，短撇不作隶书的上小下大状，长撇不作弯腰大尾状；其为捺画，蓄势平拖出，凝重稳健，为《石门铭》、《郑文公》先声；字的转角处，也不尽用翻笔，已采用了绞转和顿转；个别字甚至还出现了钩趯笔迹。史载，在汉代楷书已初见端倪，然除了在简帛书中可以觅到一些痕迹外，刻石书法能借以证明的似尚太少，像《王君平阙侧铭》这样成熟的楷书笔法，实应视为仅有。它比由隶而楷的最具代表性的"二爨碑"（《爨龙颜碑》、《爨宝子碑》）尚要早二、三百年。这在各种书体日趋完备并飞跃发展的汉、晋之交，不能算是一个短暂的时间。《王君平阙侧铭》的出现，毫无疑问地将为中国书体演变的历史提出新的课题和内容。它同时证明，任何一种新书体的产生总是先孕育在民间，我们如果仅仅徘徊在汉季那些气象峨峨，肃穆庄严的庙堂巨制或那些代代相因的汉隶"名碑"中，是很难领略到如此令人喜悦清心的讯息的。

从汉阙铭文看汉代的职官制度

唐长寿

中国现存汉阙中，有铭文者共计18阙，铭文依阙的性质不同而分为两类，一类是祠庙阙铭，内容主要为记载造阙事由、过程的记事铭，铭文较长字数较多，如少室阙铭；一类是墓阙铭，内容大都是墓主主要的任官经历，少数为记事铭文，铭文较短，字数较少，如高颐阙、武氏阙等。

两类阙铭中普遍包含有涉及汉代职官制度的官职名等，从中可以看到汉代的职官制度的基本面貌。

反映选官制度的铭文

在武氏阙、高颐阙和启母阙等阙中，均有"举孝廉"一词，表明了汉代的选官制度。汉代选拔官吏的方式主要有"察举"（由高级官员推荐，通过考核任以官职）；"辟除"（高级官员自行征聘任用僚属，然后向朝廷推荐，加以认可）；"任子"（因前辈官职地位、功绩保荐后代为官）；"纳赀"（凭借财物和金钱得官）等。"察举"主要科目有"孝廉"、"贤良文学"、"茂才"等。其中，"举孝廉"是汉代最重要的仕途，指推荐"孝子"和"廉吏"送到朝廷任职。"举孝廉"始于汉武帝元光元年（前134年），在东汉和帝永元之前，每一郡国每年推荐二人。其后，每个郡国按人口数推荐，二十万人举荐一人，不满十万每三年举荐一人。由于是岁举，故得人最盛，影响最大。但由于比例很小，吏民被举荐为"孝谦"极不容易，

名声又比任子、纳赀等靠庇荫或钱财出仕好听，故被举为孝廉者颇觉名利双收。阙上特书此出身，就有夸耀的意味。武氏阙铭中武宣张先"仕济阴，年二十五，曹府君察举孝廉"，可知武宣张是被举为"廉吏"，当时仅二十五岁，少年得志，故特记之。高颐阙阙主高颐被举为孝廉，从高颐碑碑文看，也是先出仕，再举为廉吏的。

"举孝廉"本于敦励民风，对广开仕路很有益处。后因贿赂公行，权门请托而日趋败坏，以至在桓灵时期，产生了"举孝廉，父别居"的民谣。

反映中央集权的职官铭文

汉代官制继秦而有所改革，到东汉重点在加强中央集权。中央主要是加强尚书台、御史中丞、州刺史（司隶校尉）三套机构。"虽置三公，事归台阁"。汉阙铭文中，属于以上三套机构的官职有冯焕阙的"尚书侍郎"，李业阙、王稚子阙的"侍御史"，冯焕阙、王稚子阙的"州刺史"等。

"尚书侍郎"为尚书令的属吏。《后汉书·百官志》载中央政府序列中尚书令列为九卿之一的少府之下，官秩千石。但能协助皇帝处理政务，实际权力很大。早在汉武帝时，尚书台已开始加强。汉成帝设尚书五人，开始分曹办事。东汉时扩大尚书台，下设六曹，每曹有尚书一人，侍郎六人，冯焕所任尚书侍郎即指此。尚书侍郎官秩四百石，负责起

草中央文件，地位颇为重要。

李业、王稚子所任侍御史一职，为御史中丞属吏。《后汉书·百官志》所载中央政府序列中，御史中丞也在少府之下，官秩千石，但其权力仅次于尚书令。侍御史共十五人，官秩六百石，负责"察举非法，受公卿群吏奏事，有违失举劾之"。在重要的祭祀、朝拜活动时，"监威仪，有违失则劾奏"，是重要的监察官。

冯焕、王稚子又任过的州刺史则是中央特别加强的三套机构中的最后一套人马。汉武帝元封三年（前106年）"初置刺史，部十三州"，共十三人，官秩仅六百石，但代表朝廷"监察所辖郡国"，权力已相当大。东汉时，全国分十三州部，除京都所在的司隶校尉部设司隶校尉外，其他十二州各设州刺史一人，巡视监察所部，检查刑狱，考察长吏政绩，荐举官员，年终向皇帝报告，权重一时。黄巾起义暴发后，中平五年（189年），州刺史改为州牧，掌一州军政大权，州开始成为一级政区实体，州牧成为地方官，已不仅仅是中央监察大员了。司隶校尉职权与州刺史相同外，还负责察举中央百官犯法者，"无所不纠，唯不察三公"，权更重。在公卿朝见皇帝时，司隶校尉与尚书令、御史中丞会同并专席而坐，号曰"三独坐"。

东汉加强中央集权的另一个措施，是集军权于中央。沈府君历任的"谒者、北屯司马、左都侯"就是最好的例子。东汉军权集于中央后，郡国所属军队很少。中央军主要有四支，首都有两支，即南军和北军。南军分属光禄勋和卫尉。谒者就是光禄勋谒者仆射的属吏，

全称为"给事谒者"，官佚四百石。一般都是从孝廉中选"年五十，咸容严恪能宾者"充任。光禄勋掌守卫宫殿和侍从，谒者则负责"宾赞受事及上章报问"的礼仪工作。但谒者更重要的是充当监军，监督另一支中央军——即由幽州、冀州、并州三州兵骑组成的守护京都北大门的黎阳营。

北屯司马则是卫尉的属吏，卫尉负责守卫皇宫宫门。东汉时，皇宫分为南北两宫，南宫为重，北屯司马就是负责南宫北门的守卫。所属"员吏二人，卫士三十八人"，官秩比千石。

左都侯也是卫尉的属官，负责宫廷的武装巡逻和保卫工作，并担负逮捕宫中犯罪员吏的职任。所属"员吏二十八人，卫士三百八十三人"，官秩六百石。

沈府君在中央军历任"谒者、北屯司马、左都侯"三职，均在南军。

此外，启母阙上有"侍中"、"五官中郎将"等中央官职。《后汉书·百官志》载："侍中，比二千石。无员。掌侍左右赞导众事，顾问应对。"到魏晋以后，地位日趋重要。五官中郎将，主五官郎官，主宿卫宫殿，秩比二千石。

反映地方政府的铭文

东汉地方实行郡县二级制，汉阙铭文中属于郡县两级官吏的官职名较多，计有：高颐阙、杨宗阙的"益州太守"，启母阙的"颍川太守"，武氏阙的"敦煌长史"，沈府君阙的"交阯都尉"，高颐阙的"阴平都尉"、"北

府丞"，启母阙和少室阙的"丞"、"五官椽"、"将作椽"、"户曹史"，功曹阙的"府文学椽"，王稚子阙的"洛阳令"，沈府君阙的"新丰令"、高颐阙的"武阳令"，上庸长阙的"上庸长"，太室阙的"阳城县长"，功曹阙的"南武阳功曹"、"国三老"，启母阙和少室阙的"廷椽"等。

其中，郡一级的官职较多见：一是"益州太守"、"颍川太守"等郡太守。郡的设置早至春秋时期，到秦汉成为一级政区。每郡设太守一人，官秩二千石，负责一郡政事，内郡太守还兼掌兵权。

二是"郡丞"和"敦煌长史"的郡长史。东汉每郡除太守外，还设丞一人，为副手。在有边防任务的边郡，则不设丞而设长史。敦煌郡在东汉为边郡，故设长史，官秩六百石。

三是"交阯都尉"、"阴平都尉"的郡国都尉，其职责是"典兵禁，备盗贼"。一般只在边郡设置，官秩比二千石。阴平都尉即设置于阴平道的广汉属国都尉。属国都尉与郡都尉职责有些差异，主要负责"蛮夷降者"事务。官秩比二千石。

阙铭中所见郡太守属吏有：主簿，典领文书、办理事务；五官椽，"署功曹及诸曹事"，地位很高，仅次于功曹；将作椽不载于文献，见于《三公山碑》和《建春门石桥记功铭》；户曹史和府文学椽也不载于文献，在《巴郡太守张纳碑阴》题名中有这两个官职名，均是百石吏员。另外，北府丞官职名文献无载，从《高颐碑》知道为"蜀郡北部府丞"的简称，但职责官秩不明。

阙铭中属于县级官吏的有"洛阳令"、"新丰令"、"武阳令"等县令和"上庸长"、"阳城县长"等县长。县的起源较郡还早，约在春秋初期，一直沿用至今。汉代大县设令，小县设长。《汉书·百官公卿表》载："万户以上为令，减万户为长。"实际上，设令或长并不完全决定于户口数，而与该县的政治、经济、军事地位有关。县令官秩千石，县长官秩三百石至四百石。县令、县长"皆掌治民，显善劝义，禁奸惩恶，理讼平贼，恤民时务"，统管一县政事。

县令、县长属吏在阙铭中所见较多，有"南武阳功曹"的功曹，即功曹史，"主选署功劳"，为县属官吏中最尊者；廷椽，"署功曹及诸曹事"，地位仅次于功曹史；南武阳国三老，南武阳在东汉为侯国，《后汉书·百官志》只载乡置三老，列传中有县三老的记载，从功曹阙铭看，侯国也置三老，国三老相当于县三老。此铭可补文献记载之缺。三老掌教化，很受地方尊重。

县以下的乡官，有"三老"、"啬夫"、"亭长"等职，见于太室阙、功曹阙。《后汉书·百官志》载："乡置有秩、三老、游徼……有秩，秩百石，掌一乡人；其乡小者，县置啬夫一人……三老掌教化……亭有亭长，以禁盗贼。"有秩即有秩啬夫，由郡任命，所管之乡户在五千以上，官秩恰好在百石而"有秩"，故称有秩啬夫。五千户以下乡之啬夫为斗食吏，无秩而称"啬夫"，由县任命，功曹阙之"啬夫"正是此"乡小者"之吏。

墓阙铭中官职的排列顺序有一个突出的特点，即尽可能列出墓主生前所任官职，并特别突出所任最重要、最高官职，以标表乡里，垂示后代。一般作标语式的题铭，刻于阙正面，大字直书，气势磅礴。其官职排列方式有两种，一种是把所任最高职务列于首位，如王稚子阙，首列最高官职"兖州刺史"，次为"洛阳令"；又如高颐阙首列最高官职"益州太守"，次为"阴平都尉"，再次为"武阳令"，最后为"北府丞"。这种排列方式或不按所任官职的先后，或颠倒任职的先后顺序，目的自然是突出所任最高官职；另一种是按所任官职的先后顺序排列，如冯焕阙，首先为尚书侍郎，次为河南京令，最后是豫州幽州刺史。对照《冯焕残碑》和《后汉书·冯焕传》，可知阙铭是按冯焕任职的时间先后排列的。

值得注意的是，从墓阙职官题名中还可以探讨一个重要问题，即东汉墓前设阙受不受官职或官职大小的限制。从前述阙主官职看，阙主最大官有州刺史、郡太守、郡都尉、县长、县功曹五种。由此可知，二千石的州刺史、郡太守，比二千石的郡都尉墓前可以立阙，三四百石的县长以至百石的县功曹，墓前也可立阙。显然，墓前立阙与否是不受墓主官职大小的限制的。

至于无官的庶民墓前立阙与否，可以从两处墓阙铭文中找到答案。一处是山东莒南孙氏阙，阙铭为："元和二年正月六日孙仲阳升父物故行礼作石阙贾直万五千。"可知该阙是孙仲阳为其父亲所立石阙。但铭文未能记载父亲任何官职，说明其父只是一般平民。另一处是著名的武氏阙，阙铭为："建和元年……孝子武始公、弟绥宗、景兴、开明使石工孟孚、李弟卯造此阙，值钱十五万。"是武始公四兄弟为其父所立墓阙，铭文也未记其父亲任何官职，其父当是无官庶民。由此可知，东汉时，无官庶民死后墓前也可立阙。这种情况其实早在西汉已经出现，《盐铁论·散不足》载"中者垣阙桴棠"。就是说，中等家庭的人，死后墓前也普遍立阙。

总之，墓前设阙与否，既不受官职大小的制约，也不受官职有无的限制。立阙的根本作用，可能还是在于标表茔域。

"天门"与汉阙

赵殿增

"天门说"是近二十年来汉画研究中一种比较新颖的学术观点，它依据四川等地新出土的刻有"天门"榜题的汉画，对四川汉墓出土的画像石、画像砖画面的组合与主题进行了重新诠释，认为从整体上看，墓内画像可以说是一个"天门"组画，包含天国仙境、升天过程两大部分，表现的是送迎墓主人升天成仙并在天国仙居的主题思想[1]。这种观点是从墓室画像研究开始的，有的研究者进一步认为"天门"观是以蜀地为代表的一种占有主体地位的古代思想观念[2]，近年来又有人提出现存一些汉阙也有"天门"的特征[3]。在进行中国汉阙综合研究的时候，从这种角度再进行一些探索，对深入系统地认识汉阙的性质和内涵，或许是有益的。这里先谈谈汉墓中以"阙"为标志的"天门"组画的基本内容，再就现存的汉代墓阙乃至祠阙、庙阙与"天门"的关系，作些探讨，以求从另一个视角来审视一下汉阙的意义。

一、汉墓中以"阙"为标志的"天门"画像的几种形态

题有"天门"文字的汉画，发现于东汉墓葬之中，最早出现的是20世纪80年代（1982至1987年）重庆市巫山县出土的东汉鎏金铜牌，和1988年四川简阳鬼头山东汉崖墓出土的画像石棺上面。经过比较研究，说明四川汉墓中画像砖的组合，也表现出"天门"盛景和升天成仙过程的主题。以此类推，

四川砖墓中的画像砖组画、墓中出土的钱树、东汉崖墓的墓室，都可能具有"天门"的内涵，是墓葬之中"天门"汉画的几种不同的表现形式。

铜牌：重庆市巫山县出土的东汉鎏金铜牌共14件，10件为圆形，还有方形、长方形、柿蒂形等。在5件圆形铜牌中央，榜题有"天门"二字，两侧为双阙，下方端坐一神仙，应为"西王母"，周围还有青龙、白虎、朱雀，和三青鸟、九尾狐等神兽，空间处布满云气纹，构成"天门"的基本形态（图1）。其他圆形铜牌内容大体相同，有两件还用横栏分隔为上下两部分[4]。

笔者2005年在西北考查时，曾见到甘肃成县博物馆也收藏有一件圆形鎏金铜牌，据说也有可能是从三峡地区流入的。铜牌与巫山县出土的东汉圆形鎏金铜牌的大小、形状、内容、技法基本相同，略有差异。铜牌中央为圆璧，上方榜题"天门"二字，两侧为双阙，两阙相连，阙身外侧和上部有两对灵芝仙草，阙中正下方端坐"西王母"，双阙正上方有九尾狐，外侧有三青鸟，是为西王母采食的神鸟，空隙处布满云气纹。铜牌图像上鎏金，底色银白发亮，十分精美，是否是鎏银，尚待验证[5]。

石棺：四川简阳鬼头山东汉崖墓1988年出土的3号画像石棺上，有"天门"等15处31个字的榜题，镌刻在相应的画面旁。石棺右侧正中为双阙，阙顶立二朱雀，上方有隶书"天门"二字。阙间立一人，旁边题为"大

可（大司）"。相关画面旁还有"白虎"、"玄武"、"伏希"、"女娃"、"大苍"、"日月"、"先人博"、"先人骑"等榜题，标明了"天门"中有关画像的名称和位置，有利于研究汉画的内涵、组合与主题（图2）。其中在一颗神树上方题有"柱株"二字，是汉画中对"神树"名称的一种最为明确的称谓[6]。

四川各地出土的画像石棺很多，虽然石棺上未再发现有"天门"二字的榜题，但其基本内容和画面布局与鬼头山东汉崖墓3号石棺大体相似，一般是有门阙、西王母、伏羲、女娲、青龙、白虎、朱雀、玄武和三青鸟、九尾狐等神兽，还有车马、宴饮、仙居、

图1　"天门"铜牌（重庆巫山）

图2　"天门"石棺（四川简阳）

图3　画像石棺（四川荥经）

图4　西王母钱树（四川绵阳）

生活等图像，对比鬼头山石棺上的内容和布局，大多数画像石棺也应是表现了"天门"盛景和升天成仙过程的主题，是一种较完备的神仙思想的体现。如荥经"千年一吻"石棺，前端为双阙，后端为朱雀，右侧面一马拴在树上，一人在给马饮水，一人在马后担着担子；左侧面一组带斗栱的建筑，中央一人正半开门迎宾，右面室内"西王母"戴胜凭几端坐，左面室内男女二人正在接吻[7]。画面简洁明快，朴实无华，但主题却是非常明确的，即进入"天门"升天成仙：先是用马送去墓主人，经双阙进入天国，有仙人门前迎接，在"西王母"处取得不死之药后，在内室作乐。组画以非常直白的方式表达了这就是他们心目中最为美好的神仙生活，留下了那幅珍贵的"千年一吻"图（图3）。

画像砖：四川盆地内东汉前后的砖室墓中，出土了不少方形或长方形的"画像砖"，各自都有相对独立完整的画面内容。但它们在墓室中的排列和组合是有一定规律的，整体安排应有其特定的主题和内涵。如昭觉寺画像砖墓，甬道及前室墓壁嵌砌的画像砖位置未被扰乱，排列有序。右壁为导车（画像砖的名称为发掘者所定，下同）、轺车、导车、斧车、导车、导车、骑吹、四骑吏、车马过桥、导车画像砖；左壁为单阙、凤阙、凤阙、导车、宾主见礼（粮仓及人物）、宴饮起舞、舞乐百戏、宴饮、弋射收获、盐场画像砖；墓室后壁正中为西王母画像砖，其左右为日神月神画像砖，是一幅较为完整的画像砖组合[8]。

从巫山县东汉镏金铜牌和简阳鬼头山3号画像石棺等有"天门"文字的汉画等考古材料入手，我们认为四川汉画像砖所表现的重要主题思想，也是天国盛景和送迎墓主人升天成仙的神话观念：门阙为"天门"、"西王母"为主神、"车马"为送行、神仙宴饮等为天国仙境、生产生活是理想仙境之中对社会现实反映。如昭觉寺画像砖墓，右壁为浩浩荡荡的车马，是为墓主人送行的队伍；左壁单阙前有人迎接、双凤阙表示"天门"、导车进入天国、宾主天仓前见礼，然后是宴饮起舞、舞乐百戏以示庆贺，而弋射收获、盐场等画像砖，则表示天上生活的富有；墓室后壁正中为西王母，左右的日神月神，则是天国之中的主神和附神[9]。

这种看法虽然不能概括汉画像砖的全部内容，但也正在为不少新的资料所验证，成为四川画像砖（石）的画面组合与重要主题的一种较为合理的解释。

钱树："钱树"又称"摇钱树"，是四川盆地及周边地区汉墓常见的一种随葬铜器，它的基本形态为下有陶座或石座，上有多节相接而成的铜树，主干顶上多为朱雀或西王母，树枝上有神兽、神仙和饰物，特别是树上长着大量的"五铢"钱币。钱树上的"天门"图景，常见于有门阙及西王母画像的树座上，例如四川芦山县出土的石雕神山式树座，在巍峨的仙山之上有双阙，一人门前迎接，一人正骑马入门，山上有神仙灵兽。绵阳出土的"西王母"陶树座上，在神山有双阙，有西王母坐龙虎座，有三青鸟、九尾狐相伴，是天门天国的典型图像。以树座为"天门"，钱树枝干上则是天国盛景，上端一般用朱雀（凤鸟）代表太阳和光明，有神兽相伴守护，有可以生长的钱币表示无穷无尽的财富，用仙人和歌舞表现神仙的生活，其中特别是有"西王母"为主宰，可以为人们提供"不死之药"（图4）[10]。有的钱树之上还直接出现了"天门"金阙的图像，如1998年成都市钱币学会收集到一株钱树，枝叶上面有鸾鸟、仙人、龙首、钱纹、玉璧，树顶上有西王母坐于龙虎座，头顶上立一朱雀，两边有蟾蜍和玉兔，有捣药。西王母两旁，有巨大的双阙，阙顶各立凤鸟。阙外侧各有一龙，昂首顶灯，并有二人在担钱行走，是四川东汉晚期钱树上最为形象化的"天门"画面[11]。

崖墓墓室：除砖室墓外，四川东汉至南北朝时期流行崖墓，开凿于山崖之上，分为单室、双室、多室等类型。崖墓石刻多见于双室墓和多室墓的墓门及墓室，从内容和分布看，实际上也是将墓室布置为天门天国的。如乐山麻浩崖墓，常在墓门和前室刻出仿木构建筑，有的墓门上刻门阙，有的是将洞口的大立柱刻成阙的形状，象征"天门"（图5）。墓门墓室内刻朱雀、瑞兽、门卒、方士、挽辇、挽马、乐伎、六博等画像，整个墓室就像是天国仙境，墓主人可以在其中继续享受美好的生活[12]。

二、地面上现存的汉代石阙与"天门"的关系

现存于地面之上的34座汉阙，均为石阙，包括墓阙、祠阙、庙阙等几种类型，其中墓阙最多，有29座[13]。这些石阙在某种程度是否也具有"天门"的意义呢？我们拟从墓阙入手，探讨一下这些石阙与"天门"的关系。

图5 麻浩崖墓（四川乐山）

墓阙：

修建于地面之上的墓阙，是墓葬前神道两边的标志性建筑。上节我们已经论述到墓内的画像"阙"，是"天门"，是上天的"金阙"。立于地面的墓阙，是将通往天国的大门移到了地面之上，因而它也蕴含了"天门"的寓意。

从称谓上看，墓阙铭刻上大多自称为"神道"，如四川绵阳杨氏阙、德阳司马孟台阙、渠县冯焕阙、沈府君阙等。所谓"神道"，就是通天的道路，是通往神界与冥界的大道。墓室被作为天国胜境，立于墓前神道两侧的墓阙，也就成为"天门"的标志。

从结构布局和内容形式分析，墓阙也应具有"天门"金阙的性质。如四川雅安的"高颐阙"上，就刻有63个人像和38个神兽。在高颐阙阙身主体部分刻墓主人的官职姓名，上面刻一圈车马出行图，可能表示将墓主送往天国。阙身以上的楼阁部分，有角神、饕餮等守护，有青龙、白虎、三青鸟、九尾狐等神兽，有半开门、持仙草的仙人，是天国的盛景。此外还有"刘邦斩蛇"、"张良椎秦"、"季札挂剑"、"师旷抚琴"等历史人物和

故事[14]，细看这些圣贤之人的身上，大多已经长出了羽毛，表明他们已经成为仙人了，以此证明大凡品德高尚的故人，都是可以升天成仙的。将他们刻于雄伟的神道石阙之上，具有教育和提示后人的作用。我们在后文将对这些历史故事的文化意义作进一步的探讨。

四川芦山樊敏阙、绵阳杨氏阙等所刻的神山，是西王母所居。高颐阙等上面刻的三青鸟、九尾狐、蟾蜍、玉兔，及伏羲、女娲、"日神"和"月神"，和青龙、白虎、朱雀、玄武等四方守护神，都是以西王母为主神的天国仙境的具体表现；而墓阙上车马、迎谒、宴乐、百戏等在天上享受美好生活的画面，与墓内画像内容和形式都很相仿，也都包含有天国仙境和升天过程两大部分[15]。这就说明地面之上的墓阙，也含有反映天国胜境特征，因而地面之上的墓阙，具有了"通天之门"的特殊意义。

祠阙：

祠阙立于墓祠前面，现存于世的祠阙，以山东嘉祥武氏祠阙为最大、最好，也最具代表性。武氏祠阙立于墓祠前面，分东西两座，均有子阙，四面刻有画像。其后为墓群的祠堂，是石构的两面坡顶式的石室，内壁亦刻满画像。武氏祠阙不是单个墓室前面的墓阙，但从其形制、内容，及其与祠堂画像的组合关系上看，也与墓阙一样，具有"天门"的性质。

武氏祠阙身上的画像，有青龙、白虎等四灵，有人首蛇身的伏羲、女娲，有张弓、持盾的勇士，有门吏、亭长和门楼，有车马、迎谒、狩猎等活动，也有仙人、瑞兽图像。武氏阙上雕刻有生动形象的历史故事，如"荆轲刺秦王"，荆轲匕首掷中庭柱，秦王割袖而逃，怒发直竖的荆轲被武士拦腰抱住。还刻有"周公辅成王"，左一人正在向成王施礼，左第二人体态较小，为年幼的成王。右第二人手持一幡，应为周公，右第一人亦正在施礼，应为周公的随从[16]。像高颐阙上的人物一样，表明他们是已经成仙圣贤之人，具有启示后人的作用。从汉墓中相似画面的比较研究可以看出，这些画像正是"天门"组画中的重要内容。

构成"天门"组画中的另一方面的内容，则出现在武氏祠的祠堂画像之中，如西王母位于祠堂画像的上部，对面还加上了东王公，下部是车马宴乐，顶上则是祥瑞与仙人。可见祠堂与祠阙的内容共同构成一个完整的主题，或许两者是相互关联的一个整体[17]。当然祠堂的画像主体部分，圣贤人物和历史故事，有其深刻的社会内涵，但从其位置与意义看，他们是已升仙的楷模，含有与"天门"相关的一些文化内涵。

庙阙：

庙阙，是立于祠庙前的神道两旁，作为神庙的入口，如河南登封泰室阙、少室阙、启母阙。由于它们位于"中岳"嵩山的南麓，又常被称为"中岳三阙"。三阙的每组阙均由对称的两阙组成，每阙又分正阙和子阙，正阙和子阙的阙身连成一体。阙身向外的石面除了镌刻有铭文者外，其余均以石块为单位雕刻画像。太室阙现存画像60余幅，启母阙70余幅，少室阙70余幅，三阙共存画像约200余幅[18]。

庙阙与墓阙和墓内画像有所不同，它主要是祭祀高山，歌颂大禹，追念远祖的场所，并不是以"天门"和升天成仙为主题思想。但其中也包含有与"天门"有关的某些画面，如车骑出行、宴乐、杂技、幻术、神话传说、孝行故事、珍禽瑞兽、谒见、百戏、狩猎、日轮月宫等。

三、以"阙"为标志的"天门"汉画的内容与组合

概括地说，"天门"汉画组合，包含了天国仙境和升天过程两个大的组成部分，分别表现了人们对天上神仙世界的认识，和追求成为长生不老的神仙的理想途径，具体又包括了门阙、四灵、主神、祖神、仙人、仙境，以及送行、迎谒、宴饮、乐舞、家居、生产、生活、历史故事和人物等众多的内容。这里以汉墓中的"阙"类画像为主，兼及地面上现存的汉代石阙画像组合，分类作些简要说明。

门阙——天国的大门和升天的标界"天门"

巫山铜牌和简阳石棺门阙上的"天门"榜题，改变了认为汉画中"阙"是代表墓主身份的传统看法，表明它们应是天国的大门。"天阿（门）者，群神之阙也"（《淮南子·天文》），"西北荒中有二金阙……入两阙中，名曰天门"（《神异经·西北荒经》）。汉画中的门阙，是天门的金阙，也是升入天国的标志。在墓门两边、石棺正面、铜牌正中、画像砖组合的前列、钱树的树座上，刻画出高大的门阙，表示墓主人可以从这里进入天国之中，成为天上的神仙了（图6）。天国仙境和升天前后的情景等众多场面，正是以"天门"为前导和标志逐步展开的。

西王母——天国的主神

"西王母"是四川汉画像砖（石）中最多最大最突出的神像之一，她处于画面的正中（巫山铜牌，彭山郫县石棺），或高居于墓室后壁中央（成都画像砖墓），最典型的形象是博衣戴"胜"，端坐"龙虎座"上，有"三青鸟"、"九尾狐"等神兽相伴，有"蟾蜍"等为其制药，也常有仙人前来求药（图7）。传说她掌握着"不死之药"，能使人长生不老，因而成为四川汉代神仙信仰的中心，在"天门"汉画中占有显著的地位，被尊为天国中的主神。西王母画像砖的两边，也常配有人首鸟身、胸负日、月的"日神"和"月神"画像砖，成为天国中的辅神[19]，简阳石棺则直接将它们榜题为"日月"。

伏羲、女娲——天国的祖神

简阳石棺在两个"人首蛇身"像旁，分别榜题为"伏希"和"女娃"，即是"伏羲""女娲"的异体写法。他们是中国古代神话中人的始祖，被尊为"二皇"。他们"人头蛇身，一日七十化"（《天问》注），是生育之神。他们的神通广大，屡次救民于水火之中。汉画中伏羲、女娲，常常被安放在与门阙对应的位置，如石棺的另一端，或是门阙画像砖的对面，在天国中居于重要的地位，是人类的祖先神和保护神。

四灵等——天国的守护神

"四灵"即青龙、白虎、朱雀、玄武，是传说中天国东、西、南、北四方的守护神，"苍龙、白虎、朱雀、玄武，天之四灵，以示四方"（《三辅黄图》）。简阳石棺在虎、雀、乌画像旁分别榜题为"白虎"、"朱鸟"

图6 门阙（四川成都）

图7 西王母（四川成都）

和"玄武"，而在龙的画像下刻一四分的"云"纹，代表"青龙"，它们分别刻于石棺的四方，守卫着各方的安全。这也从另一角度证明了铜牌、石棺、画像砖组画、钱树、墓室、墓阙等汉画所表现的环境，就是天国胜境。

仙人——天国中的安居者

简阳石棺在两组"羽人"像旁，分别榜题为"先人博"和"先人骑"。"先人"亦即"仙人"，是早已成为神仙散居于天上的人。在汉画中他们大多长有羽毛，或下棋，或采药，或骑鹿，或游玩。过去常把这类画像简单称为"羽人"，或直接称作"六博"、"骑鹿"等，通过"天门"汉画的发现与研究，我们认为他们是一组"仙人"，是天国中的安居者，是神仙世界的重要成员。

大仓等——天国的供养处

简阳石棺在"天门"右侧的一座高大建筑物上方，榜题有"大苍"二字（图2）。"大苍"应是"大仓"的异体，也就是"天仓"，说明这里是天上的粮仓。这就为研究

汉画中类似建筑的性质提供了新的思路。以往对这种建筑物和相关的人像，曾用过"贷粮"、"养老"、"宾主见礼"等名称，从"天门"组画来看，它是粮仓，但却是天上的粮仓，是为升入天国的人们提供无穷无尽的食源的场所，是天国中的供养处。"贷粮"等内容，可能是创作者取材时的某些依据，或折射出的某种社会现实，但其真正的意义，则是"天仓"。

天国之中，还有"柱株"（钱树）、灵芝、仙草等异物，和"九"（鸠）鸟、"白雉"、"离利"等神兽，一片生机勃勃的景象。

以上各部分构成了天国仙境：门阙雄伟，光明普照，四灵守卫，祖先保护，王母赐药，仙人游乐，神兽相伴，仙草丰茂，是人们理想中的天堂。

车马——送行的队伍

四川汉画像砖石中数量最多的是车马画像，车、马、人、桥都刻画得极其生动，画面可分为几十种，而且常常是数十个排成一队，

浩浩荡荡进发，但也有单人单马的。一般称之为"出行图"，论者多说这是为了显示墓主的身份气势。但从墓中排列和方向，特别是"车马临阙"等画面看，队伍是向着门阙前进的，阙前还有人迎接。既然门阙主要代表的是"天门"，那么这些车马就应是送墓主人入天门，升天国的，更应称之为"送行图"。它显示了上天仪式的壮观与隆重，也表明升天成仙是汉代人们最重要的理想和追求。

迎谒——天国的使者

在"车马临阙"、"阙前迎谒"等画像砖上，常有使者迎谒。简阳石棺将这类站于阙内的使者，榜题为"大可"（大司），表明他是"天门"的守护与管理人，负责迎接来者进入天国（图8）。门阙汉画中还常有一种半开门的人像，有的还身长羽毛。他们都应是天国的使者，处于迎谒升天者的重要环节上，本身也是神仙群体的一个构成部分。

宴饮、乐舞——升天的欢迎仪式

四川汉画像砖石中的宴饮、庖厨、乐舞、百戏等画面众多，场面热烈精彩。这类画像多排列在门阙之后，从"天门"的角度理解，可能都是在天上进行的。在画面的一角，常有一两位观者席地而坐，或许代表着是升入天国的墓主人（图9）。如果这种推论可以成立，那么这些场面就可能是为墓主人升天成仙而举行的欢迎仪式，也可以解释为墓主人在天国可以享受到这种优厚的待遇，永远过上美好的生活。

家居、生活——天国的享受

四川汉画像砖石中还有许多描写生活情景的画面，如燕居、谈叙、嬉戏、亲吻等，也包括六博、舞乐、居室等图像，形象具体，生趣盎然，是一批难得的写真之作，是汉代生活的客观反映。但从画像所处的位置看，它们要表现的仍应是升天之后的理想生活，是选取于现实生活中的美好时刻，作为在天国中继续享受的理想情景，其中有些人已经是长出羽毛的仙人。作者出于对生活的热爱和熟悉，用简洁熟练的艺术手法，创造出了这样一大批写实主义的杰作。

生产、建筑——天国的富有

汉画中反映生产活动的画面数量众多，更加具体生动，如播种、薅秧、收获、采桑、放筏、渔猎、酿酒、制盐等，还有庭院、宅

图8 阙前迎谒（四川成都）

图9 宴饮百戏（成都郫县）

第、卖酒、市井、武库、楼宇等建筑画像，反映了汉代社会的丰富多彩，是研究古代社会难得的图像资料。它们被放在墓葬画像砖石之中，作为天门之内的构成部分，和生活类画像一样，目的还是为了表现天上的富有，以供升入天国的墓主人永远享用。

历史故事和人物——已经升天成仙榜样

汉画中还出现了许多历史人物和故事，如"荆轲刺秦王"、"刘邦斩蛇"、"张良椎秦"、"季札挂剑"、"师旷抚琴"等，具有很强的教育意义。从汉阙等处的画面上可以看出，这些圣贤之人的身上，大多长出了羽毛，表明他们已经成为仙人了，以此证明大凡品德高尚的故人，都是可以升天成仙的。因此这些历史故事和人物，也就成为天上神仙生活的一个组成部分。

以上几部分构成了升天过程：车马送行、大司迎谒、升天成仙、宴饮乐舞、生活悠裕，财产丰厚，家居欢乐，长生不老，在天上过着神仙的日子。

"天门"汉画的组合，将众多看似独立而零散的画面串联了起来，共同表达了"升入天国，极乐长生"这样一个主题。在汉代较富裕的生活环境和"事死如事生"观念意识的影响下，通过工匠们丰富的想象和高超的技艺，创造出这些绚丽多彩的汉画艺术珍品，既表达了比较系统的神仙思想，又反映了丰富多彩的社会生活。

四、汉阙所表达的"天门"观，在汉代思想文化中的地位和意义

以汉画形式表现出来的"天门"观念，在汉代思想文化发展中具有特殊位置。中国古代思想文化中两种最主要形态，即道教的神仙思想，与儒家的道德观念，都在汉阙汉画中得到生动的体现，成为反映汉代人们思想意识的活化石。

四川汉代盛行的"天门"观念，是道教在四川形成和发展的社会与思想基础。具有古蜀文化"人神相通"的原始宗教传统与"升天成仙"的思想观念的四川盆地，成为中国道教产生的沃土；而道教的出现，又促进了升天成仙等神仙思想的传播，从而出现了众多以"天门"等为主题的汉代画像。"天门"汉画是四川汉代神仙思想的一次集中体现，"是早期道教思想下墓葬制度与习俗的反映"[20]。

"天门"观念有其深厚而悠久的地方文化与历史渊源，是蜀地先民宇宙观的一种具体表现。三千多年前三星堆文化时期的"青铜神树"，已经就具备了"天门"的雏形。树高 4 米多，树座呈云山状，主干粗大挺拔，三层九条树枝上面结有仙果，挂满铃、牌、鱼、璋等饰件，一条巨龙顺主干攀援而下，树上还有代表太阳、天使、氏族图腾等多重身份的立鸟（图 10）[21]。神树是通天的天梯，为"众帝所自上（天）下（地）"（《淮南子·坠形训》）之处，也是祭祀的圣洁的场所，是当时人们心中的"天门"。三星堆的"青铜神坛"，用怪兽、立人、高山圣殿，表达了"地下"、"人间"、"天上"的"三界"概念，其中高居山顶之上的神殿，正是天国的体现（图 11）[22]。"青铜神坛"和"青铜神树"是"天门"、"天梯"、"天国圣地"，是以"人神相通"为重要特征的三星堆文明原始宗教的具体反

图10 青铜神树（四川广汉三星堆）

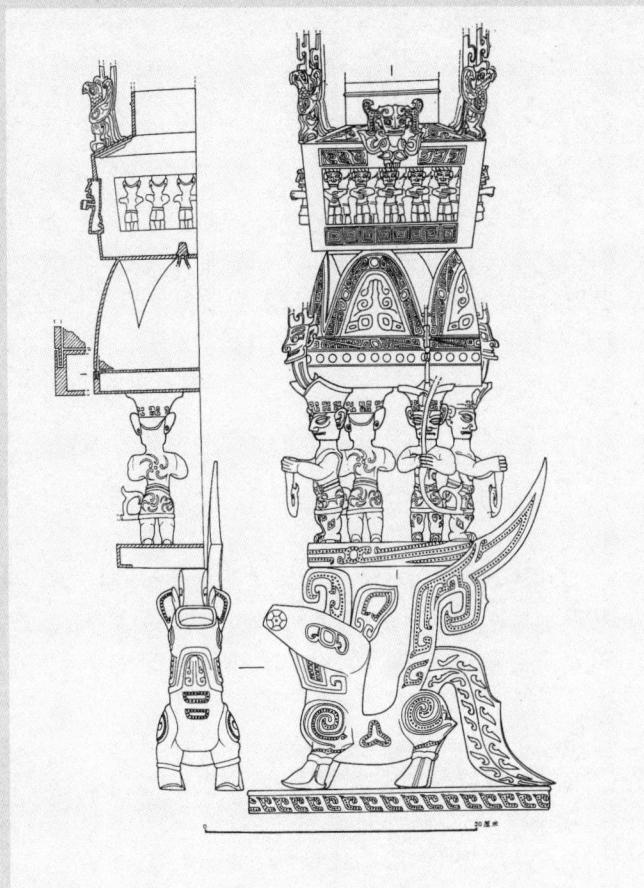

图11 青铜神坛（四川广汉三星堆）

映。"天门"汉画通过普遍化和世俗化的方式，将这种传统思想发扬光大，得到新的飞跃与升华，成为道教产生的重要基础。

儒家的道德观念，也在汉阙汉画中得到生动的体现，中国汉阙上雕刻的历史故事有古代帝王、圣贤、忠臣、孝子等。山东嘉祥武氏阙上雕刻的"荆轲刺秦"，四川渠县王家坪无铭阙背面第一层亦刻有"荆轲刺秦"图。武氏阙东阙子阙阙身北面第二层画像，为"周公辅成王"。山东平邑皇圣卿西阙东面画像第一层亦刻"周公辅成王"。在四川雅安高

颐阙右侧第二层刻"季札挂剑"的故事。四川渠县蒲家湾无铭阙上的"董永侍父"、河南登封启母阙上的"郭巨埋儿"、雅安高颐阙上"高祖斩蛇"和"博浪沙椎秦皇"等等，都是典型的儒家故事[23]。石阙上所刻的这些历史故事，均属彰德的范畴，其目的是"成人伦、助教化"，是传播中国传统文化的忠孝节义等儒家思想的具体表现。

注释：

1 赵殿增、袁曙光."天门"考——兼论四川汉画像砖（石）的组合与主题.四川文物 [J],1990
　年6期；"天门"续考.《中国汉画研究》第一卷，[M] 广西师范大学出版社 2004 年 10 月。

2 黄建华."天门"[M]，四川人民出版社,2004 年 10 月。

3 赵殿增、袁曙光."天门"汉画是四川汉代神仙思想的集中体现,中国汉画研究第一卷 [M],
　广西师范大学出版社,2004 年 10 月。

4 巫山县文管所、中国社科院考古所.重庆巫山县东汉鎏金铜牌的发现与研究,《考古》[J],1998
　年第 12 期。

5 文物存甘肃省成县博物馆,谨此致谢。

6 内江市文管所、简阳县文化馆.四川简阳鬼头山东汉崖墓,文物 [J],1991 年第 3 期。

7 高文.中国画像石棺艺术 [M],山西人民出版社,1996 年。

8、9 刘志远.成都昭觉寺汉画像砖墓,考古 [J],1984 年 1 期。

10 赵殿增.绵阳文物考古札记.四川文物 [J],1991 年 5 期。

11 张善熙、李清裕.鎏金"天门"钱树的研究.成都钱币 [J],1999 年 1、2 期。

12 高文.四川汉代画像石 [M].巴蜀书社,1987 年。

13 高文.中国汉阙 [M].文物出版社,1994 年。

14、15 重庆市博物馆.四川汉代石阙 [M].文物出版社,1992 年。

16、17 巫鸿.武梁祠 [M],生活、读书、新知三联书店出版。

18、23 吕品.中岳三阙 [M],文物出版社,1990 年。

19 赵殿增、袁曙光."天门"续考.中国汉画研究第一卷 [M].广西师范大学出版社,2004 年 10 月。

20 俞美霞.东汉画像石与道教发展 [M].台北南天书局,2000 年。

21 赵殿增、袁曙光.从"神树"到"钱树"——兼谈"树崇拜"观念的发展与演变,四川文物
　[J],2001 年 3 期。

22 赵殿增.三星堆青铜神坛赏析.文物天地 [J],2002 年 3 期。

23 吕品.中岳三阙 [M].文物出版社,1990 年。

中岳汉三阙及其画像艺术

吕 品

嵩山亦称泰室山、崇高山，属伏牛山系，海拔1512米，它与山东的泰山、陕西的华山、湖南的衡山和山西的恒山，称为中国的"五岳"。因嵩山居中，故称"中岳"。汉代的太室阙、少室阙和启母阙皆树立在嵩山脚下，世人俗称"中岳汉三阙"。

嵩山有两座主峰，东为太室，西为少室，两山各有三十六峰，合称嵩山七十二峰。古时的嵩山近都临邑，景色如画，是历代帝王、官宦、文人学士、佛道僧侣巡幸游猎、讲学著书、隐居修行的好地方。这里留下了许多名胜古迹，闻名中外的有北魏嵩岳寺砖塔，禅宗祖庭少林寺，唐代科学家一行（张遂）出家剃度的会善寺，武则天修筑的封祀坛和诸大臣题诗刻石的石淙河，古代四大书院之一的嵩阳书院，还有宋代司马光撰写《资治通鉴》、朱熹著《四书集注》的崇福宫，元代科学家郭守敬主持建造的观星台等。但年代最久的，则应首推1961年3月4日经国务院公布为第一批全国重点文物保护单位的汉代三阙。更为可喜的是2011年7月31日，第34届联合国教科文组织世界遗产委员会，在巴西利亚讨论通过将包括汉三阙在内的河南登封"天地之中"历史建筑群列入了《世界遗产名录》。

太室阙是太室山庙前的神道阙。位于太室山南麓中岳庙门前513米的中轴线上。"太室"之名由来已久，《竹书纪年》："虞舜十五年，帝名夏后，有事于泰室"。太室山神的祠庙始建于秦，称为太室祠。《汉书·郊祀志》："及秦并天下，令祠官所常奉天地名山大川鬼神可得而序也。"《汉书·武帝纪》："望日亲登嵩高，御史乘属，在庙旁吏卒咸闻呼万岁者三。登礼罔不答。其令祠官加增太室祠，禁无伐其草木。以山下户三百为之奉邑，名曰崇高，独绘祠，复亡所与。"秦代建的祠在何处？今已无考，武帝时改为太室山庙，庙址可能即在秦太室祠旧址上。东汉时的庙址，从多方面考察，今中岳庙的庙址即汉安帝时的庙址。这从现存的太室阙和同时雕造的一对石翁仲，仍立于庙前中轴线的两侧得到证明。太室阙建于何时？从阙身所镌铭记可知系阳城县长吕常于东汉元初五年（公元118年）雕造，说明汉安帝以来庙址没有大的变动。

启母阙是启母庙前的神道阙，位于太室山南麓，中岳庙西北3公里的万岁峰下阳坡上。北距启母石190米。启母石是一巨大的椭圆形石头，高约10米，周长43.1米。石的北部下面有明隆庆三年（公元1569年）蒋机立的石碑一通，记述了启母化石的神话传说。启母庙始建于汉武帝时。历经八十余年至汉成帝时被废掉了，何时恢复庙祀史无明文，但从阙身铭文可以知道，启母阙是颍川太守朱宠于东汉安帝延光二年（公元123年）建造的，因此，在建阙之前庙祀可能已经恢复。不过，那时因避汉景帝讳，已改称开母庙了。东汉以后，启母庙大概一直存在，到元代不知何因被毁。关于启母庙的旧址，据《金石萃编》载："崇福观在县北十里，观东三十步，世传为启母庙旧址。"1964年夏，我们实地调查，在启母石西南10米处发现许多汉代残砖断瓦，大都饰有绳纹、菱形纹和柿蒂纹等，面积约有400平方米。附近地势平坦，适宜建筑，而其位置又在启母阙的中轴线上，参照太室阙及庙址的布局相印证，这里即应是启母庙的旧址。

少室阙是少室山庙的神道阙，位于少室山东麓，北临少林河谷，面对太室山，阙东南1公里即十里铺村。据《汉书·地理志》载，少室山庙和太室山庙同建于汉武帝时。汉安帝时的少室山庙应建在少室阙中轴线的后面。1964年勘查庙址时，在阙后220米的中轴线上发现了一处汉代遗址，东西长60余米，南北宽40余米，周围是一处平坦的台地。遗址表面散布着许多绳纹砖、筒瓦、板瓦等汉代建筑遗物，这里有可能就是少室山庙的旧址。唐代杨炯对少室山庙进行了修葺，并立碑记述其事。元代杨奂游中岳时，曾在少室山庙即兴赋诗："路旁双阙老，蔓草入荒祠；时见山家女，烧香乞茧丝。"说明元代时少室山庙虽存，但已荒废，附近的蚕农还经常到这里祭拜祈求蚕茧的丰收。自唐代始，少室山庙俗称少姨庙，"其神妇人像，故老相传，启母涂山之妹也"。元代时又把少姨误作蚕神嫘祖来奉祀，讹误就更大了。明代初年，少室山庙终于坍毁不存了。少室阙的建造年代，因阙铭残缺，已不知其详。但少室阙题名中有"户曹史夏效、长冯宝、将作掾严寿"等，和启母阙题名大致相同，因此，少室阙的建造年代也应和启母阙、太室阙相去不远，大体是同时建造的。

中岳汉三阙的形状和结构基本相同，均是用雕琢好的石块垒砌而成，其中太室阙保存得比较好。中岳三阙的每组阙均由对称的两阙组成，每阙又分正阙和子阙，正阙和子阙的阙身连成一体，从立面看正阙高，子阙低；正阙在内，子阙在外。阙身向外的石面除镌刻有铭文者外，其余均以石块为单位雕刻画像，这些画像由于千百年来露置荒郊野外久经风雨剥蚀，有些画面已漫漶不清难以辨认，但因这里的石质较好，幸存下来的字迹和画像仍然为数不少。太室阙现存画像60余幅，启母阙70余幅，少室阙70余幅，三阙共存画像约200余幅。画像的主要内容有狩猎、车骑出行、宴乐、杂技、幻术、神话传说、孝行故事及珍禽瑞兽等。阙身画像及铭文的排列没有明显的规律，阙的正面一般镌阙名、阙铭，雕宴饮、谒见、百戏、狩猎、车骑出行、神话传说、珍禽异兽等；侧面一般雕铺首衔环、孝行故事、日轮月宫等。

鳖画像。太室阙的正面（南）与"中岳泰室阳城"篆字题额相连的一幅画像，刻一巨鳖，其位置相当显著，这在全国画像石中是十分罕见的。另外在阙身还有两幅各刻一似人似鳖的形象，这可能就是夏禹的父亲鲧的神像，也即夏部落的族徽和重要的图腾之一。鲧是虞时的治水官，属于鳖图腾氏族的一位酋长。阙上刻鲧的神像，应是远古图腾信仰习俗的反映。嵩山一带是夏部落早期活动的重要地方，这里不仅流传着许多和夏族有关的神话传说，而且保留有不少和夏族有关的文物遗迹。《史记·封禅书》载："昔三代之君皆在河洛之间，故嵩高为中岳，而四岳各如其方。"又说："夏禹都阳城。"1977年在登封告成镇东北的战国遗址中，发现了印有"阳城食官器"的陶器及印有"阳城"二字的汉代筒瓦，证明这里的确是古阳城所在地。既然这里是夏族早期活动的地域，那么是否有祀鲧的风俗呢？《左传·昭公十七年》郑子云："昔尧殛鲧于羽山，其神化为黄熊，以入于羽渊，实为夏郊，三代祀之。"杜预注："鲧，禹父"。郑国都城在河南新郑市距登封不远，也是夏部落早期活动的区域。《礼记·祭法》也说："夏后氏亦禘黄帝而郊鲧，祖颛顼而宗禹"。可见夏人祀鲧的习俗由来已久。鲧的神像是什么样子呢？《史记·夏本纪》张守节正义："鲧之羽山，化为黄熊，入于羽渊。熊，音乃来反，下三点为足也。束皙曰：'《发蒙记》云，鳖三足曰熊'。"鲧死化为鳖，鳖成了夏人的图腾，亦即夏人的族徽，逐渐又演化为祀鲧的神像。"鲧"亦作鲧，从鱼从玄，其初意即"玄鱼"。刘向《九叹·远游》："鞭风伯使先驱兮，囚灵玄于虞渊。""虞渊"即羽渊声转，"灵玄"即玄鱼，也即指鳖而言。鲧是夏氏族最早在嵩山一带活动的部落酋长，《国语·周语》有"崇伯鲧"的记载。"伯"即是一方之长。其后鲧的儿子禹又"都于阳城"，因此，嵩山一带有祭鲧的遗风是不奇怪的。

启母阙有夏禹化熊的画像，禹体态肥胖，似人又似熊。周身用弧形线条表现，旁立两人注目观看，显示出惊咤的表情。这应是大禹治水幻化为熊的故事，《汉书·武帝纪》颜师古注云："禹治鸿水，通轩辕山，化为熊，谓涂山氏曰：'欲饷，闻鼓声乃来？禹跳石，误中鼓。涂山氏往，见禹方作熊，渐而去，至嵩高山下化为石，方生启。禹曰：'归我子'。石破北方而启生。"这个神话在古代流传很广，《淮南子》等书皆有记载。神话是社会生活的反映，是历史的影子。透过"启母化石"这一神话传说，我们不难看出它应是夏民族祖先崇拜以及祭祀生殖之神习俗的反映。古代各民族的先妣，就是各民族的高媒。高媒是掌管氏族婚姻及子孙繁衍的神灵。《周应·媒氏》："以仲春之月，合男女于时也，奔则不禁。因祭其神于郊，谓之郊媒。郊音与高相近，故或言高媒。王者后妃以玄鸟至日，祈继嗣于高媒，三牲昊曰太牢。"祭祀高媒的习俗，汉晋时仍很盛行。《后汉书·礼仪志》："仲春之月，立高媒祠于城南，祀以特牲。"注引束皙云："高媒者，人之先也。故立石为主，祀以大牢。"很显然，古代高媒神的神主就是一块大石头，夏人的高媒是启母涂山氏女。那么启母石无疑应是夏族的先民在此祭祀其先妣涂山氏女的神主，这也正是启母化石神话流传的历史原因。

启母阙上还有一幅和夏王朝有关的画像，就是孔甲畜龙。画面上雕刻二巨蛇，偎依缠绕而行。古代龙蛇是不分的，甲骨文中的龙字便是有角的蛇，汉画中龙年的伏羲、女娲也作蛇身，所以，蛇也可看作龙。《史记·夏本纪》云："帝孔甲立，好方鬼神，事淫乱。夏后氏德衰，诸侯叛之。天降龙二，有雌雄，孔甲不能食，未得豢龙氏。陶唐既衰，其后有刘累，学扰龙于豢龙氏，从事孔甲。孔甲赐之姓曰御龙氏，受豕韦之后。龙一雌死，以食夏后。夏后使求，惧而迁去。"豢龙氏部族的活动地域在今河南鲁山，距登封不远。龙是古人心目中的神物，但在文献记载中，夏人畜龙的事却屡见不鲜。又如《博物志·外国》："昔禹平天下，会诸侯会稽之野，防风氏后到，杀之。夏德之盛，二龙降之。禹使范成光御之，引辙外，既周而还。至南海，经防风。防风氏之臣，以涂山之戮，见禹，怒而射之。迅风雷雨，二龙升去。"可见龙和夏民族有着极密切的关系。中岳汉三阙的画像中反映夏朝礼俗、社会生活的画面不在少数，说明汉代人对夏人在嵩山一带的活动仍记忆犹新，念念不忘，也为我们研究夏文化提供了珍贵的重要资料。1977年以来，河南省文物考古研究所的工作人员，在距阳城遗址不远的王城岗遗址上挖出了一座夏代城址，进一步证明了中岳一带确是夏人活动的重要地域，而王城岗城址也有可能就是"夏禹都阳城"的地方。夏代绝不是一个虚无的传说时代，应该是由夏人为主建立的中国历史上的第一个王朝。

少室阙和启母阙都雕刻有蹴鞠的画像，蹴鞠就是用足踢球，简言之和现在的踢足球差不多。在古代蹴鞠是一项老少咸宜、贵贱皆喜的运动，最迟战国时即已出现。《战国策·齐策》云："临淄甚富而实，其民无不吹竽鼓瑟……蹋鞠者"。可见齐国的临淄是较早流行蹴鞠的大都市，到了汉代就更受欢迎，各阶层的人皆喜蹴鞠。据《史记·高祖本纪》张守节正义引《括地志》云："太上皇时悽怆不乐，高祖窃因左右问故，答以平生所好皆屠贩少年、沽酒卖饼、斗鸡蹴鞠，以此为欢，今皆如此，故不乐。"说明刘邦

的父亲是一位长期生活在社会下层的蹴鞠爱好者。西汉桓宽《盐铁论》说，社会承平日久，"贵人之家，蹋鞠斗鸡"为乐，一般人也是在"康庄驰逐，穷巷蹋鞠"。汉武帝时经常在宫中举行斗鸡、蹋鞠比赛，时称"鸡鞠之会"。武帝的宠臣董贤家中还培养有优秀的"足球健将"，叫作"鞠客"。大将卫青、霍去病不仅自己喜爱蹴鞠，还把它列为军事训练的项目之一，让将士们强身健体。班固的《汉书·艺文志》就把当时的一部专著《蹴鞠二十五篇》列在兵书类中。这是我国最早的一部体育专著，也是世界上第一部体育专业书籍。遗憾的是这部书在唐代以后失传了，我们仅能从唐人及其以前文人的著述中了解一、二。东汉人李尤写过一篇《鞠城铭》，它是刻在鞠城墙上的铭文，一共十二句话，使我们可以概略地知道，当时的球场是方的，周围有矮墙，球门似小房子，正面有看台，很像一座小城。两边各有六个球门，每队有十二人上场，比赛时有裁判长和副裁判严格执法，公平裁决。

古代的鞠是用什么做成的呢？翟灏《通俗编》说："汉艺文志兵伎巧类，有蹴鞠二十五篇。师古曰，鞠以韦为之，实以毛，蹴踏之以为戏也……而唐时毬制亦不与旧同，归氏子嘲皮日休云：'八片尖皮砌作毬，火中燀了水中揉，一包闲气如常在，惹踢遭拳卒未休'。盖又今所谓气毬也。"汉代的鞠以两片皮作壳，里边填塞动物的毛，所以，也称作"毛丸"。到了唐代制球工艺有了很大改进和提高，把两片皮合成的球壳改为用八片尖皮缝成圆形的球壳，球壳内则改放一

个动物尿泡，吹气成为气球。这样球的形状更圆了，重量也减轻了。据世界体育史记载，吹气的球也是我国最早，英国发明的吹气球，比我国唐朝晚了三、四百年。球体的改进必然促使踢球方法和技术的改进，汉代实心的球踢不高，球门只能就地建造。唐代充气的球适宜踢高，所以，球门就设在两根三丈高的竹竿上，"络网为门以度球"。球员已不是直接对抗，而是各在球门的一侧，向中间的球门射球，以进球的多少决胜负。唐代开始有了女子踢球活动，称为"白打"。以踢球的高低、花样的繁多斗胜负。宋代蹴鞠有了更快的发展和普及，宋太祖和宋太宗都喜欢蹴鞠，上海博物馆就收藏一幅元钱选绘的《宋太祖蹴鞠图》，形象惟妙惟肖，场面十分生动。蹴鞠活动的普及，参与人数的增多，宋代出现了踢球艺人的社会组织，叫"齐云社"，又称"圆社"，是我国最早的单项运动协会。从当时的一些著述中盛赞"风流无过圆社"，"青春公子喜，白发士夫怜，万种风流事，圆社总为先"来看，宋代是我国蹴鞠活动最为普及和发展的一个黄金时期，到了元、明逐渐没落，清朝中期便在社会的巨大变化中基本消失了。

启母阙的上部雕刻有幻术和口中吐火的画像。一人头戴毡帽，仰面向上，右手执斧上举，左手持一物似人头，两腿左右叉开作半蹲状，应是在作"易牛马头"的幻术表演。另一幅也是雕一人戴尖顶毡帽，着紧身衣裤，双手抱一长颈瓶，仰面向上喷火，向右迈步奔走。汉代由于西域交通的开发，促进了中外文化的交流，幻术和易牛马头（割头换像）

即是文化艺术交流的重要内容和实例之一。《史记·大宛传》记载了汉武帝时就有西域的幻术演员不远千里到汉朝献艺，人皆称他们为"眩者"。东汉安帝永宁元年（公元120年）罗马属国大秦（古埃及亚历山大城）的魔术团曾从海道经缅甸到洛阳演出。《汉书·西南夷传》说："掸国（缅甸）王雍由调，复遣使者诣阙朝贺，献乐及幻人，能变化吐火、自支解易牛马头，又善跳丸，数乃至千。自言：'我，海西人'。"海西，即古罗马属国大秦。启母阙是颍川太守朱宠于汉安帝延光二年建造的，距大秦魔术团在洛阳的表演前后不到三年，精彩的魔术表演仍保留在洛阳一带人们的记忆中，于是建阙的匠人就把它刻在了启母阙上，以作纪念永垂不朽。

中岳三阙的画像内容与艺术风格，与汉代号称南都的南阳画像石相同，说明其有共同的文化渊源。《史记·货殖列传》说："颍川、南阳，夏人之居也。"三阙画像的雕刻方法，主要是浅浮雕加阴线刻。先在凿好的石面上用简练的线条勾画出形象的细部，然后剔去轮廓外的石面，并用平行斜线组成的菱形图案为地纹。有的画面在上部饰以垂幛，以显示庭堂而有别于旷野；也有的在一幅画面上，用阳线条分隔出若干小格，雕刻个体的画像内容，使之突出醒目。总的说，其特点是不追求局部的精雕细琢，而是以线写形，以形传神，用粗犷古拙的形象，显现出磅礴雄浑的气势。

汉代由于封建帝国的高度集权和统一，经济有了迅速的发展。在艺术上，现实生活与悠久的民族文化传统融为一体，向人们呈现了一个五彩缤纷的大千世界。汉初，由于刘邦等人对故楚艺术的欣赏和留念，楚文化对社会有着不可估量的影响，因而在艺术上的夸张和浪漫，也是汉画像的重要特色之一。三阙画像内容中的宴饮、蹴鞠、车骑出行、狩猎、大象、骆驼以及倒立的女伎，无不是现实生活的缩影。尤其是吐火和易牛马头的画像，正是建阙时古埃及亚历山大港魔术团在洛阳为汉安帝进行精彩表演的真实写照，为我们保留了中外文化交流的重要实物资料。"郭巨埋儿"则是汉代封建统治阶级提倡所谓"孝悌力田"、"以孝治天下"的儒家伦理观念的反映。其他如神话传说、羽人、珍禽瑞兽等画像，虽说是表现了人们对长生不死、羽化升仙的渴望。但内在的却是对现实生活的爱念和永恒幸福的企求。因此，在形象上没有过多的虚幻雕饰。如比翼鸟和比目鱼，这种被神化了的祥瑞之物，也多来源于社会存在的禽鸟和鱼类。让人们感到的只是新奇和亲切，而没有商周青铜器雕饰饕餮的狰狞与恐怖。鲧图腾的画像，不同于一般的神话传说，它是嵩岳地域华夏民族子孙对远古祖先的怀念和追思，具有突出的地方传统特点。

在艺术形象的塑造上，为表现雕刻物像的内在力量和气势，特别善于捕捉运动中的人或动物瞬间的典型动作，恰到好处的予以夸张，以突出物体的运动和速度，给人以强烈的动态感。如马戏和狩猎画像，为显示马和兔的矫健快捷，将跃起飞奔的马、惊逃窜跳的兔的四肢几乎拉成一条直线，使人感到它运动的速度之快。马上女伎身体的自然后倾以及被风吹起向后飘动的长袖，进一步衬托了马的疾驰和艺人技艺的高超。夏禹化熊的画像，特地使用了阴阳相间的弧形线条，虚实结合，形象恍惚，增强了转动的效果，突出了夏禹摇身欲变的一瞬间，给人一种变幻莫测的神奇感觉。这种大胆的想象和在雕刻技法上的新尝试，可以说是汉代艺术家在描绘动态形象时的大胆创造。另外，翱翔的春燕、稚气的雏鸟、飞舞的朱雀、温驯的鹿以及凶猛的龙虎，也都个性鲜明，形神兼备，栩栩如生。总括三阙画像的艺术成就，正如鲁迅先生所说，"古拙"的外貌和"深沉雄大"的内在气势，构成了它鲜明的时代特点，在中国古代艺苑中，谱写了重要的新篇章。

黄易与武氏墓群石刻

杨爱国

位于山东省嘉祥县武宅（翟）山下的武氏墓群石刻，是现存较完整的一组东汉时期的石刻画像建筑群，1961年被国务院公布为第一批全国重点文物保护单位。这组石刻现存有双阙、一对石狮、两通武氏碑和经蒋英炬、吴文祺复原的3座祠堂，还有一些以后增补进来的其他汉代画像石，以及已经发掘的2座石室墓，以及清代人为武氏祠堂立的碑刻题记[1]。

在今天我们能见到的传世文献中，宋代欧阳修的《集古录》(1061年)最早收录了武斑碑和武荣碑的碑文，北宋末到南宋初赵明诚李清照夫妇合著的《金石录》中比欧阳修多收了武开明碑、武梁碑、武氏阙和武梁祠。南宋的洪适录武氏碑祠文于《隶释》，摹武梁祠画像于《隶续》，并始以"武梁祠堂画像"名之[2]。清乾隆五十一年(1786年)，黄易等人掘出了武氏诸祠堂画像石，正当金石学兴盛之际，马上引起了金石学家的重视，著录武氏墓群碑、阙、祠的文字和图像的书不下数十种[3]。不过，对武氏墓群石刻发现、保存贡献最大的却是没有著书的黄易。

黄易(1744~1801年或1802年)[4]，字小松，号秋盦、秋影盦主、莲宗弟子、散花滩人等[5]，浙江钱塘人，官山东兖州府济宁运河同知。黄易在当时极为金石学家所重，钱大昕在为黄易所著《小蓬莱阁金石文字》的序中称赞他："博极群书，元元本本，于吉金乐石，尤寝食依之。虽簿书络绎，车马殆烦，偶有小暇，启囊橐而亲摩挲焉。每遇古拓秘本，解衣付

质库易之，自谓千驷万枋无以尚也"[6]。200多年来，黄易对武氏墓群石刻的发现与保护已经得到学术界的普遍称赞，更有学者认为他是金石学家中走在最前边的人，其对所见碑石的记录，已近于后来考古学的要求。那么，黄易是如何发现武氏墓群石刻，又是如何保护的呢？他对武氏墓群石刻带做了些什么呢？为存其真，本文将把黄易留下有关武氏墓群石刻的文字资料收录如下，以资博览。

一、《钱塘黄易修武氏祠堂记略》

黄易等人在发现并发掘武氏墓群石刻的第二年，就在原地修了"武氏祠堂"，保护画像石刻，其过程记录在他撰写的《钱塘黄易修武氏祠堂记略》中，全文转录如下：

乾隆丙午秋八月，自豫还东，经嘉祥县署，见志载县南三十里紫云山西汉太子墓石享堂三座，久没土中，不尽者三尺。石壁刻伏羲以来祥瑞及古忠孝人物，极纤巧。汉碑一通，文字不可辨。易访得拓取。堂乃武梁，碑为武斑，不禁狂喜。九月亲履其壤，知山名武宅，又曰武翟。历代河徙填淤，石室零落。次第剔出武梁祠堂画像三石，久碎而为五，八分书，四百余字；"孔子见老子"一石，八分书，八字；双阙南北对峙，出土三尺，掘深八、九尺始见根脚，各露八分书"武氏祠"三大字，三面俱人物画像，上层刻鸟兽；南阙有建和元年"武氏石阙铭"，八分书，九十三字；"武斑碑"作圭形，有穿，横阙

北道旁，土人云数十年前从坑中拽出。此四种见赵、洪二家著录。武梁石室后东北一石室，计七石，画像怪异，无题字，惟边幅隐隐八分书"中平"等字，有断石柱正书曰"武家林"。其前又一石室，画像十四石，八分题字，类《曹全碑》，共一百六十余字；祥瑞图石一，久卧地上，漫漶殊甚。复于武梁石室北别得祥瑞图残石三，共八分书一百三十余字。此三种前人载籍未有，因名之曰"武氏前石室画像"、"武氏后石室画像"、"武氏祠祥瑞图"。又距此一、二里，画像二石，无题字，莫辨为何室者。汉人碑刻世存无多，一旦搜得如许，且画像朴古，八分精妙，可谓生平奇遇。按武氏诸碑，惟"武荣碑"植立济学，"武斑碑"、武梁祠像、"武氏石阙铭"今已出，只余"武梁碑"、"武开明碑"二种未见，安知不尽在其处。嘉祥，汉任城地，赵氏云"任城有武氏数墓"，所指甚明。何县志讹为汉太子墓？然土人见雕石工巧，呼为皇陵，故历久不得毁失，未始非讹传之益也。今诸石纵横原野，牧子樵夫岂知爱惜，不急收护，将不可问古物。因易而出，置之不顾，实负古人，是易之责也。"武斑碑"宜与"武荣碑"并立济学，而石材厚大，远移非便，易惟将"孔子见老子"画像一石移至济宁，与知州刘永铨敬置学宫明伦堂。其诸室之石大而且多，无能为役。州人李铁桥（东琪）家风好古，搜碑之功最著，洪洞李梅村（克正）、南明高（正炎）善书嗜碑，勇于成美。与之计画，宜就其地创立祠堂，垒石为墙，第取坚固，不求华饰。分石刻四处，置诸壁间。中立武斑碑，外缭石垣，围双阙于内，题门额曰"武

氏祠堂"。隙地树以嘉木，责土人世守。地有古碑，官拓易扰，宜定价资其利而杜其累。立石存记，为久远之图。是役也，非数百金不办，易与济宁数人量力先捐，海内好事者闻而乐从，捐钱交铁桥、梅村、明高董其役，易与司土诸君成其功。求当代钜公撰碑垂后，仿汉碑例，曰某人钱万、某人钱千，详书碑阴，以纪盛事。汉人造石阙以后，地已淤高，兴工时宜平治七、八尺，既固屋基，且今埋碑尽出，不留遗憾。有堂蔽覆，椎拓易施，翠墨流传益多。从此人知爱护，可以寿世无穷，岂止二、三同志饱嗜好于一时也哉。乾隆丁未夏六月钱塘黄易[7]。

这份记略极类今日之考古日记。它记录了发现、发掘武氏祠堂画像石的过程，其他画像石的数量以及相对于武梁祠的位置，并对保护的过程也详加记录，这是黄易对武氏墓群石刻最长的记录文字。同时，它还包含这样的信息，在发现并发掘武氏祠堂画像石的第二年，即1787年，黄易等人即捐钱建了保护它们的"武氏祠堂"，可见保护意识之强。

二、《得碑十二图》

《得碑十二图》是黄易在12个地方访碑所绘之图。该册12开，纵18厘米、横51.8厘米，纸本，水墨，一开一图，每图有黄易题识及翁方纲诗跋，翁方纲作序[8]。12幅图记录黄易自乾隆四十年（1775年）至五十八年（1793年）18年间在山东、河北等地寻得碑刻、拓本的经过，其中第五幅《紫云山探碑图》记同年在嘉祥发现武氏墓群石刻事，原文如下：

乾隆丙午秋，见嘉祥县志，紫云山石室零落，古碑有孔，拓视乃汉敦煌长史武斑碑及武梁祠堂画像，与济宁李铁桥、洪洞李梅村、南明高往视，次第搜得前后左三石室，祥瑞图、武氏石阙、孔子见老子画像诸石，得碑之多无逾于此，生平至快之事也。同海内好古诸公重立武氏祠堂，置诸碑于内。移孔子见老子画像一石于济宁州学明伦堂垂永久焉[9]。

这段题识是上面修武氏祠堂记略的简化，可见黄易对此事的重视程度。黄易没有在画上题绘画的时间，从题识文字中的"重立武氏祠堂"看，应在乾隆五十二年(1787年)以后。

三、前后左石室画像及祥瑞图三跋

方朔的《枕经堂金石题跋》收录了黄易紫云山访碑图二绝：

旧迹湮沉五百年，一从搜剔胜重镌。左前二室兼祥瑞，能补番阳缺不全。

倪黄妙墨铁生齐，此日荒寒别有蹊。武石不磨图不朽，数行短札更覃谿[10]。

接着收录的是《前后左石室画像及祥瑞图三跋》，前后石室画像跋云：

右石室画像石未见前人著释，唯赵氏金石录跋云，武氏石室画像五卷，武氏数墓在今济州任城，墓前有石室，四壁刻古圣贤画像，小字八分书，题记姓名，往往为赞于上，文词古雅，字画道劲可喜。按武梁祠室仅三石，拓本未必有五卷，石室之制，如肥城之郭巨、金乡之朱鲔，孤撑一柱，屋架两间，皆实其后而虚其前。此室比武梁石室稍大，中壁空穴，方广二尺。虽石片零落，莫知次

序，而规制约略可辨。一石柱断碎，其室必是两间，与郭朱二室相同，然室唯三壁无四壁，赵氏之言或是石室有四，壁间刻像，文意亦通。武梁室外有三石室，共计四室，与赵云四室之数雅合。赵云拓本五卷，此种或在其中，惜无从考证。因在武梁之前，姑以武氏前石室名之。嘉祥在东汉隶兖州任城，地近曹州，历逢河患。洪山石崖元人题字云，至正四年昏垫最甚，当时浊浪奔腾，石室尽损，积淤盈丈，今诸石悉自土中求之，所图文王诸子，孔门弟子及孝子节妇刺客，仿佛武梁式，题字八分类曹全碑，汉迹精品也。榜题"君车"、"此君车马"、"君为督邮时"、"君为都……时"、"为市掾时"，皆指葬者而言。今丞簿尉、功曹、贼曹、主记、游缴、亭长、掾吏皆葬者历官所部之职。武氏数君官爵惟武荣最大，此何人之室，莫能辨定。初拓本共一百八十九字，"此亭长"三字，乳母下睰字全泐，门下"游缴"二字，"市掾"下"时"字，亦半泐矣。初拓"此丞"下疑为"相"字，今细审是"卿"字，与第六石"尉卿"之卿无异。《隶续》南安长王君平乡道碑丞尉称王卿，杨卿，此刻丞亦称卿，盖书者尊之也。今重立武氏祠堂，诸石尽置祠内，唯碑石柱无可位置，其上承梁凹处刻一兽形，旁有八分一行，曰"此……金……万"等字，莫晓其义，琢为方片存之。室后剔出画像十石，作云雷神恠，鸟兽鱼龙之状，俱无题字，名之曰"武氏后石室"。初得拓本第二石边栏隐隐有"中平"字，后精拓细审视乃剥泐之纹，非字也。唯一小柱刻正书曰"武家林"，极古拙，似魏齐人迹。

嘉庆元年三月九日书[11]。

三个跋语中，这个跋语最长，不仅记录了黄易对前石室形制的观察，其对前石室主人的考证更是让人信服[12]。

左石室画像跋云：

右画像李梅村、刘桂仙得于武梁石室之左，人物车马类乎前石室，一横石作五铢钱连缀文，两头画像似施于室前檐下者。小桥横一石，中间凿孔，探其阴面，有画像题字，移出拓视乃颜叔、信陵君、王陵、范睢故实。名之曰："武氏左石室"，共十石。梅村标题次第，自刻跋语于旁。初拓本"公"字下有"无"字，"获"字尚全，"陈留外黄"下有"兄"字，今俱缺损。梅村拓记一百六字，易今精再勘，计一百十一字。碑中以"距"为"拒"，"免"即"勉"，"考"即"拷"也[13]。

这段跋语记录了黄易对所谓左石室画像石题字的仔细观察和精拓。

祥瑞图跋云：

武梁石室右一石，平露残泐最甚，其旁又得残石三，刻人物鸟兽，有小八分书标题，与武梁石室题字如出一手，其语句孙氏《瑞应图》及《宋书·符瑞志》所载约略相同。东汉崇尚图谶，故图刻乃尔。背若瓦脊，是为石室之顶，其内题刻可以仰观也。是刻前人著录所未及，嘉祥县志云，石室内刻伏羲以来祥瑞，所指即此，因名之曰"武氏祠祥瑞图"[14]。

在这段跋语中，黄易将祥瑞图与文献、地方志结合起来考察，指出了图像与文献的对应性，同时指出县志所载的正确性。另外，虽

然他没有看出祥瑞图是武梁祠的盖顶石，但已指出它们是石室之顶，其内题记可以仰观。

四、《小蓬莱阁金石文字》

在《小蓬莱阁金石文字》第五册中录有所谓唐拓武梁祠像[15]，分别摹录了伏羲女娲、祝融（诵）、神农、黄帝、颛顼、喾、尧、舜、禹、桀、曾母投杼、闵子骞御车失棰、老莱子娱亲、丁兰供木人等14幅图像。帝王图位于武梁祠西壁第二层，孝子故事图位于第三层[16]，也就是说所谓唐拓本武梁祠像不过是武梁祠西壁第二层和第三层图像而已，也就是所谓"左一石上半二列"，并非武梁祠画像全部。每幅图像后，先释读题记文字，如"伏戏仓精初造王业画卦结绳以理海内"、"祝诵氏无所造为未有者欲口罚未施"等。接下来是黄易和翁方纲等人的有关考释，每条皆各为段落。如于伏羲图后，黄易考曰："王业，洪氏隶释、史氏学斋佔毕，皆作工业，愚意王业非太古语，恐当从之。"紧随其后的是翁方纲的3条按语："案：王业字是工，非王，不待考辨而后知也。即石鼓造车既工之工字亦是如此。北平翁方纲。""方纲案：易正义曰：垂衣裳者，以前衣皮，其制短小，今衣丝麻布帛，其制长大，故云垂衣裳也。今观武梁祠画，自黄帝以前，伏羲、祝诵、神农，衣皆短小，可徵经义矣。""又案：此画伏羲氏手持曲尺，盖以短象画卦也，故于初造工业，首以画卦言之。昔得吴门陆氏摹本，与张石公舍人埙同观，石公云曲尺矩也。所谓圆出于方，方出于矩，矩出于九九八十一

也。曲尺中间小尺，弦也，方圆皆有弦邪？逐相通之率也。圆为句，方为股，矩广长也，小尺邪？逐为弦。其象为口，因而圆之。逐一而周三，所谓句广三也，又所谓环矩以为圆也。参天两地而倚数参天，句也，两地，股也，句股正历，舍矩不能从事也。"最后为阮元的考释："中一物少泐，若小儿状。泰定隶续本则宛若小儿。帝王世纪云伏羲氏蛇身人首，白虎通云伏羲因夫妇，正五行，始通人道，即此画意也。后幅帝王无两人者。阮元。"

在诸人观览拓本记录之后，黄易记录了此拓本到他手的经过：

乾隆乙未夏五月，扬州汪雪礓初得此本，邀易与江玉屏同观于江鹤亭秋声馆，古香可爱，为之心醉，其时远赴南宫解维，匆遽不及钩摹，回环胸次者，十有余年。此拓仅十四幅。丙午八月，易于嘉祥紫云山得祠像原石，较洪氏隶续所图仅缺休屠像、李氏遗孤、忠孝李善等字，余文悉备，复有伯榆等字，洪所未录，急拓全文以寄雪礓，雪礓喜甚，许以此本见赠，未及寄达，旋归道山，其弟隣初践宿诺，竟以归易。对古物而念良朋，可胜人琴之感，谨藏小蓬莱阁，以志盛谊，复手摹付梓，俾海内好古之士感欣赏焉。辛亥十月钱塘黄易识于济宁官廨。

后又记录了此拓本的流传经过：

右唐拓武梁祠堂画像凡十四，是左一石上半之二列。曾子一段下方墨污，仅露笔画，今拓转胜于前，惟画像面目剥损耳。石自宋人拓后，久埋土中，历元明至今日始出土椎取，今拓即宋拓也。此本画像比今拓较完，

是宋以前所拓无疑矣。边栏硬黄笺释文书体古雅，乃宋元之迹旧藏。武进唐氏册中，止数印，无题识，册首汉镌古帝王像六楷字，不知谁书，疑明人笔。昔朱竹垞作缘，归于海宁花山马仲安小葫芦山房，后归扬州马半查小玲珑山馆。半查云得自武林名家，未著其人。在吴门有李明古、谢林村诸人题识，陆贯夫所摹当在此时。乾隆壬辰十月，半查赠汪雪礓，雪礓谢不敢受。易恐此物失传，趣汪留之。至乙未五月竟归焉。易与雪礓话别时，始获一见。旧装已敝，贮于木匣，雪礓重裱，至辛亥正月归于易也。

以上是笔者见到的黄易留下的与武氏墓群石刻有关的文字。从上文提到的《得碑十二图》，和《岱麓访碑图二十四帧》、《嵩洛访碑图二十四帧》[17]、《嵩洛访碑日记》、《岱麓访碑图》[18]、《岱岩访古日记》[19]等文献看，黄易是一个勤于访碑的人，他在河北、河南和山东等地都留下了调查古代石刻的足迹，主要集中在山东省，尤以其居官的济宁地区最为详细，因此，他对嘉祥武氏墓群石刻的发现与调查是他众多访碑过程中的一节，既不是偶然巧遇，也不是一时兴起，而是他勤于访碑的正常表现，也是他对金石学的贡献[20]。由于黄易等人的榜样作用，在保护武氏祠画像石的"武氏祠堂"建成后，好事者又陆续将所得的汉代画像石增入祠内。如同时在乾隆年间得到的"武氏祠南道旁画像石"、"武氏祠东北墓间画像石"。清同治年间，南武轩辕华所得的"祥瑞图"残石，"何馈画像"残石；光绪六年（1880年）又得到"王陵母画像"残石（与"左石室一"相接），吴兴丁容

江等人一并将三石置于祠中。并于同年集资重修祠屋，陈锦写了《重修武氏祠石屋记》。光绪八年，蔡绍秋（寿生）又将所得三块汉代画像石增入。另外，尚有未记明来处和从未著录的画像石[21]。

黄易勤于访碑，且常以图像对照的形式记录下自己的访碑过程和所得，这在金石学家中如果不是独树一帜，也是极少见的，更难能可贵的是他对武氏墓群石刻等的就地保护，而非据为己有或售与他人，使我们能见到这些珍贵的历史文化遗产，我们应当永远记住他。

注释：

1 蒋英炬，吴文祺. 汉代武氏墓群石刻研究 [M]. 山东美术出版社，1995.

2 洪适. 隶释. 隶续 [M]. 中华书局，1985.

3 容庚. 汉武梁祠画像录 [M]. 武梁祠画像著录表.

4 梁迁烂. 历代名人生卒年表 [M]. 商务印书馆，1933.

5 杨廷福. 清人室名别称字号索引（下）[M]. 上海古籍出版社，1988:1522.

6 黄易. 小蓬莱阁金石文字 [M]. 道光甲午石墨轩翻刻本，1834.

7 翁方纲.《两汉金石记》卷十五,《石刻资料新编》第一辑 (10)[M]. 新文丰出版公司，1982:7427−7429.

8 翁方纲. 复初斋文集 [M]. 文海出版社，1969.

9 蔡鸿茹. 黄易《得碑十二图》[J]. 文物，1996(3):72−79.

10 方朔.《枕经堂金石题跋》卷二,《石刻史料新编》第二辑 (19) [M]. 新文丰出版公司，1979：14252−14253.

11 方朔.《枕经堂金石题跋》卷二,《石刻资料新编》第二辑 (19) [M]. 新文丰出版公司，1979:14253−14254.

12 蒋英炬，吴文祺. 汉代武氏墓群石刻研究 [M]. 山东美术出版社，1995:107.

13 方朔.《枕经堂金石题跋》卷二,《石刻资料新编》第二辑 (19)[M]. 新文丰出版公司，1979:14254.

14 方朔.《枕经堂金石题跋》卷二,《石刻资料新编》第二辑 (19)[M]. 新文丰出版公司，1979:14254.

15 蔡鸿茹. 黄易《得碑十二图》[J]. 文物，1996(3):72−79.

16 蒋英炬，吴文祺. 汉代武氏墓群石刻研究 [M]. 山东美术出版社，1995.

17 庞元济.《虚斋名画录》卷十六 [M]. 上海尚友轩武进黄燦甫刊印.

18 中国古代书画鉴定组. 中国古代书画图目. 二十三 [M]. 文物出版社，2000.

19《山阴吴氏遯盦金石丛书》，西泠印社聚珍版.

20 杨爱国. 黄易对金石学的贡献 [C]. 中国汉画学会年会. 2006.

21 蒋英炬，吴文祺. 汉代武氏墓群石刻研究 [M]. 山东美术出版社，1995.

墓室中所见的汉阙

高　文

　　我国现存的汉代祠庙阙和墓阙，都是地上的古代建筑，体积都比较大，是一个独立的、完整的汉代画像石。

　　墓室中所见的汉阙形象，种类繁多，数量很大，有墓室出土的画像石棺上的汉阙，有墓室出土的画像砖上的汉阙，有墓室出土的画像石上的汉阙，有墓室出土的崖棺（石函）上的汉阙，有墓室出土陶阙模型，还有崖墓石壁上、墓门上的汉阙等。地处中原的河南省，在汉代的墓葬中出土了一些陶楼模型，在陶楼的前方有一对汉阙，如河南焦作市出土的陶楼，楼前的双阙与陶楼前的围墙连为一体，是陶楼建筑的一部分，从这一陶楼模型可以看出汉代楼房的形制与规模。中国地面上的汉代砖木结构的建筑，早已不存在了，所以，汉墓内出土的陶楼、陶阙，以及画像石棺、画像砖、画像石、崖棺上的汉阙，是研究汉代建筑的实物资料，具有很高的历史价值和学术研究价值，十分珍贵。

　　中国汉代画像石棺，其内容和雕刻技术在众多的美术流派中有其独特的风格。最近几年，新发现了大批前所未有的新资料。在这些石棺画像中，石棺上的汉阙特多，几乎每个石棺（椁）的前挡头或侧面均雕刻双阙。中国已出土的最早的画像石椁，是在山东、河南和江苏徐州。西汉石椁上的双阙画像，简练明快，绝大多数的汉阙画像为素面，而且没有耳阙，装饰性不强，多数双阙之左右刻常青树。只有个别的石椁上的双阙，如山东邹城郭里石椁，其双阙阙顶有飞鸟、

仙鹤五只，阙下正中有两骑士各骑一马，手持戈，自阙内走出，阙左右各有一卫士，躬身、持戈、盾守卫。东汉的画像石棺，主要出土于四川、重庆和临近四川的云、贵的几个县。如四川郫县一号石棺上的汉阙，为歇山式顶，刻在前挡头，两阙外侧有耳阙，中央下部刻一门，门中一人执盾右向而立，为门亭长。此棺后挡刻伏羲女娲，这充分反映了汉代人们乞求长生不老，死后成仙，子孙繁衍的思想意识。四川简阳三号石棺，右侧中部刻单檐式素面，双阙之上中部榜题"天门"。双阙之间罘罳相连。双阙之间站立一人，为亭长。此图榜文"天门"，解决了文物考古界所探讨关心的一个问题。在阙上标明"天门"，这在全国是首例，同时也弥补了古文献上记载之不足。这可能是同当时道家"升天"、"成仙"的思想意识有关。四川彭山一号石棺一侧刻双阙，双阙之间分上下两层，上层右为骏马，拴于树上，一侍从作饮马状。左为辟邪，中二人交谈，应为主人迎客。下层两端各一人，躬身捧盾作迎候状站立。汉制，州郡衙署中，"正门有亭长一人，主记室史，主录记书，催期会"（《后汉书·百官志五》）。此图阙前站立者，应即此门亭长，门亭长之间，左刻仙鹿，右刻朱雀。此为双阙之内，雕刻的内容、图像最多者，为汉代画像石棺之精品。四川都江堰市石椁双阙，每阙内刻一雄马，双阙之间有一座四阿顶式两层重屋，下层两侧柱上有直斗，这是我国古代盛行的栅居，在僚语里称

为"干栏"。四川大邑县同乐村石棺，画面有一连接双阙式的天门，右侧一树二人，其中前一人捧盾迎谒，后一人佩环首刀持戟，左侧有辎车。雕刻技法主要为阴线刻，仅在画像的主体图案部分为减地平面浅浮雕，局部夹阴线刻，所以此图特别美观生动。四川富顺二号石棺上的双阙，阳线刻重檐双阙，中间刻一斗栱，斗栱之上有屋顶，此阙只用几根线条，就描绘出一座双阙，生动别致简练。有许多汉代画像石棺双阙上内容丰富，如四川泸州一号石棺上刻西王母、东王公，二阙之间刻壁，壁上立一凤鸟。四川南溪二号石棺刻单阙，阙之左右刻伏羲女娲，阙的边框上刻"胜"和柿蒂纹。四川泸州十六号石棺双阙，阙中罘罳挂双鱼，阙下方二人跳舞，均头有长辫，双阙之间罘罳上站立一凤鸟，右阙顶上一蛇。此阙上出现双鱼、凤、蛇、跳舞等，均是中国汉代画像上第一次出现，值得研究。此图左边框上刻"延熹八年闰五月葬……"，蛇为巴人之图腾，说明此棺为巴人之墓。汉代画像石棺双阙上的一些画像，迄今还不知何物，很值得商榷。如四川泸州十七号石棺双阙之中刻一宝相花。佛教传入中国始于东汉，宝相花多为佛教艺术所使用。此图出现宝相花，此棺可能为南北朝之物，待考。四川泸县一号石棺双阙前挡之中间刻柿蒂纹，左阙之上，刻一飞人，右阙之上又加刻二重檐。是何缘故？此图左右边框外刻"胜"，四川合江二十三号石棺双阙中间刻一人倒立。重庆璧山一号石棺双阙上部刻一人伸手伸脚，似作正往下飞行状。上述泸县一号石棺双阙刻一飞人，合江二十三

号石棺双阙中刻一倒立人，璧山一号石棺双阙中间，一人正往下飞。这些图像，可否理解为阙为天门，即通天之门，人们正往来地下与天体之间。四川泸县三号石棺双阙之间刻伏羲女娲，双阙上方刻"胜"，双阙中间刻伏羲女娲者甚少。重庆沙坪坝一号石棺双阙中间刻楼阁三层，也十分少见。

中国汉代画像砖，主要出土于四川、河南、陕西等地，是汉墓里出土的由民间画师绘制的珍贵艺术品，一般嵌在墓室的壁上，既是墓室的建筑材料，又是一种装饰品。其画像题材广泛，形式多样，雕刻精良，阙也是常见的内容之一。四川大邑出土的凤阙画像砖，该图上画双阙，顶有瓦棱，檐下橼柱显然，阙间连以罘罳，上栖一凤。罘罳，又叫"桴思、复思"，它是附在门阙前的建筑。刘熙《释名》："罘罳在门外，罘，复也，罳，思也。臣将入请事于此，重复思之也。"《盐铁论·散不足》："今富者积土成山，列树成林……中者祠望屏阁，垣阙罘罳。"《汉书·文帝纪》引颜师古注："罘罳，谓连曲阙曲阁也，以复重刻垣墉之处，其形罘罳然，一曰，屏也。"崔豹《古今注》："罘罳，屏之遗像也。汉西京罘罳合版为之，亦筑土为之，每门阙殿舍前皆有焉。"此双阙间所连的建筑，正好是记载上述的罘罳。因上面栖有一凤，故又名凤阙。它在文献记载和文人诗赋里屡被歌颂。《关中记》："建章宫阙临北道，铜凤在上，故号'凤阙'"。班固《西都赋》："设璧门之凤阙，上觚棱而栖金爵。"李善注引《三辅故事》："建章宫阙上有铜凤，然则金爵即铜凤也。"张

衡《西京赋》："圉阙竦以造天，若双碣之相望。凤骞藉于薨标，咸溯风而欲翔。"河南郑州出土的"双阙"、"双阙楼阁"、"阙门、凤鸟、执戟门吏"、"凤阙楼阁"画像砖和大型空心砖上均饰凤鸟或朱雀。在汉代画像砖双阙里，不仅有表现门吏、凤、朱雀等的，还有表现神话传说的，如西王母、东王公、伏羲女娲、日神、月神等。这些神话传说（包括山灵异兽）题材很多，画面优美。如四川彭山出土的"双阙、伏羲、女娲、双龙"画像砖，上面刻着两个人首蛇身的伏羲、女娲。伏羲头上如莲，左手执规，右手执一圆轮，轮中有金乌，为日的象征。女娲头上双髻云鬟，戴耳珰，右手执矩，左手执一圆轮，轮中有蟾蜍、桂树，为月的象征。二者尾部盘曲相交，优美异常。伏羲、女娲是中国古代神话传说，犹如西方古传说中的亚当、夏娃，而东、西相映。

四川崖墓特多，崖墓都是在崖壁上凿洞，老百姓俗称"蛮子洞"，它起源于春秋战国，盛行于汉，出土有铜器、铁器、陶房、陶田、陶俑、陶猪、陶狗、陶羊、陶马、陶鸡等。墓内还有石棺、崖棺（又称石函、上挖一棺，一边连墙壁，不可移动）、瓦棺、画像砖。墓内雕刻有历史故事、人物、建筑等。石函的定名，文物界有过争论，根据石函在崖墓中的作用和功能，称其为"不可移动的石棺"，也有人把它叫作"石柜"、"石箱"等。从彭山县崖墓内，汉代铭刻中，称它为"崖棺"，所以，学界均认为汉代给它命名是合适的。所以现在均称它为"崖棺"。四川新津县崖棺上的双阙，造型各异，不但

有门亭长，双手捧盾作迎候状，有的执戟，阙上有鸟，有的骑马执矛，矛上有羽饰，即《诗经·郑风·清人》所谓"二矛重英"。四川崖墓不仅殉葬品丰富，而且在崖墓墓门和墓室内，雕刻也很多，如斗栱、瓦当、人物、伏羲、女娲、兽面人身、羊、怪兽方胜、舞者、吹箫、抚琴、琵琶、蹶张、戏猿、骑马等等。类似四川乐山麻浩崖墓墓门上的双阙和四川三台郪江崖墓单阙，在四川崖墓里很多。此外，在条形画像砖的侧面刻"车马临阙"图像者也很多。

墓室画像砖、画像石棺、崖棺上的双阙，一般都是刻在石棺、崖棺的前挡头，所处的位置十分重要。崖墓的双阙，都是刻在崖墓墓门或者崖墓享堂中间，它们处的位置也非常显著。墓室双阙画像砖，往往是把西王母嵌在墓室的最中央或者较前的地方，双阙画像砖在墓室里占据非常重要的地位。西王母是天国中的主神，由于神仙思想是先秦两汉意识中的重要组成部分，人们期望的是能升天成仙，所以在汉代墓葬里，就出现了大量的西王母、东王公、伏羲女娲、阙、灵神异兽等。阙在墓葬中所在的位置，犹如"天门"，经天门升天成仙，这是墓室画像组合的主题思想。因而墓室里出土的画像石、画像石棺、崖棺、画像砖等，有极高的现实主义文艺成就，具有重要的历史价值、科学价值，而受到人们的喜爱与青睐。

太阳神飞跃的天门
——解读汉阙中的图腾文化

白 剑

图腾文化是人类幼年时期共同培育出来的原始神明文化，产生于数十万年前，一直传到今天。而且全世界各民族的数百个图腾文化系统完全一样。这一事实表明人类的图腾文化出自一个共同的总系统，也表明人类文化同宗共祖。由于图腾文化系统过为庞大，而且环环相扣，要想说明汉阙中的图腾文化内涵，即使最简约的表述，也需要略略展开，从原始文化开始。

一、"阙"字中的秘密

汉字出现不超过 5000 年，但人类的语言至少产生于 100 万年前。早期古人只有语言没有文字，只能以同音相呼，因而，早期的语言"同音必须同意"，否则，听者会不知所云。笔者长期研究汉语、汉字，发现汉语、汉字有"同音必然同意"的发生原则，特别是在图腾文化中更是如此。因此，"阙"最原始的实用意思实际上是"缺"。

原始古人多居洞穴，洞门就是汉语中的"缺"意，即"缺少了土石围挡的敞开处"，也亦"门洞"。后来古人迁至半坡或平原，无洞可居，只有自己建房。无论是用土筑墙，还是用竹木围墙，总得留下一个可供人进出的门，这个门也是围墙或栅栏所不及的"缺"。久而久之，"缺"之语音就成了今人概念中"门"的代名词。古代的玉器"玦"，就是一个环形，缺了一小节，也是表达"阙门"之礼器。然而，"阙"虽与"缺"同音，但却不同形，

所指对象也是指多建于寺庙、宫殿、贵族墓地上的礼仪性建筑，这又是为何呢？

"阙"字从"门、屰、欠"，古汉字也基本如此。"屰"字的甲骨文构形为"倒子"，即一个童子"头朝下脚朝上"逆行而来的形象（也亦"逆"）。"欠"字甲骨文构形为一个向左半跪的人大开其口，口中还有几个表示声音的点，形意为一个半跪的人正在大叫或大声唱歌（"哥"字与"欠"字在甲骨文中构形基本一样，都是一个向左的半跪人形在大声歌唱之形，所以此两字组合就是"歌"。）综合"阙"字形意，表达的就是一个倒行的童子从远处而来，正从阙门中经过，还有"哥（欠）"在一旁高唱助威，这是什么意思呢？它又怎样与"阙"门相联系呢？经研究才发现，"阙"字中保留了一个人类早已淡化甚至丢失，但史前古人皆知的天大秘密，也即人类图腾文化中的核心神话传说：即将出生的小太阳以"子"形从北方水域游来东方，正欲跨越东方"阙门"的辉煌形象，只不过，诠释这个故事需要略略展开，下面逐一述来。

二、伏羲太阳神生死循环与"交子"

由于中国古代传说且记录于古典文献中的神话和历史纠缠混杂，导致不少研究者误入歧途，往往把古代传说的神话当作历史来研究，例如黄帝、炎帝、伏羲等诸多神帝传说，分明是神话中的太阳神，但很多研究

者固执地将其当作历史人物来研究，常常弄得事倍功无。

伏羲就是典型的太阳神，它在古代传说的宇宙格局中，具有至关重要的作用，且是宇宙"复兮"运动的大主角。史前人类传说的有关伏羲太阳神的生死运动有多个版本，其中最原始、古老的版本之一，就是太阳神每年一生一死的变化。其意大体如此：每年幼小的太阳神在新年一月一日的"子"时诞生（十二地支的首位为"子"，就是小太阳之意），经过一年的成长、衰老运动后，又在一年的最后一个月即"亥"月的亥时死去。在死去的瞬间又生下一个小太阳"子"（即复活的太阳），于是又开始了第二年的循环。太阳神就是如此年复一年周而复始的生死变化，所以有"伏羲（复兮）"之名。伏羲老、少太阳同时生死交替的故事，就是"凤凰涅槃"故事的原版。

伏羲太阳神生死故事中又包含了华夏民族自古重视的"交子"宇宙事件和传俗。也即包含了追求除夕的"亥"时与新年"子"时相交的祈愿。因为只有"交子"实现了，日神才会出生，新年才会到来，新的一年四季循环才会正常进行。古人非常担心太阳躲在冬季不再复出，如果那样，世界将会永远处在寒冷的冬季，再没有四季循环和万物复苏，这是古人最担心的宇宙大事。所以古人对"交子"宇宙事件异常关心，也是世界上每个民族都非常重视迎新年仪式最根本的原因。中国民间传至今天的大年初一吃"饺子"、女人出嫁坐"轿子"等数不清的民俗，都是"交子"文化的残留。同时，"交子"文化具有世界性。各大洲均有同类传说和祭仪，只是略有变异。而且，人类原始时期产生的庞大的图腾文化系统，全是围绕"交子"事件之核心产生的，并以它为所有图腾神话的始端。

三、春天门与秋天门

为了说明"阙门"及太阳神与它的密切关系，必须了解古传的原始天盘和多种历法，因为所有的图腾文化都与之密切相关。人类最原始时期曾有过一年两季的阴阳历法，也即冬半年和夏半年。这一原始历法至今还残留在国历中。原始古人发现，如果根据太阳运动导致的地球温度变化来看，一年实际上又表现为冷、热（阴、阳之气）两种温度的交替。因而将夏半年在理论上最热的一天称"夏至"，把冬半年在理论上最冷的一天称"冬至"，"至"就是极端、最冷最热之意。这两天又是各季最中间的一天，便让它们统领当季。同时又将冬半年视作"阴"神统治活动的时期和领域，把夏半年视作"阳"神统治活动的时期和领域。"阴"半年以正北方、冬季为中心，由北方最大的图腾北斗管辖；"阳"半年以正南方、夏季为中心，由南方最大的图腾南斗管辖。稍后时期，为了冬、夏两个半年的划界以及四方、四季概念的形成，和对日神循环运动的深层思考，又产生了春、秋两季的概念。而春、秋两季又正是冬、夏两个半年的分界区以及日神运动（从阳到阴，又从阴到阳）的变化地区（"太极图"表达的正是这一内涵），于是，将春、秋两季最中间的一天称作"分"，也即今天仍存的春分与秋分。这既是冬、夏两个半年的分界地，又是日神阴阳变化的交接地。这就是为什么中国历法中冬、夏称"至"，春、秋称"分"最原始的理论根据。

为了配合四方、四季概念和日神阴阳变化传说的兴起，春分与秋分的时间概念又演变成了"天门"（古人的四方、四季及时间概念完全重合，可以置换）。也即春（东）天门与秋（西）天门。这两座天门完全与春分与秋分相重合。古人认为，"天"在此时此地开启，形成一座"（缺）门"。秋季西天门开启，春季东天门开启。由于古代国历流行"建寅"历法，也即以第三月寅月为第一月并被虚拟为"子"月的历法，因此，古代的秋天门就在酉月的秋分之处，春天门在卯月的春分之处。古称"酉门"和"卯门"。

《说文》"卯，冒也。二月万物冒地而出，象开门之形。故二月为天门。""卯"古音就呼"门"，甲骨文构形也是"门"，意正是天门。"酉"古汉字书作"丣"形，也即"卯"字上面加了一横。《说文》释酉："卯为春门，万物已出，酉为秋门，万物已入。一，闭门象也。"说古"酉"字"丣"上面的一横意为"闭门"。同时，"卯"字又读"酉"音，说明这两座"天门"早期视作同物，呼作同音。

这两座天门在由十二个月构成的天盘的东西两方，如果以此两天门划一水平横线，正好将天盘等分为两部分：冬半年和夏半年。

这也是古人原始历法划分节气的依据和民间传说的"天门"源头。而在有关小太阳孕生故事中，这两座天门各有象征：秋天门象征日神已孕和死者灵魂再生；春天门则象征太阳神已出生，复活于阳界。同时，这两座天门也是传至今天的包括阙门、排坊、斗门等礼仪性门饰的图腾文化基础。由于太阳神必须经过这两座天门并在此发生变化，因而充满神圣，并被人类崇作圣门下传至今。

四、圣母在西方天门孕娠小太阳

前面提到，最古老的伏羲太阳神生死变化传说，是在"交子"时刻瞬间完成的。稍后时期，古人从自然界的繁殖现象中观察到，受孕、生育需要一个孕育的过程，不可能在瞬间完成。特别是人类，尚需"十月怀胎"才能生子。人由神造，人神同理。于是，古老的"日神在瞬间生死"的版本受到了质疑。为了弥补这一版本的不足，原始时期又出现了多个有关日神生死及产子的版本，以完善对日神运动的解释。古代曾出现过很多有关小太阳受孕并出生的版本。在"子"位前面的多个属相、动物图腾都曾被安排过生育小太阳或护卫小太阳成长的任务。其中最被认同、并在全世界多个民族中广泛流行的版本，是"圣母孕日"。这个版本在古代华夏民族中被定型为"妹孕少昊"（后又演变为"伏羲女娲造人生子"）版本，即认为小太阳也应有一个女性圣母来怀孕并生产。于是就设计了一个假想的圣女"妹"来完成这个最至高无上的神圣使命。

国历八月是"未"月，并与"羊"搭配。其实，"羊"就是"阳"。原始时期古人用羊祭日，便将羊视作"太羊"、"青羊"，后来反传给了日神，将日神呼作"太阳"。中国道教就将太阳称"青羊"或"太羊"。成都"青羊宫"就是古代专祭东方太阳的祭点。"未羊"与"子"都是小太阳，只是分指不同时期的小太阳："未羊"指的是刚刚腹孕的小太阳，"子"是指刚刚出生的小太阳。此俗称也具世界性。

"未"又是"妹"，也即怀孕小太阳（未羊）的圣母！也就是说，"未"之图腾内涵实际上包含了圣母和同时孕娠的小太阳之复合图腾。"妹"字从"未"，音韵很近，属对转音系范畴，古代当为同音。《辞海》释未"还没有，未曾"的意思就包含在"妹"中。"妹"在汉语中最典型的特征就是"未婚"。这也是"未"字被赋予"没有"之意最根本的词源学意义，也是中国人自古宠爱"妹"最深刻的图腾文化背景。

古人为何要将"妹"之圣母和小太阳的孕期放在"未"位呢？就是为了让小太阳的孕娠有一个过程，使之尽量符合人类生产的规律，因而便将小太阳的孕期前推，但又不能推得过早，因为按"五行"宇宙格局，东·春、南·夏两方，即1～6月为"阳方"，是阳性神灵活动的时间和空间，不能出现属阴的女性活动；西·秋、北·冬，也即7～12月为"阴水"之方，正符合女性活动。于是古人便有意把圣母怀孕小太阳的圣举设计在秋季的中间"未"位。汉语中对孕妇有"身怀六甲"之说，就是早期"孕日"圣语的残留。

"六甲"就是怀了六个月小太阳。"甲"亦古代小太阳之专称。所以十天干以"甲"为首。

中国古代的太阳神伏羲在不同的方位又被分解成方位神灵，并有方神别称，在东方、春季时称"太昊"，也就是大太阳神，在西方、秋季时称"少昊"，也就是小太阳神。之所以在西方称"少昊"，就是因为小太阳神在"未"位孕生。两个日神"西孕东生"，各据宇宙东、西两方，对应而存。太昊和少昊并不是两个独立的太阳神，而是同一个太阳神在不同年龄阶段所处的宇宙位置，并都有别名"伏羲"，只是分别表现着伏羲太阳神不同年龄阶段的生死状况。

由于古代同时流行两个天盘，一个是理论上的"子北天盘"，即以"子"为正北方位的天盘，这个天盘是为了将"子、午"之位置于正北正南方，表达古人想象的理论上的宇宙方位；而在祭祀活动和图腾文化中，却流行"建寅天盘"，即将第三月寅月虚拟为"子"月的天盘。因此，在古人的图腾概念中，子北天盘的"未"与建寅天盘的"酉"实际上是同位，也就是说圣母孕子的时间和地点，正在"酉"（八月）之秋天门之处。同时表明，"妹"在孕"子"的同时便进入秋天门，并通过这一专用通道向北方、东方行进。

"妹"一旦怀孕小太阳，就变成了孕生太阳神的至高无上的圣母。由于"妹"的生产活动，只能在"阴域"，即西、北两方，而古传阴域最大的神灵图腾就是北斗图腾，其人格化形象就是女性圣母，也即古人传说的"斗姆"。因此，"妹"有孕后的圣母身份和形象很自然地就化变成了北斗斗姆，并在神话图腾领域产生了巨大影响。不仅导致了人类死者追求灵魂西、北归时要讨好斗姆，而且导致了人类所有的殡葬习惯全用北斗图腾。同时影响了人类将"母"之圣称窃为己用，将生育自己的女性也称"母"，把自己喻作小太阳，把母亲喻作圣母。

五、脱离母体的"子"和汉字中的甲日

前面提到圣母"妹"在"未、酉"重合的秋天门处孕娠小太阳，由于这一圣举是关乎第二年新宇宙能否诞生的大事，因而古人对此非常关注，有多种复杂的祭仪在此时此地进行。仪式中不仅要制作象征性天门，还要塑像或由女性扮演圣母及小太阳已孕生的场面。早期传说的圣母与小太阳同出的形象，多为有孕的大腹妇女形象，表示圣母腹中已孕小太阳。祭仪中也由大腹妇女来扮演。稍后时期，古人觉得这一传说和祭仪主要是针对小太阳的，如果只是针对大腹"圣母"祭祀，显得不够生动。于是便将小太阳从圣母腹中假借出来，直接以"子"即人类的小男童形象来表达。祭仪中也由小男童扮演小太阳，在一扮演圣母的妇女带领下，配合各种祭仪。如汉字的"好"字，构形从女从子，又是表达北方"亥、黑"之音韵，其本意就是"圣母携子"、并将"子"护送到东方"交子"处之意。由于此前学者不知文字中记录着大量的图腾神话故事，多有误解。

于是，本应待在圣母腹中的小太阳在后起的神话传说中便脱离了母腹，提前变成了可以在母腹外自由活动的"子"。（这便是"阙"字中为何有"子"过门的原因）从目前掌握的资料来看，这一传说和祭仪已有数十万年。因为全世界各民族都有同类传说和祭仪。不过，走出母腹的"子"形小太阳和大腹孕日圣母在历史上同传至今。

小太阳一旦孕娠，便有极其复杂的祭仪紧紧伴随其上。这些祭仪一直伴随着小太阳孕娠前到孕生、又被护送穿过北方水域、到"交子"方位跃出等等，有庞大而庄重的送行仪式、数百种护送版本，如车、船载、龙蛇、鸟、虎、狮、猴、鸡、猪、鱼、圣母护送，以及小太阳自己在水中游行等等，难以数计。仅汉字中就有数百个字记录着这个神圣的事件和诸多祭仪。例如"習"字，就记录着小太阳鸟刚刚生出一对嫩羽，正在习飞之形意；"虢"学则记录着西方白虎负载日神向东奔行之形意。由于这些事发生在西方，故用了"西"音。古人还认为，小太阳刚孕生时很嫩弱，必须用最坚强的东西将它包裹起来，于是便想象刚孕生的小太阳是由"甲"包裹着的。甲骨文的"甲"字书作"⊕"形，中间的"×"就是小太阳，外面的"○"就是"甲"。综合其形意，就是指被围甲严实保护着的小太阳。所以十天干以"甲"为首。而且汉字"甲"本身就以"甲围小太阳"造字，可见其传多么深刻。而且，这个"甲日"还在多个汉字中出现并表现着这一故事。汉字中很多"甲"之笔画被减化成了"田"，导致不少汉字被误识。如"裹"字中的"田"就是"甲"，正被衣服包裹；"留"字形意就是"甲日"

正在冲过卯门等。还有多如牛毛的例证，此
处暂略。

六、飞越阙之艮门

古人高度关注小太阳的一举一动最根本
的目的和意愿，是希望它健康地成长，能够
准确按时在"交子"时刻顺利诞生，为人类
提供一个新的宇宙循环到来。因此，"交子"
之处有更多的图腾文化内涵，因为这是人类
图腾祭祀活动中最大最核心的目的。此处的
祭仪和图腾文化表达恐有近千种。因为它已
有数十万年的历史，其间不断新生、扩展的
祭祀活动已多到无法数计的程度。

首先要介绍一下古人想象的"交子"之
处的环境。"五行"宇宙规制北方属水，北
方全是铺天盖地的水域；东方属木，为阳性
陆地环境。因而在东北方"交子"位子上，
也即北水与东陆连接处，呈现出明显的水、
陆分界，这一条界线，古代一般俗称"埂"，
也就是一条正好隔绝北方水域的"埂子"。
所以"八卦"在此方位的卦称"艮"。道教
传说的"艮门"也是指此。《说卦传》云：
"艮是东北（方）之卦，是万物完成旧的过
程、开始新的生命的转变时期，所以说艮使
万物完成生长。"此解析就是以"日神死生"
为基础的。

古人想象，小太阳在西方孕娠，或在诸
多图腾的护送下，或在圣母的陪伴下，或者
以"子"形潇洒独行，经过北方水域，最后
在"交子"时刻的"艮"位一跃而起，登陆
东方。古人认为这就是宇宙间最伟大的一刻。

这一刻在传说中包含着诸多内涵：在小太阳
的行为上，是伟大的"越埂"，"越埂"的
同时，小太阳真正的从母腹中出生于阳界；
在图腾文化中视作"交子"；在时间概念上
就是新年到来。

古人并不满足于传说中想象的"交子"
事件，为了能够亲自参与这一伟大的时刻，
亲眼目击这伟大的瞬间，古人便在陆地上盖
建可以参与、目击并能人为再现这一事件的
各种设施，这个设施就是古代表示太阳穿越
的象征性天门。也是古人鼓励并肯定太阳神
必会孕、生的标志性建筑。不仅具有吉祥之意，
而且充满神圣。

原始时期，这个天门很简陋，多为将两
颗树上的枝叶拉拢，连成一个拱形门（表拟
属"木"的东方），然后选择健康貌俊的男
孩，有的还要求男孩双手抱着象征小太阳的
石球，在"交子"时刻，由北向东速跑，穿
过这道树做的"天门"，表示"交子"实现，
然后举行盛大庆典。这类原始"天门"和祭
仪至今还在世界多个古老民族中进行。而美
洲印第安人的这座春天门往往建在湖水边上，
有的建在神庙的"角"上，表示"交子"方
位的北、东之交，更显正宗。由于这类天门
有着日神复活再生、新一轮宇宙循环到来的
神圣内涵，古人后来便在多处圣地广泛建筑
此门，以祈祥瑞。

中国古代也有同类祭仪。特别是满族、
彝族、藏族及西南多个少数民族至今尚存略
有变异和简化了的这类祭仪。中原民族也有。
汉字"阙"字就丰富而完整地表现了这一壮
观祭仪："屰"在甲骨文中就是"倒子"形，

第二章　中国汉阙研究

093

也即从北方水域游来的"子"形小太阳，"欠"就是一群男孩"哥"在门两侧大声呼喊歌唱，迎接并鼓励小太阳在此辉煌一跃"过门"。"阙"字录记的用小男孩在此歌唱，还有用同龄玩伴相迎、让"子"形小太阳如临家门之意，此举也具世界性。汉语把这些男孩的大声喊叫称"歌"，就是祝贺小太阳"过"门。也是"歌"字音、形、意词源学意义上的产生背景。汉字中的"阆、闸、阁、闺"等，都记录着小太阳翻越"埂门"之事件。当然，还有近千种祭仪也在此进行，此处暂略。

需要说明的是，原始的春天门是指"卯门"，由于历法的发展和演变，导致"卯门"与"艮门"重合在一起了。从掌握的情况来看，后来有不少图腾文化表现中，既有"艮、卯"重合之门，也有单独的"卯门"、"艮门"表达。二者一直并传至今。

七、阙门内涵的图腾文化

综前所述，无论是最原始的一年两季历法中的春、秋天门，还是后来因"交子"形成的"埂门"，其所在区位都有一个共同点，就是都位处"阴半年"之域。也就是北斗图腾统管的领域。由于北斗圣母又孕生太阳神，因而又有管理全宇宙的权力。"阙"之天门主要用于表达小太阳的孕、生起点与终点，其地点也主要在阴域。因此，为了感激斗姆孕日、拜托斗姆佑护小太阳的孕生活动，古人便将所有的礼仪性门阙，都做成"斗"形。无论是"阙"还是排坊，其上的檐及阙门，均为一头大一头小的梯形，这就是典型的"斗"形。还有不少排坊上面层层饰斗，都是因为崇拜北斗、讨好北斗图腾之目的。

从发现的情况来看，中国的阙门与牌坊同传，都是以传说中的"埂门"为原型的礼仪性门廊式建筑。因为二者都出现在圣庙、宫殿、墓地上，表明二者都是具有圣意的图腾建筑。至今还可以在诸多牌坊上发现刻画有跃出海浪的鱼群绘画，此画就是表达"鲤鱼跃龙门"的传说。而这一传说就是正宗的小太阳翻越埂门的变传：鲤鱼就是指从北水游来的鱼，一旦越过埂门，就化变为东方苍龙，嬗变为太阳神。而"龙"就是太阳神的变相。

"阙门"具有北斗图腾之形意，又是太阳神孕生复活的标志，古人追求天人合一，认为人的生死循环也与太阳神的生死循环一样，如果按照上述规则对待死者，那么，死者灵魂也会像太阳神那样复活再生。于是，古人便根据古代传说的日神生死复活的规则和"五行"宇宙规制的阴阳观念来制定殡葬习俗。

全世界各民族古老的方位观念中，都认为西、北为阴，东、南为阳。同时都有追求灵魂复活再生的习俗。都认为人死后必归西、北，特别是西归。其深刻的本质就是希望死者灵魂回到西方圣母的腹中，获得再生。中国人将埋葬死者的土穴称"墓"，"墓"字从"日"，即有小太阳隐于其中之意；音韵从"母"，更是将墓穴拟作（北斗）圣母之腹；死者入墓，犹如灵魂（"墓"字中的"日"就表拟死者灵魂）进入圣母腹中，必会如日神孕生一样复活再生。所以全世界各民族的墓穴均为"斗"形，棺为"斗棺"，陪葬品均为北斗图腾之变相。

如此，"墓"实际上完全按照太阳神孕生的传说，被打扮成了一个灵魂再生的孕育地和发射场，其中当然少不了表拟日神孕、生的"阙"之天门。中国古代墓中特别是汉墓中的浮雕画上，有大量的"阙门"，显然就是与斗墓及北斗图腾系列及日神（墓主灵魂）复活配套的天门。

不过，在神话传说和图腾实践中，有西天门与东天门两座，而置于寺庙、宫殿特别是墓地的天门会是哪一座呢？这需要参考墓画的内涵来辨别。古代不少墓画特别是石棺上，均绘有一座对开的石门（这座门实际上也是阙门的变相），其中一扇门开着，还有一个人伸头探望，考古学将其称"门半掩"或"启门"等，再从不少墓画上有龙马拉斗车，多在阙门口逗留（即"车马临阙"）的情况看，墓画中的阙门，表示东、西两座天门的都有。

墓画中对开的石门，有的开右门，有的开左门——不要小看这个容易被人忽视的细节，玄机尽在其中。图腾文化中有古传的标准方位定位规制，即背北、面南，这样就必然会形成左东右西之方位格局。如果墓中开的是右门，包括墓画上绘有白虎、月神、蟾蜍等西方图腾作标示，以及龙马拉的车安静地停在阙门前做等候状的，就意味着指示、导引墓主的灵魂西归，进入圣母腹中受孕，然后进入"酉"之天门向东方行进。这一类的阙门就是秋天门（佛主涅槃的形象，总是"右卧"，其举就是希望回归到西方圣母腹中，获得再生之意）。还有一类开左门，或者单

绘龙纹以及龙马拉车做奔驰状欲冲过阙门的，这一类就是省略了孕娠和行进的过程，将墓主的灵魂拟作"交子"前一刻的小太阳，只需奋力一冲，就跃过"埂门"，如小太阳出生一样获得再生！只不过，古代墓中到底为墓主开右门还是左门，需要通过端公根据死者的八字和寿辰及当年的属相等，计算得出，并不是随意开门。而在阳界宫殿、圣庙等地方屹立的阙门，也应是两种都有。区别它们亦可参考墓中阙门分开左右的内涵和规则。

"阙门"中还有许多细致的图腾文化，限于篇幅，此处暂略。

汉阙上的画像艺术

李 尧

　　阙是我国古代设置在城门、宫殿、宅院、祠庙、陵墓前的建筑物。阙的用途大致有三：一是表示大门，贵贱有别；二是悬挂典章，昭示国人；三是朝臣陛见，思缺补遗。

　　根据现存石阙和画像石、画像砖上的图像以及文献记载，阙的形状，大体可分为四类：第一，阙身平面呈方形，上有斗栱，承托出檐的四阿顶或"四阿重屋"，但无子阙，如山东平邑皇圣卿阙、四川渠县赵家村、蒲家湾无铭阙和冯焕阙。第二，阙身平面呈方形，上有出檐的四阿顶，阙身外侧皆有子阙，如四川绵阳杨公阙、雅安高颐阙、山东嘉祥武氏阙、河南嵩山中岳三阙等。第三，阙身平面呈圆形的所谓圜阙。第四，两阙中间上部有罘罳相连，如明牌坊的阙。

　　中国阙上有内容丰富的画像和铭文，自宋代以来就受到重视。至于从建筑学方面进行研究，清以前根本没有，直到1936年刘敦桢考察豫北古建筑，始到登封做了实地调查。

　　两汉时期，中国的经济、文化比较发达，特别是四川、山东、河南等地的冶铁、制盐、纺织等手工业居全国重要地位。农业方面，兴修水利，广泛使用牛耕技术。加之方士鼓吹神仙，儒士、方士合流，阴阳五行相糅合，这些都反映在汉阙画像内容中。四川、山东、河南等地多山，盛产石头，冶铁的发展，锋利的刀、斤、钻、凿等工具也为雕刻汉阙画像提供了原料和技术条件。汉阙是建筑、绘画、雕刻、书法等综合艺术的杰作。

　　汉阙画像，属于造型艺术，题材广泛，内容丰富。汉阙上的画像可分为四类。第一，神话传说：如伏羲、女娲、西王母、东王公、青龙、白虎、朱雀、玄武、羲和、羽人等。第二，历史人物、历史故事：如孔子见老子、季札挂剑、荆轲刺秦、周公辅成王等。第三，生活场景，表现墓主生前行为，如出行、宴饮、对弈、舞乐、祭祀娱乐等。第四，忠孝、烈女、孝子，如郭巨埋儿等。中岳汉三阙雕刻有人物、车骑出行、马技、舞剑、龙、虎、玄武、象、羊头、斗鸡、犬逐兔、猫头鹰、常青树等画像五十余幅，是研究汉代风俗习惯和社会生活的珍贵资料。

　　河南中岳少室阙和启母阙都雕有蹴鞠画像。踢足球，古代叫"蹴鞠"或"蹋鞠"，蹴就是踢，鞠就是球。《战国策·齐策》云："临淄甚富而实，其民无不吹竽鼓瑟……蹴鞠者。"可见战国时期齐国都城"蹴鞠"是比较流行的。到了汉代，据《史记·高祖本纪》张守节正义引《括地志》云："太上皇时凄怆不乐，高祖窃因左右问故，答以平生所好皆屠贩少年、沽酒卖饼、斗鸡蹴鞠，以此为欢，今皆如此，故不乐。"说明刘邦的父亲是一位长期生活在社会下层的蹴鞠爱好者。又《西京杂记》载："成就好蹴鞠，群臣以蹴鞠为劳体。"汉武帝及大将军卫青、霍去病不仅喜爱蹴鞠，而且还把它列为军事训练的项目之一。古代的鞠是用什么做成的呢？翟灏《通俗篇》云："汉艺文志兵伎巧类，有蹴鞠二十五篇。师古曰，鞠以韦为之，实以毛，蹴踏之以为戏也……而唐时毬制亦不与旧同，归氏子嘲皮日休云，'八片尖皮砌作毬，火中爆了水中揉，一包闲气如常在，惹赐遭拳卒未休。'盖又今所谓气毬也。"汉代的鞠以皮作壳，里边填塞动物的毛，所以，也称"毛丸"。充气的球，则是唐代才有的，叫作"气球"。河南登封市少室阙上蹴鞠画像，是刻一个头挽高髻的女子，细腰，穿长袖舞衣，舞袖轻盈地向后飘扬，双足跳起，正在踢球。其两边各刻一人，一人穿长衫坐在板凳上手执鼓桴击鼓；另一人跪坐着伴奏。从这幅画像所表现的内容看，汉代把踢球配上了音乐，作为舞蹈来表演，此图说明了足球早在汉代就出现在中国，中国是足球的发源地。

由于汉阙是地面建筑，体积较大，题材丰富，饱含写实风格，给人以一种淳厚美好的感觉，也有少部分作品打上封建迷信的时代烙印。为表现题材内容，前辈匠师们，有的用全景构图法，有的用平列散点透视法，有的用夸张法，有的用写真写实法，所以能使所雕刻的作品生动、美观、自然、大方，件件引人入胜。民间匠师们所采用的雕刻技法分三种，即线刻、浮雕（一称浅浮雕、弧形浮雕）、圆雕。在雕刻技法上要求达到使刀如使笔一般熟练程度。刀法有碎刀、直刀、波刀、尖刀之分。刀刻的线条可以明快、可以柔和，以协同表现所塑造对象的精神面貌为目的。严格说汉阙上的画像名称，不能完全概括实际内容。因其中呈弧状的浅浮雕和高浮雕画面，构图有密集，有疏落，有远近或明浅等方式，变形中蕴含韵趣。从整体看，

山东、河南、四川、重庆、北京等地的阙的画像制作都有差异，大多是先画图于石上，然后用刀刻描。持刀方法，一是五指执刀法，与握毛笔基本相同，以表现细微的笔致；二是五指握刀法，方法由外向内，刀杆向右侧斜，用于刻制较大的石材。运用刀法如前所述多种，而用现代话归纳，最常用不外是"冲刀法"和"切刀法"，也可两种方法结合使用，主要用于刻制文字。而刻制线条则采用双刀法和单刀法，刀锋在线内侧或外侧下刀，刀杆呈一定角度，反复刻完。摹制图画方法，一般是笔临和刀临，当然如若绘者能直接绘画于石材上，再由刻工进行刻制为更好。

汉阙画像，分阴刻、阳刻，要求刀法全面，刀法分粗细顿挫，动健有力，刚中有柔，也可阴刻、阳刻并用。汉代绘画，线条的运用已经成熟，为勾勒法打下了良好基础，可以大略掌握光与色，显示出画像的质感和特征，这是一大进步。两千年前祖先们留在汉阙上的画像和铭文，时至今日仍闪烁灿烂的光辉，壮美而静穆，堪称是我国文化宝库中的珍贵财富。

甘肃汉至魏晋墓室建筑中汉阙的演变研究

王进玉

从有关的文献记载和考古资料来看，阙的类型主要有城阙、宫阙、宅第阙、祠庙阙、墓阙以及采用绘画雕刻形式表现的画像阙等数类。城阙、宫阙、宅第阙、祠庙阙、墓阙都是采用土木结构或全部石结构建筑于地面之上的阙，是古代建筑的重要组成部分。甘肃地区保存至今的主要是墓阙和采用绘画雕刻形式表现的图像阙。

一、坟茔的双阙

阙是古代的一种礼制建筑，设置在城门、殿堂、祠墓道路两侧。关于阙的含义，东汉刘熙撰写的《释名》是这样解释的："阙，阙也，在门两旁，中央阙然为道。"其意是说，阙是围墙缺口两侧的建筑，在门之两旁，中间有道路可供进出。汉代许慎《说文解字》则解释说："阙，门观也。"

汉代以来，墓葬装饰也极为奢华，此时的墓葬修建极为规整。墓葬有高大的封土、茔圈及神道，有的在家族墓地的茔圈前修建高大的墓阙，极为壮观。家族墓为其特点。

子母阙是墓葬入口处的标志性墩台，通常是在达官贵人墓前起"标表宫门"作用的一种特殊的界牌。在目前国内已知的子母阙遗存中，多数为石头、砖块垒制而成，而甘肃地区主要是土坯垒制的墓阙。保存至今的只有安西（今瓜州）县、敦煌等地区。

经过考古专家发掘整理研究认为，安西踏实一号大墓的墓阙，是一座迄今为止国内目前保存最为完好的东汉至魏晋时期子母阙建筑遗存。英国考古学家斯坦因 (Marc Aurel Stein，1862 ~ 1913) 于 1907 年曾调查过该墓葬茔域并绘制地图。踏实大墓的子母阙为东汉时期土坯垒制的子母阙遗存，踏实一号大墓墓阙共有四座，分别位于茔圈出口和神道口的东西两侧，与茔圈及神道沙梁相接。墓阙因风蚀及人为原因有一定的残毁，其中神道口西侧阙已倒塌，东侧的也破坏严重。从现存状况看，四阙可分为两种类型，即单体阙和子母阙。虽然历经 2000 多年的风雨侵蚀，但依然高大雄伟，保存较好。为河西地区汉代墓葬及其制度的研究、家族葬制的研究提供了珍贵的实物资料[1]。专门研究阙的学者将其称为"踏实无名阙"[2]。此外，在安西县锁阳城东墓群 M1 大墓，锁阳城西墓群 M1 大墓，也各保存有两座土阙[3]。

从 20 世纪 40 年代的考古资料可知，当时还保存了不少墓阙。1944 年，参加西北科学考察团历史考古组的向达、夏鼐、阎文儒等 3 位先生于 5 月 19 日到达敦煌，夏鼐、阎文儒先生一同在敦煌从事墓葬考古发掘工作[4]，根据他们的考古调查，在敦煌的新店台、佛爷庙湾、鸣沙山东北戈壁滩、南湖店双墩子等地的墓群都有墓阙。由于夏鼐先生有每天记日记的习惯，所以，《夏鼐日记》[5]详细记载了他们在敦煌的每日之事，其中，也记录了对墓阙的考察："我们在第 1 号墓清理完毕的后一天，休息半日，偷空和（阎）述祖到附近的新店子去一观当地人所说的'银库'。毫无疑问地这是个大坟堆。这坟堆是在新店子南的戈壁滩上，墓道的前面还耸立着一对用土坯筑成的土阙。""游毕返站的归途中，我们注意到鸣沙山的东北的戈壁滩上，有六个土墩子。有人以为这是瞭望台的残遗。但是我们仔细一观察，这六个土墩子实在是三对墓阙……这3对土墩便是峙立于3个方形圈圈的北面一边的缺口两旁。这种土坯筑成的墓阙，我们在佛爷庙东区没有见到，很值得加以发掘……趁着每天来做测绘工作的机会，我对于这第百号墓地再行细加考察。土阙的结构和新店子所谓"银库"的那个大墓前的土阙相同。[6]"

从摄于20世纪40年代的佛爷庙100号墓地全景照片来看，当时墓地第101和102号墓前面分别有两对双阙[7]，其中一座双阙的后门还有一对子母阙[8]，其形制与现存踏实墓群一号大墓前的两对墓阙基本相同。在第104和105号墓前面也有一对双阙[7]，由此可见，土砌墓阙的形制东汉以来变化不大。

阎文儒先生也记录了敦煌墓地上的墓阙："由敦煌城赴南湖，由南北二路，北路至北工墩。南路至山水沟下沟南工墩。南工墩亦称双墩子，因有二墩故名双墩子，并非峰墩，乃墓道前之双阙（按：以在敦煌沙山所发掘之唐墓经验，茔地前，围墙之门，有土墩二，立于左右侧，即土阙是也。此双墩两侧，有低不及一尺之石围墙，形式与沙山者同，当系双阙，而非峰墩。）即茔地门也。内有二墓，墓直径三十余英尺，墓道长七十余英尺。[9]"

此外，在敦煌祁家湾墓群也有双阙。

二、形式多样的照墙图像阙

甘肃河西地区的魏晋十六国墓葬，规格较高、形制较大的多在墓门以上建有照墙，其中大多是壁画墓，有些虽然不是壁画墓，但其墓葬照墙上的部分雕刻题材与壁画墓照墙一致，这是此时期墓葬最大的特点之一。照墙是墓葬重要的组成部分。墓葬中的照墙，系建于墓门以上的砖筑垂直壁面。有的高至于地表，大多与墓道等宽或略宽于墓道。可以分为单重照墙及双重照墙两类。单重照墙是在墓门以上砌出的垂直壁面；而双重照墙则是在带双甬道墓葬的前甬道口及墓门以上的部分砌筑的垂直壁面。以单重照墙为多，少见有双重照墙。以砖室墓建照墙为多，土洞墓较少。

照墙又称为影壁、照壁，是建筑在院落大门的里面或外面的一堵墙壁，起屏障的作用。河西魏晋十六国墓葬仿生人居住的宅第，因此墓门以上所砌的砖壁面，被称为照墙。

照墙上嵌有雕砖的仿木斗栱、双阙、阙门、雕刻并彩绘的鸡首人身和牛首人身像、力士以及大量的祥瑞题材的画像砖，并彩绘兽面、云气纹等。这种在照墙上显示的双阙、阙门、阙柱等阙的形式，有学者称其为画像阙，认为它是随葬的表达丰富寓意的阙，具有较多想象成分的象征性的阙[10]。由于它并非全是画像，而是集建筑、绘画、雕刻等多种艺术形式相结合，具有独特而重要的历史、艺术、科学研究价值。根据目前历史、考古、美术等学科的分类，一般将这种综合形式称为图像，因此，我将它称为图像阙。

由于图像阙全部反映在照墙上，所以，首先要对所有墓葬的照墙进行调查研究。郭永利的博士论文中，首次对这一时期的照墙进行了调查，并对照墙的形制、类型、分期、区域特点及其变化进行了分析研究。根据她截至 2006 年的统计，共有 56 座[11、12]。近十年来，又陆续发表了一些相关的墓葬资料。几年之后，又有学者对 1994 年以来照墙的研究进展从画像题材的命名、分类与配置，照墙的形制、分区与分期，照墙的功能与画像题材内涵，照墙的源流四个方面做了综述，并对截至 2011 年资料做了统计，共有 89 座[13]。其中，增加了玉门金鸡梁十六国墓葬的 24 座墓，所有墓都有照墙，但是，都没有图像阙。

并不是所有的照墙上都有图像阙，由于大部分墓葬的照墙已经损毁，所以，有相当一部分照墙上的图像阙已经无法看到，根据目前公开发表的资料和访问调查，至今已知的有图像阙的墓葬只有近 40 座。为了清楚起见，首先将这些出现图像阙的墓葬，以古代河西武威、张掖、酒泉、敦煌四郡地区为界线，以考古发掘的时间先后为序，从东到西逐一简述。

武威地区发现有图像阙的墓葬主要有：1969 年月 10 月发现的武威雷台墓[14]，该墓葬东向，总长 40 米，墓道为长斜坡，两壁朱绘树状图形并有彩色条带。

张朋川先生实地观察认为，在砌砖的

门扇之上和阙桩之间有一排微突的横砖，代表门槛。雷台墓是在墓门上较早出现砖砌连檐阙门的[15]，与雷台墓年代大致相当的陕西潼关吊桥杨震墓的墓门上也有砖砌阙门[16]。考古清理报告将该墓考证为东汉墓，后来，有学者研究认为，此墓的年代不可能为东汉，而应为西晋[17、18]。张朋川先生也认为是西晋。

1988 年在武威藏家庄发现的 M1、M2，其中，M1 由墓门、前室和后室组成。封门砖砌成竖波浪形，六层砖券以上用平砖错缝砌成门楼形式的照墙一堵。照墙的砌法是：在六层券砖之上砌五层平砖，然后起门阙（双阙），两阙柱之间用砖砌出对开式假门，假门上砌一层出檐平砖，象征门楣，之上再平砌出一堵完整的照墙。墓门底部至照墙残存顶高 436 厘米[19]。

张掖地区发现有图像阙的墓葬主要在高台县：如 1993 年 9 月在高台许三湾古城遗址附近的墓群发掘的 1 座砖室墓[20]；2001 年 6 月～7 月在高台骆驼城遗址清理的 M1[21]；2001 年 9 月在骆驼城古遗址苦水口清理的 2001M1[12]，均建有图像阙。其中，高台县南华 2003GNM1 照墙，共有砌砖六层，砌出楼阙式样。第一层中部为双阙，左为牛首人身、右为鸡首人身砖雕图像，双阙之间有凸起的一层平砖作屋檐相连，下有阙门。左右各有立砌熊面力士砖雕。第二层中部立有熊面力士砖雕，两侧为立牙形砖斗栱。第三层中部为斗栱牙砖，两侧为熊面力士砖雕。第四层中部立有熊面力士砖雕，两侧为立牙形砖斗栱。第五层中部为斗栱牙砖，两侧为熊面力士砖雕。第六层中部立有熊面力士砖雕，两侧为立牙形砖斗栱。第六层之上分别是砖雕橡头三层、之字形垒砌的斜砖三层。其上残存两层平砌砖[22]。

酒泉、嘉峪关两地相距很近，古代都属于酒泉，其中，现代的酒泉地区发现有图像阙的墓葬主要有：1956年4月14日～6月22日在下河清发掘的M1[23]、M17、M24[24]；1973年发掘的崔家南湾M1、M2[25]；1977年丁家闸发掘的丁M5[26]；1993年在西沟村发掘的93JXM4、M5、M6、M7[27]；酒泉果园墓群M7；2001年4月发掘的小土山壁画墓[28,29]；2003年在丰乐发现的M10[30]；孙家石滩2003JSM2[31]。均建有图像阙。

在距离酒泉市城区以西约8千米处，抢救性地发掘出我国目前已知规模最大的魏晋墓葬，这就是小土山墓，据推测这座墓可能是西凉王李暠的墓。此魏晋墓葬距地表20米，前后两个墓室，还有1个较大的侧室和3个耳室，墓室长22米，墓室总面积有95平方米。墓道长近70米，两壁呈3层台阶状。下部两层台阶上两侧各有5个小龛。由于前代盗墓者的盗掘破坏，此魏晋墓仅存20余块彩绘画像砖。根据这处墓葬的规模巨大及周围地区已发掘的魏晋墓，这么大的墓葬可能是"王"一级的墓，据史书记载，在酒泉地区的王只有西凉王李暠[28]。该墓外甬道以上筑照墙。照墙完整，有柱、斗栱、阙门、力士等。前室顶部中央有藻井，上绘莲花及水波纹（已脱落）。

嘉峪关地区发现有图像阙的墓葬主要有：1972年在嘉峪关新城清理的M1、M2、M3、M4、M5、M6、M7[32,33]、1977年5～6月在新城发掘的观M9、观M10[34]、1979年11月在新城发掘的M12、M13[35]、M14[36]、嘉峪关峪泉镇魏晋墓[37]，均建有照墙。

2002年9月14～29日在新城发掘的一座西晋墓，位于南墓区，墓葬地表有边长为70米的正方形坟茔，坟茔东面留有门阙，门宽2米，"门"向东延伸5米似门道，"门道"两端堆有土石堆似"门阙"。其墓门楼结构、造型与北墓区1号砖壁画墓基本一致。墓门楼高残高6.4米，宽1.1米[38]。

古代敦煌地区发现有图像阙的墓葬主要有：夏鼐先生1944年在敦煌佛爷庙湾发掘的1001号翟宗盈墓，照墙画像砖当时运送到敦煌莫高窟，国立敦煌艺术研究所按原貌复原在第143窟西壁南侧，长期保存（图1），年代定为东汉晚期至晋初[6]，阎文儒先生认为六朝早期[39]，张朋川先生认为下限可能晚至十六国时期[25]，最新的考证认为是公元296年以前的西晋时期[40]，近年才有学者对此墓作了全面研究[41]。1976年在新店台墓地清理1座砖室墓[42]，20世纪80年代以

图1　敦煌佛爷庙湾翟宗盈墓（西晋 照墙）

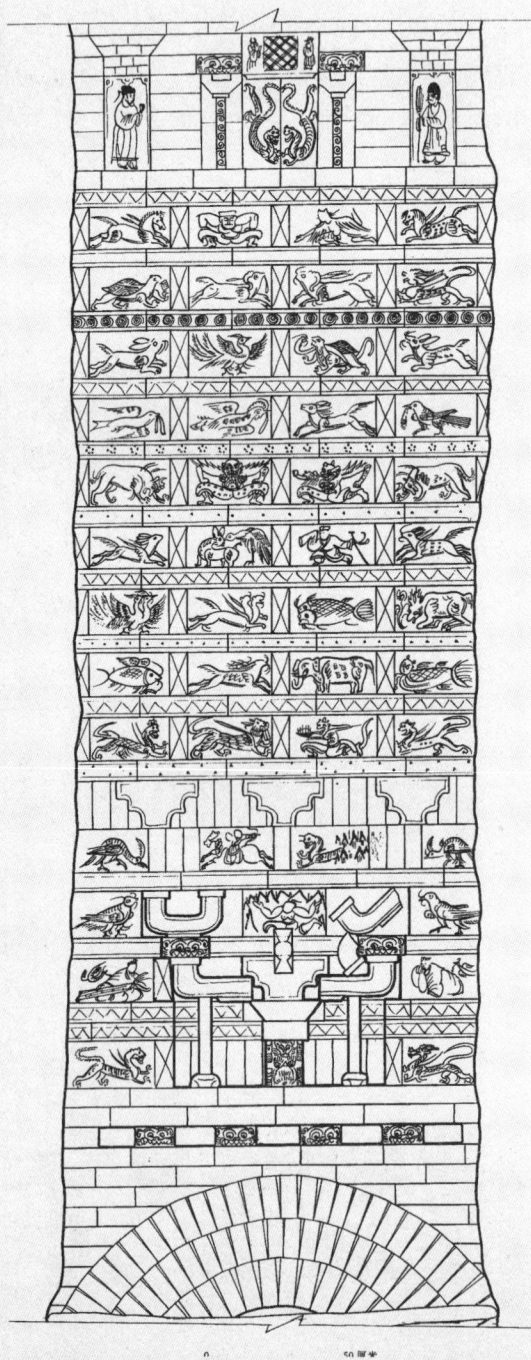

图 2　敦煌佛爷庙湾 133 号墓（西晋　照墙画像砖分布示意图）

来，又先后在佛爷庙湾发掘了 10 余座有画像砖的西晋时期的墓，其中如 1991 年因盗墓发现并清理的 Ml（图 2），后有学者对此墓做了研究，并先后以日、中文发表[43、44]。日本学者也对画像砖内容作了探讨[45]。1995年发掘的 6 座中的 M133[46]，1999 年发掘的 DFM1[47]。2000 年佛爷庙湾墓群发掘晋、北凉墓葬，"有砖室和土洞两种，由墓道、甬道、墓室、耳室组成，个别墓葬有双甬道。绝大多数为单室墓，有少量双室墓……砖室墓的照墙为砖砌仿木建筑形式。"[48] 2001 年发掘的 01DFM1[47]，2009 年发掘的 DY[49] 等墓的照墙上都有图像阙。

三、石窟艺术中的阙形龛

阙形龛是早期石窟洞窟的主要特征之一。敦煌石窟中的阙形龛，主要出现在十六国晚期和北朝洞窟中，隋唐窟龛亦见，到南北朝时期建筑形式已有所变化，从阙形龛的造型中可以看出，这里将阙与殿堂相结合，成为殿阙式，它将外来的佛教内容融合在民族建筑的形式中。阙形龛在石窟中多用来表示弥勒居住的兜率天宫，所以龛内塑弥勒像。

石窟寺是为供佛而开凿的，其形制随时代而变化。在敦煌石窟群中，北朝时期较多地保留了从西域传来的禅窟和中心柱窟的形式，但又在中心柱窟前，增加了一个传统的两坡屋顶式的前厅，并用木质斗栱作装饰。佛龛为魏晋时期传统的双阙形式，即是敦煌石窟中独特的"阙形龛"。这一仿木构建筑的形式主要出现于莫高窟十六国北朝时期的第275、251、254、257、259、260等窟中。如北凉第275窟左右壁上层的交脚弥勒菩萨像，均坐于象征兜率天宫的浮塑阙形龛内，南壁中层绘有释迦出游四门的阙楼，主阙均为附有子阙的子母阙，在二主阙之间塑房顶相连，并塑出阙顶、瓦垄、鸱尾，绘有阙身、斗拱、檐柱等建筑细部（图3）。它们由汉阙发展而来，在阙史研究上占有重要一环。

萧默先生曾就古代阙的发展做过系统梳理，并把敦煌阙形龛和文献中的天门记载相联系，最早对莫高窟的阙形龛从中国传统建筑的角度进行了研究[50]。在其敦煌建筑著作中也有对阙的专门论述[51]。也有学者认为"敦煌早期石窟的阙形龛继承了汉代以来的阙的表现形式，所表现的宗教内涵必与佛教的天宫相关。进而言之，以第275窟为代表的阙形龛非兜率天宫莫属"。并进一步指出："然而，阙形龛的造型本身只是表现佛龛时的一种外在的形式，在犍陀罗和西域的佛教石窟中，这类佛龛多表现为上小下大的

图3　敦煌莫高窟第275窟（北凉　交脚弥勒殿堂窟）

梯形……敦煌的艺术家们抛弃了外来的梯形龛的建筑形式，以民众更为熟知的阙形龛取而代之，是外来的佛教艺术与本土文化的成功结合。[52]"

在翟宗盈墓照墙上部的仿木构建筑上，雕绘附有子阙的双阙，这一形式还见于敦煌市博物馆1982、1991、1999年发掘的画像砖墓照墙上。附有子阙的高阙，也称子母阙。此三座墓照墙上雕绘的子母阙，在双阙之间有房顶相连，并雕和绘出阙身、阙顶、鸱尾、瓦垄、斗拱、檐柱等建筑细部。这种子母阙建筑形式，还见于敦煌及相邻安西县一些汉晋墓葬前的墓阙中。可知这是当时敦煌地区的汉式建筑形式。说明墓葬中的仿木构建筑子母阙，应是对敦煌当时建筑形式的模仿。

莫高窟北凉第275窟的阙形龛与翟宗盈等敦煌画像砖墓照墙上雕绘的子母阙极为相似。云冈石窟也出现了汉式建筑，以第二期的第7、8窟前室侧壁为最早，但仅具有雕出鸱尾的汉式屋顶，自第9、10、11、12窟前室壁面开始雕出斗拱、横坊、长柱等，但是，并没有敦煌的子母阙形式。显然，莫高窟洞窟中的这一仿木构建筑应是对敦煌当时建筑形式的模仿，或受西晋画像砖墓照墙上仿木构建筑的影响，而不是受云冈对敦煌的影响[41]。

莫高窟北凉第275窟两侧壁上段后部对称分布的四个阙形龛，母阙、子阙庑殿顶下以壁画影作仿木构的斗拱、柱、壁带。双阙之间连接庑殿式屋顶。屋顶都塑作有正脊、垂脊、鸱尾、吻兽和瓦垄、椽头，檐下影作椽条、望板。建筑结构纯然汉式。在外来的佛教题材中出现汉代以来的传统建筑形象，

属于中国佛教艺术本土化的早期范例（图4）。以后各地北朝石窟中普遍雕造中国式的屋形龛，但除莫高窟之外几乎没有出现过阙形龛。在莫高窟，双阙加屋顶的龛形一直流行到北魏晚期，但檐下仿木结构的描绘趋于简略，不再有如第275窟清晰而具体的表现。与阙形龛相仿的是南壁中段佛传图中的四座城门，也表现为汉式的城阙，左右子母双阙之间过梁上架设门楼，屋顶形式和檐下的木构斗栱等，绘画表现与立体的阙形龛异曲同工，壁画在犍陀罗的构图形式中加入了本土元素，进行了巧妙的改造[53]。除此之外，在同时期壁画中还绘画了一些带阙的建筑图像，如北魏257窟南壁《沙弥守戒》故事画中，

图4 敦煌莫高窟第275窟（北凉 南壁阙形龛）

图5 敦煌莫高窟第257窟（北魏 南壁阙形建筑）

既有阙形门楼，又有双阙殿堂等几种建筑形式（图5）。

还有学者根据各地不同种类的器物上不同的图像形式进行了分类，并总结出了多种组合模式。认为阙形龛是汉地工匠对佛教艺术进行改造的一次尝试。由于西王母图像和佛教图像长期存在互动关系，是汉代工匠改造佛教艺术的出发点。通过对汉画中"西王母＋双阙"模式和佛教艺术中"补处菩萨＋阙形龛"模式的图像与意涵的比较、巴蜀与河西之间的交通以及河西地区天堂观念的考察，推断阙形龛的创意应该是来自四川地区汉画中的"西王母＋双阙"模式[54]。

有学者认为：四川、陕北、河西本土汉晋以西王母为主神的天门图像、长江流域汉晋佛像和犍陀罗弥勒天宫等，促成了敦煌第275窟北凉弥勒天宫图像的出现，在敦煌北魏洞窟流行并影响云冈。中土早期弥勒天宫图像的形成是犍陀罗佛像与汉地西王母神灵信仰传统的契合，也是佛教艺术中国本土化的早期例证[55]。

四、阙门与升天图

升天图是以形象表达人们对死后的祈求，包含着时代的生死观。自发现带有"天门"榜题的阙门图像以来，数十年间，国内外学者结合阙等历史古迹和考古出土文物对"升天图"的内涵和多种因素进行了探索和解读。

首先，双阙、阙门所显示的"天门"是反映升天图最直接的途径。重庆巫山县几处

东汉墓前后共出土錾刻双阙和"天门"榜题的铜牌共计 9 件，所刻图像中，除了西王母之外还有守护天门神祇。如土城城南东井坎出土铜牌饰为圆形。画面为上下两栏。上栏西王母，正面，戴胜着袍，坐龙虎座。下栏中有一对单身阙，双阙之间有人字形饰物，并刻有"天门"榜题。双阙之间饰物之下，有一身神祇，作正面，袖手而坐[56]。

四川简阳市鬼头山东汉岩墓中，第三号石棺右侧中部刻单檐式素面，双阙之上中部榜题"天门"。双阙之间累恩相连。双阙之间站立一人，为亭长[57]。

神话中的天门在西北方，《河图括地象》载："西北为天门。"《神异经·西北荒经》载："西北荒中有两金阙……中有金阶，西北入两阙中，名曰天门。"升天之门——也称为"阊阖"。《淮南子·原道训》："排阊阖，沦天门。"高诱注："阊阖，始升天之门也。"《楚辞·离骚》："吾令帝阍开关兮，倚阊阖而望予。"王逸注："阊阖，天门也。"根据考古资料"天门"题记以及《神异经》等典籍的记载，推断双阙就是表示进入昆仑仙境的必经之路[58]。天门的出现反映出"天堂"越来越被想象成一个人造的建筑空间，而非山岳符号或者自然景观[59]。

在甘肃成县的一座汉墓中，出土了一件馏金铜棺饰，上面有线刻的阙门，阙门上方刻着"天门"二字。武威雷台汉墓在砌砖的门扇之上和阙柱之间有一排微突的横砖，是代表门檐。雷台墓是在墓门上较早出现砖砌连檐阙门的，与雷台墓年代大致相当的陕西潼关吊桥杨震墓的墓门上也有砖砌阙门[16]。陕

西绥德画像石上的双阙为"天门"[60]。而河西魏晋壁画墓的照墙上双阙和楼阁及其装饰，受到关中东汉砖室墓和陕北东汉画像石墓的影响[61]、[62]。通过以上汉墓中刻有"天门"榜题的阙门图像，可以推知河西地区汉末至西魏时期墓门上的砖砌阙门就是天门的象征[15]。

砖室墓照墙是河西地区魏晋十六国壁画墓的重要特点。关于其性质，研究者认为该地区的照墙"就是天门的另一种形制，是天国景象的写照"[63]。其实，从前面四川、重庆发现标有"天门"的榜题来看，双阙才是敦煌佛爷庙湾 133 号墓照墙"天门"的主要图像特征。另外，代表西王母的"胜"和双阙的组合在四川泸州 16 号石棺，合江 23、31 号石棺，重庆璧山 1 号石棺两侧和挡头均有发现，还与连璧组合[64]。

由于天门位于西北，所以汉末、魏晋墓室墓门上砖砌天门的作法得到了发展。而雷台墓正是河西地区这种作法的滥觞。雷台墓的墓门上的象征天门的砖砌阙门，是墓主人死后升仙的入口，表明在河西地区神仙思想方兴未艾。在河西魏晋墓的墓门砖砌天门的作法进一步发展，反映了神仙思想在这地区在相当长的时间内占主导地位[15]。

东王公、西王母出现在墓葬中与升天有关。由于一些壁画墓的照墙画像内容显然是图像阙的组成部分，有的甚至全部壁画内容也与照墙画像内容相关。张倩仪博士调查统计了魏晋南北朝与升天相关的墓葬图像[65]，她总结说：升天图像主要表现于两处：一是绘于棺盖板，尤其盖板内部，图像为东王公西王母，或伏羲女娲。这类墓葬虽然报告或

称为魏晋墓，但研究者多定为曹魏时期。如嘉峪关新城 13 号墓男女棺盖板内，以云纹衬底，男棺画东王公西王母，女棺画伏羲女娲，似乎东王公西王母已跟伏羲女娲变成接近意义的图像。有意思的是女棺后档还有一幅卦象图，未知是否表示伏羲女娲仍有画八卦的特殊神格，不同于西王母。此外，单墩子滩画像砖墓棺内亦有彩绘，被称为东王公西王母，但却是人头龙身、手执简板、怀揣日月的，并且一改汉以来端坐的形式，在云间舞蹈 [66]，似伏羲女娲多于东王公西王母。第二个保留升仙气氛的地方，是墓门外的照墙。高大的照墙是河西画像砖墓的特点，照墙上常有祥瑞动物及四神，经常还见到假门及门吏，令人想到四川汉画像石棺的天门和门吏。河西照墙的门吏有时是牛头人身及鸡头人身的形象，在陕北汉画像石的门上，常见这两个怪神坐在上广下狭的平顶仙山上，上一栏常见有东王公西王母和捣药的羽人玉兔。河西照墙上没有直接表现西王母，但在西晋敦煌佛爷庙湾 133 号墓的照墙上有西王母的"胜"的标志 [65]。

"胜"在汉代为头饰，是再生之神西王母的象征，东汉也有了与西王母具有同等力量的东王公戴"胜"的形象。汉代画像石上，"胜"被配在屋顶或门楣上，表示那里就是通往仙界的入口，具备了帮助升仙的机能。

1991M1 照墙绘的东王公头上没有戴"胜"，但是，阙下却表现了"胜"的图像，这就说明那里确实是通往仙界的入口。照墙是地上世界与天上世界的分界线，再往前就是广阔的仙界，正像最上部画像砖上表现的，

东王公所统治的天上世界 [45]。四川彭山和乐山一些崖墓在墓门或后室门楣正中刻"胜"的符号，"胜"是西王母重要象征物，把"胜"作为象征符号刻在墓室门上方似乎标明墓主的宗教信仰 [67]。

郑岩注意到敦煌佛爷庙湾 133 号墓的照墙的砖雕内容，他以西王母标志"胜"为突破口，解释这是河西地区最早的升仙题材。他已经注意到该照墙最上端外端为双阙，指出中间的假门是"汉代画像中常见的天门" [61]、[62]。

前文已言东晋十六国稀见升天图，河西酒泉丁家闸 5 号墓前室天井东西坡却出现了大面积的东王公西王母图像。这么显著的不死神形象，在汉代亦不多。此图明显继承汉代的系统，西王母的位置在前室天井，亦是汉代多室墓葬中常有的做法。[68] 魏晋河西墓室常以高大的照墙表现升天，但丁家闸 5 号墓的照墙壁画已模糊，唯前室天井仍表现出是迎接死者之处。

丁家闸 5 号墓的天井四坡云气缭绕，最上都有一倒垂的龙头。东西两坡的东王公西王母头上有日月，西王母前面有眷属三足乌、九尾狐。其他两坡亦有升天意象，南坡有仙女、神鹿，北坡有天马。在天井四坡与四壁相接处，画一圈山水，山间有动物，甚至还有人张网捕鸟。这一圈山水及开阔的天空充满神祇的景象，与敦煌西魏 249 及 285 窟天花极似。西王母所坐不是汉代的龙虎座，而是上广下狭的平顶仙山，是汉画像石的昆仑山造型，这种平顶仙山后来在敦煌石窟亦用于表现佛教的须弥山。此天井上承汉墓，下启敦煌西

魏天井，有重要价值[65]。

敦煌石窟北朝壁画艺术是在以西晋彩绘画像砖、棺板画为代表的当地传统绘画艺术的土壤中滋生成长的，在莫高窟中不仅可以看到佛教吸收画像砖中传统神话题材的现象，并且以传统神话题材来表现佛教内容。如画像砖中的传统神话传说人物东王公、西王母，伏羲、女娲等，也出现在早期佛教壁画中。如莫高窟西魏第249窟窟顶的壁画内容非常丰富，西坡画阿修罗，四目四臂，手托日月，裸身、立于大海之中、水不过膝，身后是须弥山忉利天宫，两侧有雷公、电母、风神、雨师、乌获、朱雀、羽人；东坡是二力士捧摩尼宝珠，两侧是飞天、朱雀，下有胡人与乌获百戏，及龟蛇相交的玄武和九首人面兽身的开明；南坡画西王母，乘凤车浩浩荡荡的巡游天列，下方有狂奔的野牛，黄羊和虎(图6)；北坡画东王公，乘四龙车，下方绘山林、

黄羊等（图7）。壁画突破了佛经的束缚，融入了道教的内容，这是中国传统文化和外来的佛教文化相互融合的典型反映。

伏羲、女娲这种汉代传统图像延续出现在河西墓葬中也与升天有关，不仅作为一些壁画墓的照墙画像内容和墓室画像组成部分，而且直接绘制在棺盖板内外。甘肃河西西晋、北朝墓葬中的伏羲女娲比东王公西王母

图6　敦煌莫高窟第249窟（西魏　窟顶南坡西王母）

图7　敦煌莫高窟第249窟（西魏　窟顶北坡东王公）

图像更多，共有 20 余幅，除了以镶嵌在照墙上、墓室墙壁上的画像砖外，大都绘画在棺盖板内外，如高台县壁画墓中出土伏羲女娲画像砖的有 1994 骆驼城南墓[69]，1999 苦水口 M1，许三湾 1999Q3，2001 骆驼城 M2。另外，在 1999 骆驼城魏晋墓和 2003 南华镇汉晋墓中分别出土了绘有伏羲女娲题材的棺板画。

属于酒泉地区的分别是 1988 年出土于清水镇单墩子滩墓的棺板画[70]，嘉峪关 1972 年新城 1 号墓（两棺盖内壁），1979 年新城 13 号墓（两棺内侧），1998 年新城南墓（一棺），2002 年毛庄子墓（两棺盖内[71]），2011 年峪泉镇墓（M2 棺板画一幅，M5 残存麻质伏羲女娲图一块[72]）。

敦煌地区的伏羲女娲图像主要集中出现在佛爷庙湾——新店台墓群的画像

砖上，分别是 1991 佛爷庙湾 M1 和 2000 佛爷庙湾墓各有 2 块伏羲女娲画像砖。

画像砖上一般都是一砖一画，伏羲女娲的图像为互相对立型，如 1994 年在高台县骆驼城 M1，出土了两块伏羲画像砖和一块女娲画像砖，应是东壁上的。而绘画在棺盖板上的由于面积比较大，伏羲、女娲图像有互相交尾型和互相坐立型两种。并且周围背景内容极为丰富，如 2002 年在嘉峪关新城 M1 女棺盖板，内绘"伏羲女娲日月星河"，伏羲、女娲相对而立，伏羲手中执规，"山"字形头发，留须。图像下有一太阳，中有金乌，棺盖所绘其他图像有青龙、白虎、玄武、朱雀；四角绘柿蒂纹饰、天马、飞禽，并辅以云气纹。颜色有黄、绿、黑、白，对比明显。[38]如高台县南华 2003GNM10 的棺木保存完好，后室

西侧木棺盖板内侧彩绘有伏羲、女娲图像。伏羲、女娲相交在一起，伏羲头戴"山"字形冠，女娲头有发。伏羲的胸前是太阳，中有蟾蜍；女娲的胸前是月亮，中有金乌。这些延续汉代神仙世界系统的范例，填补了以往汉至十六国时期此类内容在墓葬中的空白，是汉代神仙世界传统在甘肃河西地区的继续。同样，也对敦煌石窟壁画的创造产生了直接影响，如莫高窟西魏第 285 窟窟顶东坡画的两个兽腿、蛇尾的形象即《须弥四域经》中所说的宝应声与宝吉祥菩萨。他们是佛教中创造日月星辰的菩萨，是由我国传统神话中的人类创造神伏羲、女娲演变而来的，是与梁武帝倡导的三教同源思想一致的（图 8）。在莫高窟第 249、285 窟窟顶四坡上的这些祥禽瑞兽、飞仙神灵大多能在西晋彩绘画像砖上看到。

此前，有学者认为：河西魏晋墓的砖砌高大照墙是受东汉末关西一带的墓制影响；在大批河西墓葬中，葬具画东王公西王母或伏羲女娲的极为罕见。然而相对来说，极罕

图 8　敦煌莫高窟第 285 窟（西魏　窟顶东坡伏羲、女娲）

见的这些葬具，仍比毫无表现的中原为多；照墙的假门、门吏亦有汉画像石的痕迹。魏晋河西的墓葬仍留升天图痕迹，应是滞后于中原的地方性表现。河西对这些汉墓升天图元素，以保存为多，加上地方性的发展，但未见有多大创新性，唯到中原升天图复兴时，河西的系统或曾回流影响于中原，从而使南北朝升天图亦有汉系统的色彩 65。

四灵也与升天有关。在四川简阳鬼头山东汉岩墓出土的画像石棺上，在阙门图像右侧刻一猛虎，旁刻"白虎"二字。与此相同，在嘉峪关新城魏晋壁画墓墓门上砖砌阙门的门扇上，也都画有一对白虎。在四灵中，白虎代表西方，守护着升仙必经的天门 14。

1957 年在永昌县双湾东四沟打井时发现一些墓室壁画砖，现尚存二块。其中的一画砖，上为青龙，下为白虎，周围满画流动的云气。青龙、白虎的形象与嘉峪关新城 6 号墓相同 25。酒泉崔家南湾 1 号墓画像砖上的白虎，画在阙门上，为相向的一对，以土红为底色，形象雄健有力 25。1991 年敦煌佛爷庙湾发现的 M1，墓内画像砖的内容非常丰富，并且大都有墨书题记。该墓照墙的第五层，两侧仿木斗栱，其中间与下层第六层中间阙门被损坏。第六层阙门两侧，一砖左向青龙，一砖右向白虎 44（图 9）。在敦煌佛爷庙湾 95DFM37、95DFM39、87DFM133 墓内画像砖上，都有朱雀、玄武和青龙、白虎的形象。

魏晋河西墓室里大幅表现生活形象，而进入墓室之前的照墙还残留升仙的意念，令照墙之后是阴间生活还是仙界生活变得难以划定，留下与汉代升天画像系统同样的疑问。

郑岩没有用力于界定墓室内的画像是阴间还是仙界，而集中于照墙本身的升天意义，认为照墙对死者的升天是从下而上表现的；死者的灵魂从墓门出发开始升仙，四神中的青龙白虎确定他的方向，又有高士陪伴、西王母引导和骑士护卫，上天降下祥瑞迎接，穿过祥瑞，最后的假门正是汉画像石中常见的天门 61、62。

"胜"与双阙的组合出现在河西魏晋墓中，表明这是受四川、重庆地区东汉天门图像的影响。在陕北地区，天门图像的特征是双阙与牛首人身和鸡首人身图像的组合，这

图 9　敦煌佛爷庙湾 1991M1（西晋　门楼式照墙）

在东汉时期其他地区的画像中罕见。因此，河西魏晋壁画墓的照墙上出现牛首人身和鸡首人身图像，应当是受到陕北东汉画像的影响。如酒泉西沟 M5，墓葬早期被盗。墓门以上建有照墙，上部残，残存有十五层。壁面嵌斗栱、赤帻力士、牛首人身像（鸡首人身像残缺）、熊首力士砖等[27]。

在照墙画像砖的布局上，下面是托举力士支撑的仿木构建筑；中间神话传说人物、奇异的祥禽瑞兽分布于数米高的照墙上，腾跃虬屈的奇禽异兽，两两相对，层层排布；上面以侧立持帚人的阙楼坞门象征仙界的天门，整个照墙就是仙界的象征，为人们展现一个神异、仙幻的世界，体现了魏晋时期敦煌地区浓厚的崇慕升仙的思想追求，以及这一地区深厚的传统文化土壤中，杂祀鬼神和道教思想的根深蒂固。这一时期画像砖墓展现的深厚、丰富的传统文化内容和呈现出的灿烂夺目的艺术氛围和风格，为接纳外来的佛教文化以及佛教艺术的创新提供了文化条件[41]。

注释：

1 甘肃省文物考古研究所、安西县博物馆. 安西县踏实一号大墓发掘简报 [J], 陇右文博, 2005(1):3-7.

2 高子期. 秦汉阙论 [D]. 西安：西安美术学院, 2013.

3 李春元. 瓜州石窟考古图录 [M]. 香港：香港天马出版有限公司, 2010：188-381.

4 夏鼐. 敦煌考古漫记（一）[J]. 考古, 1955(1):2-8.

5 夏鼐. 夏鼐日记（卷三）[M]. 上海：华东师范大学出版社, 2011:208-222.

6 夏鼐. 敦煌考古漫记（二）[J]. 考古, 1955(2):24-31.

7 夏鼐. 敦煌考古漫记（三）[J]. 考古, 1955(3):27-33.

8 高德祥编. 图说敦煌——百年记忆 [M]. 郑州：中州古籍出版社, 2015(5):25.

9 阎文儒. 敦煌史地杂考 [J]. 文物, 1951(5):96-126.

10 黄剑华.话说中国汉阙 [J].寻根,2007(2):84-91.

11 郭永利.河西魏晋十六国壁画墓研究 [D].兰州:兰州大学,2008.

12 郭永利.河西魏晋十六国壁画墓 [M].北京:民族出版社,2012.

13 韩莎.河西地区魏晋十六国时期照墙研究综述 [J].乐山师范学院学报,2012,27(2):87-89.

14 甘肃省博物馆.武威雷台汉墓 [J].考古学报,1974(2):87-90.

15 张朋川.雷台墓考古思辨录 [J].陇右文博,1999(2):3-7.

16 陕西省文物管理委员会.潼关吊桥杨氏墓群发掘简报 [J].文物,1961(1):56-66.

17 何双全.武威雷台汉墓年代商榷 [N].中国文物报.1992-8-9.

18 吴荣曾."五朱"和汉晋墓葬断代 [J].中国国家博物馆馆刊,2002(6):48-51.

19 杨福.武威藏家庄魏晋墓清理简报 [J].陇右文博,2001(2):3-9.

20 党荣华,赵吴成,王晓宏,等.高台许三湾东汉墓发掘简报 [J].陇右文博,2001(1):14-17.

21 吴荭.甘肃高台县骆驼城墓葬的发掘 [J].考古,2003(6):44-51.

22 甘肃省文物考古研究所.甘肃省高台县汉晋墓葬发掘简报 [J].考古与文物,2005(5):16-28.

23 甘肃省文物管理委员会.酒泉下河清第1号墓和第18号墓发掘简报 [J].文物,1959(10):71-76.

24 倪思贤.甘肃酒泉县下河清汉墓清理简报 [J].文物,1960(2):55-56.

25 张朋川.河西出土的汉晋绘画简述 [J].文物,1978(6):59-71.

26 吴礽骧.酒泉、嘉峪关晋墓的发掘 [J].文物,1979(6):1-17.

27 马建华,赵吴成.甘肃酒泉西沟村魏晋墓发掘报告 [J].文物,1996(7):4-38.

28 佚名.酒泉魏晋墓的墓主可能是西凉王李暠 [J].敦煌研究,2003(3):34.

29 肃州区博物馆.酒泉小土山墓葬清理简报 [J].陇右文博,2004(2):17-20.

30 赵吴成,周广济.甘肃酒泉三坝湾魏晋墓葬发掘简报 [J].考古与文物,2005(5):36-37.

31 甘肃省文物考古研究所.甘肃酒泉孙家石滩魏晋墓发掘简报 [J].考古与文物,2005(5):29-35.

32 嘉峪关市文物清理小组.嘉峪关汉画像砖墓 [J].文物,1972(12):24-30.

33 甘肃省文物队.嘉峪关壁画墓发掘报告 [M].文物出版社,1985.

34 吴礽骧.酒泉、嘉峪关晋墓的发掘 [J].文物,1979(6):1-17.

35 宋子华,高凤山,杨会福等.嘉峪关新城十二、十三号画像砖墓发掘简报 [J].文物,1982(8):7-15.

36 此墓位于嘉峪关新城墓区内,于20世纪70年代进行发掘,现墓葬保存于原地.

37 王春梅.嘉峪关峪泉镇魏晋墓出土画像砖及其保存状况调查 [J].丝绸之路,2012(20):104-106.

38 吕占光,杨惠福,牛海鹏等.嘉峪关新城魏晋砖墓发掘报告 [J].陇右文博,2003(1):13-27.

39 阎文儒.河西考古简报 [J].国学季刊,1950:7(1):120.

40 郭永利,杨惠福.敦煌翟宗盈墓及其年代 [J].考古与文物,2007(4):61-63.

41 樊锦诗,荣新江,林世田.敦煌文献·考古·艺术综合研究:纪念向达先生诞辰110周年国际
学术研讨会论文集 [M].中华书局,2011.

42 北京大学中国中古史研究中心.敦煌吐鲁番文献研究论集.第4辑 [M].北京大学出版社,
1987(6):623-636.

43 殷光明著,日·北村 永译.敦煌西晋墓出土の墨书题记画像砖をめぐる考察 [J].佛教艺术,
东洋美术と考古学の研究志,2006。

44 殷光明.敦煌西晋墨书题记画像砖墓及相关内容考论 [J].考古与文物,2008(2):96-106.

45 日·北村 永. 敦煌佛爷庙湾西晋画像砖墓及敦煌莫高窟汉代传统题材 [J]. 佛教艺术, 东洋美术と考古学の研究志, 2006.

46 戴春阳. 敦煌佛爷庙湾 [M]. 北京：文物出版社, 1998:33–39.

47 敦煌市博物馆. 敦煌文物 [M]. 兰州：甘肃人民美术出版社, 2002(1).

48 李永宁. 敦煌佛爷庙湾魏晋至唐代墓群 [M]. 北京：文物出版社, 2003(1):391–392.

49 中共高台县委, 高台县人民政府. 高台魏晋墓与河西历史文化研究 [M]. 甘肃教育出版社, 2012:105–125.

50 阎文儒. 向达先生纪念论文集 [M]. 新疆人民出版社, 1986:276–299.

51 萧默. 敦煌建筑研究 [M]. 北京：文物出版社, 1989.

52 刘永增. 莫高窟北朝期的石窟造像与外来影响 (上) ——以第 275 窟为中心 [J]. 敦煌研究, 2004(3):83–92.

53 樊锦诗, 蔡伟堂, 黄文昆. 敦煌石窟全集 [M]. 北京：文物出版社, 2011(8):250.

54 张善庆. 河西石窟阙形龛溯源刍议 [J]. 考古与文物, 2012(3):68–73.

55 何志国. 天门·天宫·兜率天宫——敦煌第 275 窟弥勒天宫图像的来源 [J]. 敦煌研究, 2016(1):1–11.

56 丛德新, 罗志宏. 重庆巫山县东汉镏金铜牌饰的发现与研究 [J]. 考古, 1998(12):77–86.

57 方建国, 雷建金, 唐朝君, 等. 四川简阳县鬼头山东汉崖墓 [J]. 文物, 1991(3):20–25.

58 赵殿增, 袁曙光. "天门" 考——兼论四川汉画像砖 (石) 的组合与主题 [J]. 四川文物, 1990(6):3–11.

59 巫鸿. 礼仪中的美术：巫鸿中国古代美术史文编 [M]. 三联书店, 2005:257.

60 李凇. 论汉代艺术中的西王母图像 [M]. 湖南教育出版社, 2000:162–163.

61 郑岩. 魏晋南北朝壁画墓研究 [D]. 中国社会科学院研究生院, 2001.

62 郑岩. 魏晋南北朝壁画墓研究 [M]. 文物出版社, 2002：155–156.

63 孙彦. 河西魏晋十六国壁画墓研究 [M]. 北京：文物出版社, 2010:78.

64 高文. 中国画像石棺全集 [M]. 太原：三晋出版社, 2011:321–387.

65 张倩仪. 魏晋南北朝升天图研究 [J]. 2010.

66 林少雄. 古冢丹青：河西走廊魏晋墓葬画 [M]. 甘肃教育出版社, 1999:27.

67 巫鸿. 汉唐之间的宗教艺术与考古 [M]. 文物出版社, 2000:436.

68 具圣姬. 汉代人的死亡观 [M]. 北京：民族出版社, 2003.

69 施爱民. 甘肃高台骆驼城画像砖墓调查 [J]. 文物, 1997(12):44–51.

70 酒泉市博物馆. 酒泉文物精华 [M]. 北京：中国青年出版社, 1998: 52.

71 孔令忠, 侯晋刚. 记新发现的嘉峪关毛庄子魏晋墓木板画 [J]. 文物, 2006(11):75–85.

72 王春梅. 嘉峪关魏晋墓出土伏羲女娲图像考析 [J]. 丝绸之路, 2013(8):60–61.

汉阙保存现状与保护研究

张孜江

一、前言

汉阙，是汉代独有的一种建筑形式，是我们现在所能见到的汉代时期地面上仅有的少数建筑物之一，通过我们此次的调查，目前发现国内只有山东、河南、四川、重庆、北京、甘肃和安徽7个省市，共37处还保存有汉阙的实物。这些实物，完残情况不一，每一座、每一件都弥足珍贵，它们是历史的见证，具有极高的历史文化和艺术价值，是研究汉代建筑艺术、雕刻艺术、书法绘画艺术、民俗、文化历史等难得的实物资料。今天，我们还能看见这近两千年前先祖们留下的建筑物，是每一个见到它尊容的人的幸事。岁月的磨砺，使这些幸存下来的汉阙，留下不同程度的斑斑沧桑。我们在欣赏她神奇的艺术魅力时，不禁为她日渐斑驳衰落，残缺不全的容颜而惋惜。

二、汉阙的分类

按照汉阙的使用功能划分，汉阙大致可以划分为：城阙、宫阙、宅第阙、祠庙阙和墓阙五大类。按照所使用的建造材料划分，从现存汉阙建造所用的材料来看，建造汉阙的材料主要为：石材和人工夯筑土坯两大类。石材建造的阙，我们称为石阙，而人工夯筑建造的土坯阙，我们简称土坯阙或土阙。石阙目前发现还保存有36处，而土坯阙目前除甘肃省境内还有部分保存相对完整以外，其他地方的土阙，如陕西等地的土阙，由于两千年的风雨冲刷，坍塌损毁，风化非常严重，已经漫漶不清，成为土堆，一般人难以区分辨认，因此，本文在现存汉阙上没有统计这一部分。目前仅存的汉阙保存现状情况见下表：

中国汉阙现状统计一览表

序号	汉阙名称	所在省份	原址/异地	质地	是否有房舍遮盖	现存单/双	风化程度	缺损情况
1	嘉祥县武氏祠阙	山东	原址	石	有	双	轻微	完整
2	莒南县孙氏阙	山东	异地	石	有	单	轻微	部分
3	平邑县功曹阙	山东	异地	石	有	单	轻微	完整
4	平邑县皇圣卿阙	山东	异地	石	有	双	轻微	少量
5	泰安师旷墓阙	山东	异地	石	有	单	中度	部分
6	登封市少室阙	河南	原址	石	有	双	轻微	少量
7	登封市启母阙	河南	原址	石	有	双	一般	少量

序号	汉阙名称	所在省份	原址/异地	质地	是否有房舍遮盖	现存单/双	风化程度	缺损情况
8	登封市泰室阙	河南	原址	石	有	双	轻微	少量
9	正阳县正阳阙	河南	原址	石	有	单	中度	少量
10	雅安市高颐阙	四川	原址	石	无	双	中度	少量
11	绵阳市杨氏阙	四川	原址	石	无	双	重度	部分
12	德阳市司马孟台阙	四川	原址	石	有	单	重度	较多
13	芦山县樊敏阙	四川	原址	石	无	单	中度	较完整
14	芦山县石箱村无铭阙	四川	异地	石	有	单	濒危	部分
15	夹江县杨公阙	四川	原址	石	无	双	濒危	部分
16	梓潼县李业阙	四川	原址	石	有	单	一般	完整
17	梓潼县贾氏阙	四川	异地	石	无	双	濒危	部分
18	梓潼县杨公阙	四川	异地	石	无	单	濒危	部分
19	梓潼县无铭阙	四川	异地	石	有	单	重度	较完整
20	渠县沈府君阙	四川	原址	石	无	双	重度	较完整
21	渠县蒲家湾无铭阙	四川	原址	石	无	单	重度	部分
22	渠县赵家村东无铭阙	四川	原址	石	无	单	重度	部分
23	渠县赵家村西无铭阙	四川	原址	石	无	单	重度	部分
24	渠县王家坪无铭阙	四川	原址	石	无	单	重度	少量
25	渠县冯焕阙	四川	原址	石	无	单	重度	部分
26	西昌市无铭阙	四川	异地	石	有	单	重度	较多
27	昭觉阙	四川	异地	石	有	单	重度	很多
28	成都市王平君阙	四川	异地	石	无	单	严重	很多
29	忠县邓家沱阙	重庆	异地	石	有	单	轻微	很多
30	忠县丁房阙	重庆	异地	石	无	双	重度	部分
31	忠县干井沟阙	重庆	异地	石	无	单	重度	少量
32	忠县乌杨阙	重庆	异地	石	有	双	轻微	少量
33	万州区武陵阙	重庆	异地	石	有	单	轻微	部分
34	江北区盘溪无铭阙	重庆	原址	石	有	单	重度	少量

序号	汉阙名称	所在省份	原址/异地	质地	是否有房舍遮盖	现存单/双	风化程度	缺损情况
35	秦君阙	北京	异地	石	有	单	一般	较多
36	瓜州县踏实阙	甘肃	原址	土坯	无	双	濒危	较完整
37	淮北无铭阙	安徽	原址	石	无	不详	濒危	部分

注：截止时间为2016年6月。风化程度按：轻微、一般、中度、重度和濒危划分；残缺情况是以现存的汉阙单体本身情况而言，按照完整、少量、部分、较多和很多五个档次划分。

通过上述统计表可以看出，现存的汉阙，绝大部分为石阙。

石阙因地域关系，所选的石料有所不同，以山东、河南为代表的北方地区，建造汉阙的石材，主要为当地出产的一种质地较为细腻坚硬的青石类石材。而以四川、重庆为代表的南方地区，同样是以当地出产的一种砂岩石材雕刻的汉阙。甘肃、陕西等西北地区的汉阙，选用的是一种当地普遍使用的建筑材料——人工夯筑土或土坯砖。这些不同材质建造的汉阙，反映了先祖们在建筑用料上，不拘一格，就地取材的思想。

青石是一种很好的雕刻及建筑用材，质地较为细密、坚硬，吸水率不高，不易风化，也是比较难雕刻的材料。而四川、重庆地区出产的砂岩石材，是一种沉积岩，是由石粒经过水冲蚀沉淀于河床上，经千百年的堆积变得坚固而成。是一种粒度为0.0625～2mm的砂占全部碎屑颗粒50%以上的陆源碎屑岩。砂岩是源区岩石经风化、剥蚀、搬运在盆地中堆积形成。岩石由碎屑和填隙物两部分构成。碎屑除石英、长石外还有白云母、重矿物、岩屑等。填隙物包括胶结物和碎屑杂基两种

组分。常见胶结物有硅质和碳酸盐质胶结；杂基成分主要指与碎屑同时沉积的颗粒更细的黏土或粉砂质物。填隙物的成分和结构反映砂岩形成的地质构造环境和物理化学条件。砂岩按其沉积环境可划分为：石英砂岩、长石砂岩和岩屑砂岩三大类。四川砂岩属于泥砂岩，其颗粒细腻，质地较软，非常适合作为建筑装饰用材，特别是用作雕刻用石。具有质地较软，吸水性强，易雕刻，易风化的特点，保存难度较大。

土坯砖是一种用泥与谷草、芦苇等混合后夯实，没有经过烧制的黏土砖，这种砖遇水极易坍塌，但材料相对较好开采，易建造。因此，比较适合西北这种少雨干旱的环境使用。为避免一年中难得的几次雨水冲刷，在阙的建筑构造上，土坯阙顶采用了斜面坡的构造形式，坡面铺设芦苇草，便于雨水流淌，在阙身的每层土坯砖之间，用芦苇等草料有规律地横竖铺设，外墙还打了层腻子，这些既起到在构造上的加固、美观的作用，同时也起到对少量飘洒到阙身上的雨水尽快分流保护的作用，因而这种材料不适合在南方多雨潮湿的环境使用。

三、现存汉阙的保存现状

由于汉阙一般是不可移动的文物，除部分为发掘出土后，被搬运回库房保存或展厅展出，如重庆万州武陵阙和忠县乌杨阙、四川成都汉阙刻石、四川西昌无铭阙、四川芦山石箱村无铭阙、四川凉山彝族自治州昭觉县出土的汉阙残石。北京汉幽州书佐秦君石阙、山东莒南孙氏阙、山东泰安师旷墓阙等；还有部分因特定历史背景下，而采取了异地挪动保护，如山东平邑功曹阙、皇圣卿阙、四川梓潼杨公阙、四川梓潼贾氏阙等，其余的基本上都在原址保护或保存。

从保存的实际情况来看，在展厅、库房里保存的汉阙，由于保管的条件较好，日常维护也跟得上，所以风化侵蚀程度明显减弱，人为破坏基本杜绝。如上述重庆万州武陵阙、忠县的乌杨阙，四川芦山石箱村无铭阙、北京秦君汉阙、山东的莒南孙氏阙等，存放在博物馆室内展厅展出，展出前又经过保护处理，表面已看不见泥土、灰尘，风化侵蚀基本停止，保持了搬运进来时的基本模样（图1）。

其次，修建有专门的房屋建筑、亭榭遮盖的次之。这一部分如山东嘉祥县的武氏祠双阙、功曹阙和皇圣卿阙，河南中岳三阙、四川德阳司马孟台阙、梓潼的李业阙、无铭阙和重庆盘溪无铭阙等，这些阙由于有建筑物遮挡了部分风雨和阳光照射，虽没有展厅里的汉阙维护得那样好，但保存情况相对来说，还是比较好的（图2、图3）。

保存堪忧的主要是裸露在室外，甚至荒郊野外的这一部分汉阙。这些阙常年经受着风吹日晒雨淋，风化程度非常严重，特别是土坯阙，除甘肃瓜州踏实土坯汉阙保存较为完整外（图4），陕西地区的土阙，如汉景帝阳陵南门阙基本已风化坍塌成了土堆（图5）。而四川、重庆地区的汉阙，由于材质是砂岩质地，且大多都裸露在室外光天化日之下，加之这一地区雨水偏多，有的表面灰尘弥漫、蛛网密布，有的长满青苔杂草，还有部分汉阙，因四川地区潮湿多雨，常年就浸泡在水里，周围杂草丛生，石材表面破落，且有加重之势（图6、图7）。

图1　博物馆展厅内保存的汉阙

图 2　修有建筑保存的汉阙

图 3　有建筑遮盖但四面透风的汉阙

图 4　裸露在外的甘肃瓜州踏实汉土阙

四、汉阙的病害特征

文物是有生命的，从其"诞生"之日起，就开始走向衰亡之路，石材文物也不例外。石材因其质地坚硬、物理性质稳定，不怕火，不怕水（相比其他材料而言），储量丰富，易开采等特点，历来适合建筑用材和雕刻用料，但所有的材料，并不是绝对一成不变的，它们都会因外界的各种变化而改变，虽然不同的质地石材，风化的程度、快慢不一样，但终究也会被外界各种自然因素所侵蚀，只不过是时间长短而已。

在建筑石材家族里，花岗岩应是质地最为坚硬、最难开采雕刻的石材，其硬度一般在 4～7，最高能达到 7。青石（大理石）比花岗岩的硬度要小，但硬度一般保持在 3～5，最高也能到达 5。砂岩石材不论是质地细密度，还是硬度方面都要弱于上述两种石材，其硬度大致在 2 左右。

由于石材是一种会呼吸的多孔材料，因此很容易吸收水分或经由水溶解而侵入污染。石材若吸收过多的水分及污染，不可避免地会造成各种石材病变，如：崩裂、风化、脱落、浮起、吐黄、水斑、锈斑、白华、雾面等问题。

通过对 37 处汉阙保存现状的统计、调查，目前现存的汉阙主要存在以下几种类型的病害。

1、表面风化、酥粉

这类病害在保存的汉阙上基本多少都有

图 5 已坍塌的汉阳陵土门阙

图 6 茂密植物环绕的汉阙

图 7 浸泡在水里的汉阙

表现，在南方的汉阙上比较凸出，如四川夹江的杨公阙，甘肃瓜州阙等，阙身风蚀现象非常明显，加之其他病害共同作用，风化、酥粉严重（图8、图9）。这是由于保存环境周期性的温湿度变化，融冻作用及水盐活动等因素，从而导致石质汉阙文物表面的酥粉和表层片状剥落。

2、裂隙、空鼓

这种病害是石质汉阙病害较为严重时期所呈现的表象，其实质就是汉阙石质内部各种病害侵蚀的集中爆发。特别是对砂岩石质的汉阙破坏是显而易见的，一般都会与风化、酥粉、泛盐等共生，对汉阙上的纹饰、铭文、雕刻等造成毁灭性的破坏。裂隙有浅表性的裂隙、机械性裂隙和原生性构造裂隙。浅表性裂隙也称风化裂隙，是由于自然风化、溶蚀现象所导致的沿石材内部纹理发展，呈里小外大的 V 字形裂纹；机械性裂隙，也称应力裂隙，是因外力扰动，地基沉降，受力不均等原因引起的裂纹，这种裂隙大多会深入到石材的内部，严重时会导致石材开裂；而原生性构造裂隙，是石材本身所带有的构造性的裂隙，从石材的表面上看，很平整，没有缝隙。空鼓是石材汉阙表层分离鼓起而形成的空腔（图10），对汉阙影响较大，特别是有纹饰的地方，会造成毁灭性的破坏。

3、生物侵害

在潮湿地区，这类现象比较突出，如四川渠县、重庆忠县以及四川绵阳、芦山等地的汉阙，基本上都是在室外，由于这些

图8　表面风化

图9　酥粉剥落

图10　空鼓

图11　长满杂草的阙顶

图12　长满青苔的阙顶

汉阙所处的环境湿度较大，有的汉阙身上长满了苔藓，部分阙顶还长满了杂草树木（图11、图12），在生长过程中这些杂草树木的根系会牢牢吸附在岩石的表面，并顺着裂纹部位侵入发展，由于根系的存在，雨水及杂物会大量淤积在根部，并为其提供水及养分，随着植物的生长，根部不断扩张，在扩张过程中，逐渐将石材的缝隙胀开扩大，形成岩体破裂。而微生物及低等植物（苔藓、藻类、地衣等）在其生命过程中，会产生各种有机酸，对岩体形成络解作用，加重对这些汉阙的破坏。

4、表面泛盐（白华、雾面）

由于受保存环境的影响，盐以各种形式存在于汉阙的表面，没有经过脱盐处理的汉阙，一般都会有溶盐存在，当时间和条件积累到一定程度时，石材的表面会出现白华现象，我们俗称"白华"或"雾面"，其实就是岩体泛盐现象。主要是这些岩石中盐的结晶与潮解反复运动所造成，对石质汉阙的破坏很大。其运动的过程是当岩体内的水分蒸发，岩体内的盐分浓度就增大、增多，形成结晶盐，结晶盐对周围的岩体产生压力，形成裂隙；当盐结晶潮解变成盐溶液时，又渗入岩体内部，将渗入沿途的盐分溶解，产生新的裂隙，日复一日如此反复进行，使石质文物中的裂隙不断扩大，强度不断降低。多余的盐分会富集在石材的表面，形成雾状。这类病害多出现在石质较为稀松的砂岩质汉阙，这是由于砂岩的内部空隙较大，利于毛细水和可溶盐活动。如重庆盘溪阙、丁房阙等阙身上，能看见比较明显的泛盐现象

（图13）。

5、断裂残缺

这类病害也称为机械性损伤，这是由于汉阙在漫长的岁月里，毕竟经历了近两千年的沧桑岁月磨砺，因种种原因，包括人为有意无意的破坏，受到的外力作用，如撞击、地震、地基下沉、受力不均等因素的影响下，发生的石质文物断裂、残损现象。基本上所有的现存汉阙都有不同程度的残缺或缺损，只是残缺的程度不同而已（图14、图15）。

6、表面污染与变色

由于受大气环境的影响，尤其是裸露在外的汉阙，大气中的粉尘、污染物和风化物

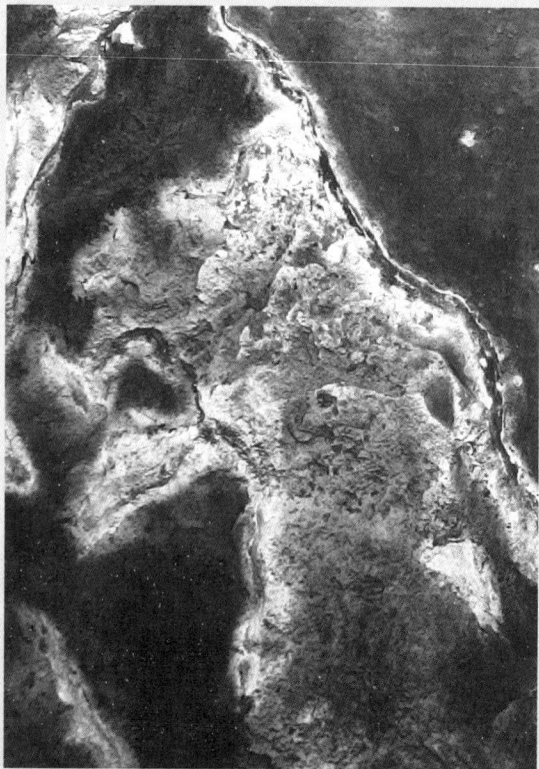

图13 白华（重庆盘溪无铭阙）

的常年沉积，导致汉阙的表面污染和变色。雨水的常年冲刷，形成的水锈结壳，人为造成的烟熏、涂鸦、刻画，金属物加固引起的变色，不当涂刷等，也是造成汉阙损坏的一个因素（图16～图18）。

7、不当修补

有些汉阙，受当时技术等方面的因素制约，在迁移、保护时，进行了修复处理，在修复过程中，有的是人为添加了一些没有的部件，有的是在粘结加固时，采用简单便利易得的材料进行处理，如采用水泥修补粘结，石灰勾缝涂抹等。有的汉阙采用了高分子材料修补，但修补的痕迹非常明显，没有进行必要的做旧处理，美观度不佳（图19）。

上述只是列举了现存汉阙的一些主要病害实例，其病害机理，还需根据每个汉阙的具体情况进行检测分析研究。

五、汉阙的保护研究

由于汉阙的稀有性和珍贵性，其历史、文化、艺术价值非常高，不可替代。但受各

图15　基础沉降

图14　断裂残缺

图16　水锈结壳

图 17　人为刻划

图 19　不当修补

图 18　烟熏

种因素的制约，保护的难度较大，鉴于部分汉阙的病害程度有加重之势，为了更好地保存汉阙，延长其使用寿命，应该本着对后人负责的态度，加强保护防范意识。

汉阙的保护主要分为自身本体的保护维护和保存环境的改造。

1、汉阙本体的保护

由于汉阙主要是用石材垒砌雕刻而成，因此，目前汉阙的保护主要是按照石质文物的保护技术进行处理。

已经出现各种病害的汉阙，应尽快对其本体进行保护处理，以阻止或延缓其进一步的风化衰变。

首先，应对其进行全面的病害检测、分析，根据检测结果，有针对性地筛选制订最佳的保护修复方案。

石质文物本体的保护，主要有三个方面，首先是清洗。附着在石质文物上的灰尘、污垢、溶盐、苔藓、杂草，甚至以往的不当修复等，对文物都有不同程度的危害，都应当加以清洗和剔除，不但要清除附着在石质文物表面上的有害物，而且，也要进行脱盐处理。其次是加固，对石质文物出现裂隙、断裂、崩塌、酥粉、剥落等情况的，应采取成熟的石质文物加固技术，避免病害进一步的发展。加固材料的选取，应做到石质文物风化表层的疏松颗粒能黏合成一个整体，不影响石质文物的原貌，不降低文物的价值，强度及渗透性要好，透水性、透气性、抗水性、抗老化性能等方面，也要达到要求。第三，做好封护，这是石质文物保护处理后在较长的时间里，能否抵御外来侵蚀的有效措施。

以往对石材防水防污染的处理，主要是在岩石表面上一层蜡来保护，但蜡是一种不透气的密封剂，打完蜡后，虽然外界的水和湿气不能进入石材内部，但是石材内部及表层下面的湿气也不能散发出来，积存在石材内部，会导致石材病变。如果多打几次蜡，石材颜色会加深，并且蜡易被污染，形成蜡垢，对以后的清洗很不方便，只有重新起掉旧蜡才能解决，因此，会损害石材表层。现在，基本上已不采用打蜡的方式来封护养护石质文物，一般可以选用渗透性防护剂来加固、封护处理。

渗透性防护剂可分为溶剂性和水性两种，其防护原理是有效物质随溶剂深入石材内部，待溶剂自然挥发后，有效物质留在石材内部及表层，形成一道防护屏障，阻止外来的污染渗入，防止石质文物内部及底层的污染渗出，从而达到保持石质文物原有面貌，延长石质文物寿命的目的。溶剂性防护剂的溶剂有很强的挥发性，易燃，气味刺鼻，并带有一定毒性，因此施工时要保持通风良好；而水性防护剂是一种环保型防护剂，无色无毒无味，不燃烧，对环境没有影响。

任何一种渗透性防护剂都不能在石质文物的表面形成防护层，因此，较软的石质文物表面，可采用一种不含蜡质的表面性保护剂处理，这是一种可"呼吸"的保护剂，能使石质文物得到有效保护。

修复是汉阙文物保护的最后手段，也是汉阙文物保护的有益补充，它不但能起到加固、支撑汉阙的作用，而且，也能较完整地恢复汉阙原有的风貌，更好地向世人展示，但修复的技术手段，选择的修复材料，施工的人员素质等方面都要慎重，以最少干预、修旧如旧、安全可靠为原则，避免对汉阙造成新的损伤或埋下新的隐患。

最后，所有的化学药剂都有其局限性，都会随着时间的推移显现出来，虽然，两害相权取其轻，但在实际采用时，要慎之又慎，尽可能把伤害降到最低，并为今后随着科技的发展需重新保护时的再处理留有余地。

2、汉阙保存环境的改造

汉阙主要是石材建造的，石材本身具有毛细孔及吸水性，空气污染，灰尘加上空气中的酸，机动车、化工等废气排放，日积月累地附着于岩石表面，对石材造成较大的伤害，特别是砂岩石材，均怕酸碱、怕日晒雨淋。因此，汉阙首先应避免日晒雨淋、地下水的侵蚀和暴露在污染的大气环境里。

酸会分解青石中所含的碳酸钙，造成

表面被侵蚀状况，碱也会侵蚀石材里石英、长石等结晶，造成晶粒剥离的现象。环境湿度太大，产生的水气会对石材形成水化，水解及碳酸作用，产生水斑、白化、风化、剥蚀、锈黄等各种病变，摧残石材。自然界中的水含有盐分，这些盐分随着水渗透到岩石里面，日积月累，使石材的表面出现空鼓等现象，因此，石材要避免日晒雨淋，保持通风干燥。

造成汉阙风化的保存环境因素主要有以下几方面：

光照与水　　水是造成汉阙风化的根本原因，没有水的存在，其他有害物质与气体对汉阙石材的侵蚀难以进行，因此，水是这些有害物质破坏汉阙的媒介，而日光能加速这些物质破坏的速度。物体的热胀冷缩，会随着温度的高低而变化，当白天日光照射时，石刻表面温度急剧升高，表面受热膨胀，内部影响小，到了夜晚温度降低，表面被内部和环境冷却，就产生收缩，加之，颜色深的部位吸热多，浅色部位吸热少一点，面阳的地方吸热多一点，背阴的一面吸热少一些，造成不均匀的膨胀，日久天长，反复作用，从而对石质文物造成破坏。

大气污染　　现代工业的迅猛发展，产生了大量的工业三废排放，人口增长，生活品质提高的同时，也产生大量的生活垃圾排放，这就导致大量的有害气体排入大气中，造成严重的环境污染。如汽车尾气、飞机、轮船等对石油、煤炭、化工物质的燃烧，将空气中有益的氧转变为有严重危害的氧化物，如碳的氧化物、氮氧化物、硫氧化物等，这些氧化物遇到空气中的水蒸气后，会形成无极酸，这就是我们常说的"空中死神"——酸雨，而酸雨对裸露在外的石质汉阙会造成严重的腐蚀性破坏，使这些汉阙表面严重风化、酥粉开裂、剥落。

地下水侵蚀　　地下水中一般除含有可溶盐外，同样受工业废水排放的影响，如氯碱工业。这些盐存留在石质文物的空隙里，受环境温湿度的变化，地下水位高低的变化，在石材空隙里不断进行结晶—溶解—渗透—再结晶、溶解等反复作用，使石质文物中的裂隙不断扩大、增多，强度不断下降，最终导致石质文物表面空鼓、酥粉、脱落、开裂等。

生物侵害　　包括植物和微生物。杂草、灌木的根系生长在石质文物的裂缝里，随着其生长，会把石质文物的裂缝逐渐胀开，造成严重的机械性破坏。而在汉阙附近生长的植物，其根部不但使文物的基础受到威胁，而且使地面的水或地下水顺着根部慢慢渗入，带着可溶性盐慢慢向石质文物表面迁移，随着蒸发作用，溶盐在石质文物表面或裂隙中析出，加速溶盐引起石质文物的化学风化及物理风化。一些低等植物如苔藓，在南方潮湿温暖环境的地方会迅速生长，伴随着微生物的作用，分解出草酸、柠檬酸等各种有机酸，形成微生物酸解，像苔藓、藻类、地衣共生复合体的生命运动过程中，藻类进行光合作用，制造有机物；真菌吸收水分和矿物质为藻类的光合作用提供原料，并使藻类细胞保持湿润，再与空气中的其他物质参与作用，形成溶蚀现象，使石质文物遭到破坏。

通过对汉阙风化主要原因的分析，结合这37处汉阙实际保存环境现状调查的情况来看，我们可以得出这样一个基本结论：凡是有建筑物保护的汉阙，比没有建筑物保护的汉阙风化程度要好得多；在相对封闭的建筑物里保护的汉阙，又比四面透风的建筑物保护的汉阙保存情况要好，这也符合汉阙风化主要原因的分析。

由此，在汉阙保存环境及汉阙的保护方面，建议目前至少应做到以下三点：

第一、给裸露的汉阙一个"家"，能遮风挡雨，这是保护汉阙的最简便易行，也最有效的方法。为汉阙营造一个相对稳定的保存环境，避免日晒雨淋等自然环境变化对汉阙所造成的影响。这也是现存的37处汉阙保存完好状况的实际统计对比的结果。

第二、在南方多雨或地下水位较高的地区，最好在离汉阙适当距离周围，或汉阙建筑物以外，挖一条排水沟，降低地下水位，避免雨水或地下水的渗透、浸泡。

这是很多古建筑在防潮、防水方面行之有效的方法，虽然不能完全解决或杜绝雨水、地下水的渗透，但有了这个排水沟，至少地下水位会随之降低，汉阙的基础不会常年浸泡在水里，风险程度会大大降低。

第三、给汉阙表面简单地"洗个澡"。所谓的"洗澡"，其实就是根据汉阙上可见的病害，对表面部分的各种有害物，如苔藓、灰尘、油腻、污垢等进行必要的清除，并加固保护，避免坍塌和新的有害物侵蚀。

上述三点只是最简单，最廉价，且可以马上实施保护的暂时性措施。而较为稳妥彻底的方法，应是按照国家相关法规、标准、规范，聘请有文物保护修复资质的单位和保护专家，根据每个汉阙的保存现状、病害机理进行详细的检测、分析，制订切实可行的保护技术路线，编制详实的保护方案，并予以实施，只有这样，这些汉阙的"生命"才会继续延续，保护才会真正的有效。

六、结语

中国汉阙，是中国建筑史上一颗璀璨的明珠，是中国独有的文化符号，也是不可再生的文化遗产，存世稀少，而承载的历史文化信息又如此之多，其历史、文化、文物、艺术、建筑、民俗等价值难以估量，不可替代。在笔者撰写此文时，这些汉阙还在继续承受着不同程度的病害侵蚀，特别是砂岩材质的汉阙，有的已经风化得非常严重，坍塌随时有可能发生，如再不加以保护，就有消亡的危险。

汉阙的保护是一个系统的工程，还有漫长的路要走，需要各方面的共同努力，只有各级管理部门真正地重视起来，行动起来，中国大地上这仅存的37处汉阙，才会得以保存，才会焕发出新的生命力。

第三章　现存中国汉阙

一、山东嘉祥县武氏祠双阙

此阙位于嘉祥县武翟山（一作武宅山，旧称紫云山）下，距县城15公里。据祠内石阙铭文记载，东汉末年，嘉祥武氏世代为官。桓帝建和元年（公元147年）其后世子孙始在墓前建武氏祠堂，精工细作，数十年乃成。它由几个祠堂组成。在武氏祠内，石刻包括石阙、石狮、墓碑、画像等。宋代文学家欧阳修、金石学家赵明诚等均有著录，可知此处石刻最晚在宋代即已发现。后历经洪水漫淤，石刻废圮，堙没地下。清乾隆五十一年（公元1786年），金石学家黄易亲赴嘉祥，详加查勘并发掘、搜集，得画像石刻20余块，次年金石学家翁方纲特为捐资建屋保存。后又陆续发现多块。除流散国外2石及运存济宁2石外，现尚有石阙、石狮各1对，石碑2块，画像石43块，隶书题记约1069字。画像石内容丰富，取材广泛，雕刻精良，造型生动。

西阙，分母阙、子阙、阙斗、底座几部分。母阙阙身由三石叠成，其前、后、右三面各有画像，左面接连子阙。其前（北）部画面分2层，上层上部刻一车一骑，下部刻四人，两两相对。下层刻铺首和双龙衔璧图。画面四周饰连弧纹、陶纹、双菱形纹。后（南）部画面分五层，其中第一层刻六人，第二层刻一骑一车，第三层刻六人，皆冠服，第五层刻一骑一车。右（东）画面分3层，上刻一人，中刻一兽，下刻一人，正面站立，中间有"武氏祠"三字，疑为后人所刻。前（北）刻铭文8行，每行12字，末行9字，共93字（有人称"九十三字铭"）。铭文："建和元年太岁在丁亥，三月庚戌朔四日癸丑，孝子武始公、弟绥宗、景兴、开明使石工孟孚、李第卯造此阙，直（值）钱十五万。孙宗作师（狮）子，直（值）四万。开明子宣张仕济阴，年二十五曹府君察举孝廉，除敦煌长史。被病夭殁，苗秀不遂。呜呼哀哉，士女痛伤"。

由铭文可知此石阙是武绥宗（梁）、景兴、开明三弟兄给其父祖的墓地所建，并记载了他们家族中最可炫耀的辉煌长史。铭文还记载石工姓名和阙、狮的价值及建造时间，成为后人研究武氏祠的主要依据。东阙，其形制、大小全同西阙，两阙相距5.55米，各高3.4米。母阙亦由三石叠成。其前、后、左三面有画像，右面接连子阙。前（北）面上部刻两骑士，下部刻一铺首。后（南）部画面分5层：第一层刻五人，第二层右刻一天兵像，八首人面虎身，中刻一三身人，其下四肢作兽形。

第三、第四层各刻五人。第五层刻一车骑。母阙阙身上部之斗，四面皆有画像，前（北）部画面分两格：左刻白虎，上部刻圆饼状。后（南）部画面分两格，左刻青龙。左（西）面中部亦有阴刻"武氏祠"，疑为后人所刻。子阙四面中，三面有画像，有执彗、登楼、周公辅成王故事、马拉轺车和楼阁。此两石阙画像、铭文均佳，是研究东汉政治、经济、文化的重要实物资料。新中国成立后，设文物管理所于此，并新建陈列室。

山东嘉祥县武氏西阙

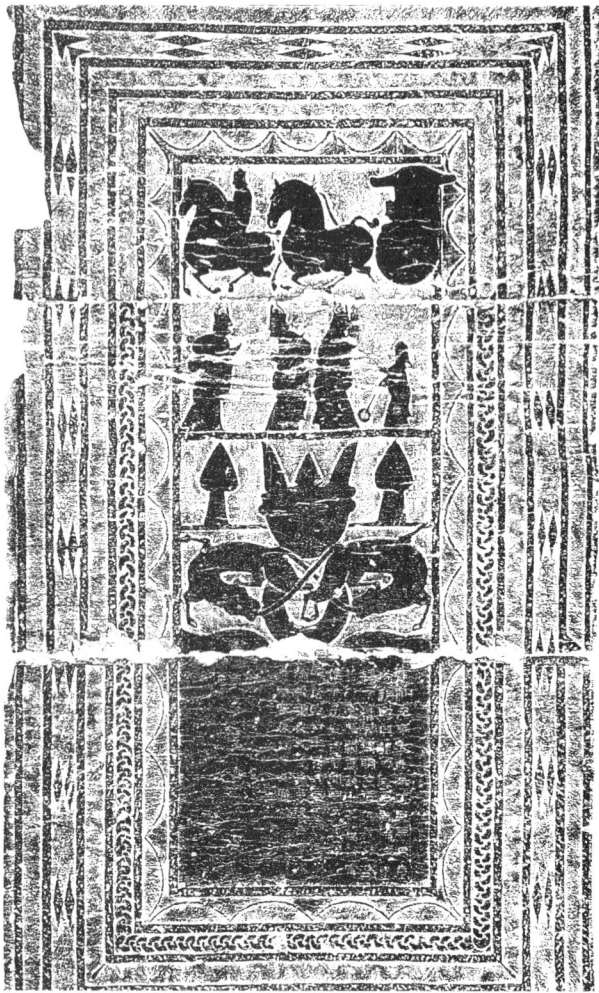

1、武氏西阙正阙身北面画像

东汉桓帝建和元年（公元147年）

纵 208 厘米　横 118 厘米

清代乾隆五十一年（公元 1786 年）嘉祥县武宅山村北出土

嘉祥县武氏祠保管所藏

　　此阙身由三块相叠的石块组成，四周刻画整齐统一的六重边框，内饰双菱纹、陶纹、连弧纹。图分 5 层，第一层为骑、车。二层四个人物，右侧童子是项橐，右侧第二人为孔子，此为孔子与项橐的故事。第三、四层画像相连，中一铺首衔环，上部两层刻常青树，下部有两虎回首相望，其下两鱼。第五层刻隶书阙铭九十三字。

1-1、武氏西阙正阙身北面画像局部
导骑·车

1-2、武氏西阙正阙身北面画像局部
孔子与项橐的故事

1-3、武氏西阙正阙身北面画像局部
铺首·双鱼·常青树

1-4、武氏西阙正阙身北面铭文局部

2、武氏西阙正阙身南面画像

东汉桓帝建和元年（公元147年）

纵 208 厘米　横 118 厘米

清代乾隆五十一年（公元1786年）嘉祥县武宅山村
北出土

嘉祥县武氏祠保管所藏

画面四周边栏五重，内饰双菱纹、连弧纹。画像分为5层。第一层，左一老者，扶曲杖右向立；右五人向老者作拜谒状，前者跪，后者四人捧简恭立，应为孔子见老子故事。第二层，一导骑一轺车左向行。第三层，左边一人右向，和其前三人相对，皆执笏作拜会状；右二人相对。第四层，中二人格斗，两侧有三人观望。第五层，一导骑，一轺车左向行。

2-1、武氏西阙正阙身南面局部
孔子见老子

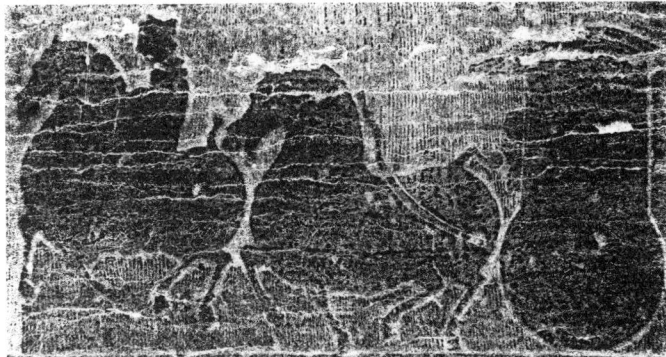
2-2、武氏西阙正阙身南面画像局部
导骑·辂车

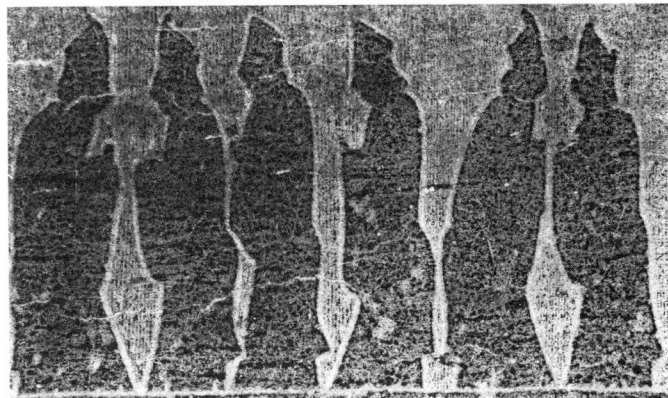
2-3、武氏西阙正阙身南面画像局部
拜会

2-4、武氏西阙正阙身南面画像局部
格斗

3、武氏西阙子阙身北面画像

东汉桓帝建和元年（公元 147 年）

纵 165 厘米　横 71 厘米

清代乾隆五十一（公元 1786 年）嘉祥县武宅山村北出土

嘉祥县武氏祠保管所藏

画面上、下、右三面边栏四重，内饰双菱纹、连弧纹。画像上下分三层。第一层刻两层楼阁，屋顶上有凤鸟、猴；楼上二人端坐，楼下一马停立；两柱外各一人执棨戟侧立。

第二层左一人身材高大，几右向端坐，身后一侍者执便面侍立，前面二人右向跪拜。第三层，左一骑者右向立，右二骑者荷戟执鞭，正面而立。

中国
汉阙
全集

3-1、武氏西阙子阙身
楼房

3-2、武氏西阙子阙身北面画像局部
跪拜

3-3、武氏西阙子阙身北面画像局部
荷戟执鞭·骑吏

4、武氏西阙子阙身南面画像

东汉桓帝建和元年（公元 147 年）

纵 165 厘米　横 71 厘米

清代乾隆五十一年（公元 1786 年）

嘉祥县武宅山村北出土

嘉祥县武氏祠保管所藏

　　画面上、中、下三面边栏四重，内饰双菱纹、连弧纹。画像分 3 层。上层，两层楼房一座，脊上两凤鸟相对；楼上二人端坐，柱外二人，捧物侍立，楼下一马停立，右柱外一人捧物登楼，左柱外一人执戟为亭长。第二层，左一童子正面立，其右一人执华盖右向侍立，右侧二人，拱手相对立，应为周公辅成王故事。下层，一虎左向，昂首张口。

4-1、楼阁屋顶有凤鸟，楼
　　上二人端坐，下层为
　　一马

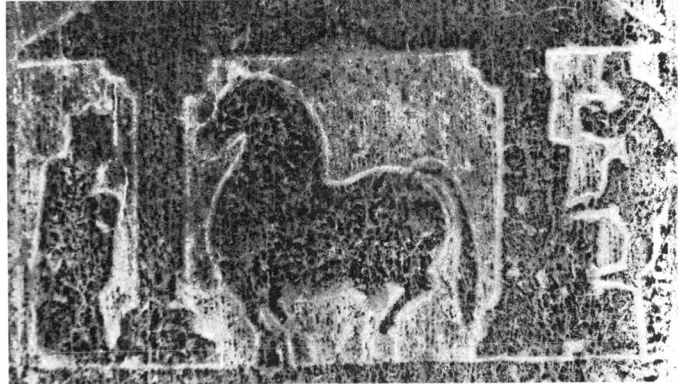

4-2、周公辅成王，下为一虎

5、武氏西阙子阙炉斗北面画像　奔鹿　牵犬

东汉桓帝建和元年（公元 147 年）

纵 38 厘米　上横 78 厘米　下横 67 厘米

清代乾隆五十一年（公元 1786 年）嘉祥县
武宅山村北出土

嘉祥县武氏祠保管所藏

画面上部饰连弧纹。画像由柱分
为两格。左格，一鹿左向奔跑，回首右
顾。右格，一人牵犬，似欲放犬逐鹿。

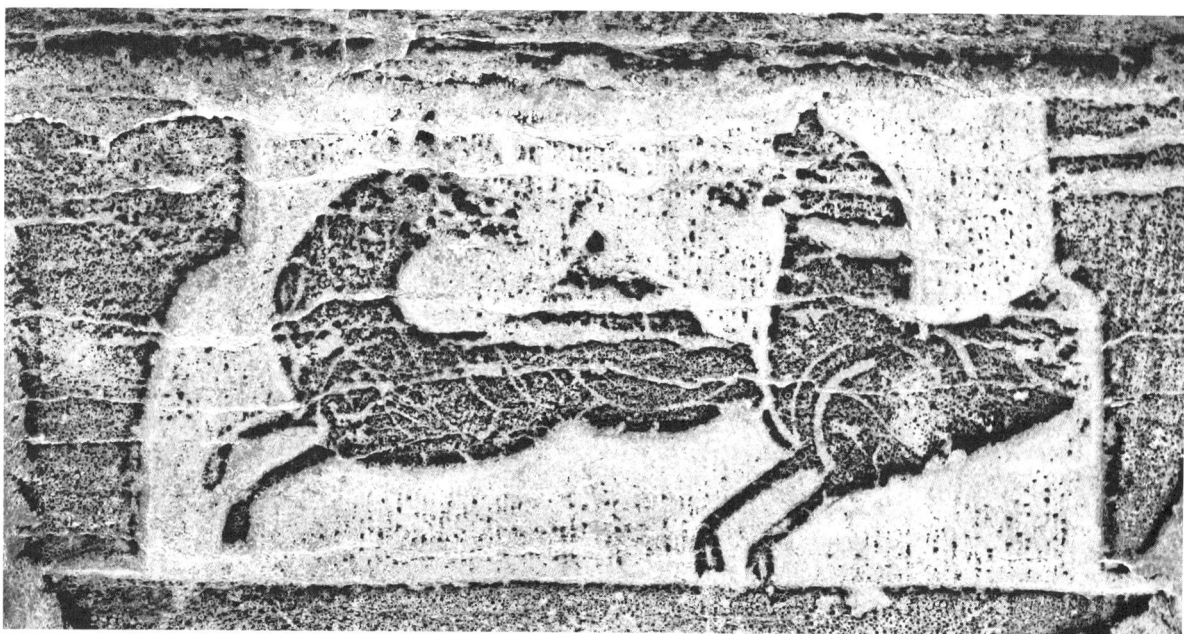

6、武氏西阙子阙画像局部　双鹿

7、武氏西阙子阙身东面画像
　　人物 龙 虎（图左）

　　东汉桓帝建和元年（公元 147 年）

　　纵 165 厘米　横 71 厘米

　　清代乾隆五十一年（公元 1786 年）
　　嘉祥县武宅山村北出土

　　嘉祥县武氏祠保管所藏

8、武氏西阙子阙西面画像局部
　　鱼 龙 虎（图右）

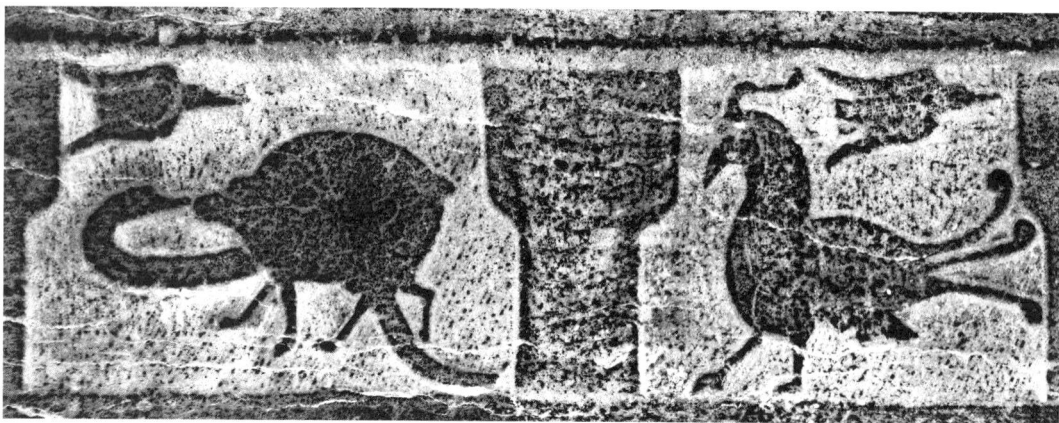

9、武氏西阙子阙栌斗南面画像

东汉桓帝建和元年（公元147年）

纵38厘米　上横78厘米　下横67厘米

清代乾隆五十一年（公元1786年）嘉祥县
武宅山村北出土

嘉祥县武氏祠保管所藏

画面上部饰连弧纹。画像由柱
斗分为两格，左格刻玄武，左上角
一飞鸟。右格刻朱雀。

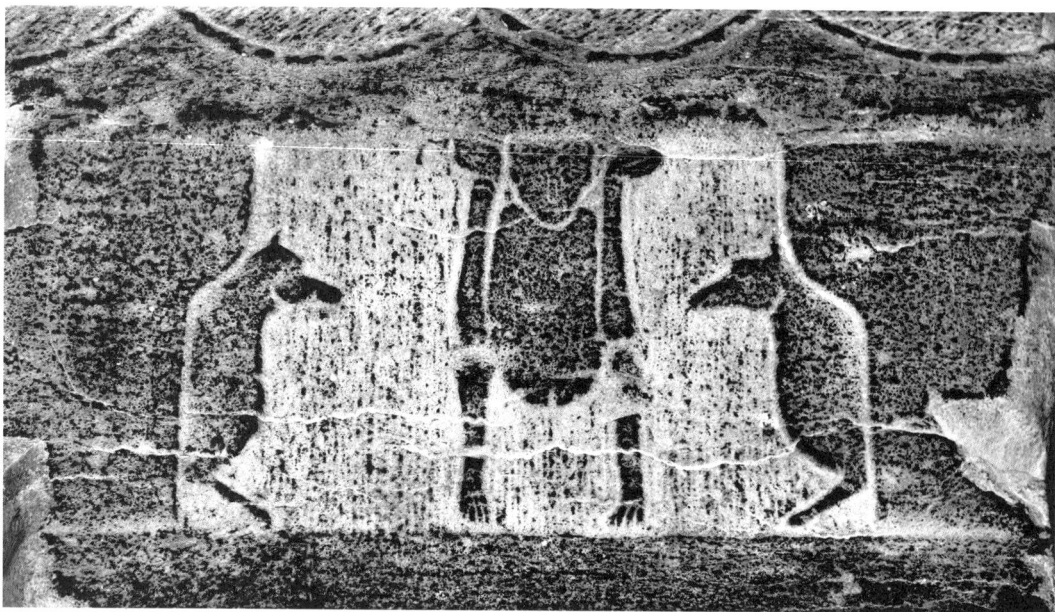

10、武氏西阙子阙栌斗西面画像

东汉桓帝建和元年（公元147年）

纵38厘米　上横55厘米　下横43厘米

清代乾隆五十一年（公元1786年）嘉祥武
宅山村北出土

嘉祥县武氏祠保管所藏

画像上部饰连弧纹，画像中部
有一蹲兽，两侧各有一兽显露半身。

11、武氏西阙正阙身东面画像

东汉桓帝建和元年（公元 147 年）

纵 208 厘米　横 70 厘米

清代乾隆五十一年（公元 1786 年）嘉祥县
武宅山村北出土

嘉祥县武氏祠保管所藏

画面四周边栏四重，内饰双菱纹、连弧纹。
画面分 3 层。上层，一人身蛇尾，拱手左向，
似为女娲，其身前下部有一鱼。中层，一龙
昂首上行，左刻隶书"武氏祠"三字，为后
人所作。下层，一人捧盾而立，为亭长，其
下一鱼。

12、武氏祠东阙

13、武氏东阙子阙身南面画像

东汉桓帝建和元年（公元 147 年）

纵 165 厘米　横 71 厘米

清代乾隆五十一年（公元 1786 年）嘉祥县
武宅山村北出土

嘉祥县武氏祠保管所藏

　　画面上、下、右三面边栏四重，内饰双
菱纹、连弧纹。画像分 3 层。第一层为 2 层
楼房，脊角上有猴。楼上二人端坐，两柱外
各一人捧物侍立。楼下系一马，马嘴下有食
料吊袋，马后一人，手理马尾，两柱外各一
人执戟侧立，为亭长。第二层，人物，两两
相对而立。第三层人物与上一层略同，右下
部残。

13-1、武氏东阙子阙身南面画像局部
楼阁·人物

13-2、武氏东阙子阙身南面画像局部
人物叙谈

13-3、武氏祠东阙子阙身南面画像局部
人物叙谈

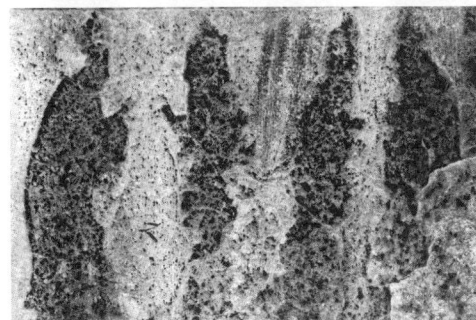

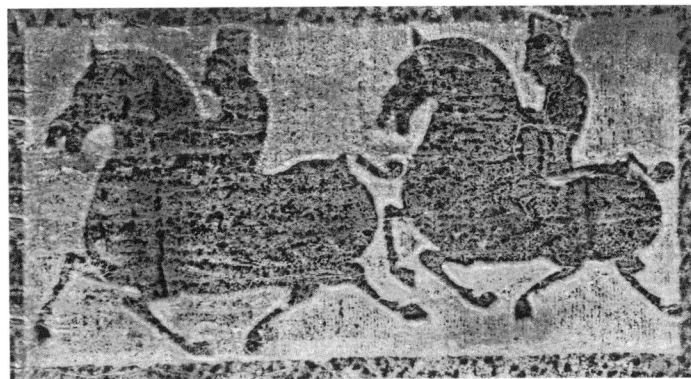

14-1、武氏祠东阙正阙身北面画像局部　二骑吏

14-2、武氏祠东阙正阙身北面画像
局部　铺首衔环

15、武氏祠东阙子阙身北面画像

东汉桓帝建和元年（公元147年）

纵208厘米　横118厘米

清代乾隆五十一年（公元1786年）嘉祥县

嘉祥县武氏祠保管所藏

画面分上、中、下三面边栏四重，内饰双菱纹、连弧纹。画像分3层，上层为2层楼房，脊上栖两凤鸟，有猴。柱外二人端坐，右侧还有朱雀。下层中间有一马，柱外右侧有人捧物上楼，左侧柱外为亭长，手执棨戟，第二层为周公辅成王故事，左侧为侍者，其右一童子，头上有华盖为成王，右侧二人一为侍者。第三层为车马出行。

15-1、武氏祠东阙子阙身
　　　北面画像
　　　楼阁·人物

15-2、武氏祠东阙子阙身
　　　北面画像局部
　　　周公辅成王

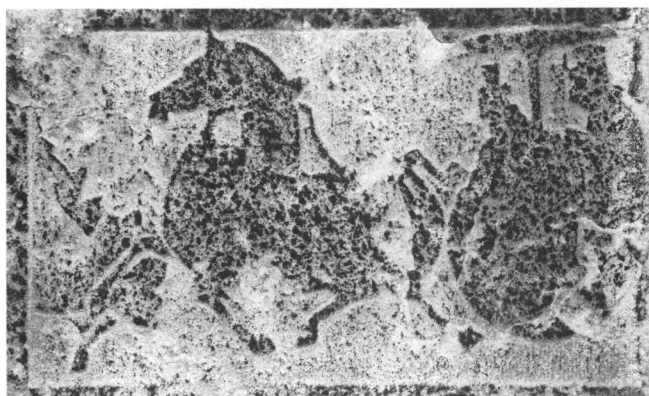

15-3、武氏祠东阙子阙身
　　　北面画像局部
　　　车马出行

16、武氏东阙子阙栌斗北面画像　双虎

　　东汉桓帝建和元年（公元 147 年）

　　纵 38 厘米　上横 78 厘米　下横 69 厘米

　　清代乾隆五十一年（公元 1786 年）嘉祥县
　　武宅山村北出土

　　嘉祥县武氏祠保管所藏

　　画面上部饰连弧纹，画像由中间及两侧的柱斗分为左右两格，格内均一虎，两虎相背，尾上翘，回头张口相对。

17、武氏祠东阙正阙身南面画像

　　东汉桓帝建和元年（公元 147 年）

　　纵 208 厘米　横 118 厘米

　　清代乾隆五十一年（公元 1786 年）嘉祥县
　　武宅山村北出土

　　嘉祥县武氏祠保管所藏

　　画面四周边栏五重，内饰连弧纹、双菱纹。画像分 5 层，第一层中间一人正面立；左右各一人拱手，一人执戟侧向中间者恭立。第二层，左边二人拱手相对立；中间一怪兽，三头人面。右一怪兽，八头人面，虎身蹲踞，《山海经·大荒东经》载："有神人八首，人面虎身，小尾，名曰天吴"，视此兽为水神天吴。第三层，右边人相对而立，左三人右向行。第四层，左四人右向拱手立，右边一人恭迎。第五层，导骑、轺车左向行。

17-1、武氏祠东阙正阙身南面画像局部　拜谒

17-2、武氏祠东阙正阙身南面画像局部　水神天吴

17-3、武氏祠东阙正阙身南面画像局部　拜谒

18、武氏祠东阙正阙炉斗
南面画像　虎

19、武氏东阙正阙身西面画像

东汉桓帝建和元年
（公元 147 年）

纵 208 厘米　横 70 厘米

清代乾隆五十一年（公元
1786 年）嘉祥县武宅山村
北出土

嘉祥县武氏祠保管所藏

画面四周边栏四重，内饰
双菱纹、连弧纹。画像上刻铺
首衔环；中刻人身蛇尾，戴冠
执矩的伏羲，其身上有后人隶
书题刻"武氏祠"三字；下部
画像残。

20、武氏东阙正阙身东面画像

东汉桓帝建和元年（公元147年）

纵165厘米　横71厘米

清代乾隆五十一（公元1786年）嘉祥县武宅山村北出土

嘉祥县武氏祠保管所藏

　　画面四周边栏二重，内饰连弧纹。画像分上下格，上格一人捧盾，正面立。下格一龙一虎，皆向上行。

21、武氏东阙子阙栌斗南面画像
鹿　熊　虎

东汉桓帝建和元年
（公元147年）

纵38厘米　上横78厘米
下横69厘米

清代乾隆五十一年（公元1786年）嘉祥县武宅山村北出土

嘉祥县武氏祠保管所藏

　　画面上部饰连弧纹。画像亦由柱斗分为两格。左格，一兽似虎，低头向右。右格，一鹿一熊，回首相对。

22、武氏祠阙铭文（局部）

23、武氏祠阙重檐

24、武氏祠阙楼部及阙顶

25、武氏祠阙附录

（1）武氏石阙铭诗： 翁方纲（清）

武氏一门著碑五，廉孝三世名相承。

四杨碑外孰与匹，杨则赝耳武可凭。

前惟府卿暨从事，后有长史金吾丞。

建和丁亥刻二者，是铭特以孝子称。

合之诸碑考行迹，独阙始公及景兴。

可作任城世系谱，开明之刻吾无征。

曰丞曰卿洪所辨，隶图隶续阙不胜。

吾尝拈出韦氏学，鲁诗训故儒林增。

金吾丞碑置孔庙，而此诸刻霾榛乃。

黄君同日搜剔得，从事画像争抄誊。

长史一碑极磨沥，赖此补述徽猷绳。

本为父铭铭及子，意在祖武垂昆仍。

自从鄱阳著录后，我今为尔题缣缯。

铭文书前空其后，金吾碑式侔亦应。

子姓官阀详与略，昂宵止仲撰未能。

金石之例或原委，顾吾于此常兢兢。

隶书沈厚亦可喜，更堕唐法斯足惩。

倪援建康郡斋例，买石取影勤挑灯。

（翁方纲《两汉金石记》卷十五）

（2）汉执金吾丞武荣碑碑额

（3）汉执金吾丞武荣碑

（4）清光绪武氏石室碑

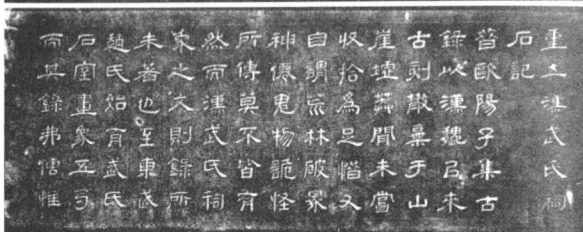

（5）重立汉武氏祠石记

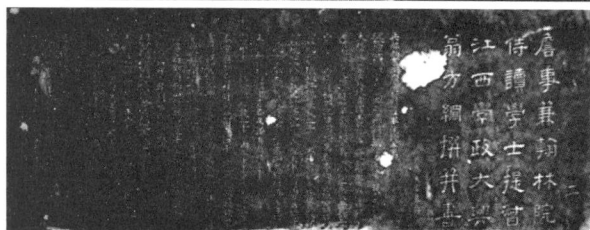

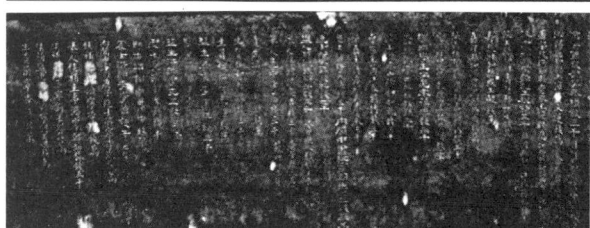

北

墓	祠	碑
墓	祠	碑
墓	祠	碑
墓	祠	碑

石狮　阙

石狮　阙　　　　神道

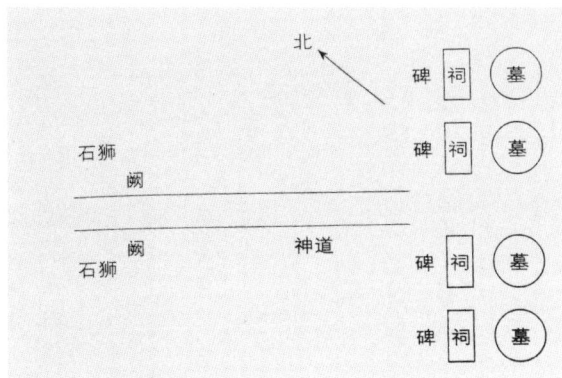

（6）武氏祠阙、石狮、碑、祠堂位置示意图

君諱榮字含和治魯詩經章句闕情傳講孝經論語漢書史記左氏國語
廣學甄微靡不貫綜久苻大學貌然高厲蟲於雙匹學優則仕為州書佐郎曹
史主簿督郵五官掾功曹守從事年卅六汝南蔡府君察舉孝廉○○郎中遷
執金吾丞遷本桓大憂屯守玄感哀悲惆如過害氣遺疾隕靈○○君
卹吳郡府卿之中子敦煌長史之次弟也廉孝相承亦世戴德不忝其辭○○
命○不竞台衡蓋觀德於始述行於終於是刊石勒銘垂示無窮其辭曰
武旌旗絳天雷震電擊熠赫然陵惟哮虎當遂股肱○師旅○勒屯守舊咸
大降雄旗才卓茂仰高鑽堅允文尤武內幹三署外○○師○○○○
降此○然癰于我君仁如不壽爵不副德仕不稱功咸震傷愴遠近哀同身沒
○○萬世諷誦

漢故從事武梁碑梁字綏宗掾體德忠孝岐嶷有異治韓詩經闕情傳講兼通
河雒諸子傳記廣學甄微窮綜典○○覽州郡請召辟疾不就安衡門之
隨樂朝聞之義誨人以道臨川不倦恥世雷同不閱權門年踰從心執節抱分
終始不貳彌涵益固大位不濟為眾所傷年七十四元嘉元年季夏三日遭疾
隕靈嗚呼哀哉嗟孝子仲章季立孝孫子僑躬修子道揭家所有選擇名石
南山之陽擢取妙好色無斑黃設雕堲後遂祠堂良匠衛改雕文刻畫羅列
成行攄騁技巧委蛇有章表示後嗣萬世不亡其辭曰慈德玄通幽以明兮隱
居靖處休曜章兮樂道忽榮垂蘭芳兮身殁名存○○○

（7）武梁碑铭抄本（沙畹，1913，第十三册）

153

敦煌長史武君諱班宇宣張昔殷王丁久伐鬼方元功章炳勳藏王府官族分析因以為○○○
建和元年.大歲在丁亥二月辛巳朔廿三日癸卯長史同○○○○○○○○

氏為武氏蓋其後也商周假毓歷世曠遠不隕其美漢興以來爵位相踵○朝忠臣君幼○顏
閒之樑質長敦辭夏之文學慈惠寬○孝友元妙苞羅術藝貫洞聖○博兼○○耽綜典籍○
思○純求福不回清聲美行闕形造近州郡之掌司古○領校秘觔研○少請以○歲舉○冀紫宮
詔除光顯王室有○與國帝庸嘉之掌司古○有司○舉君斑到官之日○幽微追昔劉向辨貴之徒比○
蠲矣時戎○匡正一○○朝廷惟憂○○有司○○瘑史士嗾虎之怒
薄伐○○○並百姓賴之郊域既寧久勞于外當遠本朝以叙左右以
永嘉元年○月○日遺疾不○哀○於是金鄉長河間高陽史恢等追惟昔日同歲郎
審感○為自古在昔先聖與仁○○興賢○人存生榮死哀是為萬年伊君遺德○
孔之珍故○石銘碑以雄明德焉其辭曰　　　　於惟武君先德允恭受天休
命稹社所鍾其在按提岐嶷發跡○守約惟誼是從李深凱風志潔羔羊樂是○怡此
○光孳孳臨川闓見○牆庶仰其首微妙玄通○然清邈升○為帝股肱扶
勗大和萬民攸蒙顯宗○史官書功昊天上帝降茲翰凶晚忽徂逝○○宮不享者耇
大命○百寮惟○后帝感傷學天夷師士女懷愴旗表金石令問不忘垂○後昆億載歎誦.
尚書丞沛國蕭曹芝○宣
成武令中山安憙曹种○
費令下邳良成徐崇○
故陳留所永昌國愛○
防東長齊國臨菑○
紀伯先書此碑
○辰祺宇伯省

（8）武王文王碑銘抄本（沙畹，1913，第十三册）

中国汉阙全集

（9）武氏祠画像"水陆攻战图"

（10）武氏祠画像
　　荆轲刺秦画像
　　及线描图

右武梁祠堂畫記自伏戲至于夏桀齊公至于泰王
管仲至于李善及萊子母秋胡妻長婦兒後母于義
漿羊公之題合七十六人其名曰氏磨滅與初無題識
者又八十六人得之括蒼梁李珩始予聞建康寫容
有此碑等託連師方移德訪之未至而書巳成方亦
刻之郡齊地遠歲久殆將亂真也
右碑圖下卷范史趙岐傳云岐自為壽藏圖季札
子產晏嬰對向四像居賓位自畫其傢居主位皆
為讚頌以獻帝建安六年卒冢在荊州古鄡城中
漢人圖畫於壙墓間見之史冊者如此水經所載

蕪績 八卷第六
十五

則有魯恭李剛所傳則有朱浮武梁此卷雖
其體而微可使家至而人皆見之畫繪之事莫古
於此也曾峻即

蕪繪卷第六

（11）洪适《隶释》卷六中刊登的武氏祠、阙、墓地出土之连理树

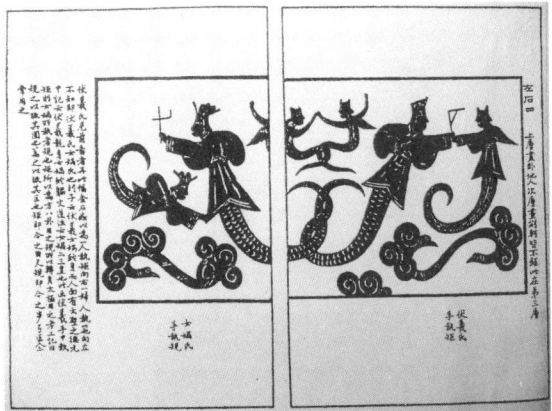

（12）《金石索》和《石索》刊登武氏祠、
阙、墓地出土之伏羲女娲画像

（13）武氏祠画像　泗水捞鼎

（14）武氏祠画像　孔子见老子

（15）"武氏石室"碑

　　武氏石室碑，长方形，高53厘米，宽111.5厘米，厚13厘米。原为清
代修建的武氏石刻保护室的门额，上刻楷书"武氏石室"，现存武氏祠阙室内。
为光绪六年三月知嘉祥县事长兴丁敬书重修。

二、山东莒南县孙氏阙

　　1965年春，在莒南县北部东兰墩村出土，有顶二石，阙身一石，其左侧刻有"元和二年正月六日孙仲阳□升父物故行□□礼□作石阙贾直万五千"铭文。阙身三侧均刻有画像。正面浮雕，减地凸起，平面四周有栏边，环为三层，自上下分成四栏。第一栏可分为四组：第一组在最上，左上角两人，前后均右向盘坐，右侧一人匍匐在地，仰首面对左边两人。第二组左边两人，中隔一杵，相对跪揖，右侧一人倒竖。第三组左侧和中部刻一四脚兽，三长颈似三人首，长尾之上亦似坐有三人，背上有一头三身之鱼，右侧尾下有一龟，头向上伸。第四组系左右两人作对击状。第二栏内，刻两骑士先后均左向而行。第三栏内，左侧两人，前后盘坐，前下方有一琴，前者似作鼓琴状，后者似打击乐器，右侧跪一人扬袖而舞。第四栏内，右两男，左两女，各跪立对揖。

　　阙身右侧浮雕分上中下三栏，第一栏刻长尾四脚兽，头向上身侧立。第二栏为穿璧纹。第三栏为人首蛇身像。从石阙铭文及发现情形看，为孙氏墓前的墓道阙，侧倒后有意识埋藏起来的。可能就是孙仲阳为其父所建的墓道双阙之西阙。其建筑形式为一座梯形阙身，方形双檐屋顶单阙。此阙原藏于莒县文物管理所，现已调至山东省博物馆陈列。

1、孙氏阙画像

东汉章帝元和二年（公元 85 年）

纵 180 厘米　横 52～70 厘米　侧横 18 厘米

1965 年 2 月莒南县北园镇东兰墩村出土

山东省博物馆藏

　　孙氏阙画像分为四格，第一格内有拜谒、叙谈、三鱼共头、三头三尾的野兽，龟和双人舞；第二格二骑吏；第三格为乐舞；第四格为四人在叙谈。

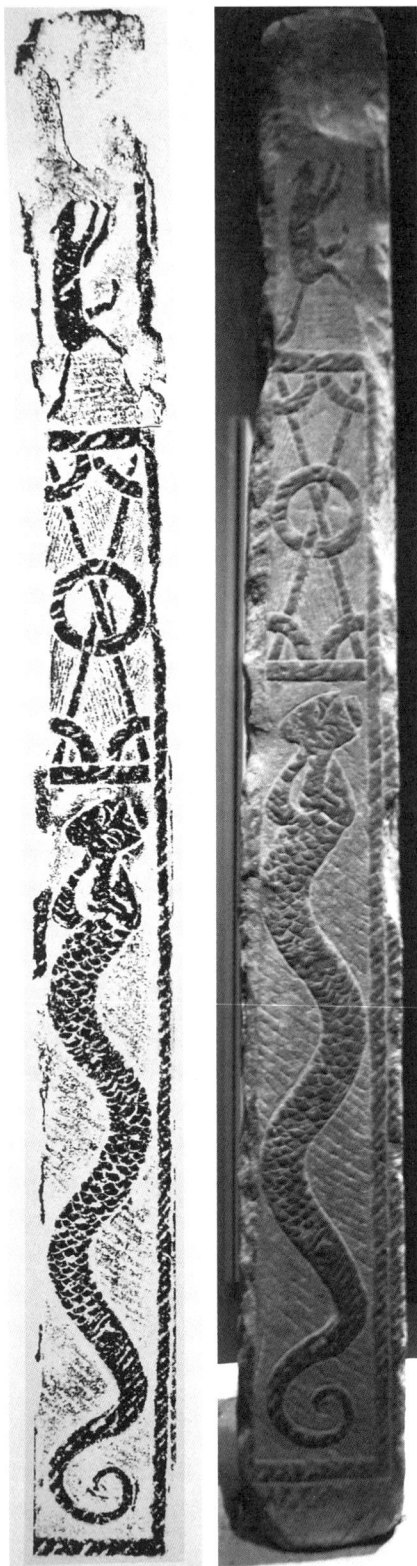

中国
汉阙
全集

2、孙氏阙右侧画像

　　右侧面下部刻有一蛇状之兽，捧
一人头，中部刻十字穿圆，上部刻一
长尾野兽。

3、孙氏阙左侧铭文

　　左侧可有铭文，竖排一行，释文：元和
二年正月六日孙仲阳□升父物故行□□礼□
作石阙贾直万五千。

4、孙氏阙拜谒、三鱼共一头、鳖

5、孙氏阙骑吏

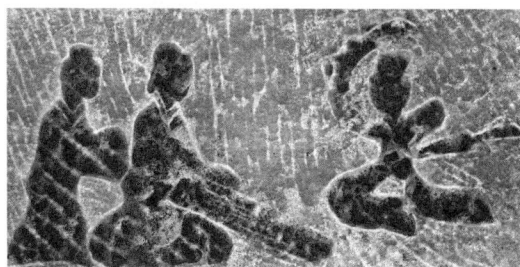

6、孙氏阙乐舞

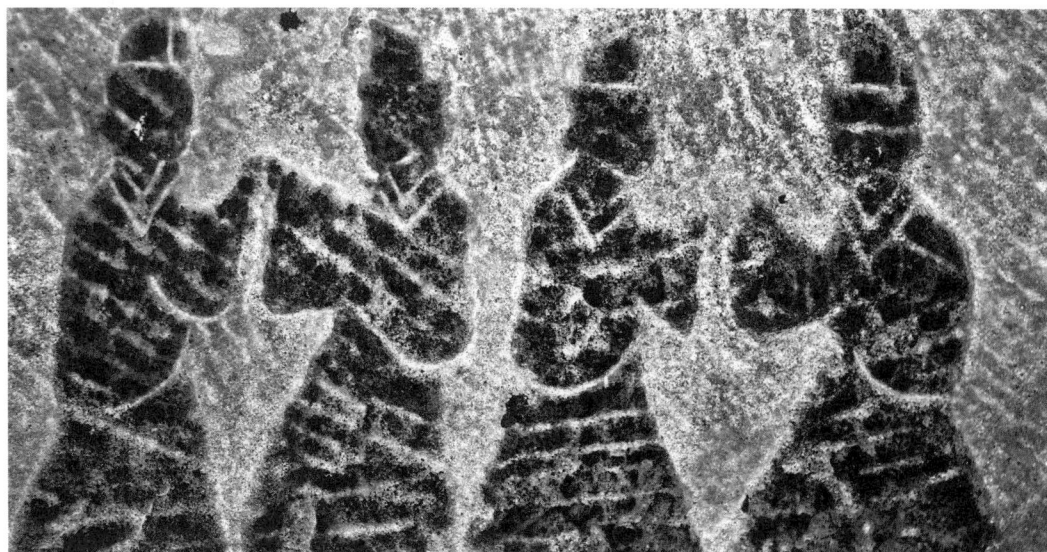

7、孙氏阙叙谈

三、山东平邑县功曹阙

东汉章帝章和元年（公元 87 年）

纵 150 厘米　横 69 厘米

1932 年由平邑镇八埠顶迁移至平邑镇小学

2001 年迁入平邑县博物馆

平邑县文物管理所藏

原位于平邑城北八埠顶，今平邑县通用机械厂东南角。清光绪二十二年《重修费县志》载：功曹阙"在元和石阙（皇圣卿阙）之南微西约百步，相传亦东西二石对峙，今只存西石"。功曹，汉代官名，当时郡设功曹吏，县设功曹。"南武阳功曹"即南武阳县吏，可惜无具体姓名，该阙是 1932 年由平邑公学校校长米士民将该阙和皇圣卿阙一道，由原址迁至平邑县文化馆。现三石南北排列成"一"字形，方向皆西南，功曹阙位南，皇圣卿阙东阙据北，皇圣卿阙西阙居中。

左前为功曹阙

功曹阙，由4层灰青石筑成，分阙基、阙身、斗栱、阙顶四部分构成，通高210厘米。画面四周边栏两重，画像上下分为4层。

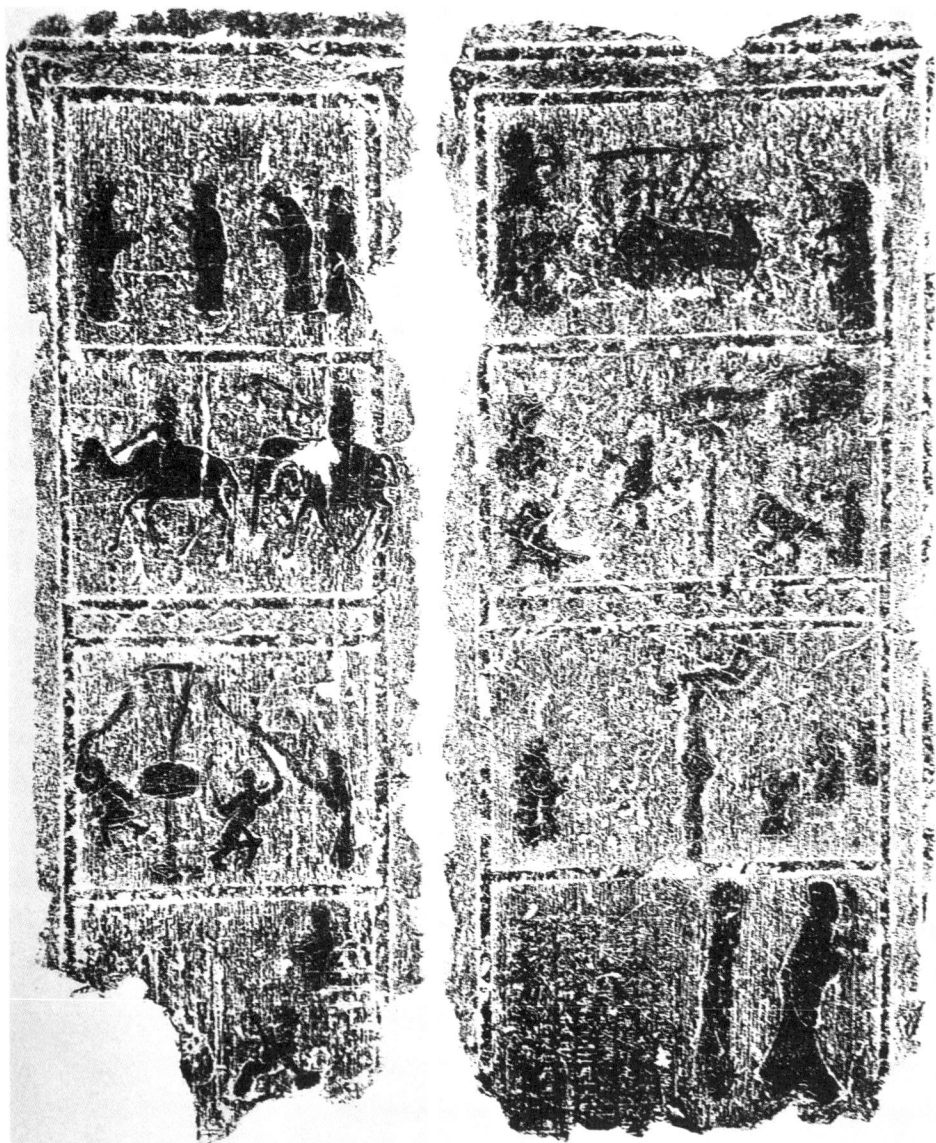

功曹阙西、南面画像

1、功曹阙南面：第一格，中间刻一马驾一轺车向右行驶，上乘二人，车前有一人执长器，面左站立，左上一人，体形较小，面右援弓。第三格，杂技场面。第四格，右端一人着冠服，执戟面右站立，后有一人。左侧刻铭文，隶书可识者为："故南武阳功曹乡啬夫……文学橡平邑／卿之门卿……困苦天下相惑……三……观朝廷……考德成……章和元年二月十六日……文学……伯……"。

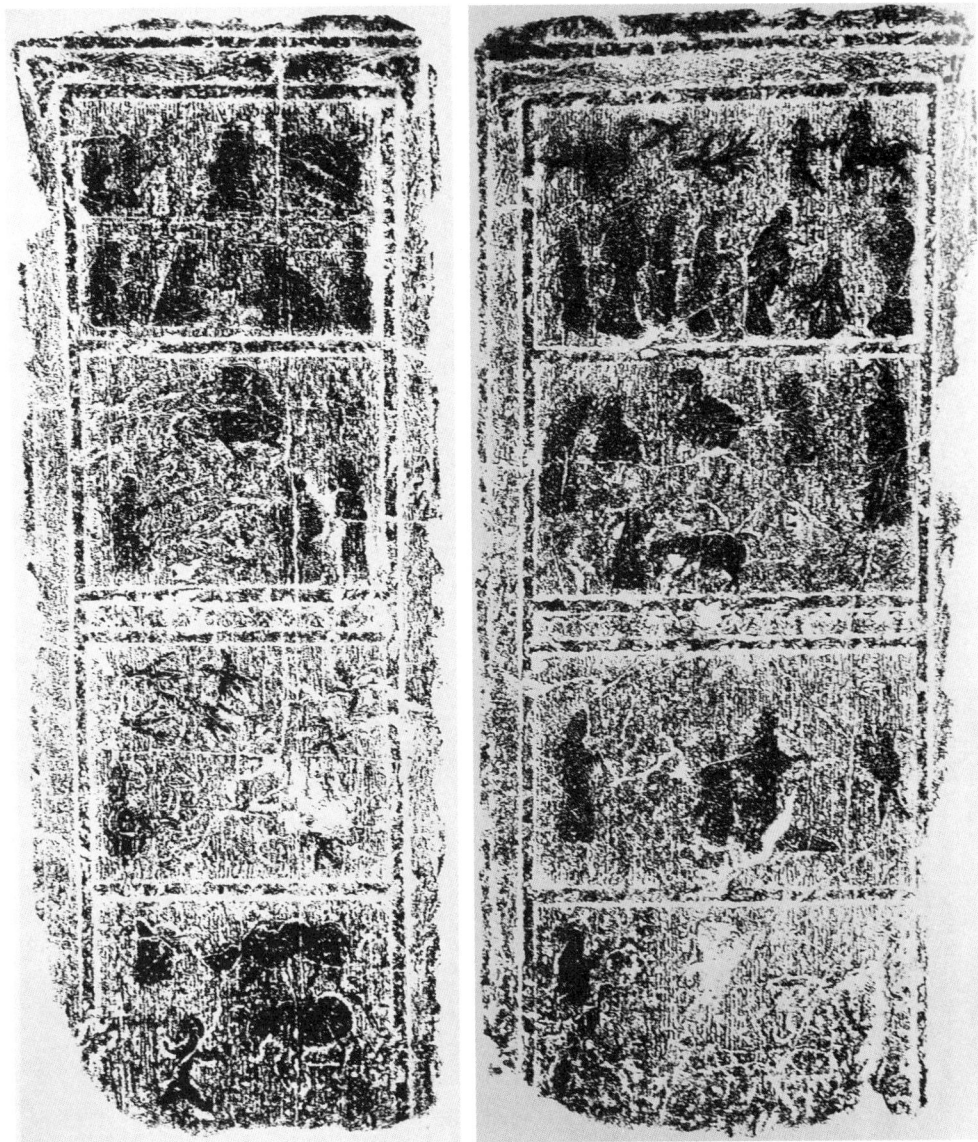

功曹阙东、北面画像

2、功曹阙西面：第一格，左边二人着冠服，执物相向而立，右边跟有二人，执物侧立。第二格，左边一人骑骆驼向左行走，后边一人骑象执钩。第三格，为击鼓场面，中间有一建鼓，置华盖，原座，左右二人执桴作击鼓状。右边一人着长服，两手执器，似在伴奏。第四格，升鼎图，画面左下方残缺，中间立有一柱，绳贯柱顶，下有二人用力拽绳，右上方有一人观看。应是"泗水捞鼎"。

3、功曹阙北面：第一格，画面分为上下两层，上层刻朱雀、飞鸟、羽人、神兽。下层刻孔子见老子故事。右端老子，着冠服侧立，其左身材矮小者为项橐，再左一人拱手躬立，应为孔子，其后跟随四名弟子。

4、功曹阙东面：画像风化严重，不易辨认。画面四周边栏两重，内饰菱形纹。画面上下分五层。第一、二层皆刻人物、拜偈。第三层，刻三人一兽。第四层，刻七飞鸟，一人右向似射鸟。第五层，刻二象奴和两个大象左向行。

5、功曹阙楼部

6、功曹阙斗栱

7、功曹阙顶部

8、功曹阙瓦檐

9、功曹阙拜谒

四、山东平邑县皇圣卿阙

原位于平邑城北八埠顶，今平邑县通用机械厂东南角。清光绪二十二年《重修费县志》载：皇圣卿阙"在平邑八埠顶，东西二石对峙"。八埠顶系平邑老城北面的小岭，因岭上有九个圆形小顶，中央一个略大，所以又称九鼎莲花山，八埠顶曾发现大量的汉代石椁墓，著名的西汉漉孝禹墓碑（公元前26年）就是在其南出土的。皇圣卿阙和功曹阙系墓前石建筑。根据阙身铭文记载，皇圣卿阙建于东汉元和二年（公元86年），墓主人为"南武阳平邑皇圣卿"。南武阳，县名，治所在今平邑县城北约10公里，仲村镇南，北昌乐庄之间。皇圣卿为人名，其事迹无可考。此阙是1932年由平邑公学校校长米士民主持迁至平邑县文化馆。皇圣卿阙东西两座形制相同。

1、皇圣卿东阙南面画像

第一格，刻伏羲、女娲。画面中间一人戴冠着宽袖大服端坐，双手拥抱着伏羲女娲，伏羲执矩，女娲执规，俱人头蛇身，右边刻一展翅欲飞的朱雀，左边刻一玄武。第二格，出行图。刻两辆单马拉挽的辎车向左行驶，前面的车较大，应为主车。第三格，为车马出行场面。刻一辆一马拉挽的辎车，向左行驶，前面二导骑开路。第四格，为乐舞场面。左边一人着短袖紧身衣倒立，其右一人跳长袖舞，中间坐有三人，一人吹排箫，一人抚琴，一人右手举起，所执之器不可辨，右边一人执器跪坐。第五格，为迎宾场面。四人均面左，左边一人执物躬立，后跟三人执盾和长柄武器。

2、皇圣卿东阙西面画像

第一格，刻人物故事，左边一人，戴着长服面右站立，榜题"信夫"。右边一人体型较小，着紧身短衣，右手举起，做逃避状，榜题"孺子"。第二格，刻三人，俱戴冠着长服。左边一人面右站立，右手上举，右边二人面左站立，也均一手上举，与左边站立者做交谈状。第三格，刻武士三人，俱穿甲带胄，手执兵器侧身站立，中立者右手上举。第四格，为击鼓图。中间有一建鼓，羽葆虎座，鼓两侧各有一人着短衣，双手执桴做击鼓状。第五格，中间刻一大树，树下左侧拴有一马，右侧有一人面左站立。

中国
汉阙
全集

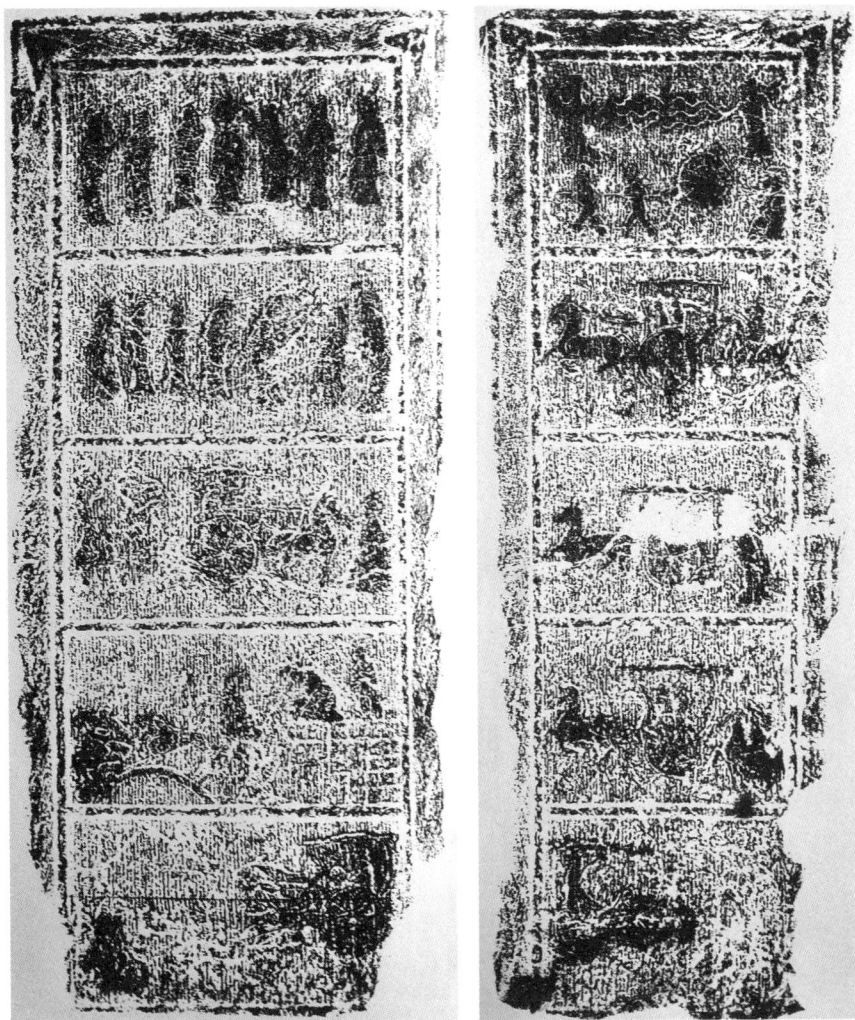

皇圣卿东阙东面
和北面画像

3、皇圣卿东阙北面画像

第一格，刻人物故事，中间一人形体较小，着冠服正面站立。左边三人面右躬立，左一、左三两人着戴胄，最右边二人着冠服相向而立，做交谈状。右起第三人着长服，面左执物躬立。此为周公辅成王。第二格，刻人物故事。画面漫漶，可辨出左边四人面右躬立做拜见状，右边一人面左站立，后跟一人。此为孔子见老子。第三格，出行图。一辆单

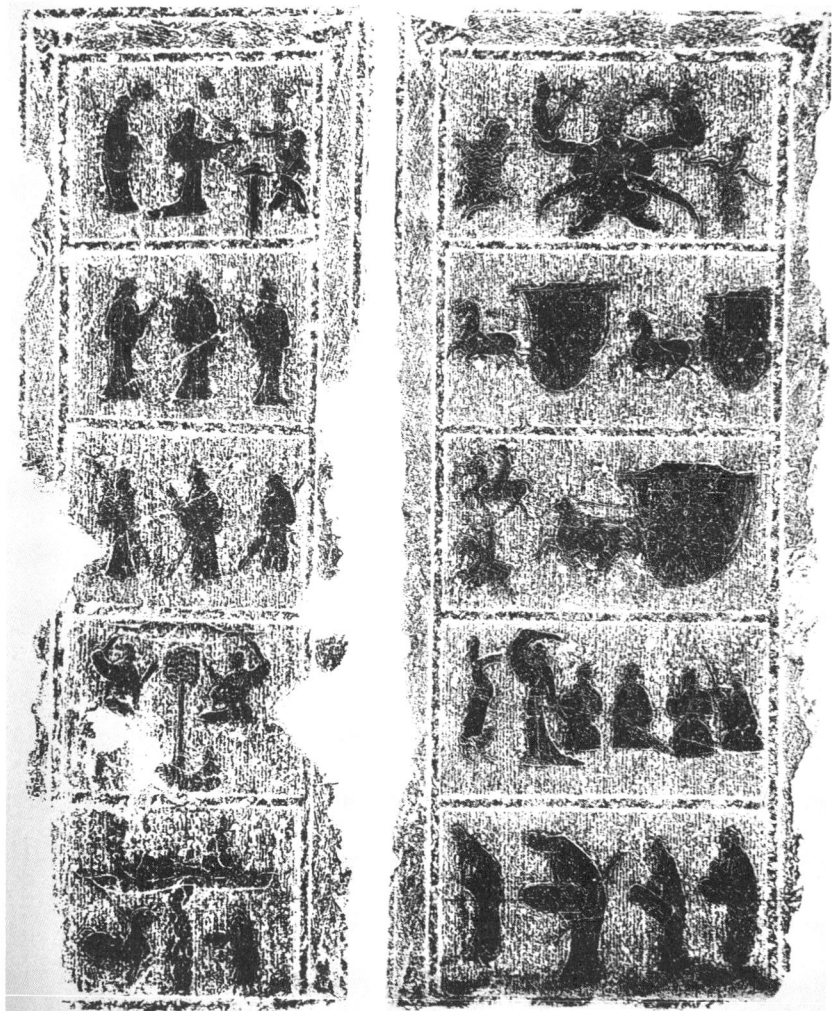

皇圣卿阙东阙西面和南
面画像

马拉挽的辎车向右行驶，车前有一人迎候，车后画像漫漶不清。第四格，刻泗水捞鼎故事。左下有一拱形格，桥上二人做后仰跌倒状，右上方有二人似在观看。第五格，出行图。画面漫漶不清，可辨认出右边有一辎车。

4、皇圣卿东阙东面画像

第一格，画面分上下两层，上层二人面左拉丝。下层左边有二人着短衣行走，中间有一纺车，右边一人跪坐，似在纺丝。第二格，出行图。刻一马驾一辎车向左行驶，上乘二人，前为驭车者，后为主人，车后有一骑从。第三格，

出行图。刻一马驾一辎车向左行驶，后有一人躬身相送。第四格，画像与第二、五格相同。

5、皇圣卿西阙南面画像

第一格，人物搏击。中间四人着长服，每二人相向而立，两手一上一下做搏击状，左右两端各有一人袖手而立，似为侍者。第二格，为胡汉交兵图。右边四人戴尖顶帽，着武士装，手执旗帜向左行走；中间一人端坐，两手执兵器，往左侧看，左端人像模糊。第三格，捉鸟图。左边一人面右站立，手执三绳，绳端系鸟；中间似乎一人跪伏于地，右边是

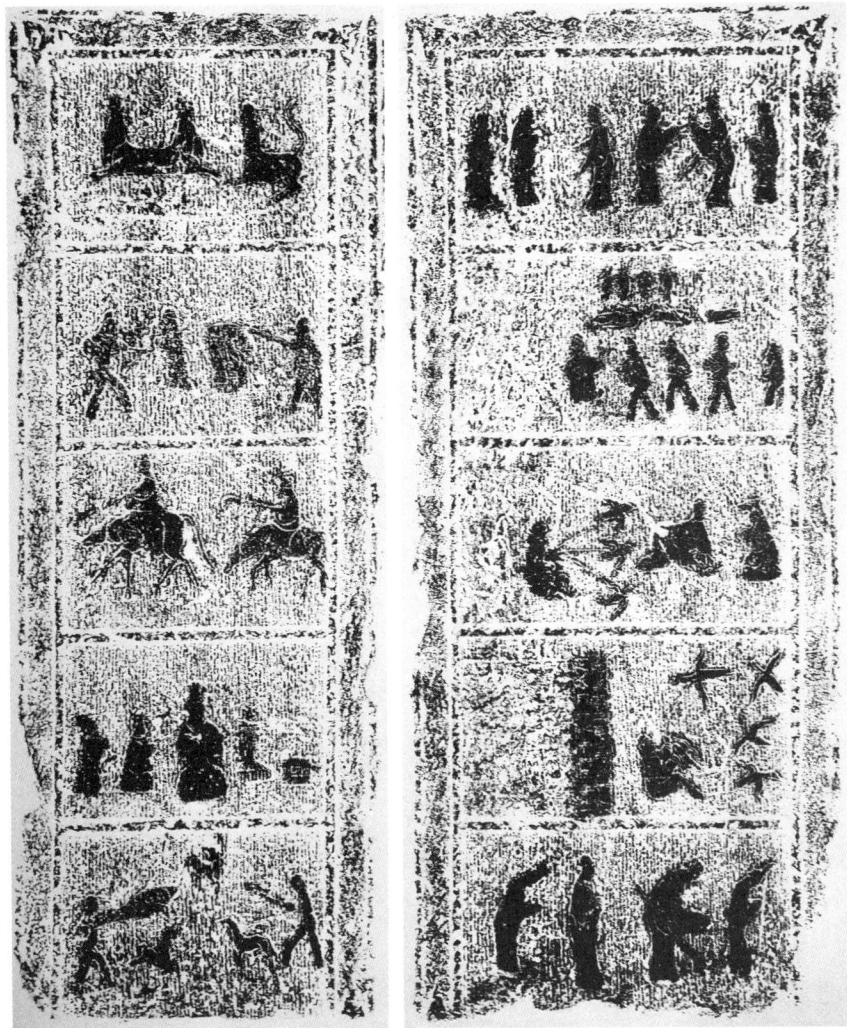

皇圣卿阙西阙西面和
南面画像

一兽首人身的怪物袖手跪坐。第四格，弋射图。右边有飞鸿四只，其下坐一人，援弓射之，左侧刻有铭文，隶书，字径约1寸，竖写约八、九行，首行有"南武阳平邑皇圣卿冢"九字。次行"之大门卿以元和三年□"，以后各行字迹模糊难辨。第五格，为迎宾图。左边一人执物躬身右迎，中间一人直立，形体丰满，似为主人。其前有二人躬身右迎。

首的怪物。第二格，刻胡兵像。四人戴尖顶帽，着武士服，每两人相向而立，执器搏击。第三格，出行图。二人执钩骑兽左行，两兽非牛马骆驼，不知为何物。第四格，中间有一人着冠服端坐，其左二人面右跪坐，右边画像漫漶不清，第五格，为狩猎场面。右边一人着短衣，执梃左行，前有一犬。左边一人执竿右赶，竿下有一奔跑的小兽。

6、皇圣卿西阙西面画像

第一格，右边刻一人首兽身的怪物，长尾高翘，向左奔走。左边刻一兽身两端为人

7、皇圣卿西阙东面画像

第一格，中间一人端坐，左右各有二人跪拜。第三格，出行图。一马驾一轺车向右

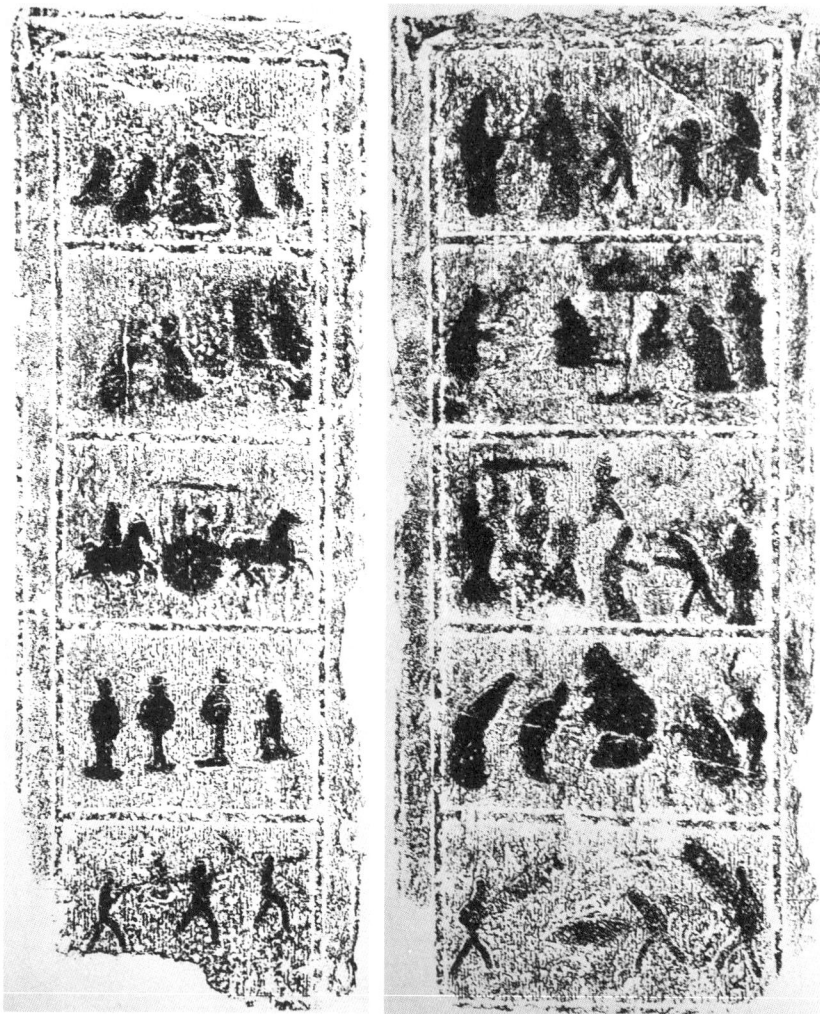

皇圣卿阙西阙东面和
北面画像

行驶，上乘二人，车后跟一骑吏。第四格，
刻有四人，均着曳地宽袖长服，左边二人似
在交谈。第五格，抬兽图。右边一人扛长器
行走，后跟二人，抬有一兽。

在缸前洗刷或和面，另一人左向立。第四格，
右一人左向跪坐，其后立一侍者和一跪者，
其前二人恭揖。第五层，狩猎图：刻三人执
竿扑兔。

8、皇圣卿西阙北面画像

第一格，左二人对揖，右三人左向行。
第二格，左一屋内一人右向跪坐，其前一人
跪拜，一人立；屋左二人对拜。第三格，刻
庖厨图：左上横梁上悬挂猪腿、鸡等，其右
一人右向行；左下一人烧窿蒸饭，右下二人

皇圣卿阙西阙局部二人骑兽

皇圣卿阙楼部

皇圣卿阙斗栱

皇圣卿阙斗栱及圆圈纹

五、山东泰安市师旷墓无铭阙

师旷，名旷字子野，春秋后期的宫廷音乐家，《新泰县志》"新泰县治东北二十里许，南师店有先贤师旷墓……考诸传志：师字子野，鲁平阳人，为晋乐师，后为平公少傅……著《禽经》行于世，祀乡贤"。师旷墓位于山东省泰安市新泰市青云街道南师店村，面积约 2500 平方米。现存封土墓一座，高约 2 米，直径约 5 米，墓前原有东汉石阙，石阙呈方柱形，由阙基、阙身、阙顶三部分组成，阙高 268 厘米，宽 67 厘米，底座宽 92 厘米，阙顶现为两层石块重叠，下层阙顶略小，每层阙顶均雕刻瓦垄；阙身为一四方形长条柱形，四周采用线刻雕饰，纹饰画像分为四层，最上层为穿壁纹，下三层饰车马出行、人物等，这是两汉时期画像石上经常出现的纹饰图案，最底层风化残缺较为严重，部分纹饰隐约可见；阙身有贯穿裂纹，暂用两副铁条紧箍，以防裂纹进一步扩大。阙基呈伏斗状。

鲁迅在收藏的三百多幅汉画像石拓片中，其中就有师旷墓阙拓片。其《丙辰日记》中提及的"师旷墓画像四枚"即是此。

此阙现藏泰安市博物馆（岱庙）。

泰安师旷墓阙保存现状

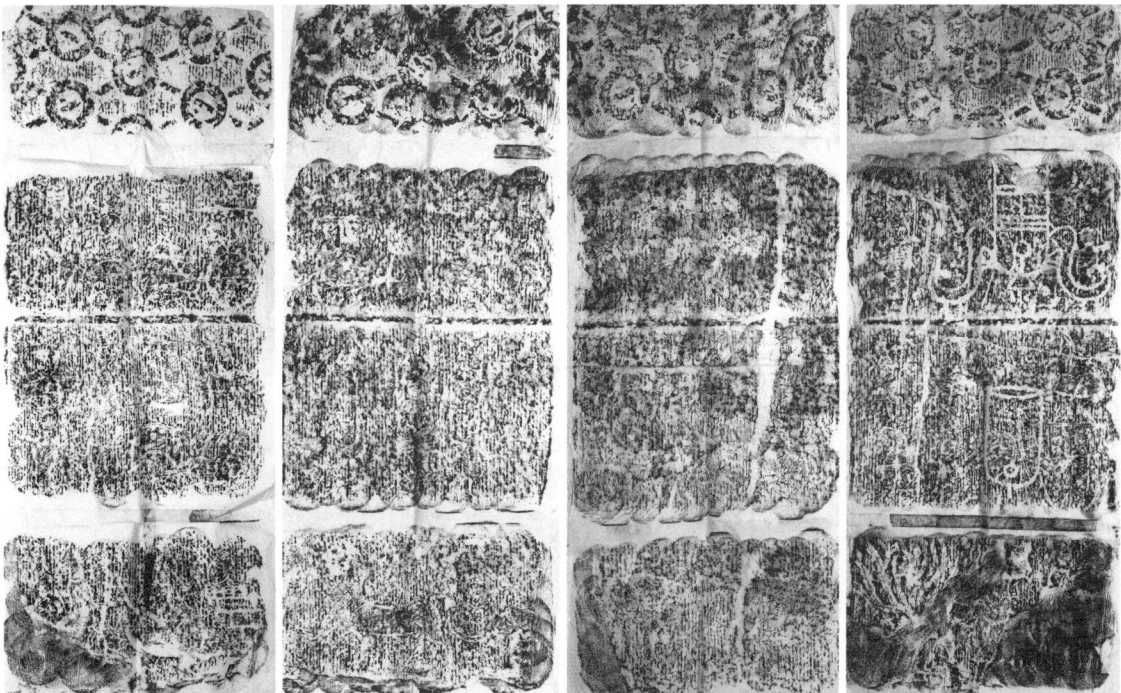

泰安师旷墓阙纹饰图案

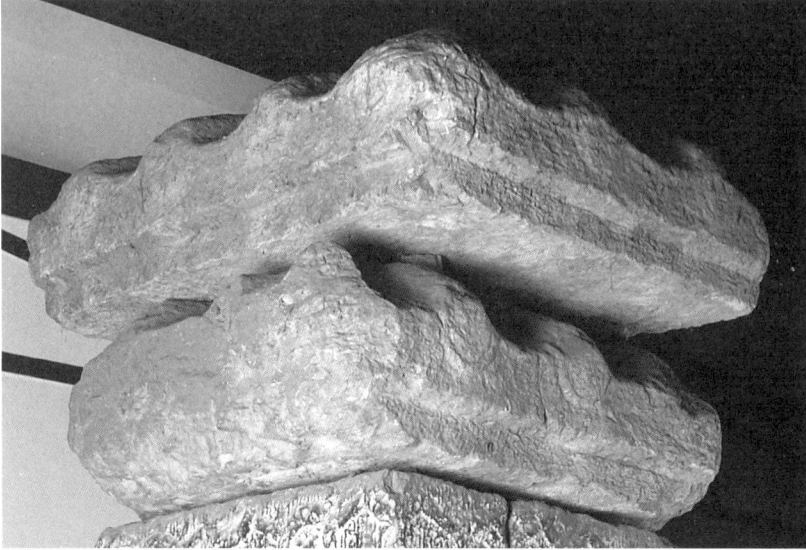

师旷墓阙　阙顶

师旷墓阙　穿壁纹

师旷墓阙　人物与鸟

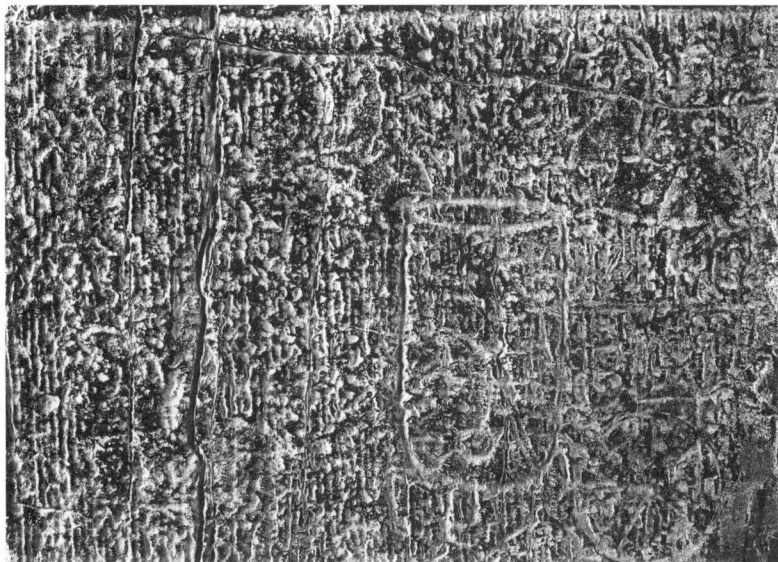

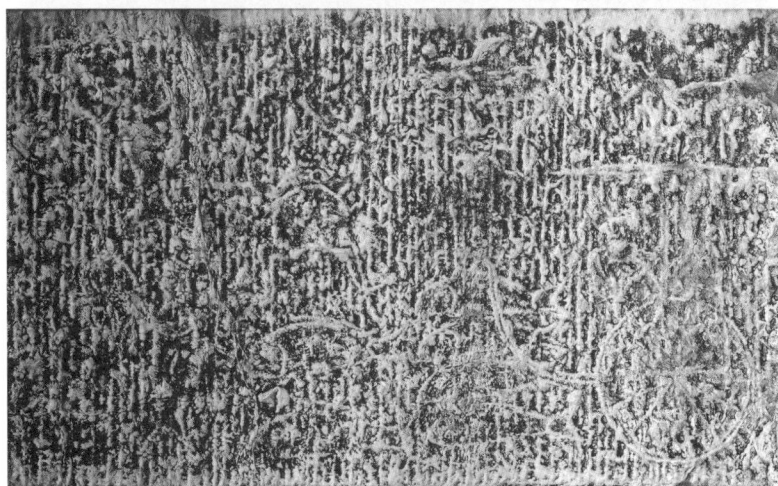

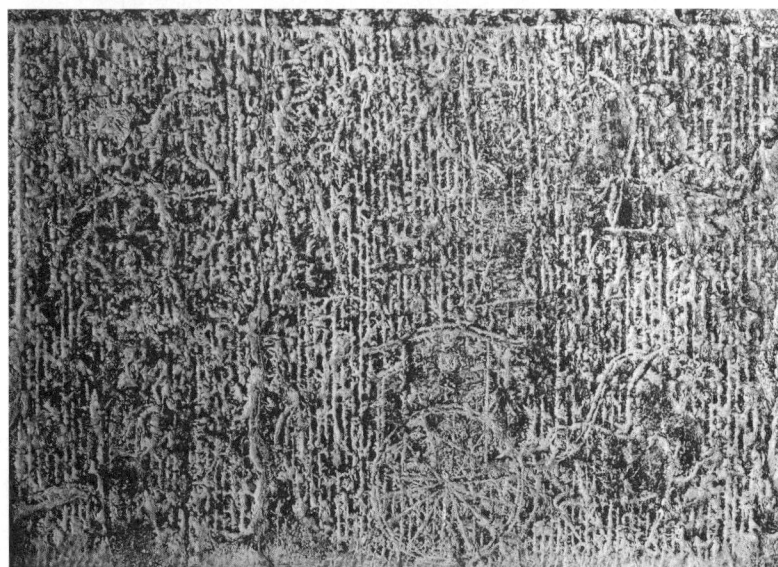

师旷墓阙 车马出行图

六、河南登封市少室阙

少室阙外景及建筑

少室阙是登封少室山庙的神道阙，位于少室东麓，北临少林河谷，面对太室山，阙东南1公里即十里铺村。据《汉书·地理志》记载，少室山庙和泰室山庙同建于汉武帝时。汉安帝时少室山庙应建在少室阙中轴线的后面。1964年对庙址进行勘查，在阙后220米的中轴线上发现了汉代遗址，遗址表面散布着许多纹砖、筒瓦、板瓦等。采集到花纹方砖。这处遗址可能就是少室山庙的旧址。唐代杨炯对少室山庙进行修葺，并立碑记述其事。元代杨奂游中岳时，曾在少室山庙即兴赋诗："路旁双阙老，蔓草入荒祠；时见山家女，烧香乞茧丝。"说明元代时少室山庙虽存，但已荒废，附近的蚕农还不断到这里祈求蚕茧的丰收。自唐代起，少室山庙俗称少姨庙，"其神夫人像，故老相传，启母涂山之妹也"。元代时又把"少姨"误作蚕神嫘祖来奉祀。

明代初年，少室山庙坍毁不存。

少室阙建造的年代，因阙铭残缺，仅存"三月三日"四字，已不知其详，但少室阙题名中有"丞薛政、五官掾阴林、户曹史夏效、长冯宝、丞翼秘俊、廷掾赵穆、户曹史张诗、将作掾严寿"等，和启母阙题名中的官职姓名相同，而启母阙和泰室阙又都有颍川太守朱宠的题名，因此，少室阙的建造年代应和泰室阙相去未远，都应是在朱宠任颍川太守时所建。另外，泰室阙严寿题名前冠有"乡三老"，到延光二年建启母阙是已擢为"将作掾"，而少室阙和启母阙均有"将作掾严寿"题名，加之少室阙画像的特点和阙铭的风格，又与启母阙完全相同，似可证明少室阙和启母阙为同时建造，即在汉安帝延光二年前后。

少室阙较完整，东西两阙结构基本相同，东阙通高336厘米，西阙通高375厘米，两阙间距760厘米。

少室西阙：阙基两层石板，阙身由十层石材组成，高299厘米。阙顶，用三块巨石，雕作四阿顶，顶上有瓦垅，垂脊，四边雕柿蒂纹瓦当和板瓦。少室阙东阙南面，第一层左上部为套环，下部格有四只鸟，中格雄、雌鸟正踩蛋。第二层为圆点纹。第三层左侧，中刻一铺首，两侧各雕鹳鸟立于鱼身，用长嘴啄鱼。右侧中间一鸱鸮，昂首站立，左为一兔跃进奔跑，右为一羽人。第四层右侧，中为一羊头，巨角弯曲，左为一虎，昂首翘尾，

张开大口。右刻一龙，已风化。第五层左侧，刻四人均戴进贤冠，身着长衣。左一人似为主人，正迎接三个来客，均双手执牍，似为偈见场面。中一人缩双髻，扬袖跃起踢球，左右各有二人跪坐观看。右侧，一人跃起以足踢球；右一人着衣束腰坐榻上，手执一枰，似在击鼓，左一人跪坐。第六层，中间画一常青树，左虎右龙，皆昂首扬尾，面向常青树。右侧，两匹骏马，腾空奔驰，前马上一女伎，跳长袖舞。少室东阙东面：第一层，上部为套环图案，下部分五格，一格为鹳鸟立于鱼

少室东阙

少室西阙

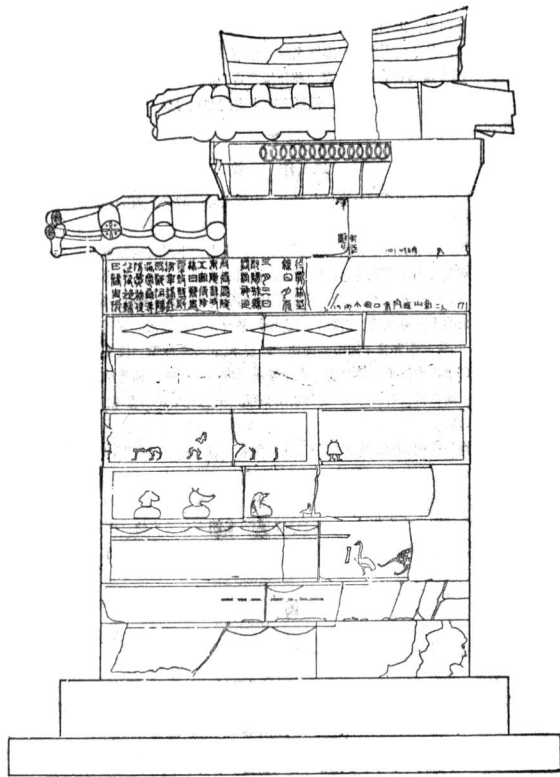

少室西阙南面线描图

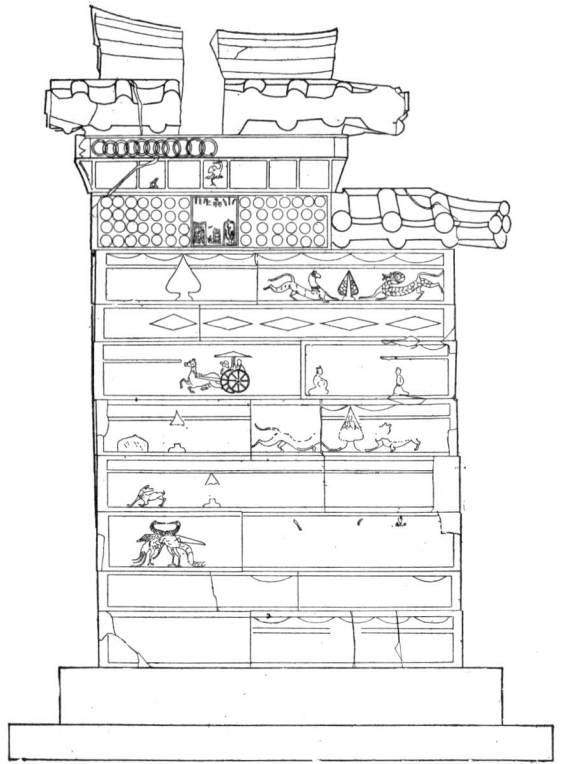

少室西阙北面线描图

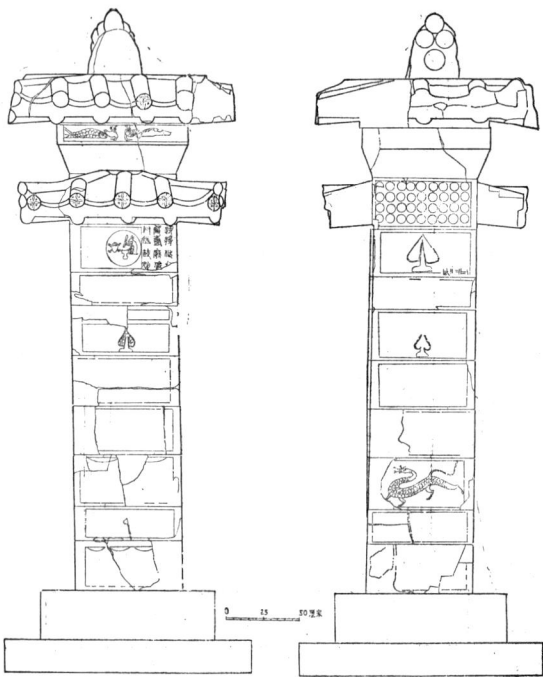

少室西阙西面、东面线描图

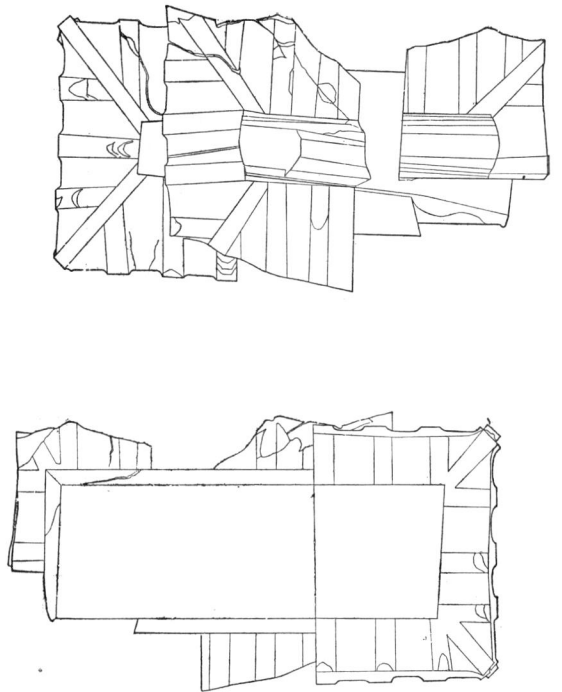

少室西阙俯视图、仰视线描图

身，另一格鹳鸟叼鱼。第三层为犬追野兔。第五层为二人跪坐。第六层一人立于马背上。第七层画面为一龙，作回首反倾。

少室东阙北面，第二层，为圆点图案。第三层左侧，二猎者一前一后，骑马奔驰，追逐一鹿。前者回首发矢，正中鹿颈；后者引弓欲射。左侧有清人题刻"同治九年十一月，白德林偕"等。右侧一赤膊者右手牵一马，左手持一带钩长竿，伸向垂鼻站立的大象，似为驯象画像。第四层，左侧刻一马驾一轺车，华盖下乘坐二人，前为驭手，后为主人。车前有一人骑马引路，后面有一骑者紧紧跟随，此为车马出行。右侧刻江孟等十二人题名。第五层，左侧二人之间置一盘，盘内有耳杯，二人席地而坐，拱手劝饮，右侧一人较小，似为侍者。此为饮宴图。中和右侧，刻七人，似为进谒图。第六层左侧，二梅花鹿，相互追逐。右侧二雄鸡引颈怒目，正进行一场决斗。一猛虎从左侧奔来，张口扬尾，欲扑二鸡。第七层，左侧前面二人骑马疾驰，

后一人捎棨戟随行。第八层，左侧刻二凤凰，昂首翘尾，相对欲舞。少室东阙西面：第一层上部为一巨龙，下部格中有两格内刻有飞燕。第三层，二鹳鸟各叼一尾小鱼，喂哺幼鹳。第五层刻三人为偈见。第六、八层均刻一常青树。

少室西阙南面：第一层上部为套环图案。第二、三层刻少室阙阙铭。少室西阙东面：第二层刻圆点纹图案。第三层刻长青树。第八层刻一龙。少室西阙北面：第一层上部为套环图案，下部七格，其中一格内一鸟。第二层，中部刻篆书"少室神道之阙"六字，两侧为圆点纹图案。第三层左侧刻常青树，右侧中雕一常青树，左右分别为一龙一虎相向而奔。第五层左侧雕一马驾一轺车。第八层左侧，雕二鸟高足长尾。各有一翼，并体而立，似为比翼鸟。少室西阙西面：第三层画面为一月轮，月中一兔，持杵捣药，旁有蟾蜍，右侧刻阙铭三行："诗将作掾严寿庙佐向孟赵始"。

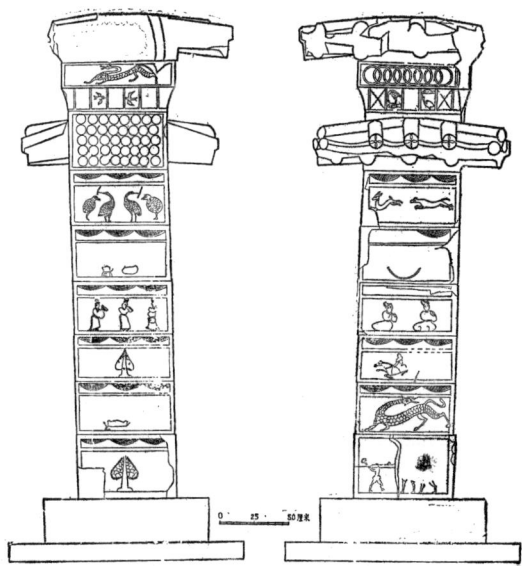

少室东阙西面、东面线描图

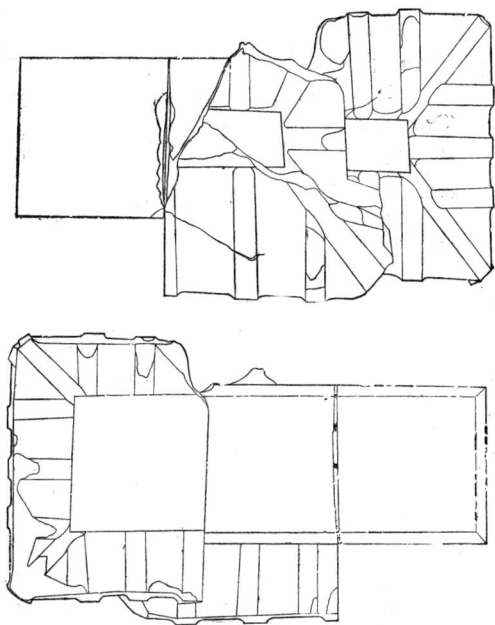

少室东阙俯视图、仰视线描图

少室东阙南面线描图

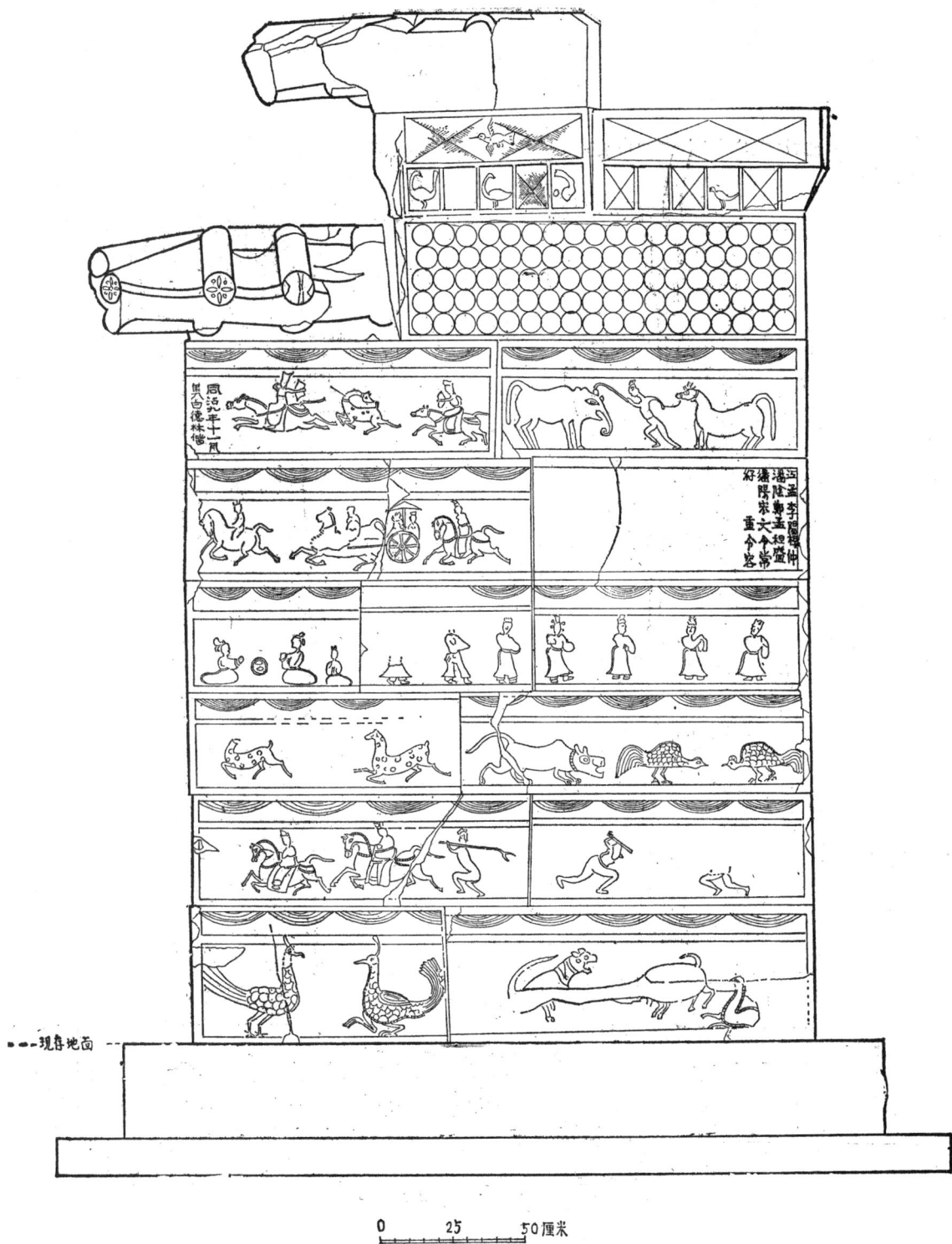

少室东阙北面线描图

1、少室阙牵马训象图

图左有一大象，中间一人（即象奴）一手牵着马，一手执长钩，正用力牵马，走向大象，此为驯象之画像。象奴手中所执的驯象用的带钩长杆，此长杆即称为"钩"。《论语·物势篇》："长仞之象，为越僮所钩，无便故也。"汉代中原地区无野生象群，但在皇帝的上林苑却不难看到大象。《汉书·西域传赞》："遭值文景玄默，养民五世，天

下殷富，财力有余，士马强盛……闻天马蒲桃，则通大宛安息。自是之后……钜象、狮子、猛犬、大雀之群，食于外圃，殊方异物，四面而至。"这可能是经由西域而来的象。当时我国南方也有象，《汉书》即有武帝元狩二年南越（今我国广东、广西一带）献驯象的记载。

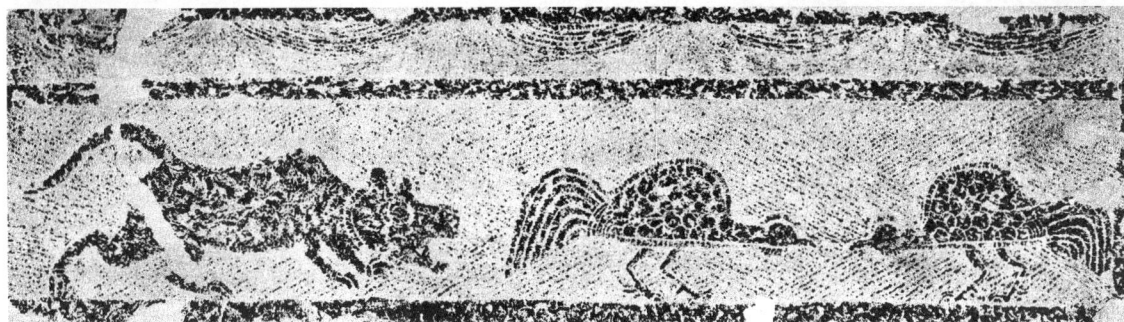

2、少室阙虎和斗鸡图

中岳三阙上皆雕有斗鸡的画像，形象生动的是启母阙上的一幅。斗鸡是古代一种娱乐活动，早在春秋战国时就已流行。《左传·昭公二十五年》："季（平子）邱（昭伯）之鸡斗，季氏介其鸡，邱后为之金钜。"到了汉代斗鸡之风更盛，《汉书·食货志》云："世家子弟富人或斗鸡走狗马弋猎博戏，乱齐民。"《西京杂记》载："鲁恭王好斗鸡、鸭及鹅、雁，养孔雀鸡鹊。俸谷一年费二千石。"由于世家权贵的爱好，西汉时还有以斗鸡为生的所谓"斗鸡翁"。《汉书·张汤传》："'其为故披庭令张贺置守冢三十家'上自处置其里，居冢西斗鸡翁舍南，上少时所尝游处也"。诗人曹植的《名都赋》，也有"宝剑值千金，被服丽且鲜，斗鸡东郊道，走马长揪间"之句。讽刺那些不思报效国家，过着斗鸡走马生活的洛阳贵族少年。此斗鸡之左侧，一猛虎张着大嘴，扑向相斗的两只鸡，形态生动。

3、少室阙哺雏图

图中雕两只体态较大的母鸟，口叼着一食物，正欲对着雏鸟的张口，将食物送入雏鸟的口内。反映了自然界的子孙繁衍规律场景。

4、少室阙鹳鸟啄鱼图

图中绘一铺首衔环，其左右各画一水鸟正站立在鱼身上啄鱼。水鸟体形高大，长颈尖嘴，长腿，尖爪，是捕鱼的能手。此图装饰性特强，对称，大方、美观。

5、少室阙进谒及蹴鞠图

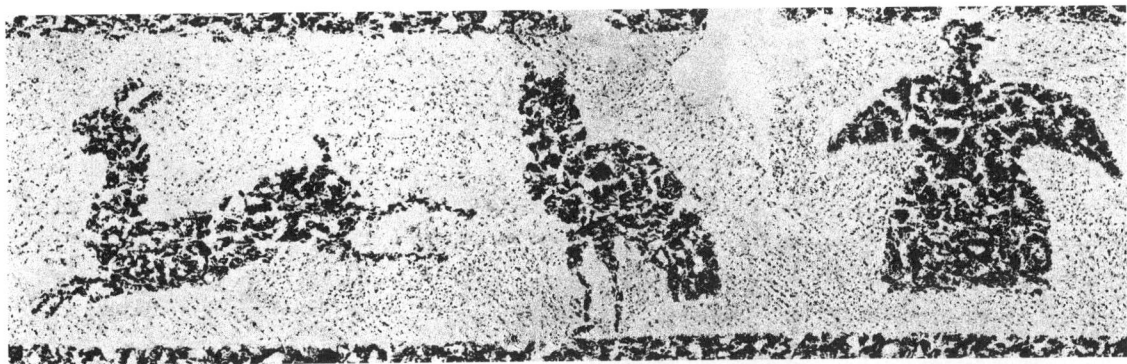

6、少室阙羽人·鸱鸮和兔

此图中画一鸱鸮，其左绘一飞兔，其右
画一羽人。鸱鸮就是猫头鹰，汉人也叫它为
枭或枭鸟。鸱鸮是常在夜间觅食的猛禽，商
代人们把它当作梦神或黑夜的主宰者，因此，
不少彝器的造型和装饰花纹多以鸱鸮为题材。
但到了战国以后，却被人们认为是不祥之兆，
汉代人更认为它是"食母"的"不孝"之鸟。
《史记·注疏·释鸟》：枭鸱，邢昺疏云："食
母不孝之鸟，故冬至捕枭磔之"。图左绘一
飞兔，是否显示鸱鸮正欲捉兔充饥。图右画
一羽人，就不解其意了，待考。

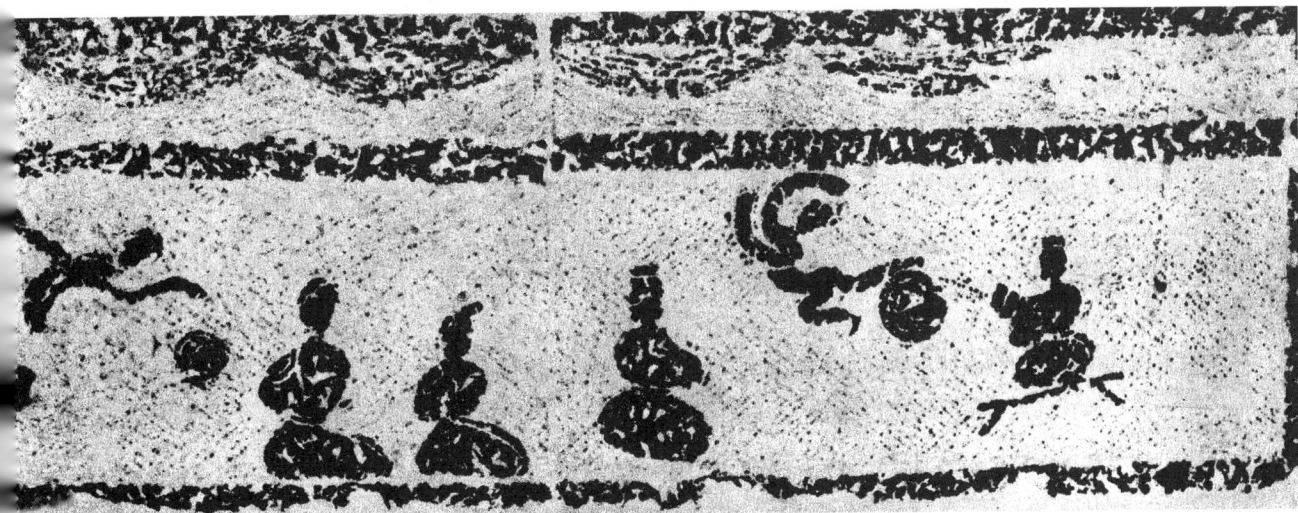

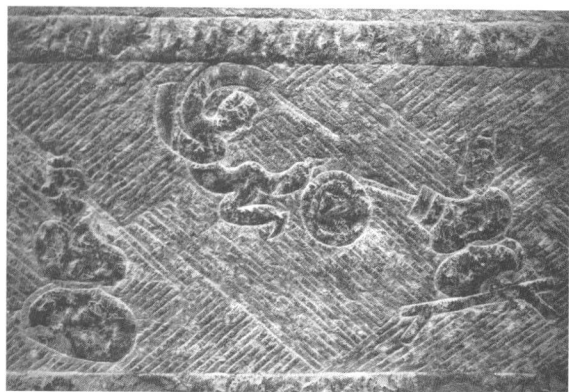

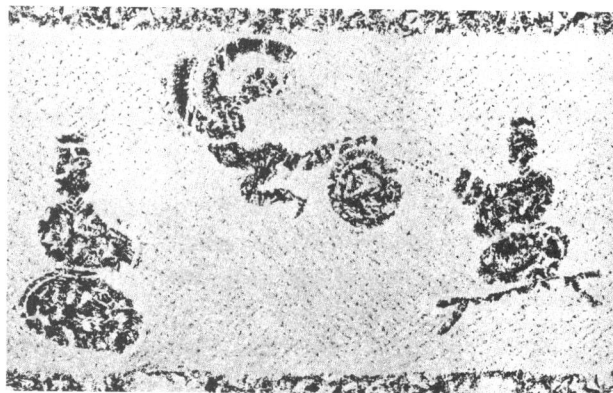

7、少室阙蹴鞠图

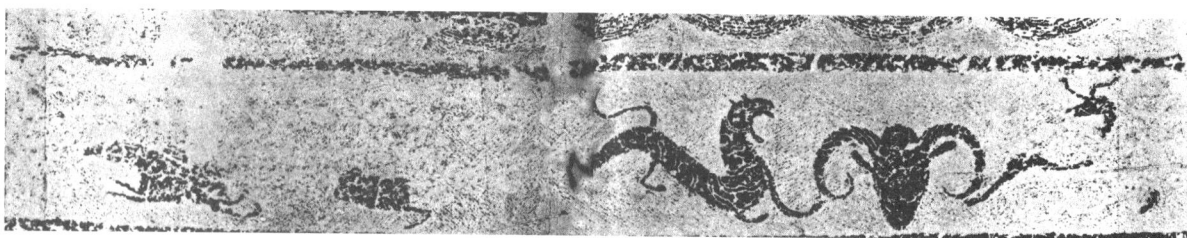

8、少室阙马、羊和龙虎

图的右侧刻一羊头，羊头的左侧画白虎，其右侧画青龙（龙的部分稍残）。图的左侧刻一马，正在飞奔，另一马已残。

9、少室阙虎、羊头及鹿

图右侧一白虎张口奔扑面向羊头，中间羊头低垂一对大羊角弯曲，左侧一惊慌奔跑的鹿正回头张望。

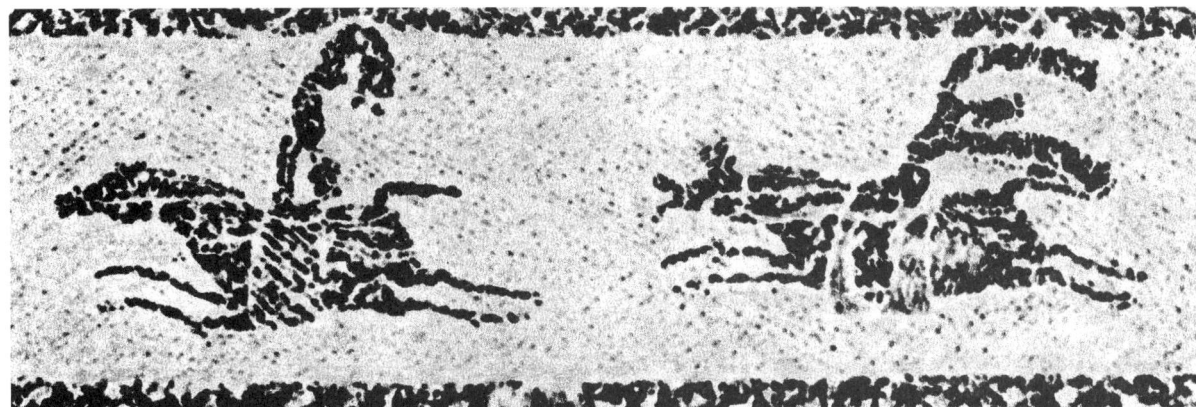

10、少室阙马戏图

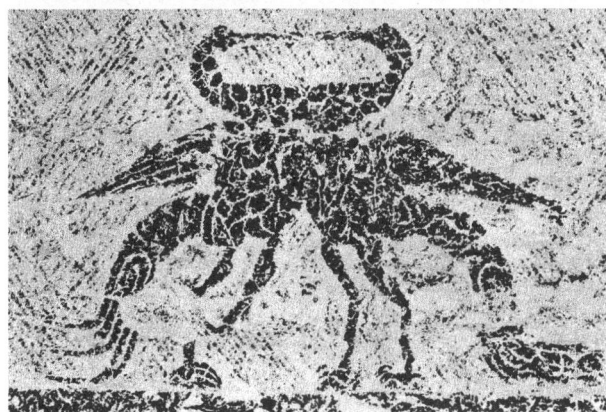

11、少室阙比翼鸟图

12、少室阙月宫图和阙铭

图中绘一圆轮，内画玉兔捣药、蟾蜍。其右侧为少室阙阙铭文。汉代人认为月中的蟾蜍就是嫦娥的化身，《淮南子·览冥训》云："羿请不死之药于西王母，姮娥窃以奔月，怅然有丧，无以续之。"姮娥是中国古代东夷民族传说中以善射闻名的羿的妻子，羿曾上射十日，下杀猰貐为民除害。因汉文帝名恒，为避其讳改姮为嫦，故姮娥即嫦娥。

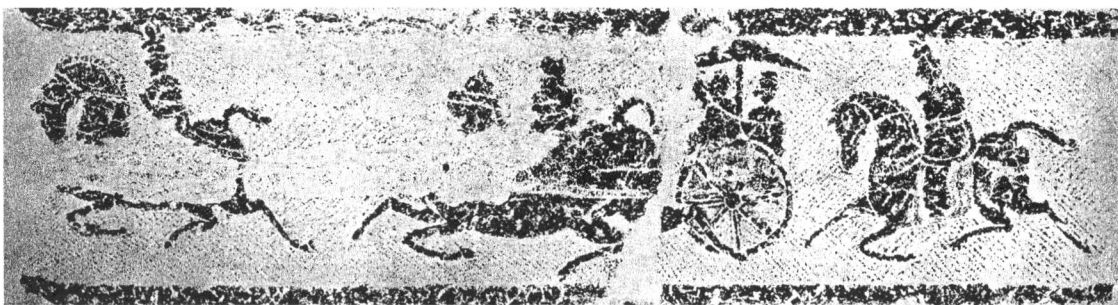

13、少室阙车骑出行图

图中一马驾一轺车，车后一骑吏。车前还有一骑吏（已残缺）

14、少室阙骑马出行图

图中绘两匹骏马，马上各骑一人，正在向前飞奔。马后一人，肩扛一棨戟之类的兵器，随在后追赶。

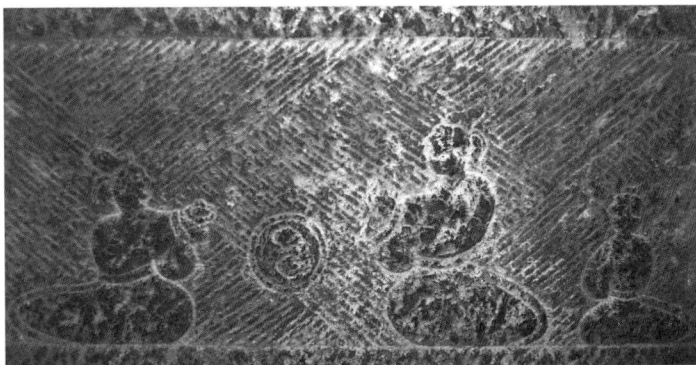

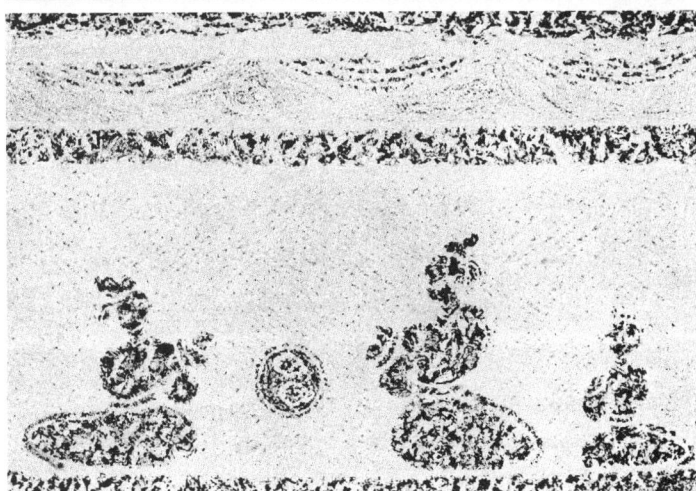

15、少室阙宴饮图

图中画二人，身着长裙，头饰髻，腰缠带，似女性，对坐着，而且双方双手施礼或执杯对饮。二人中间一圆形物，上有耳杯，二人之右侧，有一人体态较小，似为侍从佣人。

16、少室阙进谒图

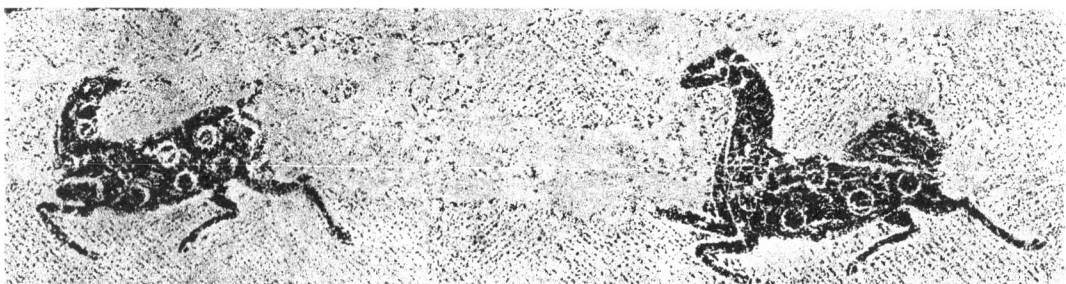

17、少室阙双鹿图

　　图中绘两个梅花鹿，头上无角，似为雌性母鹿，正在向前飞奔。

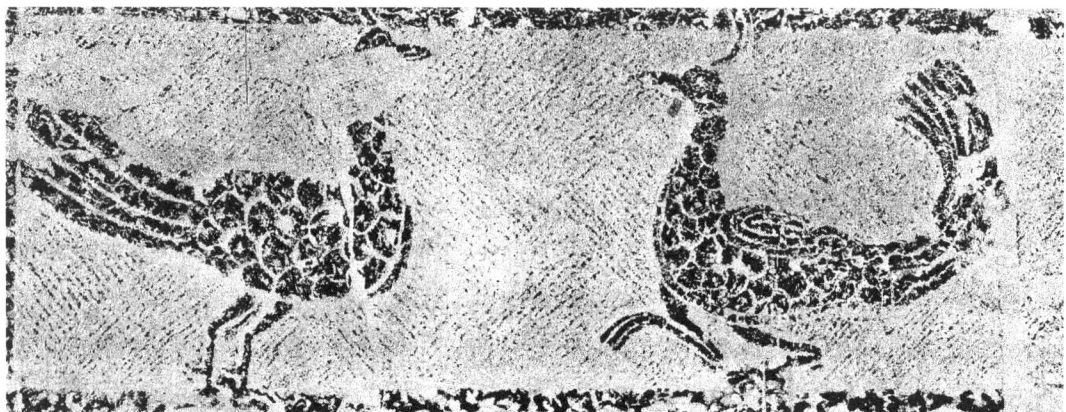

18、少室阙双凤图

19、少室阙翔鸟图

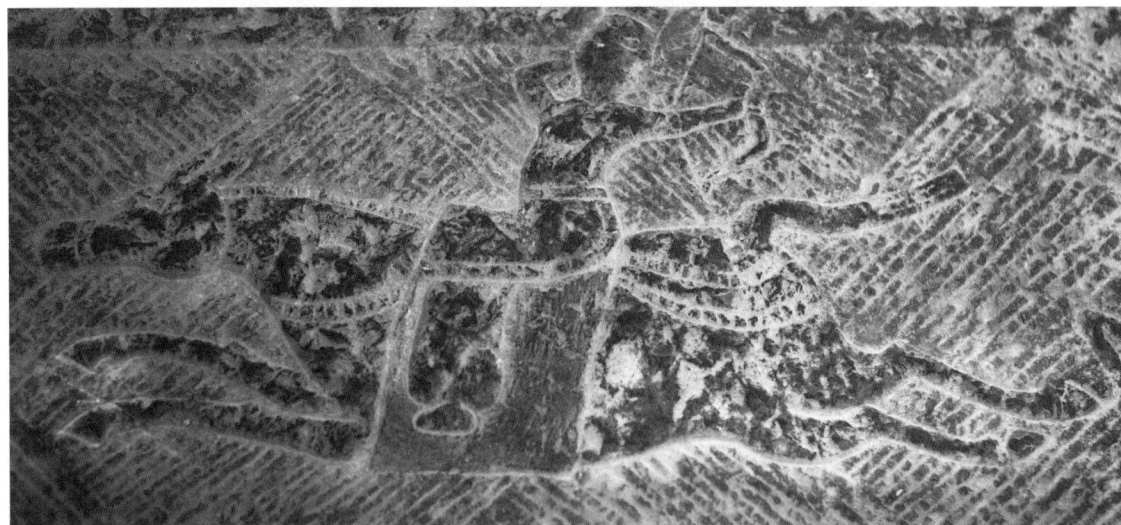

20、少室阙射鹿图

　　图中画一鹿飞奔，其前后各有一人骑一马追赶猎物，拉
弓准备放射，鹿正回头向后张望，此图造型生动美观。

21、少室阙圆点纹
图案

22、少室阙龙和双
燕图

图分上下层，上层画一巨龙，龙口大张，颈部大弯，四脚奔腾，长尾后吊，造型生动。下层分为五格，左起第二格和第四格内，各雕一飞燕，展翅相向竞飞。

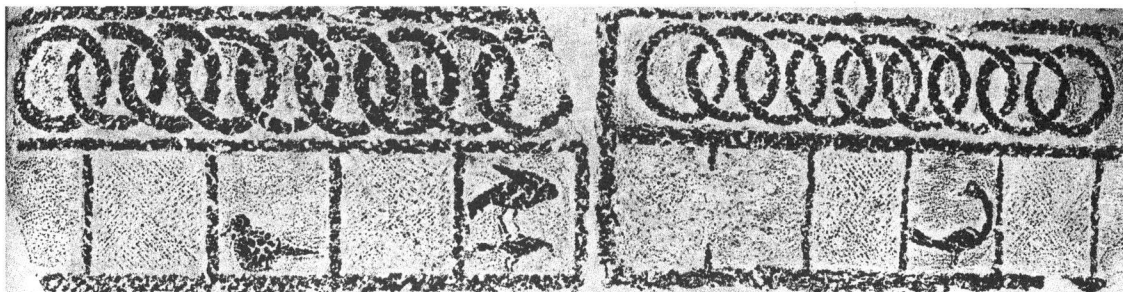

23、少室阙禽鸟图

此画分上下两层，上层绘联环纹饰。下层分为若干方格，有的方格画一鸟。左起第五方格内，绘雄鸟，正站立在体态较小一只雌鸟身上踩蛋（交配）。

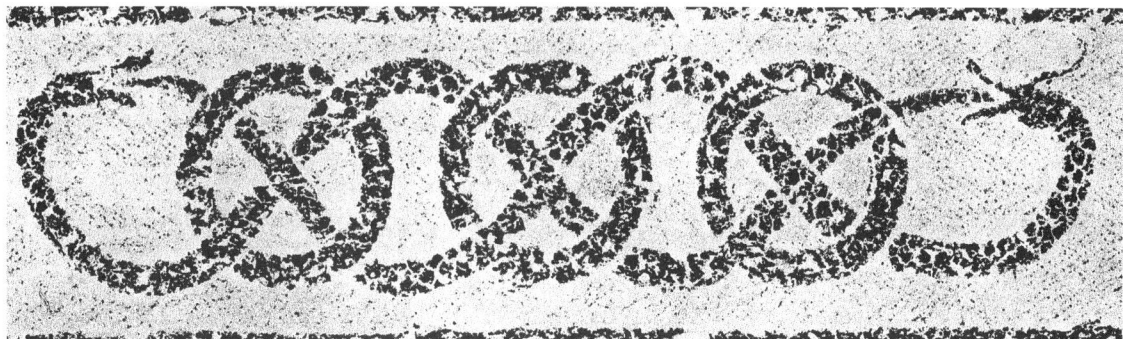

24、少室阙交龙穿环图

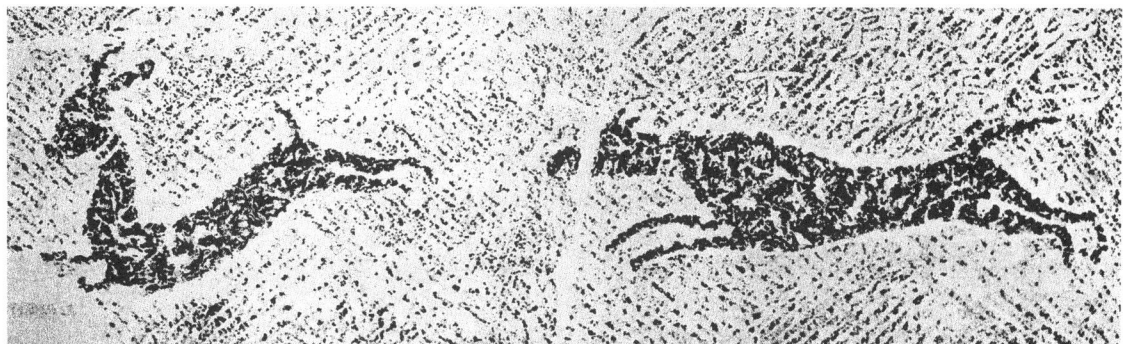

25、少室阙逐兔图

图中绘一犬，正疾追野兔，犬四脚前后伸直，穷追，野兔前爪伸直，后爪扬起，做跳跃状。

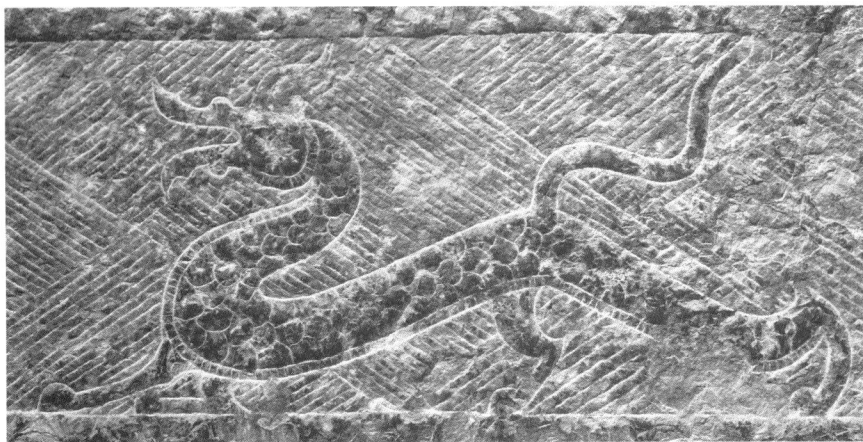

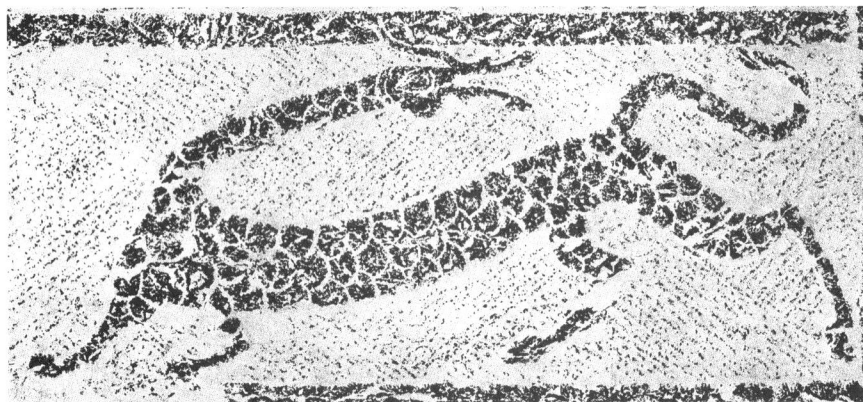

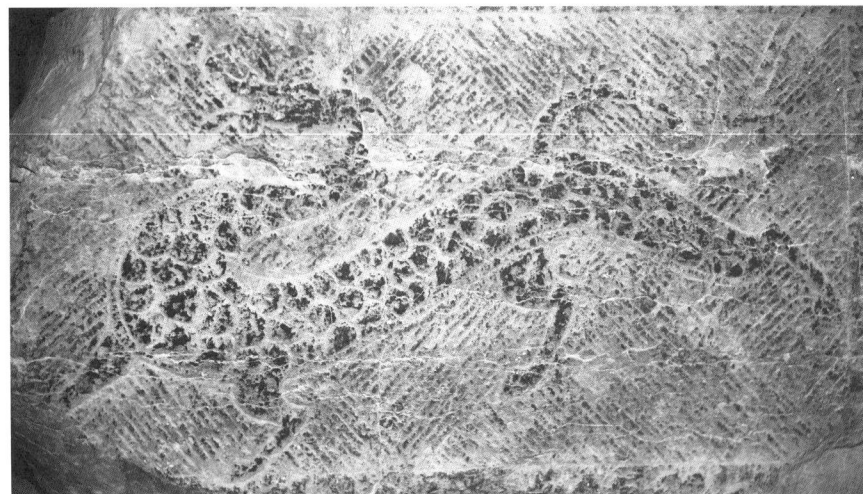

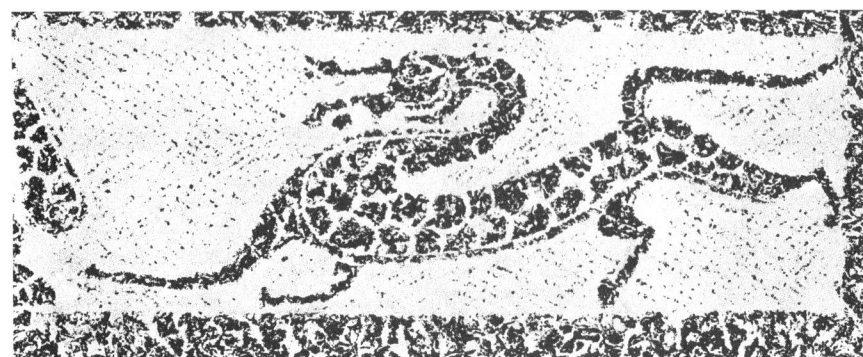

26、少室阙龙画像

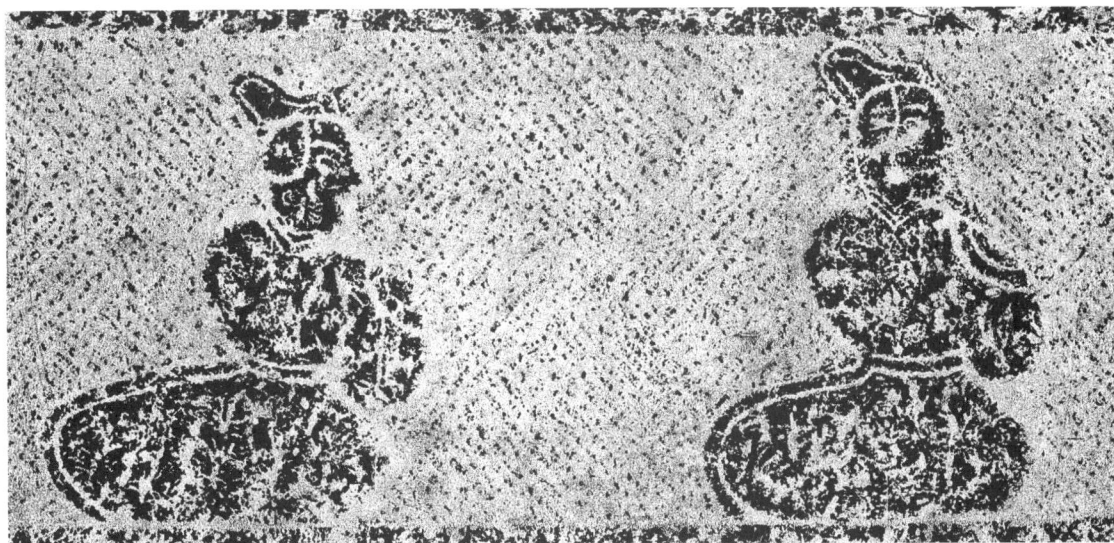

27、少室阙跪坐人物画像

28、少室阙虎画像

29、少室阙铭

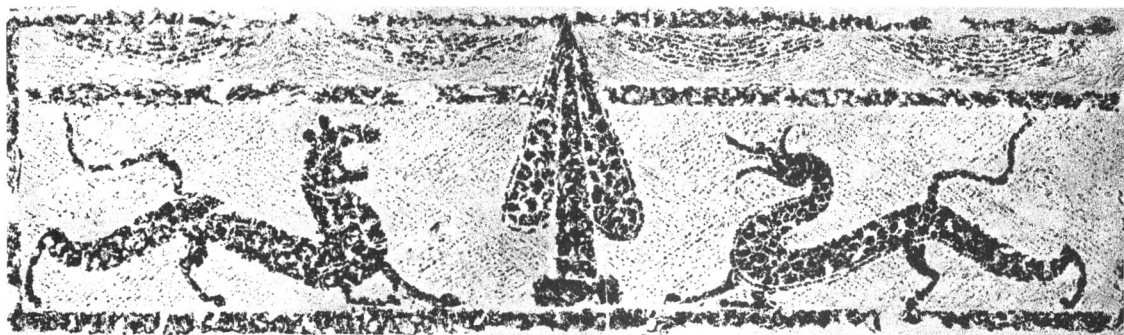

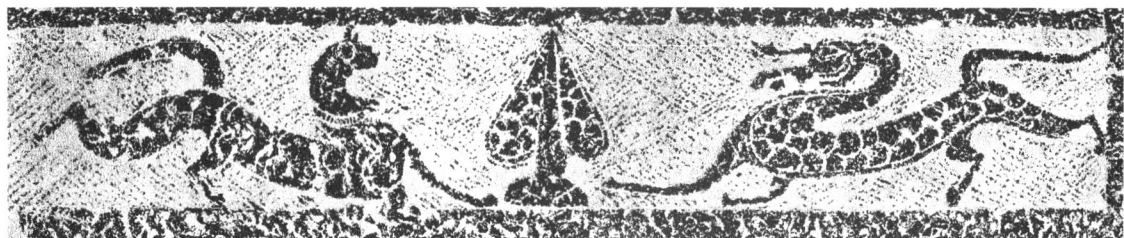

30、少室阙龙虎常青树图

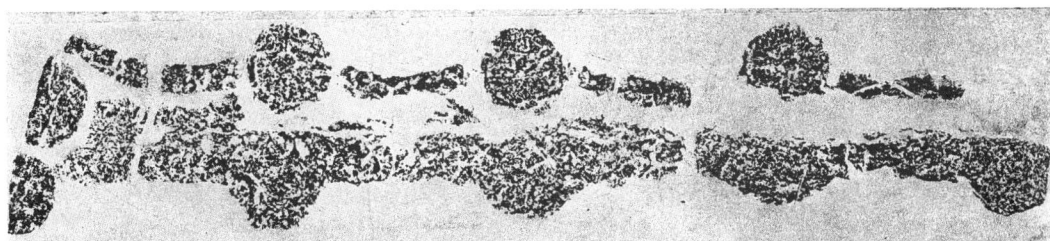

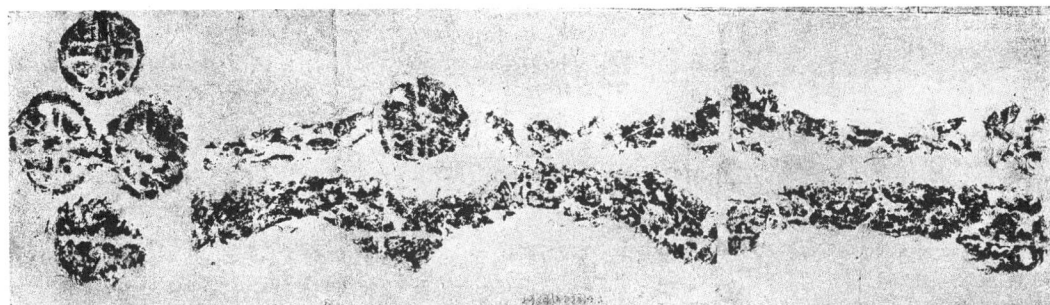

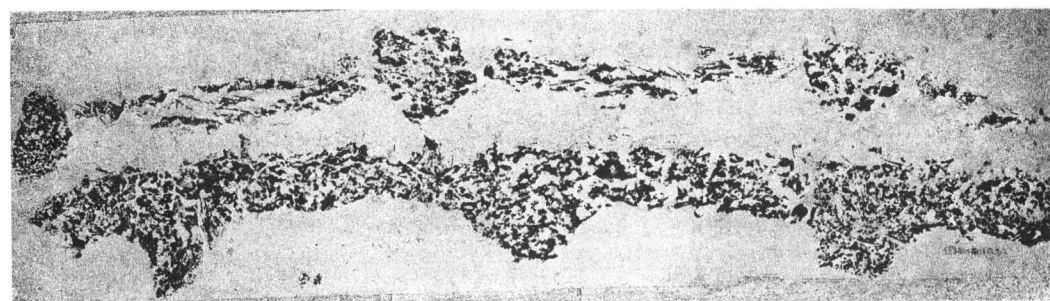

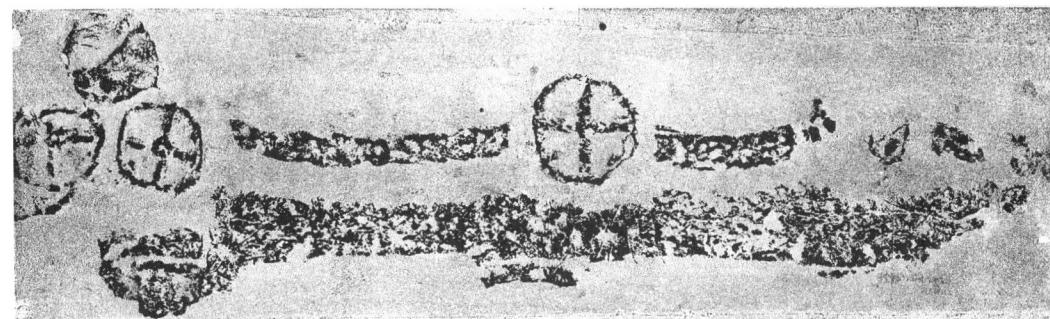

31、少室阙顶檐

七、河南登封市启母阙

启母阙外景建筑

　　启母阙是登封市启母庙前的神道阙，位于泰室山南麓，中岳庙西北3公里的万岁峰下阳坡上。北距启母石190米。启母石是一巨大的椭圆形石块，高约10米，周长43.1米，石的北部下面有明隆庆三年（公元1569年）蒋机立的石碑一通，记述了启母化石的神话传说。这个传说在我国很早就已流传，《汉书·武帝记》颜师古注曰："禹治洪水，通环辕山，化为熊，谓涂山氏曰：'欲饷，闻鼓声乃来'。禹跳石，误中鼓。涂山氏往，见禹方作熊，渐而去，至嵩山下化为石，方生启。禹曰：'归我子'。石破北方而启生。"由此可见，启母石在汉以前就已有之，古代高禖神的神主就是一块大石头，夏人的高禖是启母涂山氏女。启母庙始建于汉武帝时，从铭文可以知道启母阙是颍川太守朱宠于东汉安帝延光二年（公元123年）建造的，因此，

在建阙之前庙祀可能已经恢复。不过，那时因避汉景帝刘启讳，改为开母庙。东汉以后，启母庙可能一直存在，到了元代不知何因被毁。《说嵩》云："永乐二年正月……观启母石，石旁旧有启母神祠，祠已毁，故基碑石具在。"关于启母庙的旧址，据《金石萃编》载："崇福观在县北十里，观东二十步，世传为启母庙旧址。"

　　启母阙在中岳三阙中损坏最为严重。西阙现存317厘米，东阙现存318厘米。阙间距离680厘米。整体结构和泰室阙相同。东阙南面，第一层上部刻套环图案，下部分为三格，中格一人戴平帻，方面大耳，身着长衣正襟危坐，双手拱于胸前，捧一圆形物。左格刻一人较瘦小，着长衣跪坐，手前伸。右格一人着短上衣双臂向前后平举，作半蹲姿势，似在表演杂技。左方也是三格，中格雕一马，

启母阙内景

昂首竖耳，翘尾站立，马头饰一物。左格一人戴毡帽，仰面，左手持一瓶，右手执斧上举，两腿左右叉开，作半蹲状，似在作"易牛马头"

的幻术表演。右格举一树枝，左腿曲前伸，右腿跪于地，作表演状。第三层，为二骑吏手执棨戟，骑马飞奔向前，马后一人随从。第六层，雕二雄鸡高足长尾，作引颈搏斗状。第七层，中格和右格均驯象状。第八层，左侧刻二蛇，作相交疾行状。启母东阙东面，第四层一人骑一马，马前一人。启母东阙北面，第一层左侧一人骑一马，在马背上作马技表演。右侧亦是三格，中格雕一人戴尖顶毡帽，仰面向上喷火，双手抱一长颈瓶，作迈步奔走状。左一人圆脸大耳，戴平帻，着长衣，正襟危坐。右刻一人，着长衣站立，面前一人跪拜长揖。第三层右侧，一树上拴二马。第四层为进谒。第六层为杂技反弓表演。第七层为水鸟啄鱼。第八层左右侧，各刻一虎，两边各雕一株常青树。启母阙西阙西面。第一层下部分三格，中格雕一人，戴冠饰雉羽，双手半举蹲在马背上。左右各雕一马。第三层，为一骑马猎者，正向前飞奔，双手持竿，作回身网兔状。第四层，中雕一人，龙身，

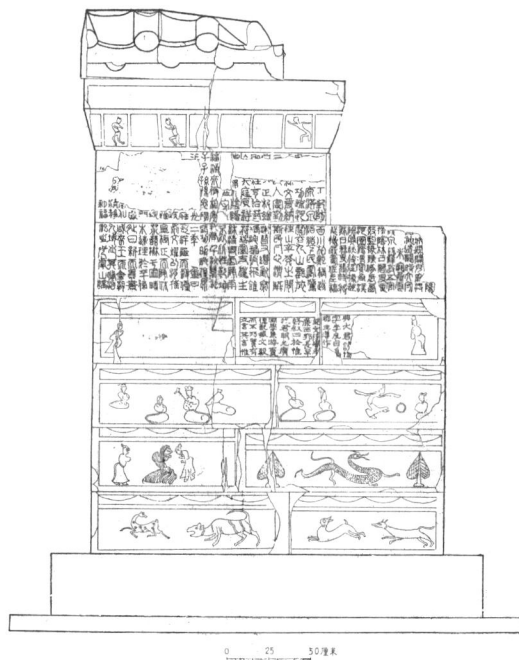

戴平帻，拱于胸前，应是日御羲和。右上方
为一日轮。第八层，刻一虎，昂首扬尾，作
奔走状。启母西阙南面，第三层刻二龙穿环，
彼此在环相交。第六层左，中刻一常青树，左、
右分别刻龙虎各一，似即将进行搏斗状。右
侧为二马奔驰，马后一人随行。第七层左侧
刻大象和骆驼，象长鼻圆耳，翘尾站立。骆
驼似马，背部有凸起的驼峰。也有人认为是
马的马鞍，故突出。启母阙西阙东面，第二
层左刻圆点纹，右刻铭文两行："神灵亨而
饴格／于胥乐而罔报"。第三层，左为一圆月，
月中雕一兔人立，持杵捣药。右刻铭文两行
"鳌我后以万祺／永历载而保之"。第五层，
似为郭巨埋儿的故事。第六层为一人骑马飞
奔，手中持罕，回身向一跃起奔逃的野兔罩去。
第七层为双龙回首相顾，两尾相交。启母西
阙北面，第二层，刻篆书铭文22行，行6字。
第三层左侧刻篆书铭文17行，行6字。第四
层分左、中、右。中格刻"堂谷典崇高庙请

雨"8字。右刻请雨铭，残存三行，行5字。
右雕一人戴冠着长衣，拱手站立，从残存画
像看，堂谷典崇高庙请雨铭，系剔去原来画
像后刻上去的。第五层左侧，画面为四人戴
冠着长衣拱手跪坐，其中手执鸠杖者的形象
大而突出，应是年高的长者。右侧亦刻四人，
其中一人挽高髻，束腰，着长衣，长袖飘动，
两臂前后平伸。一足抬起踢鞠。其余三人皆
挽髻，着长衣，拱手跪坐观看。第六层左侧
刻一人形动物，手足不分。通体用弧形线条
雕刻，做旋转状，似是夏禹在化熊。两侧二
人均戴贤冠，着长衣，拱手站立。右侧刻一龙，
昂首翘尾作奔走状。前后各刻一常青树。第
七层左侧刻一猛虎，张开大口，正要扑向一鹿，
梅花鹿在奔逃中仍回首张望。右侧画犬追兔，
形象生动，气氛紧张。启母西阙西面，第六层，
画面为二禽前后徐行，前大后小，后者紧随，
前者回首反顾。

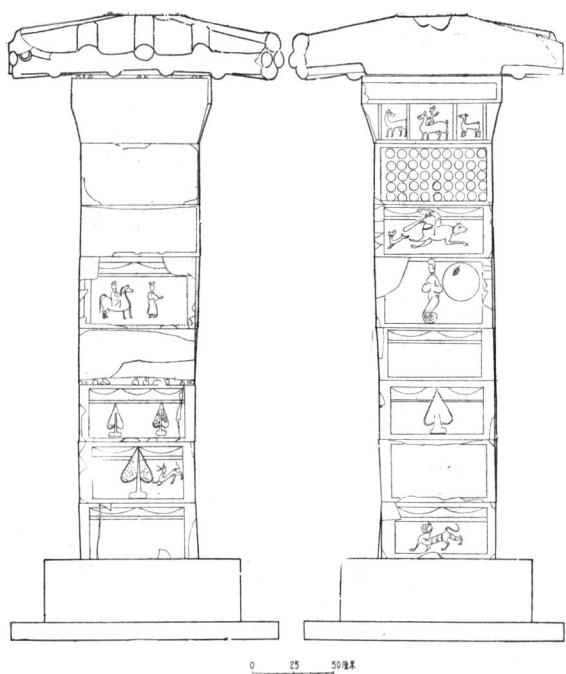

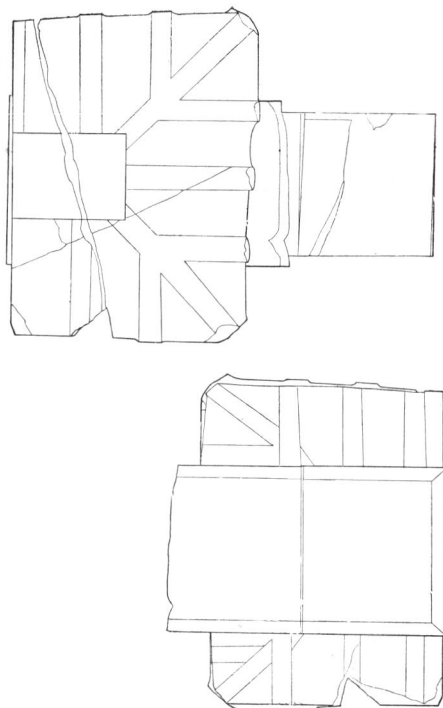

1、启母阙乐伎图

图中二人，右一人，头戴帽，身着长裙，拽地而坐，正在吹箫。左一人，头戴冠，身着短服，似为男性，双手执一物，其顶端部有一圆形物，不知是何物，待考。

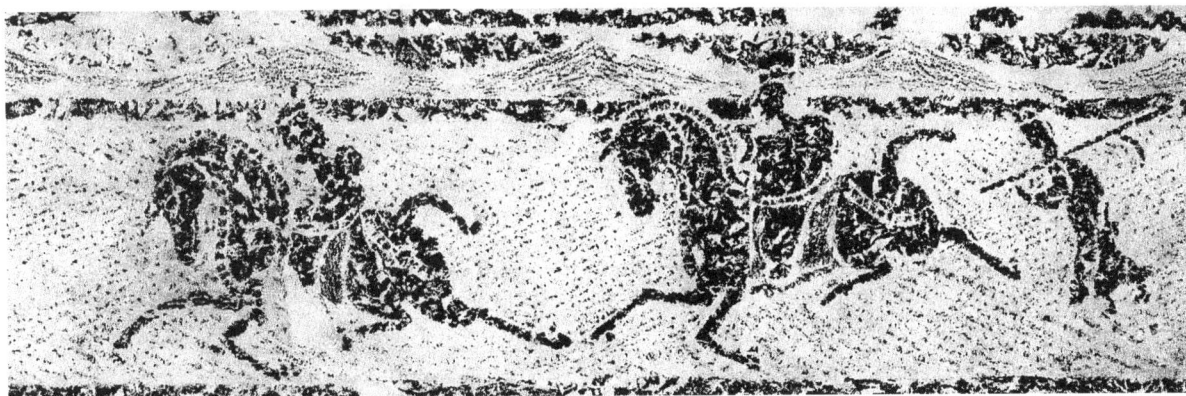

2、启母阙骑马出行图

图中雕二人各骑一马，正在往前飞奔，马后一人肩扛一棨戟一类之兵器，随从前进。

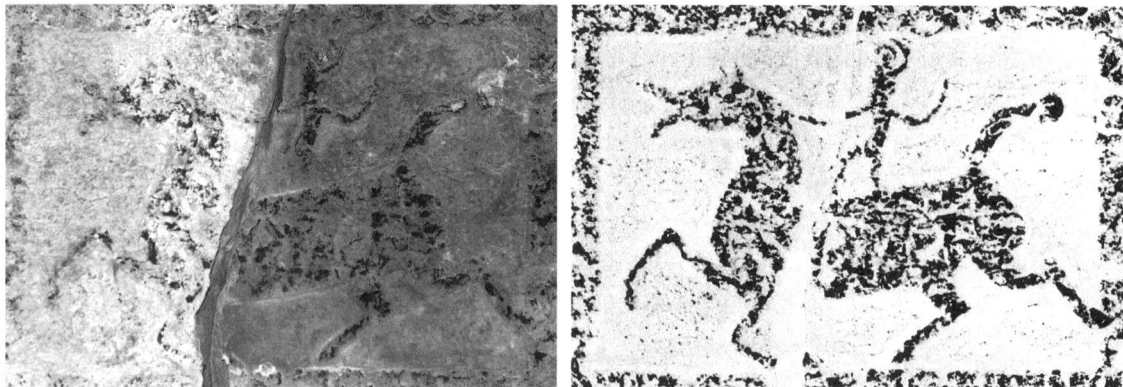

3、启母阙马戏图

　　图上第一格内，画一飞马，四蹄飞扬，马尾上翘。马背上立一人，一只脚站立在马背上，另一只脚，刚刚离开马背，两臂张开，似作平衡动作。马戏在汉代百戏中最为流行。

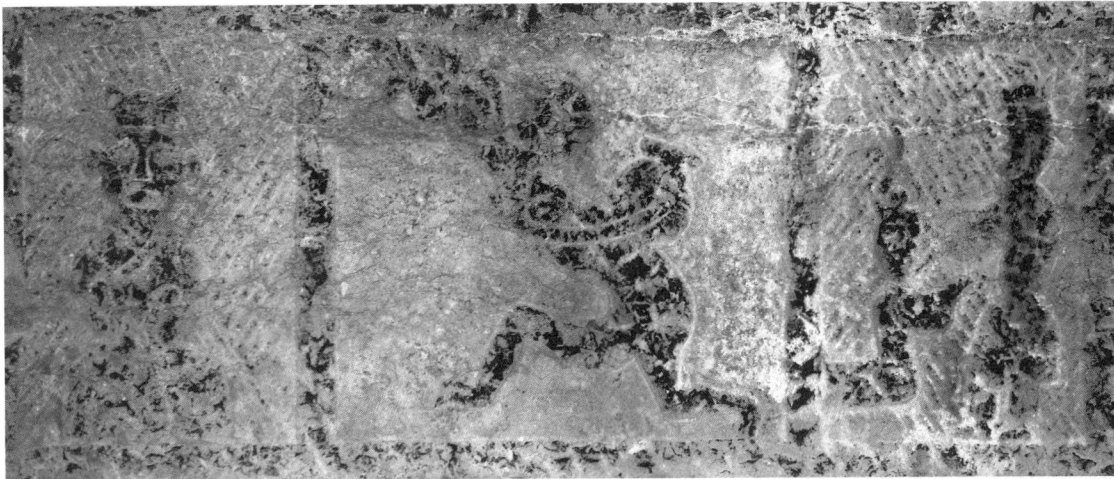

4、启母阙吐火图

图分三格，左格一人端坐。中格一人，正向前奔跑，双臂前伸，似在从口中吐出一火苗，火苗越长越大，伸向空中。右格一人站立，一体态较小者双膝下跪施礼。《史记·大宛传》记载了汉武帝时就有西域的幻术演员，到汉朝献艺，称为"眩者"。《汉书·西南夷传》："掸国（缅甸）王雍由调，复遣使者诣阙朝贺，献乐及幻人，能变化吐火，自支解易牛马头，又善跳丸，数乃至千，自言：'我，海西人'。"海西，即古罗马属国大秦。

5、启母阙倒立图

图中二人，一人作拳击状，双腿一前一后微弯曲，两手分前后缓缓上扬。右一人倒立，又称反弓，是杂技中的常见节目。

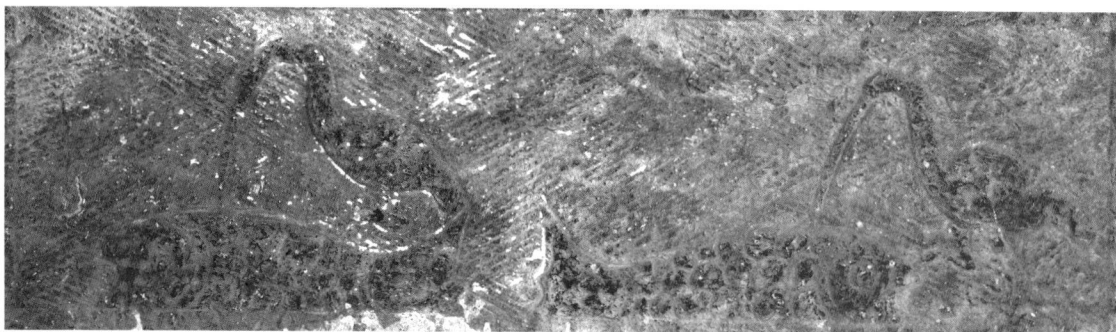

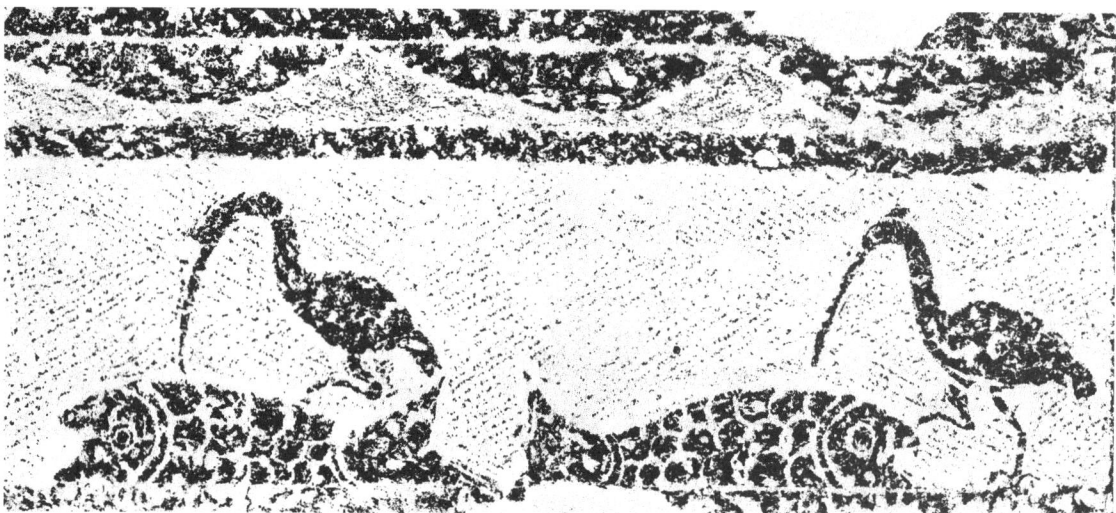

6、启母阙关雎求鱼图

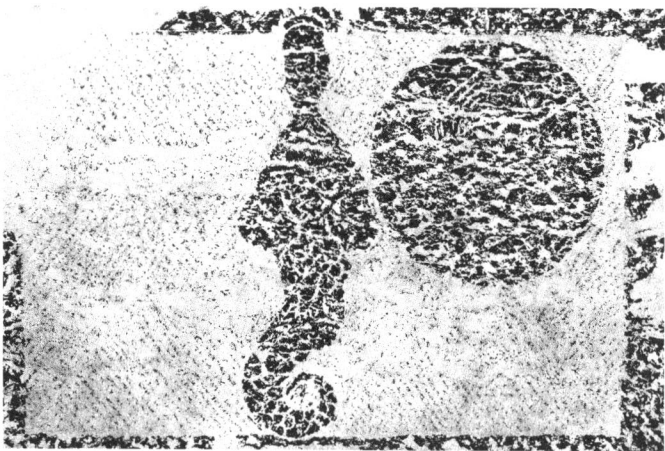

7、启母阙日御羲和图

图中刻一龙躯神人和一圆轮，轮内刻进乌，是日御羲和的故事。古代太阳的别名甚多，徐坚《初学记》引《广雅》云："日名耀灵，一名朱明，一名东君，一名大明，亦明阳鸟，日御曰羲和。"羲和即太阳的母亲，《山海经·大荒南经》："东南海之外，甘水之间，有羲和之国。有女子名曰羲和，方浴日于甘渊。羲和者，帝俊之妻，生十日。"郭璞注曰："羲和能生日也，故日为羲和之子，尧因是主羲和官，以主四时。"羲和不仅是太阳的母亲，而且在尧的时候还曾是管理天象历数的官。

8、启母阙象和马

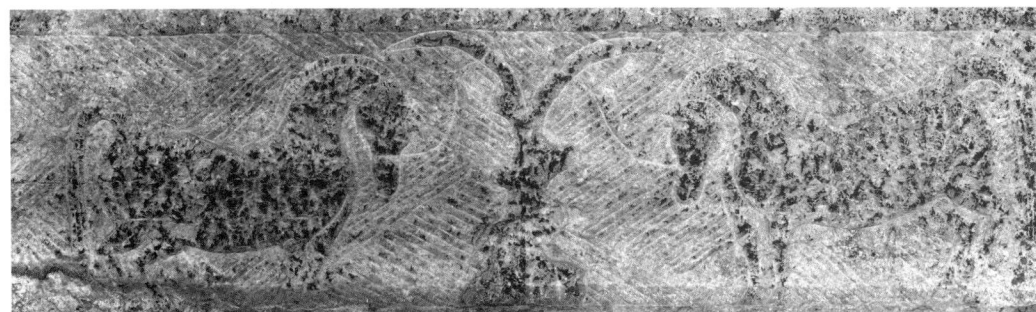

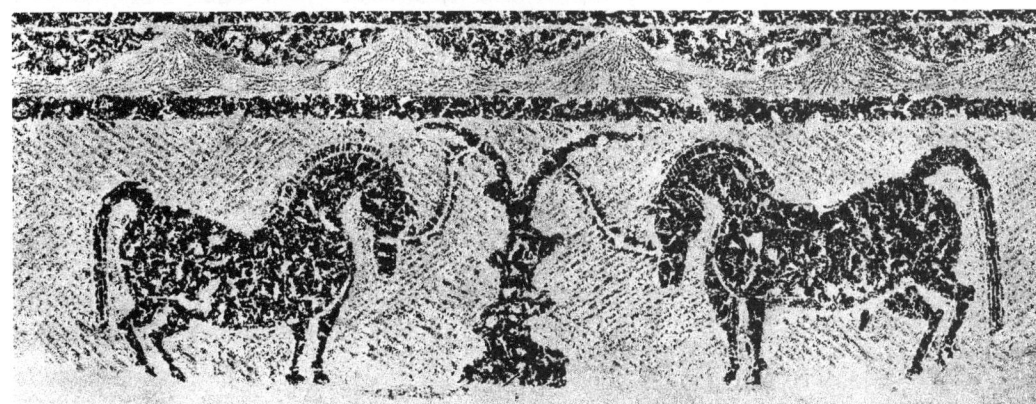

9、启母阙双马图

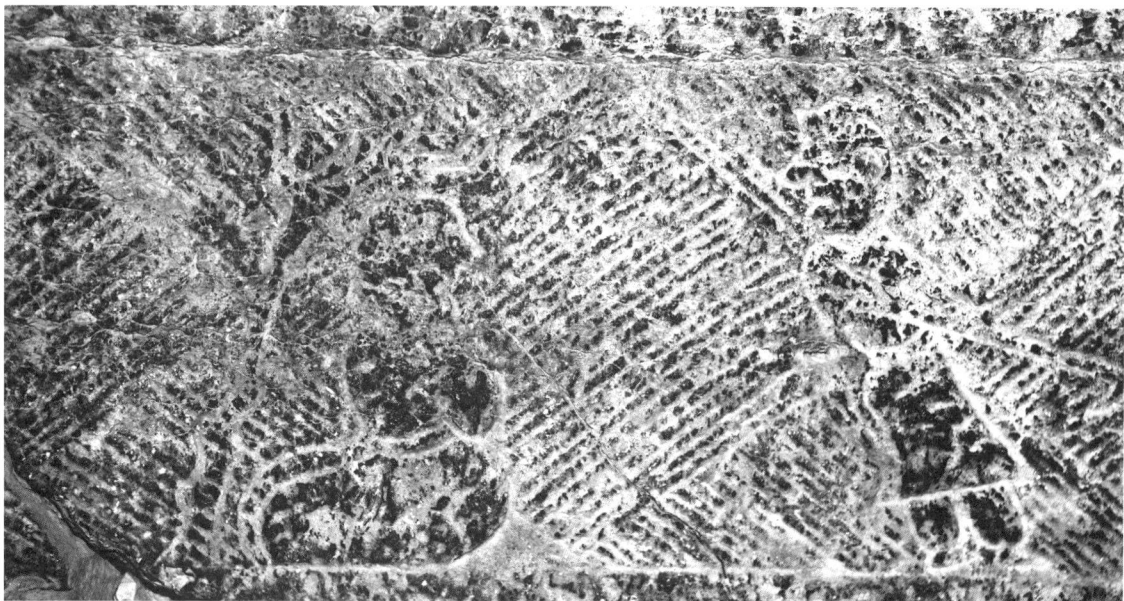

10、启母阙郭巨埋儿图

图左侧画一树，树下坐一老妪，其右一人手执一物，似为釜。《太平御览》引刘向《孝子图》云："郭巨，河内温人，甚富，父没，分财二千万为两份与两弟，己独取母供养寄住。邻有凶宅，无人居者，共推与之，居无祸患。妻产男，虑养之则妨供养，乃令妻抱儿欲掘地埋之，于山中得金一釜，上有铁卷云：'赐孝子郭巨'。巨还宅主，宅主不敢受，遂以闻官，官以卷题还巨，遂得兼养儿。"

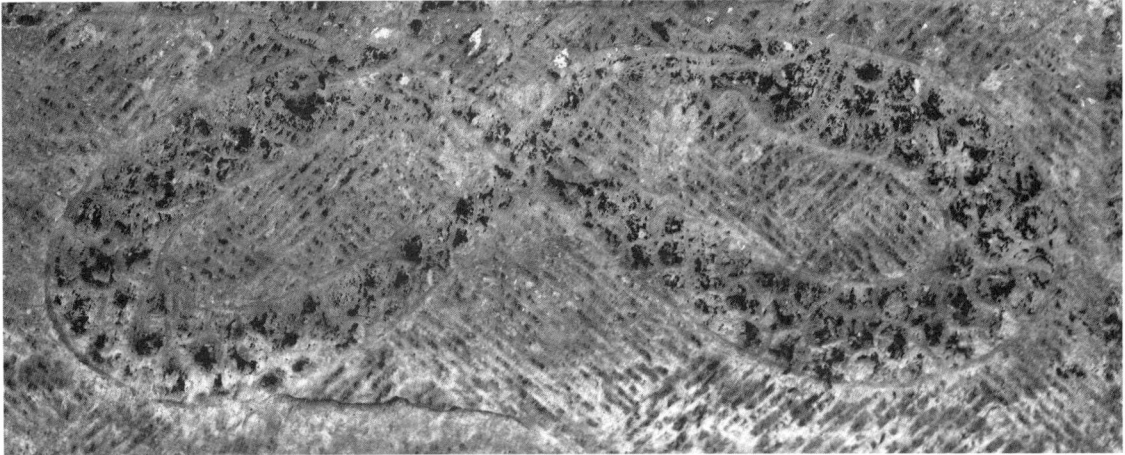

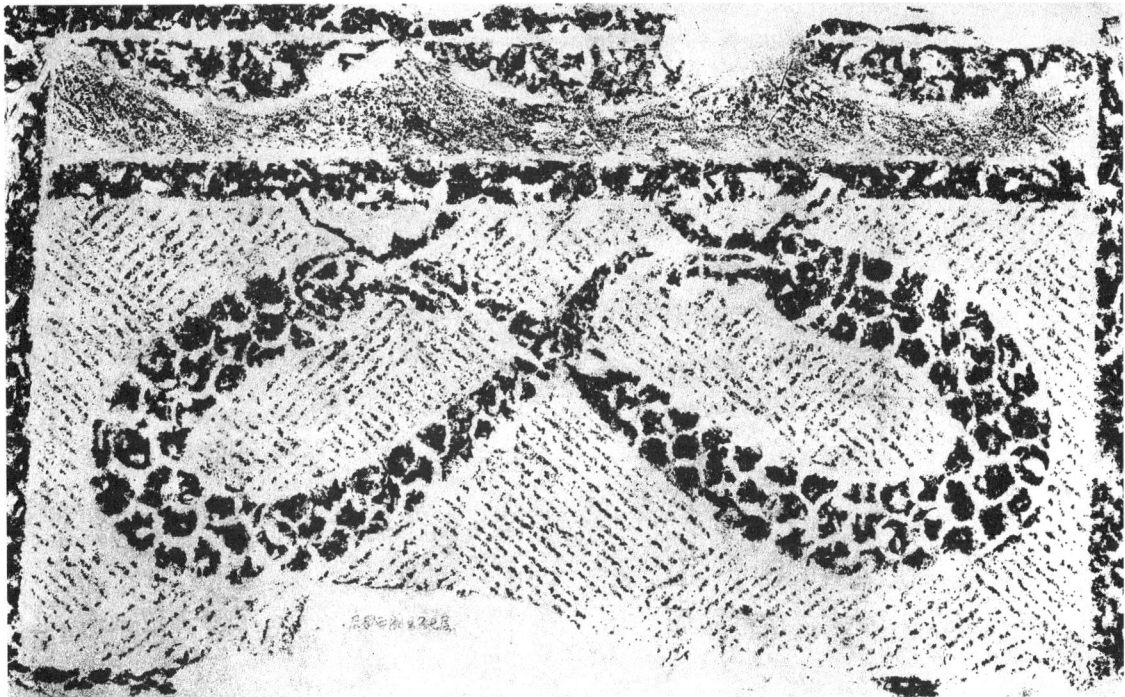

11、启母阙交龙图

12、启母阙篆书阙铭

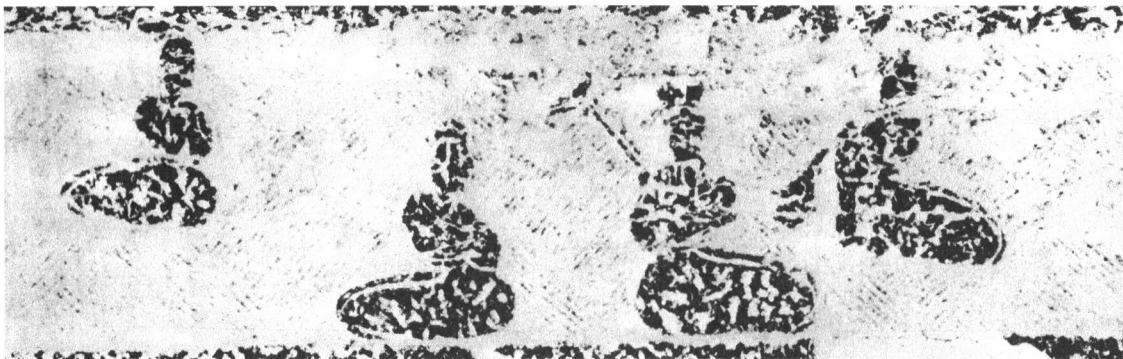

13、启母阙执鸠杖人物图

图中四人，其中一人，体态较大头饰双髻，身着长裙，跪坐在地上，右侧一人，手执一物，为椭圆形网状。左侧二人亦身着长裙，跪坐于地。据《后汉书·礼仪志》、《太平御览》卷二九一引《风俗通》记载，汉代七十岁以上者授以鸠杖，为尊老、养老制度。

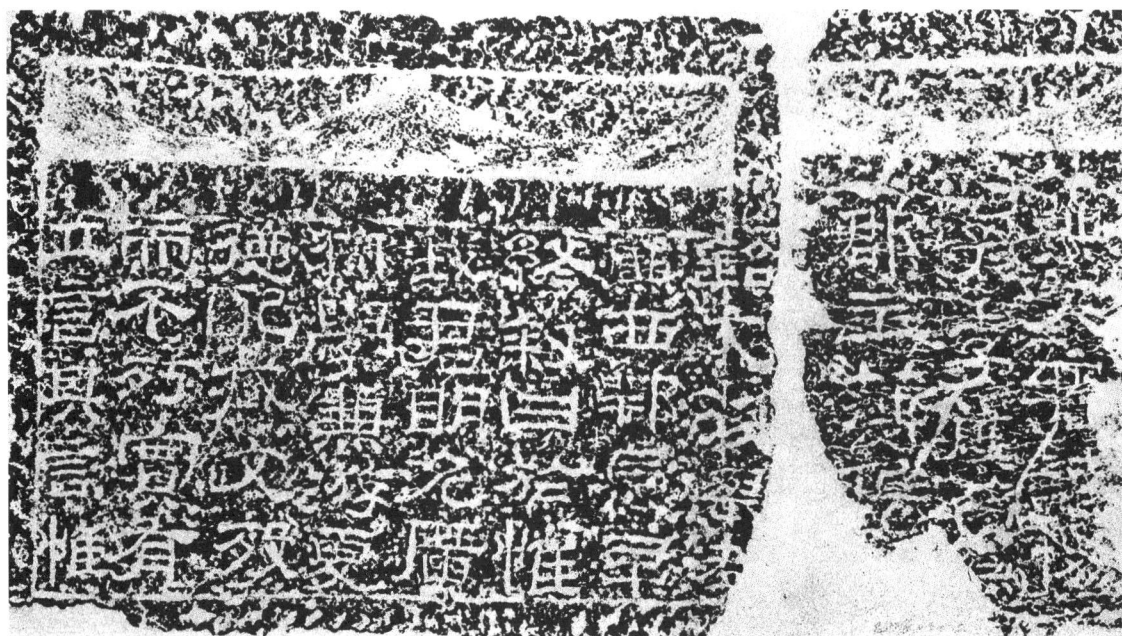

14、启母阙崇高庙请雨铭

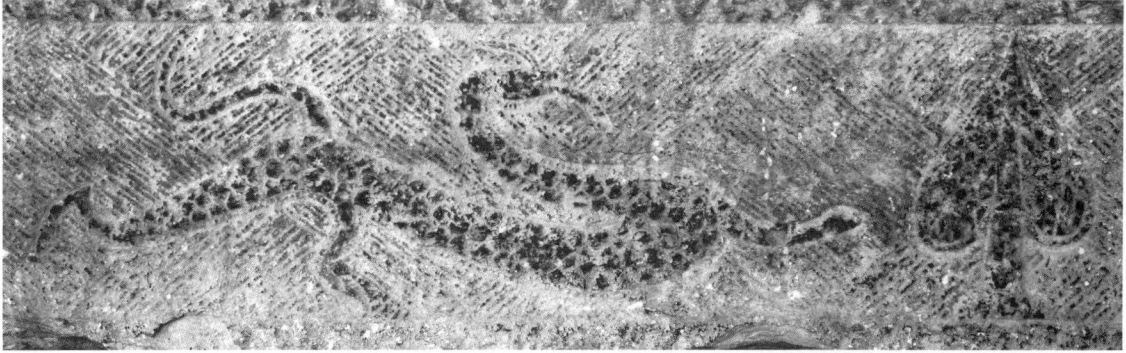

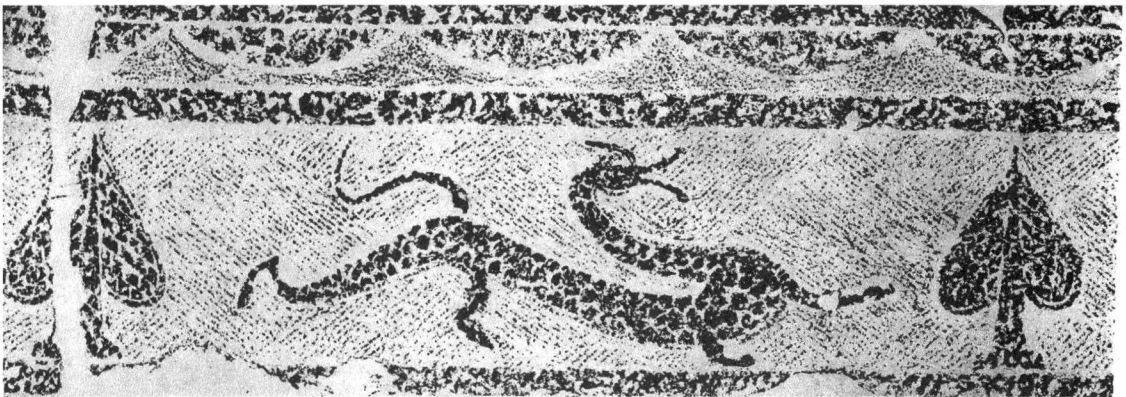

15、启母阙龙和常青树

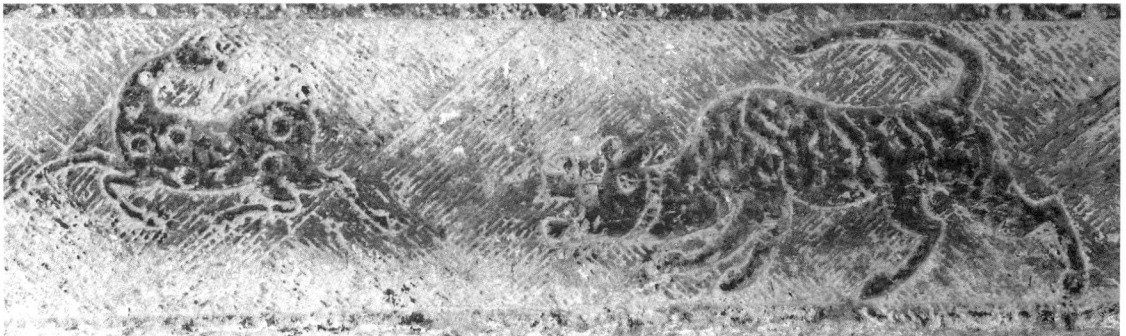

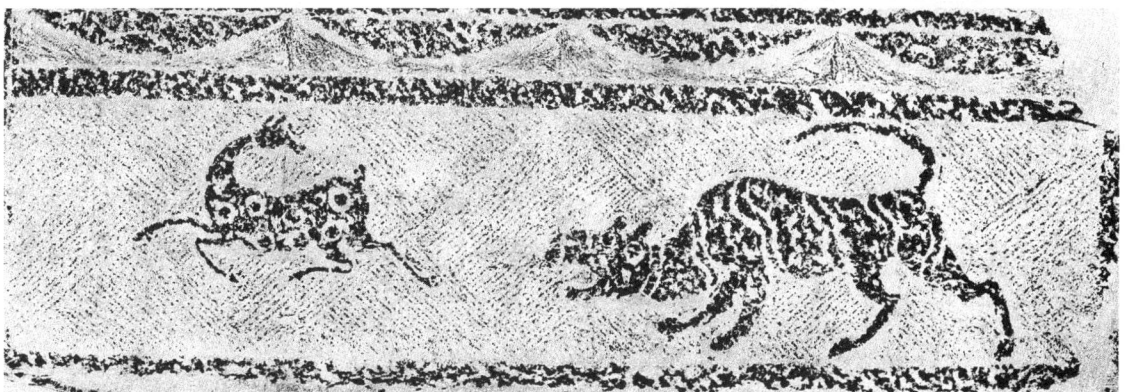

16、启母阙虎扑鹿图

　　图中画一猛虎，头稍下沉向前，张开大口，四脚前奔，尾巴上扬，作准备扑伏状。虎前画一鹿，四蹄飞扬，正惊恐地回头窥视猛虎。

17、启母阙犬逐兔图

图中绘一犬，张着嘴，双耳耸立，四蹄绷得笔直，追赶前面一兔；兔两前腿绷直，后腿较长，臀部翘起，尾巴上扬弯曲，作奔腾状。

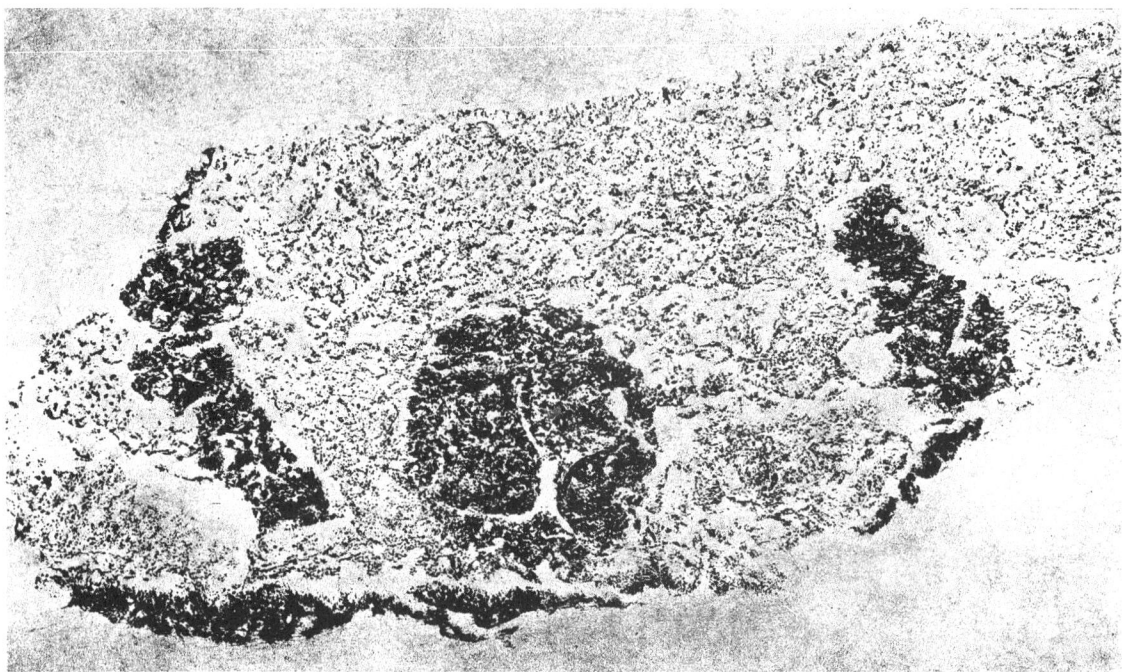

18、启母阙启母化石图

启母石是一巨大的椭圆形石块，高约10米，周长43.1米。石的北部下面有明隆庆三年（公元1569年）蒋机立的石碑一通，记述了启母化石的神化传说。

19、启母阙鹅鸭图

图左绘一体态较大
的一只鹅，正回头瞻望
一只体态比它较小的鸭
子，鸭头伸直正欲与鹅
对话交流。

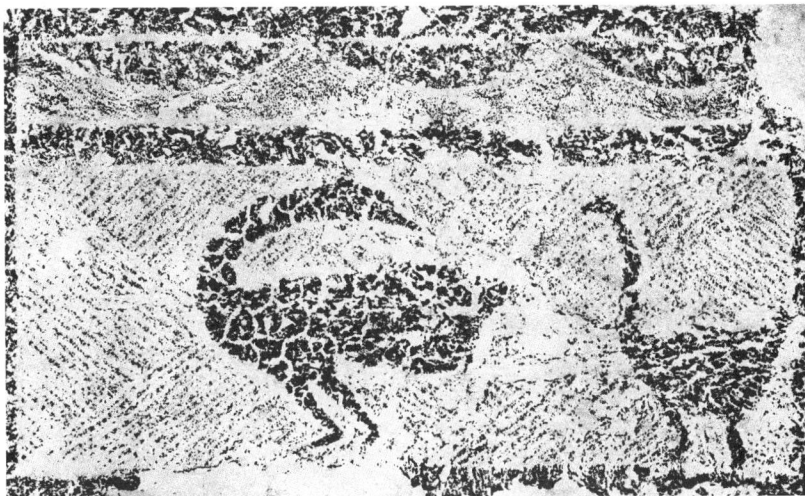

20、启母阙青龙画像

图中刻一青龙，布
满画面，龙四爪蹲立，
龙头向后伸，龙口大张。
青龙、白虎、朱雀、玄
武，古时称四灵，四神。
在汉代人们的心目中，
四灵的地位颇高。四灵，
在阴阳五行学说的影响
下，又和木、火、土、
金、水联系了起来。龙
为"东方木也"，"东
宫苍龙"。所以，在汉
代画像砖、画像石棺、
汉阙、壁画及一些器物
上，四灵的图像特多。

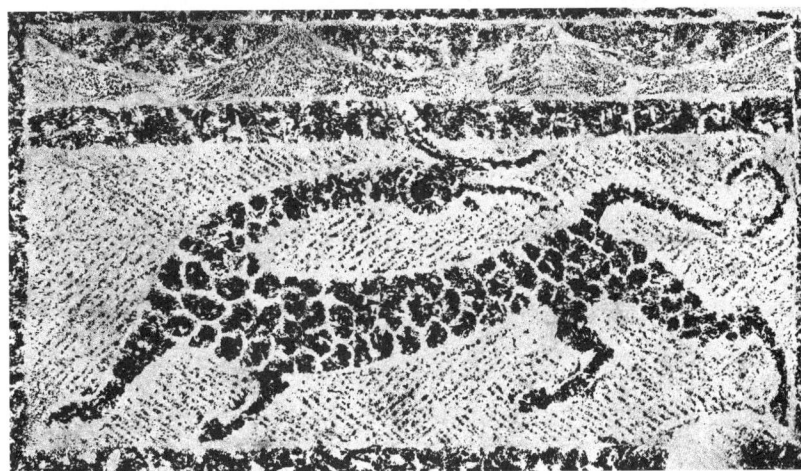

21、启母阙月宫图

启母阙和少室阙都有月宫的画像，画面雕月中蟾蜍和玉兔捣药。汉代人认为月中的蟾蜍就是姮娥的化身，《淮南子·览冀州》云："羿请不死之药于西王母，姮娥窃以奔月，

怅然有丧，无以续之。"姮娥是中国古代东夷民族传说中善射闻名的羿的妻子，羿曾上射十日，下杀毛宇为民除害。因汉文帝名恒，为避其讳，遂该姮娥为嫦娥。

22、启母阙幻术·天鹿戏画像

汉代由于西域交通的开发，促进了中外文化的交流，幻术和易牛马头即是文化交流的实例之一。

马戏在汉代百戏中占有重要地位，而此图表演的不是马，而是天鹿。天鹿的背上，一人正作反弓表演。天鹿的前方，还有一人跳舞，由于画面风化严重不易辨认。天鹿，

亦作天禄。《十州记》："聚窟洲有辟邪、天鹿。"《汉书·西域传》云："乌弋地……有桃拔。"孟康注："桃拔一名符拔，似鹿、长尾，一角者或为天鹿，两角或为辟邪。"马戏是杂技的重要内容，此图是天鹿戏，在中国汉画上第一次发现，值得进一步研究。

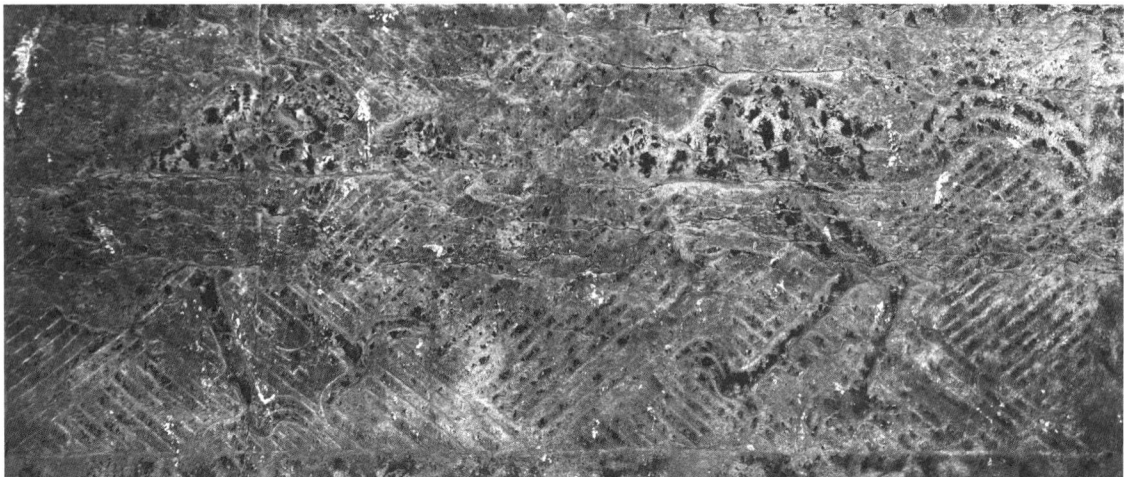

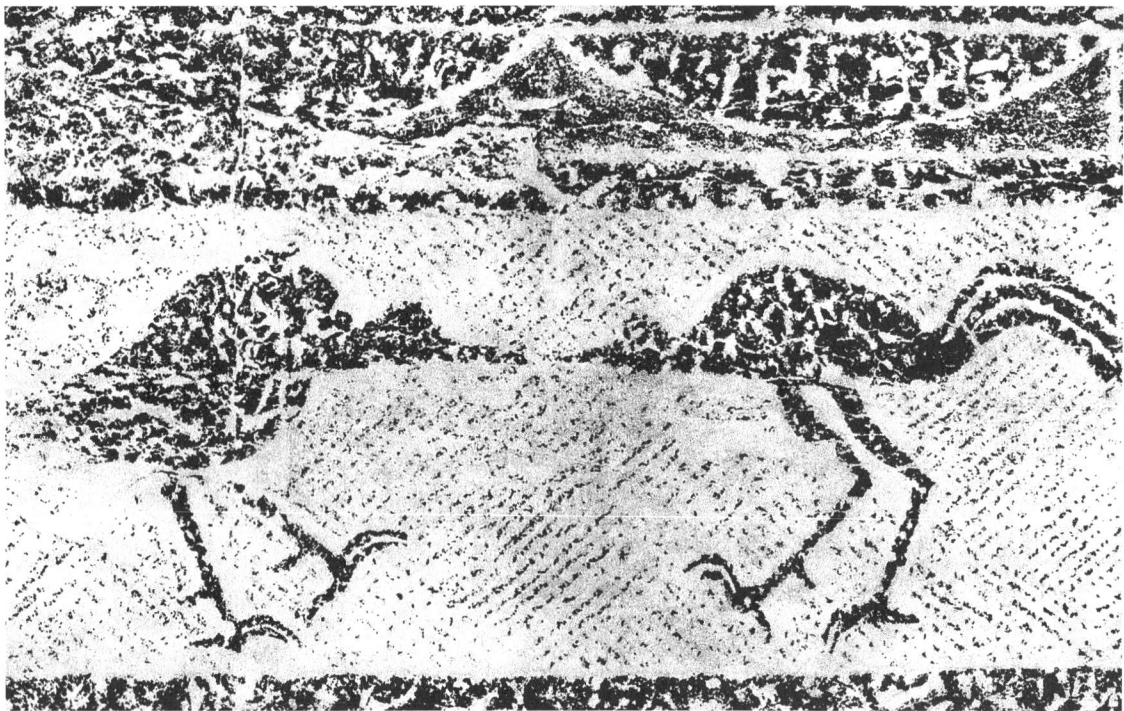

23、启母阙斗鸡图

中岳三阙皆雕有斗鸡的画像，形象生动的是启母阙上的一幅。斗鸡是古代一种娱乐活动，早在春秋战国时就已流行。《左传·昭公二十五年》："季（平子）邱（昭伯）之鸡斗，季氏介其鸡，邱后为之金距。"到了汉代斗鸡之风更盛。《汉书·食货志》云："世家子弟富人或斗鸡走狗马弋猎博戏，乱齐民。"《西京杂记》载："鲁恭王好斗鸡、鸭及鹅、雁、养孔雀鸡鹙。俸谷一年费二千石。"由

于世家权贵的爱好，西汉时还有以斗鸡为生的所谓"斗鸡翁"。《汉书·张汤传》："'其为故掖令张贺置守冢三十家'。上自处置其里，居家西斗鸡翁舍南，上少时所尝游处也。"诗人曹植的《名都赋》，也有"宝剑值千金。被服丽且鲜，斗鸡东郊道，走马长揪间"之句。讽刺那些不思报效国家，过着斗鸡走马生活的洛阳贵族少年。

24、启母阙驯象图

启母阙雕有三幅驯象的画像，象奴皆手　　执驯象用的带钩长竿，此长竿即称为"钩"。

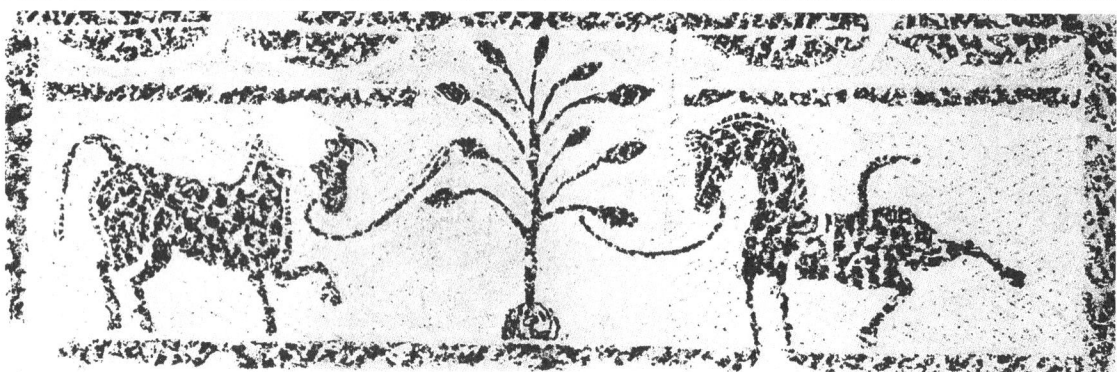

25、启母阙果下马图

启母阙雕有一幅果下马的画像。《汉书·霍光传》云："召皇太后所骑乘，游戏掖庭中。"张宴注曰："皇太后所驾游宫中辇车也。汉厩有果下马，高三尺，以驾辇。"师古曰："小

马可于果树下乘之，故号果下马"。《初学记》引《魏志》曰："秽国出果下马，汉时献之，高三尺。"此种小马，今我国四川及欧洲一些国家仍有繁殖。

26、启母阙猎兔图

启母阙上刻有两幅捕兔的画面，皆骑马执毕（竿），形象生动。毕，是古代捕兔和捉鸟的有柄小网，甲骨文中有毕的象形字，说明这种工具早在商代就有了。《说文》段注："毕，谓田猪之网也。"《礼记·月令》注曰："网小而柄长谓之毕。"

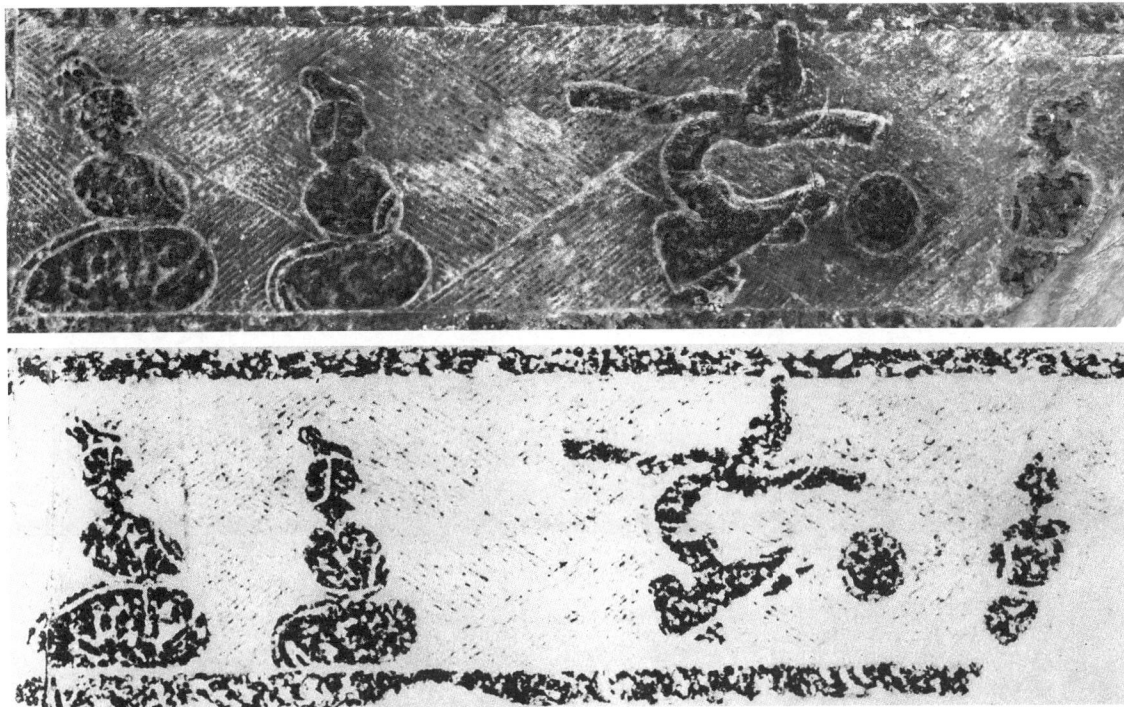

27、启母阙蹴鞠图

少室阙和启母阙都雕有蹴鞠画像。战国
时期齐国都城"蹴鞠"是比较流行的。它是
我国古代的一种足球运动，用以练武。

从中岳少室阙和启母阙雕刻的"蹴鞠图"
就可以得知，风靡世界的足球热，最早发源
于中国，席卷全球。

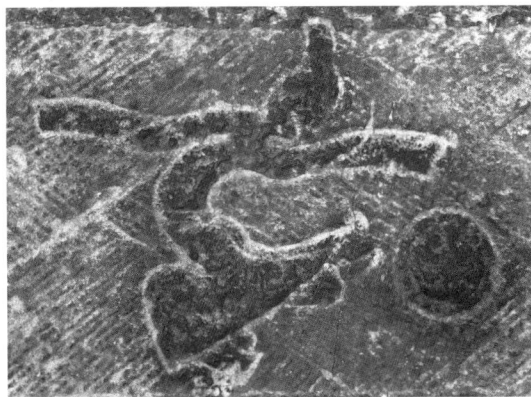

28、启母阙夏禹化熊图

启母阙雕有夏禹化熊的画像。禹体态肥胖，似人又似熊。周身用弧形线条表现，旁边两人注目观看，显示出惊诧的表情。这应是夏禹化熊的神话传说，事见《淮南子》。

嵩山一带是夏部落早期活动的地方，这里不仅流传着许多和夏族有关的传说，而且保留有不少和夏族有关的文物遗址。《史记·封禅书》载："昔三代之君皆在河洛之间，故嵩高为中岳，而四岳各如其方。"又说："夏禹都阳城。"1977年在登封县告成镇东北的战国遗址中，发现了印有"阳城食官器"的陶器及印有"阳城"二字的汉代筒瓦，证明这里的确是古阳城所在地。《左传·昭公十七年》郑子产云："昔尧殛鲧于羽山，其神化为黄熊，以人于羽渊，实为夏郊，三代祀之。"杜预注："鲧，禹父"。《礼记·祭法》也说："夏后氏亦禘黄帝而郊鲧，祖颛顼而宗禹。"可见夏人祀鲧的习俗由来已久。鲧死后化为鳖，鳖成了夏人的图腾，亦即夏人的族徽，逐渐又演化为祀鲧的神像。

29、启母阙常青树和龙

　　图中画一常青树，其右侧画一青龙。西汉画像中，画常青树者特多，这和汉代人们认为柏能驱鬼辟邪的习俗有关。《太平御览》引《风俗通》："墓上树柏，路头石虎。《周礼》方相氏入圹殴魍象，好食亡者肝脑，人家不能常令方相立于墓侧以禁御之，而魍象畏虎与柏。"《搜神记》："秦穆公时，陈仓人掘地得物，若羊非羊，若猪非猪，牵以献穆公。道逢二童子，童子曰：'此名为媪，常在地食人脑，若欲杀之，其柏插其首'"。《续博物志》所载与此相同，唯又说："由是墓皆植柏，又曰：'柏为鬼建'。"这是汉代画柏之俗的主要原因。

30、启母阙狩猎图

图中雕一马，马正向前飞奔，马上之人双手执筌（一椭圆形网状之物，捕捉猎物之专用工具），正反身回头捕捉猎物。

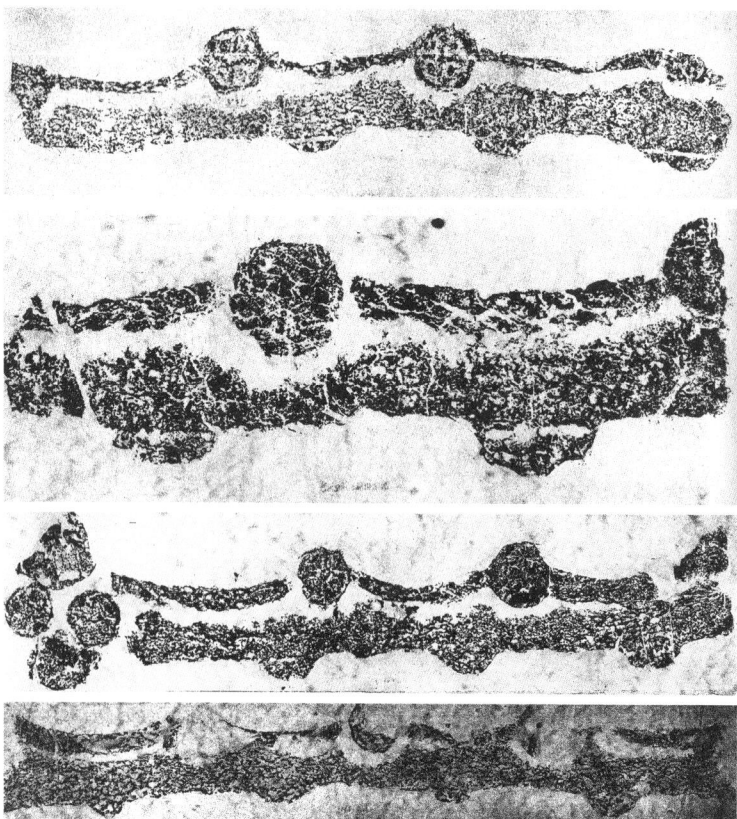

31、启母阙顶檐（瓦当）

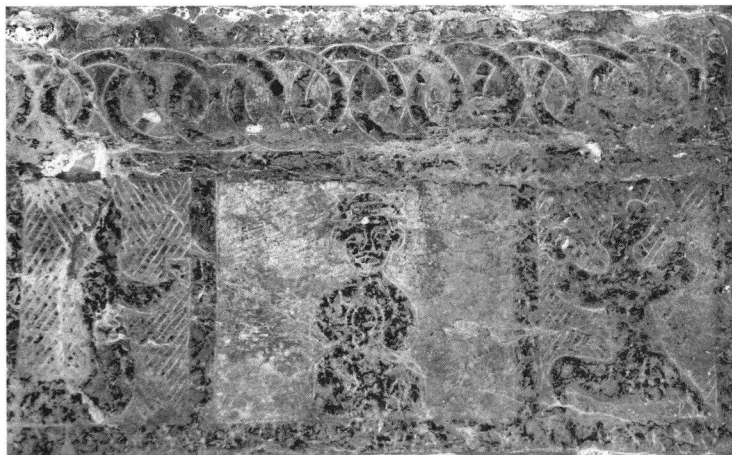

32、启母阙人物图

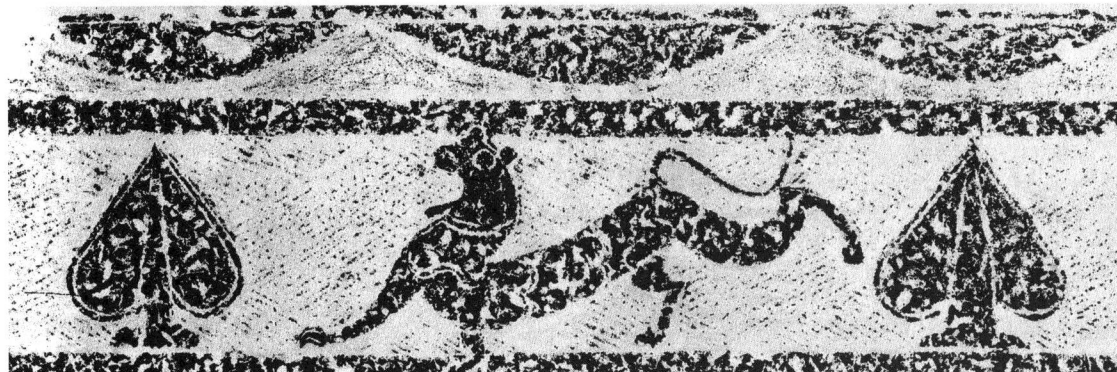

33、启母阙虎和常青树

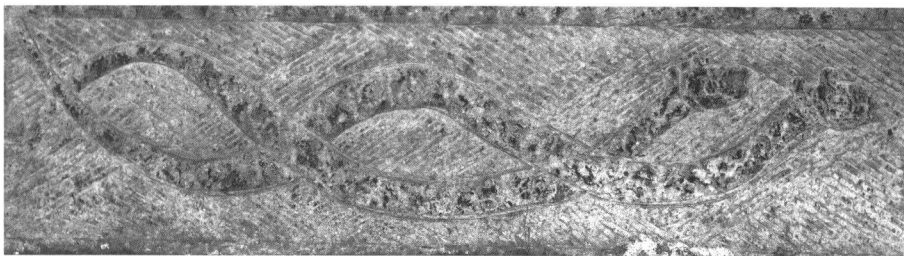

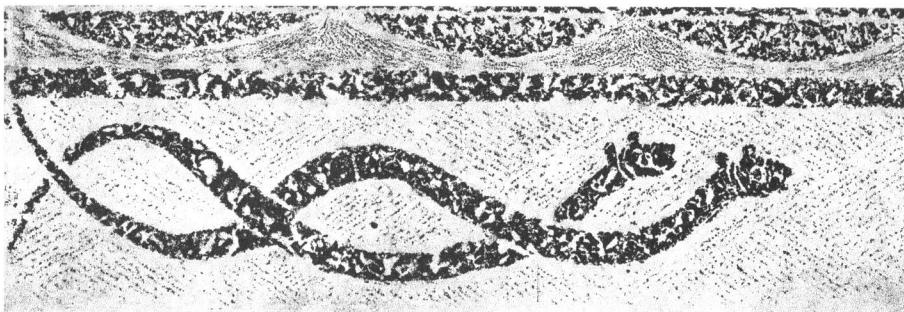

34、启母阙双蛇图

35、启母阙交龙穿环图

36、启母阙虎

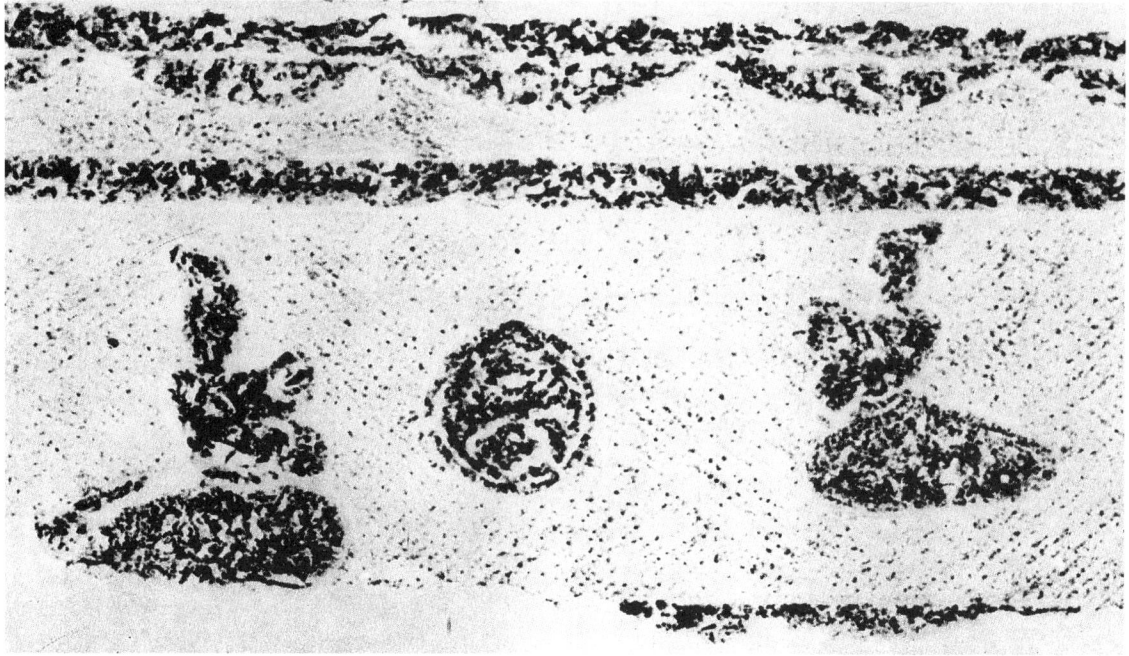

37、启母阙宴饮图

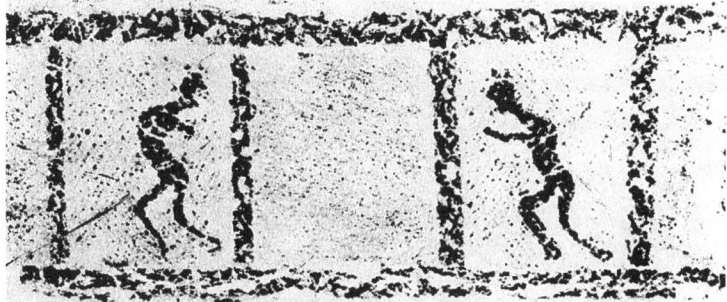

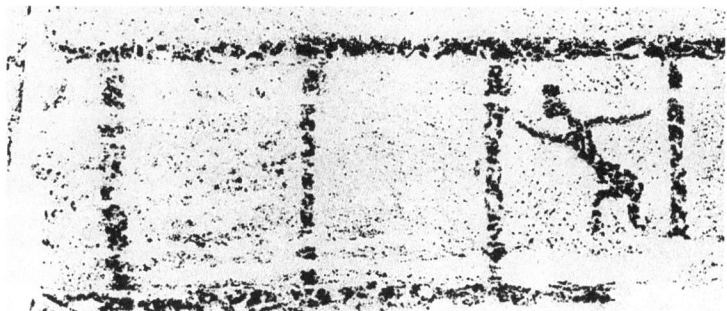

38、启母阙人物画像

39、启母阙进谒图

40、启母阙执牍人物图

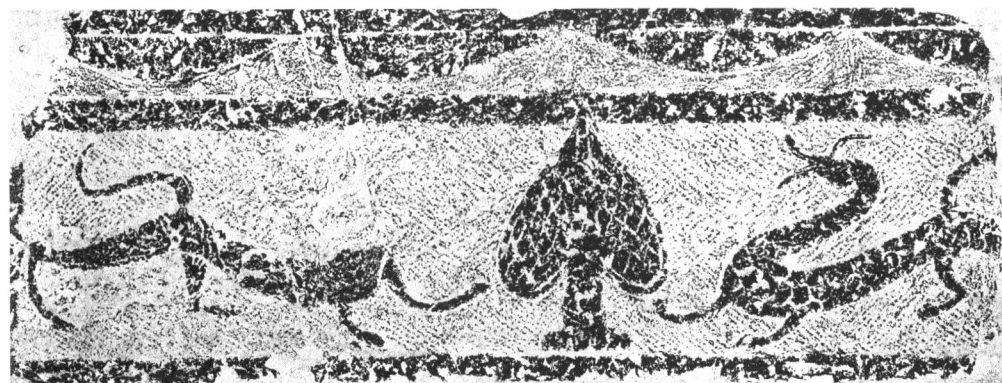

41、启母阙龙虎图

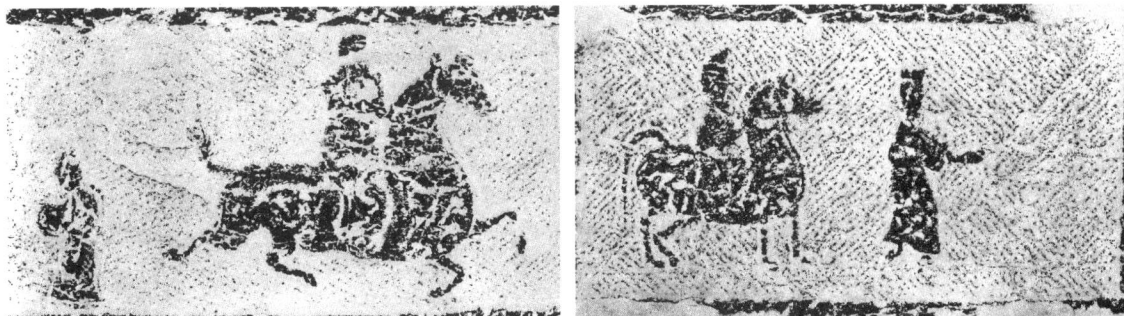

42、启母阙骑马出行图

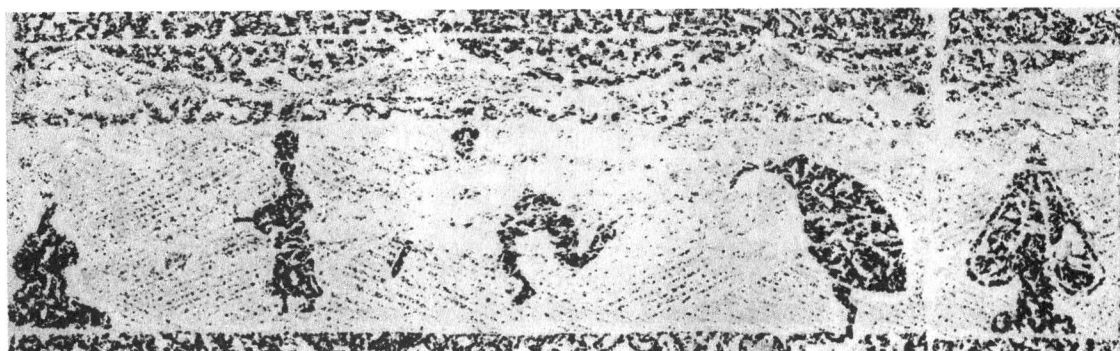

43、启母阙人和鸟图

44、启母石

八、河南登封市泰室阙

泰室阙建筑

泰室阙是河南登封市泰室山庙前的神道阙，竖立在泰室山南麓中岳庙门前 513 米的中轴线上。后来便成为历代中岳庙前导空间的重要建筑。泰室阙中心四点坐标为北纬 34°57′06.81″。东经 113°04′04.09″。"泰室"之名由来已久，《竹书纪年》云："虞舜十五年，帝命夏后，有事于泰室"。为何称为泰室？徐坚《初学记》云："谓之室者，以其下各有石室焉。"泰室山神的祠庙始建于秦，称为泰室祠。《汉书·郊祀志》："及秦并天下，令祠官所常奉天地名山大川鬼神可得而序也。于是自崤以来，名山五，大川祠二。曰泰室。泰室，嵩高也。"又《汉书·武帝纪》云："翌日亲登嵩高，御史乘属，在庙旁吏卒咸闻呼万岁者三。登礼罔不答。其令祠官加增泰室祠，禁无伐其草木。以善下户三百为之奉邑，名曰崇高，独给祠，复亡所与。"秦代建的祠

究竟在何处？今已无考。武帝时改为秦室山庙，《汉书·地理志》云：崇高县"武帝置以奉泰室山，是为中岳。有泰室、少室山庙"。庙址可能即在秦泰室祠旧址上。东汉时的庙址在哪里？众说纷纭。韦行伶《新修中岳中天王庙记》云："厥后无魏徙庙于岳之东南。"清人景日吟、洪亮吉等认为"岳之东南"即今之玉案山。1964 年实地调查，砖瓦皆无，踪迹渺然。金人黄久约撰《重修嵩山中岳碑记》云："旧有庙在东南岭上，年祀绵貌莫知其经始之由。魏大安中徙于神盖山，唐开元间始卜于此"。神盖山即今之黄盖峰，在中岳庙中轴线之北最高处。从多方面考察，今庙址应是东汉安帝时的庙址。这可从现存的泰室阙和同时雕造的一对石翁仲仍立于庙前两侧得到证明。泰室阙建于何时？从阙铭可知系阳城县长吕常汉元初五年（公元 118 年）

河南泰室阙 1

河南泰室阙 2

河南泰室阙 3

河南泰室阙 4

河南泰室阙 5

建造，以青灰色石块砌筑，说明汉安帝以来庙址没有大的变动。庙的规模自秦汉以来，随着历代帝王对岳神的封祀，不断增修扩建，以唐宋时最为宏伟壮观，到明末崇祯大火，清顺治十年重修，基本恢复了宋金时期的布局和规模。

中岳汉三阙，均是用雕琢的石块垒砌而成的石阙。三阙的结构基本相同，泰室阙保存较好。泰室阙分东西两阙，阙间相距675厘米。东阙通高392厘米，西阙通高396厘米。两阙结构完全相同，由阙基、阙身、阙顶三部分组成。每阙又分正阙和子阙，正阙和子阙阙身联成一体，从立面看正阙高、子阙低；正阙在内，子阙在外。阙身石面除镌刻有铭文外，其余均以石块为单位雕刻画像。在东阙南面，第三层左两边画一瘦小人相对跪拜。五层左有一兽似熊，小眼，圆耳竖起，长鼻半卷，短尾，可能是貘。六层左为菱形穿环。七层左刻一人着上襦系长裙挽袖跪坐，双手托一盘，盘内置卵状食物。右侧为二鸟交尾。东阙北面三层左刻一兔，作惊惶逃奔状。四层左中刻一常青树，右一鸱鸮昂首张望。左一人戴平帻，伸臂迈腿，似为追逐鸱鸮。右刻一猛虎。五层左刻一人，戴尖顶帽，右手执剑于腰间，半蹲交足欲舞状。中刻一兽人立，下垂小尾，可能是鲧的形象。六层左刻一龙，右刻玄武。东阙西面第三层刻双亭，为重檐四阿顶小亭，柱下有圆形柱础。七层刻铺首。西阙南面，第二层刻圆点纹图案。第三层，

左刻一马驾轺车，车后一骑吏，为车马出行图。第四层左刻一天禄，昂首扬尾，作奔跑状，一人在马背作倒立姿势，体态轻盈，形象健美。第五层左起一人，戴冠着长衣正襟危坐，颌下有须，双手合于胸前。一人戴冠着斜襟长服，腰系带，双手拱于胸前作跪拜状，右一人侧身向左跪拜，似为婢仆。第一层刻一鲤鱼。西阙东面，第四层左上角有"嘉庆十三年阮元来观阙下"刻字。第五层左侧有近人题字。第七层刻铺首。西阙北面第三层左刻一人头戴平帻，身着长衣，肩扛一棒物，似为金吾。一人骑马，头戴平帻，帽檐上卷，穿斜襟长衣。右刻隶书阙名。第四层中刻一头戴冠，体似鳌，前肢上举，下肢半蹲，显露短尾，似是鲧的形象。第四层右雕一张口扬尾，足踩一物，或是鬼魅和旱魃。第五层左刻一朱雀，头尾皆饰有飘动的羽，展翅飞舞。第七层左、中刻一鲤鱼，两侧各刻一长啄高足的水鸟。右刻一龙，昂首张口，作奔走状。西阙西面，第三层刻三座二层楼阁，中间有长廊相连，四周有木栏围护。置有楼梯，柱下有础，为四阿顶式建筑。第四层，中刻一常青树，树顶一人挽髻倒立，姿态健美。第五层刻一鸟。第六层雕三尾鲤鱼头相叠。第七层刻一人头挽双丫髻，着长衣，有双翼。

关于泰室阙的名称，不知何时改为"太室阙"。泰室阙上有"中岳泰室阳城"六字篆书，我们编此书时，恢复了它原来的名称。

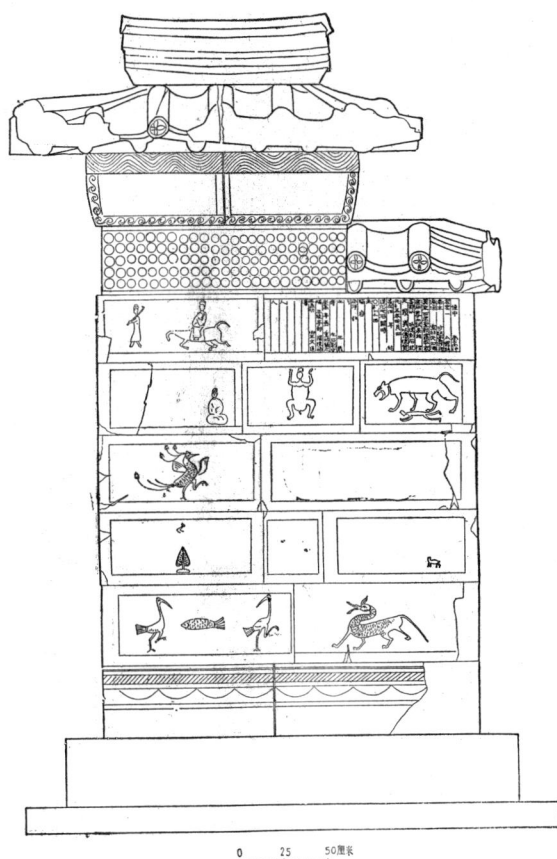

泰室西阙北面

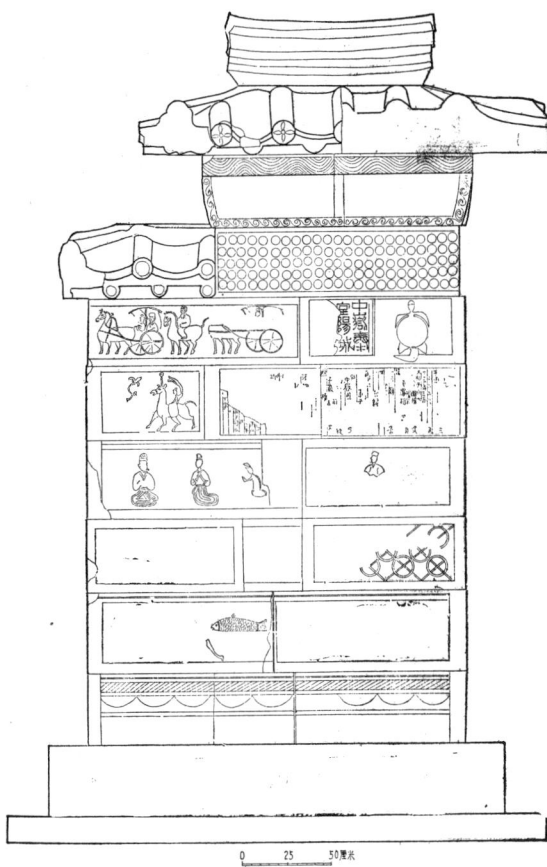

泰室西阙南面

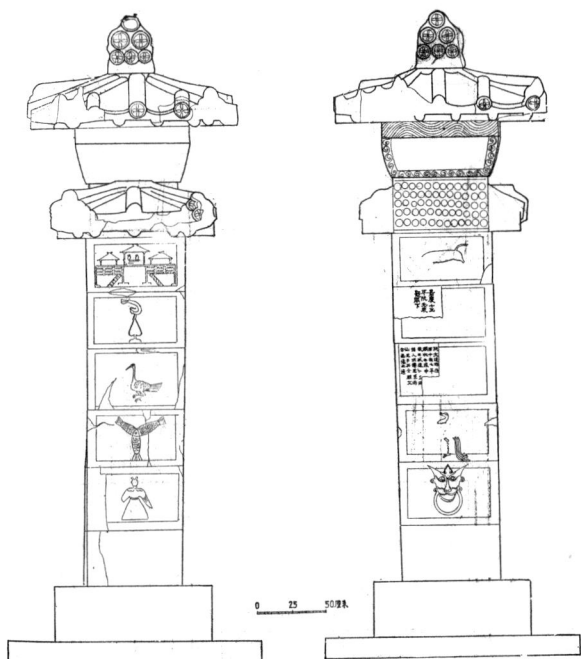

泰室西阙西面　　　　泰室西阙东面

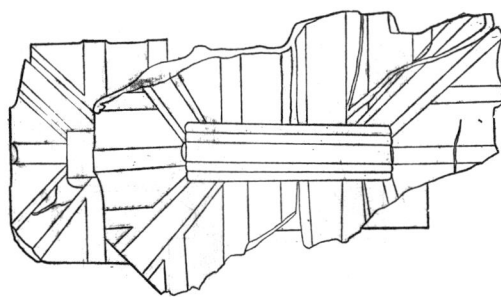

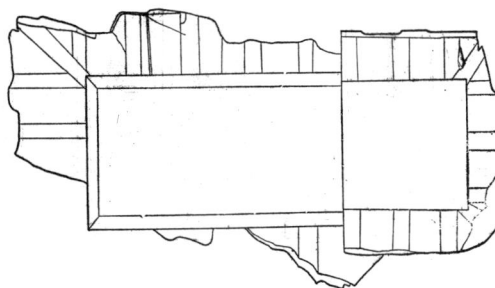

泰室西阙俯视图、仰视图

中国汉阙全集

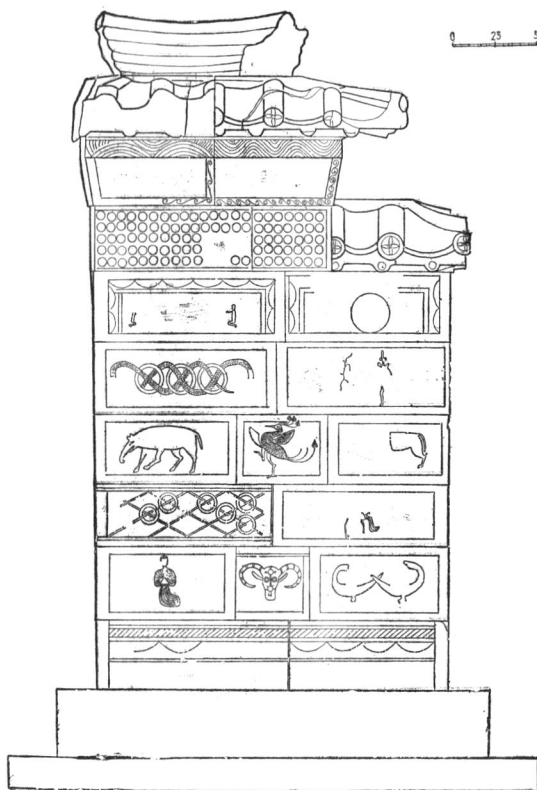

泰室东阙南面

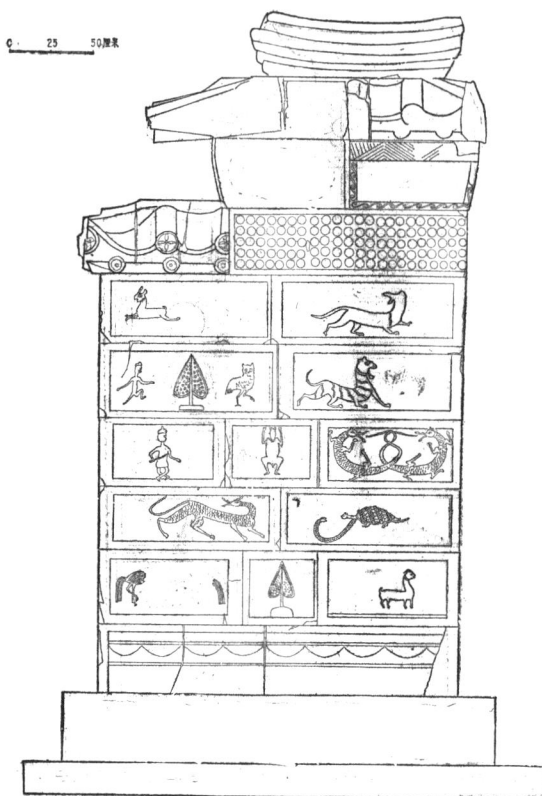

泰室东阙北面

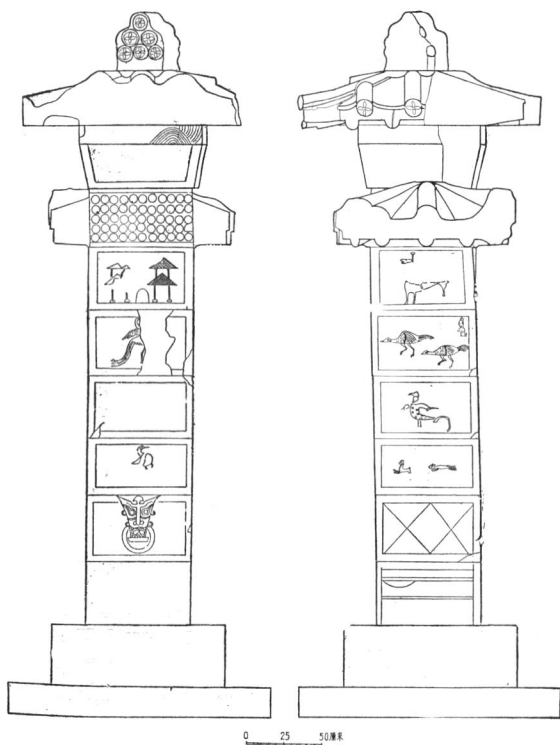

泰室东阙西面　　　　泰室东阙东面

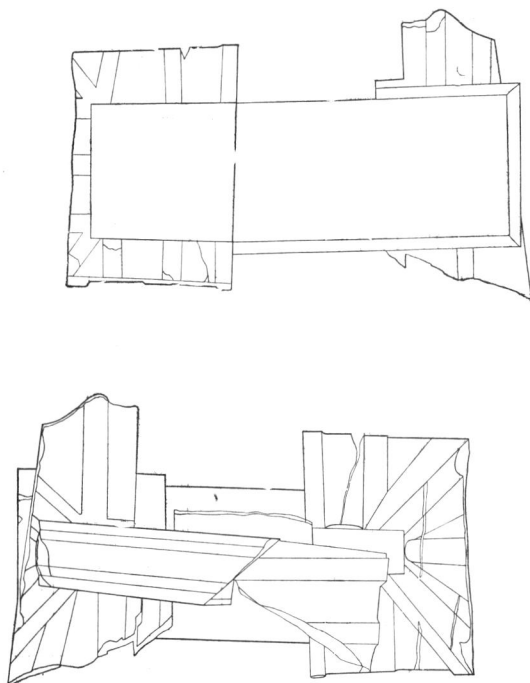

泰室东阙仰视图、俯视图

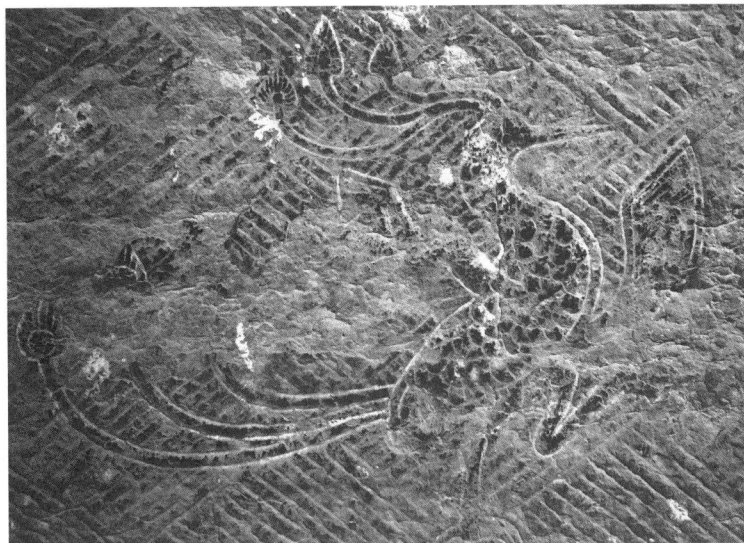

1、泰室阙朱雀

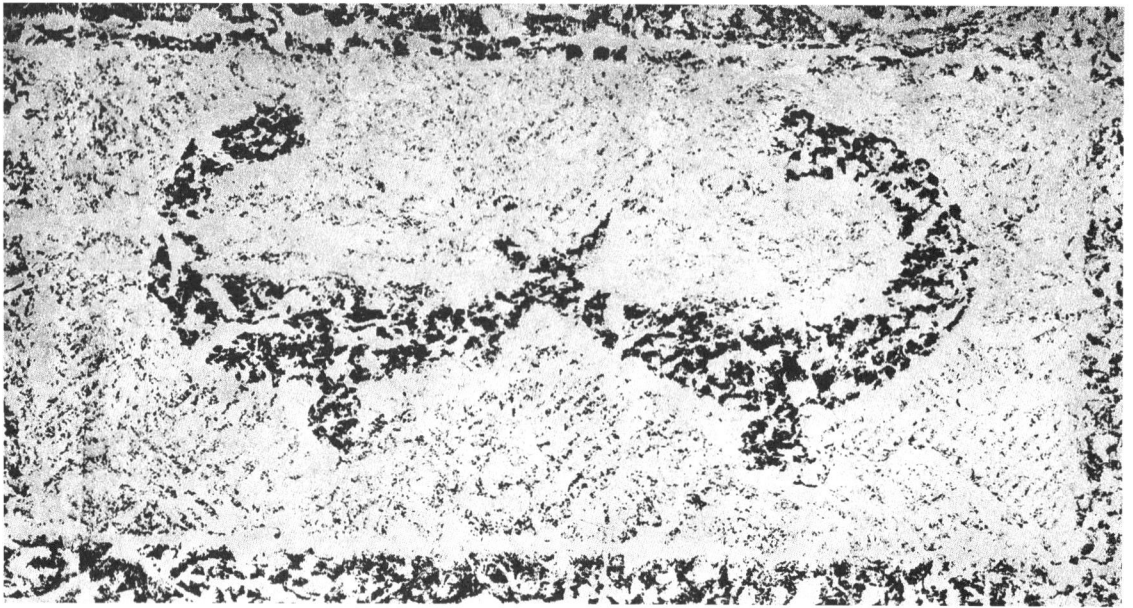

2、泰室阙双鱼图

图中画两鱼，左右均将头弯向中间，形
成对称装饰图案。

3、泰室阙羊头画像

4、泰室阙饲鸡图

图中有两只鸡，正
张着嘴，往饲鸡人的面
前跑，右侧为一饲鸡人，
手中拿着粮食撒在地上
喂鸡。

5、泰室阙交龙图

图中绘有两只交龙，均从左右把头伸向中央，龙尾两次交缠。双龙均龙口大开。此图装饰性强，大方美观。

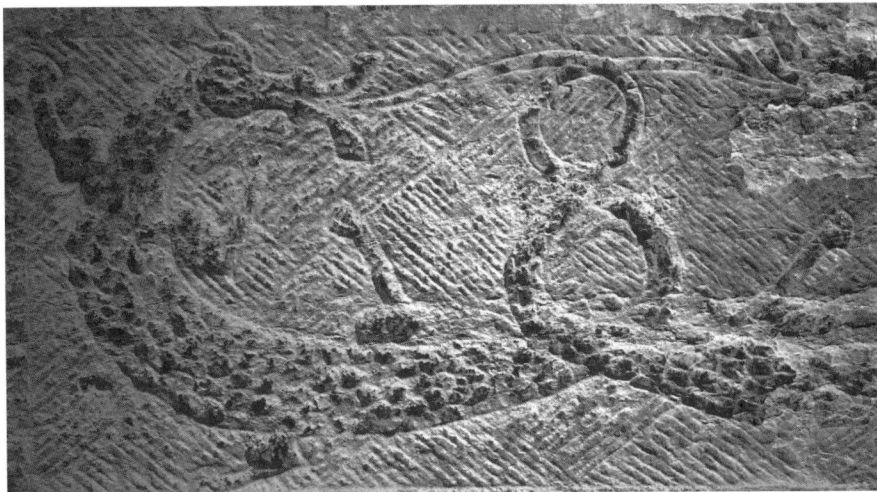

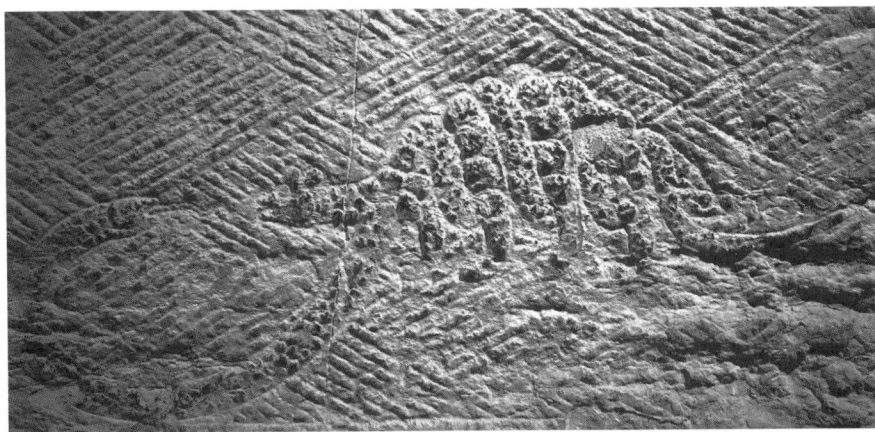

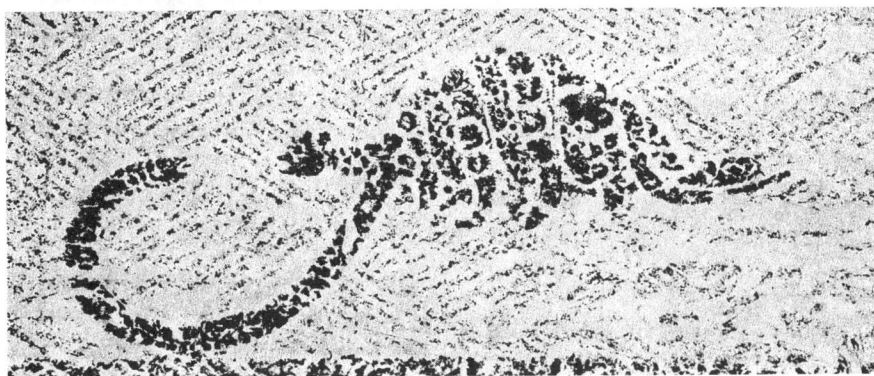

6、泰室阙玄武图

图中刻一蛇缠乌龟，蛇与龟正欲亲近状。此图是玄武。

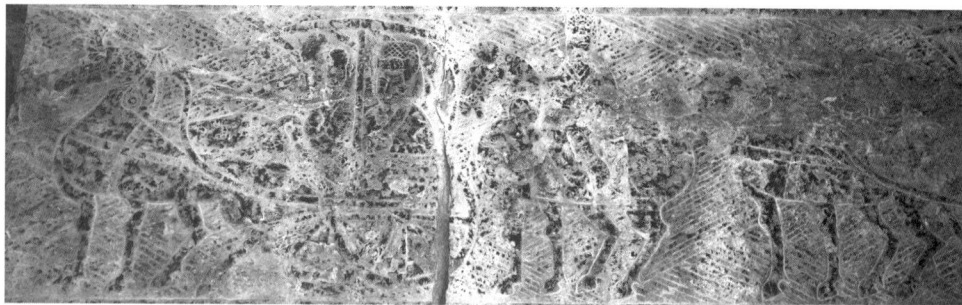

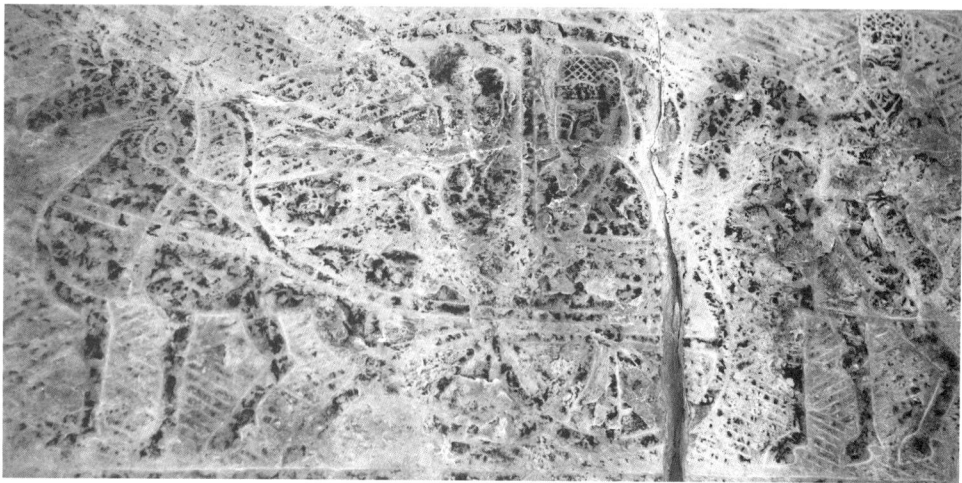

7、泰室阙车马出行图

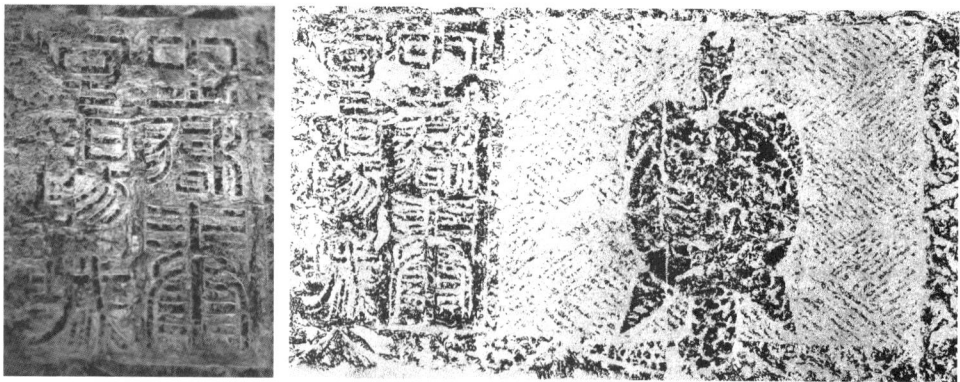

8、泰室阙阙名和鲧画像

　　图中左侧刻泰室阙名篆书“中岳泰室阳城”。二行，行三字。铭文之右为鲧之画像。其画像如巨鳖，其位置在泰室阙的显著位置。

此图像可能是夏禹的父亲鲧的神像，即夏氏族的图腾之一。鲧是虞时的治水官，属于鳖图腾氏族的一位酋长。

9、泰室阙铺首

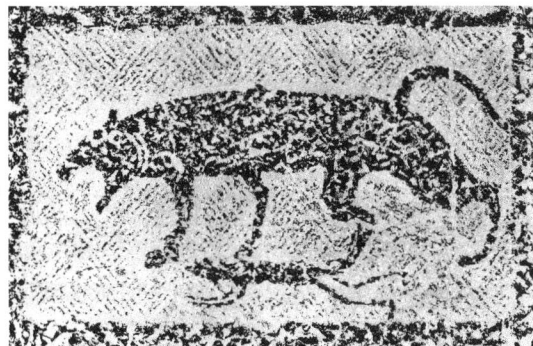

10、泰室阙虎食鬼魅图

图中画一大虎，虎正张开大口，尾巴翘起，缓缓前行，在虎的脚下有一人，趴在地上，这可能是张衡《东京赋》所说的虎食鬼魅的故事。"度朔作梗，守以郁垒，神荼副焉，对操苇索"。薛综注曰："东海中度朔山有二神，一曰神荼，二曰郁垒，领众鬼之恶害者，执以苇索而食虎。善曰《风俗通》曰，黄帝书，上古时有神荼、郁垒昆弟二人，性能执鬼。度朔山上有桃树，下常简阅百鬼，鬼无道理者，神荼与郁垒持以苇索，执以饲虎。是故县官常以腊祭夕饰桃人垂苇索，画虎于门，以御凶也。"这幅画所表现的，正是虎吃鬼魅的情景。

11、泰室阙常青树上倒立图

13、泰室阙楼阁图

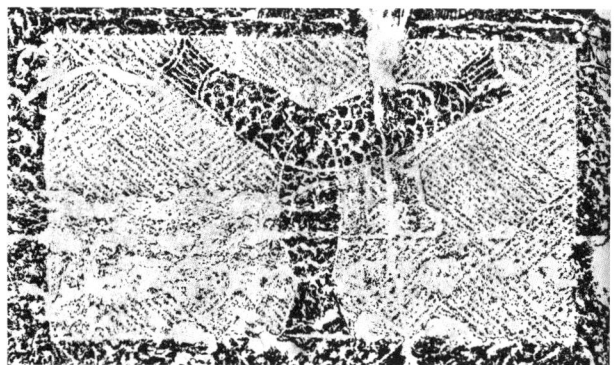

14、泰室阙三鱼共头图

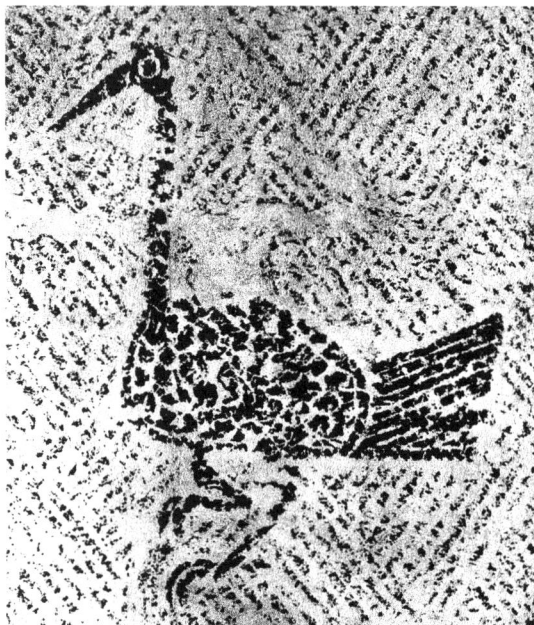

12、泰室阙水鸟图

15、泰室阙羽人画像

16、泰室阙跪坐人物画像

18、泰室阙兔画像

17、泰室阙逐兔图

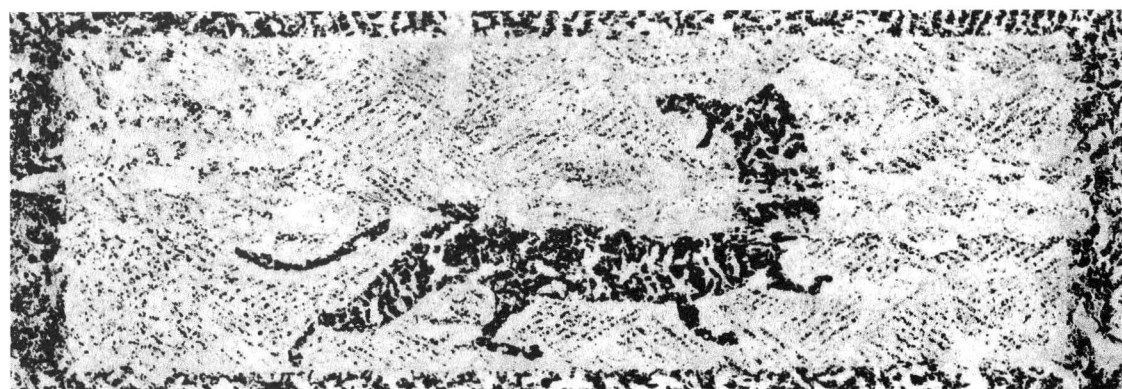

19、泰室阙虎画像之一

图中刻一虎，虎正向前方行走姿势，虎头反后伸去，窥视后方，虎嘴中吐出长舌，炯炯有神。

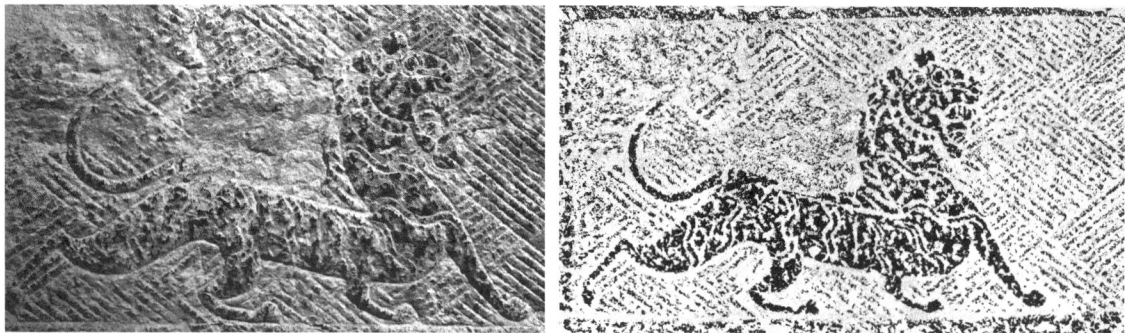

20、泰室阙虎画像之二

21、泰室阙貘画像

泰室阙雕有一幅貘的画像，貘喜欢食植物幼枝嫩叶，善游泳，栖息在热带密林多水的地方。主要产于泰国、马来西亚、苏门答腊及中南美洲。中国古代四川也产貘。《说文》："貘，似熊而黄黑色，出蜀中。"但非汉代民间之常见动物，可能和上林苑的象一样，是由蜀中或泰国或西域辗转运入内地，汉代视为瑞兽刻在阙上。汉画中雕貘，实属罕见。

22、泰室阙交龙穿璧图

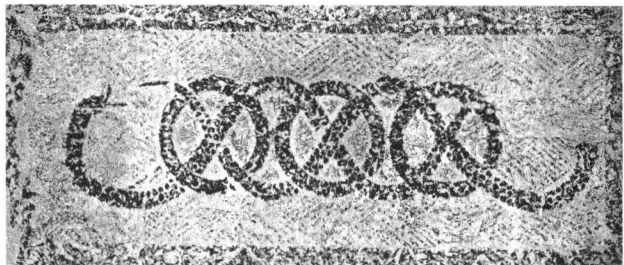

图中雕二龙头向上，尾盘卷相交的图像，这可能是汉代"交龙为旗"的象征。交龙的图形是古代旗帜上常用的一种图徽，《周礼·春官·司常》："司常掌九旗之物名，各有属，以待国事。日月为常，交龙为旂……王建大常，诸侯建旂。"可见交龙是诸侯的标志。长沙马王堆一号汉墓出土的帛画，以及南阳汉画像石中都有这种图形，这是用以丧葬的证明。祭祀天地山川鬼神是否用旗呢？据《后汉书·祭祀志》："立夏之日，迎夏于南郊，祭赤帝祝融。赤旗服饰皆赤。"因此，阙上刻交龙可能和祭祀用旗有关。

中国汉阙全集

23、泰室阙舞剑图

泰室阙有舞剑的画面。《史记·淮南王传》："元朔五年，太子学用剑，自以为人莫及，闻郎中雷被巧，乃召与戏"。至于《史记·项羽本纪》所载鸿门宴上"项庄舞剑，意在沛公"的故事，更是尽人皆知。

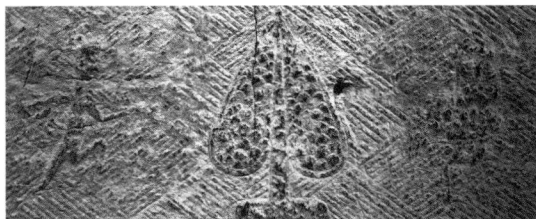

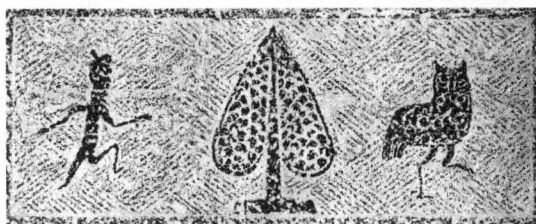

24、泰室阙捉鸱鸮图

图中刻一常青树，左刻一人，头饰髻，裸体，正作往前追赶状。常青树右侧绘一鸱鸮。鸱鸮就是民间俗称的"猫头鹰"，汉人也叫枭或枭鸟。鸱鸮是常在夜间觅食的猛兽，商代人把他当作梦神或黑夜的主宰者，因此，不少彝器的造型和装饰花纹多以鸱鸮为题材。但到了战国以后却被人们认为是不祥之兆，汉代人更认为它是"食母"的"不孝"之鸟。《尔雅·注疏·释鸟》：枭鸱，邢昺疏云："食母不孝之鸟，故冬至捕枭磔之"。当时人们还把鸱鸮和凤凰对比作为愚恶的代称。

25、泰室阙鲧画像

泰室阙南面和"中岳泰室阳城"篆书题额相连的一幅画像，刻有一巨鳖，其位置相当显著。另外还有两幅画面各刻一似人似鳖的动物，这可能是夏禹的父亲鲧的神像，也即夏氏族的图腾之一。鲧是虞时的治水官，属于鳖图腾氏族的一位酋长。阙上刻鲧的神像，应是远古图腾信仰习俗的反映。

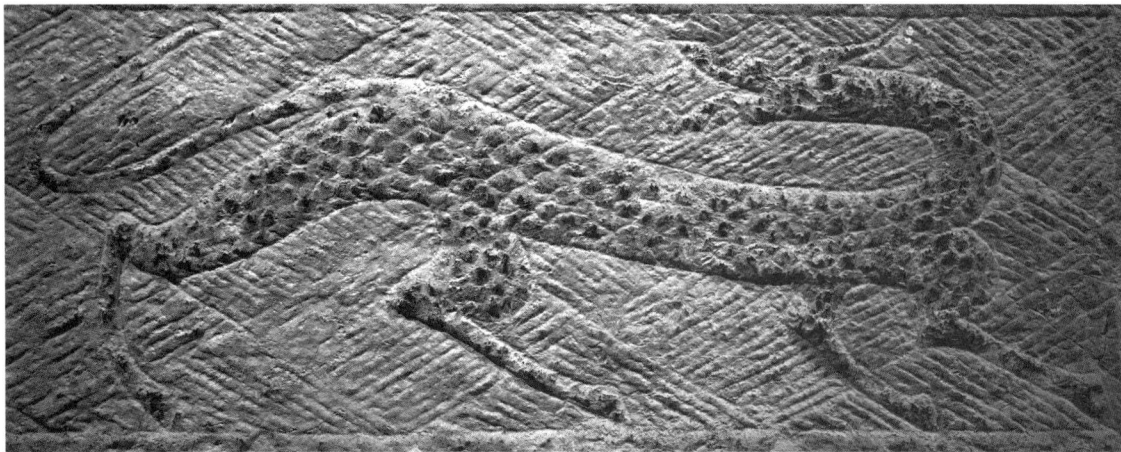

26、泰室阙青龙画像

27、泰室阙獐画像

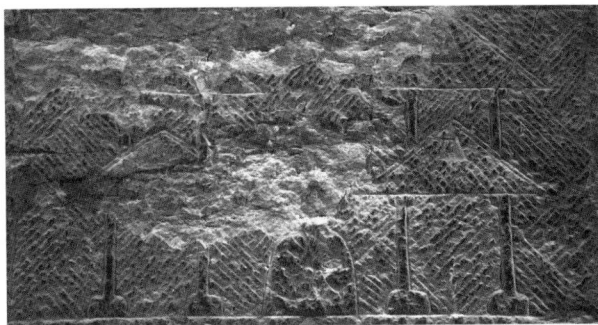

28、泰室阙双亭图

图中雕有一对亭子，左侧的亭子已残。双亭为两层，双亭之间，刻一圆门。

29、泰室阙杂技倒立图

泰室阙和启母阙都雕刻有倒立的画像，倒立也叫逆行或掷倒伎。从现存汉代笔画、画像石和画像砖上的图像可以知道，汉代不仅有地上倒立、案上倒立或马上倒立的，还有在酒樽上倒立跳上跳下的多种技巧表演。这种杂技魏晋以后仍相当流行。翟颢《通俗篇》说："《通典》掷倒伎，即倒而舞也。晋咸康中，散骑侍郎顾臻表曰，末代之乐，设礼外之观，逆行、连倒，足以蹈天，头以履地，反天地之顺，伤夕伦之大，乃命太常罢之。"唐《乐录》："睿宗时婆罗门献乐舞人，倒行以足，舞于极镊锋刃，旋自绕乎，百转无已"。从泰室阙这幅图案化的树形来看，未必是实物，很可能是一种道具，即如现代杂技中的软功叼花。这样的杂技，至今仍是我国杂技的传统节目。

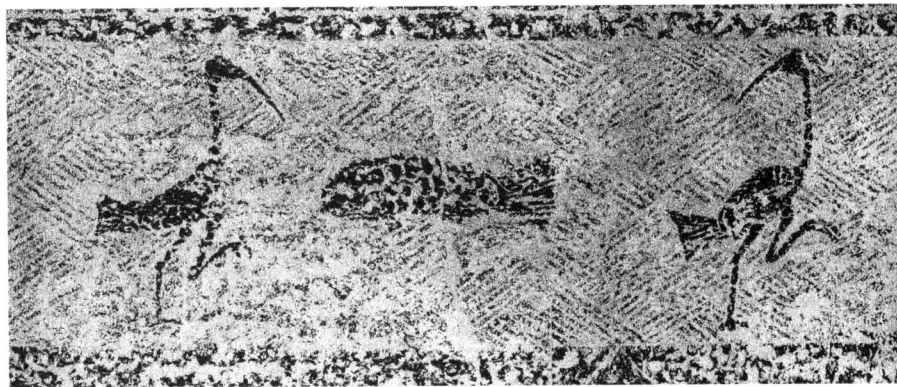

30、泰室阙水鸟啄鱼图

图中绘两只水鸟，一爪缓缓抬起，即欲前行，前方有一鱼，此图是水鸟啄鱼之生动场景。

31、泰室阙拜谒图

32、泰室阙常青树图

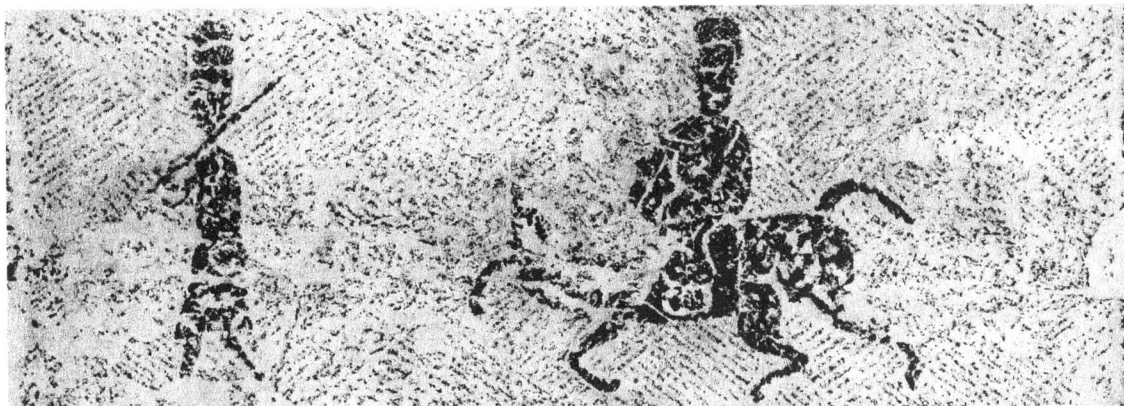

33、泰室阙骑马出行图

34、泰室阙圆圈纹

35、泰室阙顶檐

36、泰室阙上部

九、河南正阳县正阳阙

正阳东阙

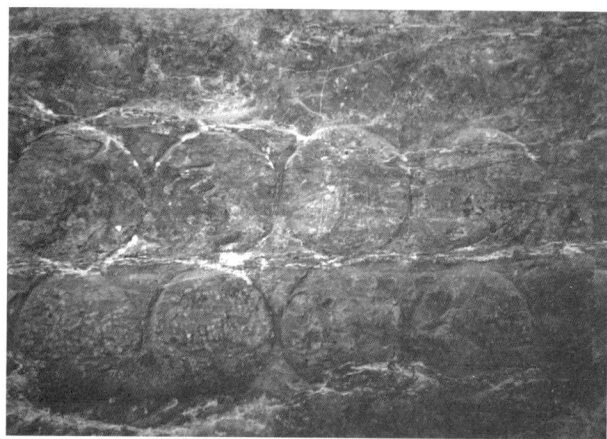

1、正阳阙菱形纹及圆圈纹

2、正阳阙子母阙顶部

3、正阳阙耳阙瓦垄

正阳阙，旧称望乡台，在河南正阳县东南上陵园的南隅，现存东阙，据《正阳县志》记载："望乡台在城东关外，东狱庙前，有石壁似是古代石阙之左部。"西阙不知毁于何时。正阳阙为重檐四阿顶子母阙，用青石十三层，由阙基、阙身、阙顶三部分组成，主阙通高425厘米，子阙高305厘米。阙基3层，作阶梯式。阙身母阙为10层，子阙砌石8层，阙身正面和背面正中有一壁龛，可能是嵌阙铭和题款石的地方，现已空缺。阙顶有屋脊、瓦当、瓦垅，完全仿木结构建筑。阙身上的画像、纹饰、图案，仍隐约可辨，

阙的东、南两面刻有人物、牛、虎和钱币纹图案。东侧第六层石上，中间刻三行圆形纹，上下两行四组为菱形纹，四周勾云纹。余皆漫漶不清。据宋欧阳修《集古录跋尾》卷二载，此阙为"永乐少府贾君阙"。永乐即永乐宫，东汉时期置永乐宫只有两次，第一次只置了两年就废了，第二次为东汉灵帝建宁二年（公元169年）四月再次设置，至中平六年（公元189年）五月孝仁皇后死废止，期间有20年，由此推测该阙应建于公元169～189年之间，是为任职在灵帝母后董太后（孝仁皇后）所住的永乐宫中之"贾君"所建之墓阙。

4、正阳阙主阙侧面

5、正阳阙耳阙侧面

十、四川雅安市高颐阙

高颐阙题名

在雅安市城东的姚桥（原名孝廉乡），背依金凤山，前临青衣江，与雅安八景之一的金鸡关遥相对望。左右阙俱存，其间相距13.6米，方向为偏东12度。此阙石质为红砂石。阙前有石辟邪一对，劲健古朴。二阙间为高君颂碑，碑首半圆形，镌蟠龙，碑座方形，刻二龙相向，龙尾跷于座后纠结。碑铭文隐约可见，记载高颐事迹及高颐阙的建造年代，此阙建于东汉建安十四年（公元209年）。高颐阙后有高颐墓，距阙163米。有墓碑，碑文"汉孝廉高颐墓"。

左阙，现存主阙，耳阙已失去。其阙有台基。阙身，由四层石材组成，皆整石，通高260厘米。背面三柱间刻四行二十四字隶书："汉故益州太守／武阴令上计史／举孝廉诸部从／事高君字贯方"。正面及右侧面柱间别无刻饰。在三面栏额上皆用减地平钑刻车骑出行图。

右阙，由台基、阙身、楼部和顶盖四部分构成，共有十三层石材，通高590厘米。阙身为四层整石，背面三柱间栏额上刻四行二十四字隶书："汉故益州太守／阴平都尉武阳／令北府丞举孝／廉高君字贯光"。其余两面柱间无刻饰。在三面栏额上刻车骑图，主车在正面，整个行列连耳阙共六段，作出行状。楼部，由四层石材构成。第一层，一周栌斗六垛，下接于阙身六柱。正背面居中枋头间各出一铺首，正面兽头衔鱼，背面兽头衔蛇。四隅刻角神。右前为力士，裸全身。正面三柱间有浮雕，右一人侧卧，手握剑，为"高祖斩蛇"故事。左侧一人大锤击虎，为"博浪沙椎击秦皇"故事。背面斗栱间浮雕为"三足乌、九尾狐"。另一组一树两鸟为"黄帝遗玄珠"故事。左侧面斗栱间一人抚琴，一人倾听，天上下飞两鸟，为"师旷抚琴"故事。右侧面斗栱间一墓丘，墓前一树挂剑，一人鞠身以手拭泪，此图描绘的是"季札挂剑"的历史故事。第三层，用减地平钑刻蔓草仙禽异兽纹饰。第四层，刻一门半开，一女子双髻，长服，右手扶门，探半身门外，作聆听状。门外右边，一人长跪，戴高冠，着宽衣大袖，右手执旄，左手举鸟，作奉献与叙说状。其后一人光头，大面，巨眼，裸上身，背生双翼，两手握物上举，下

雅安高颐左阙　　　　　　　　　　　　雅安高颐右阙

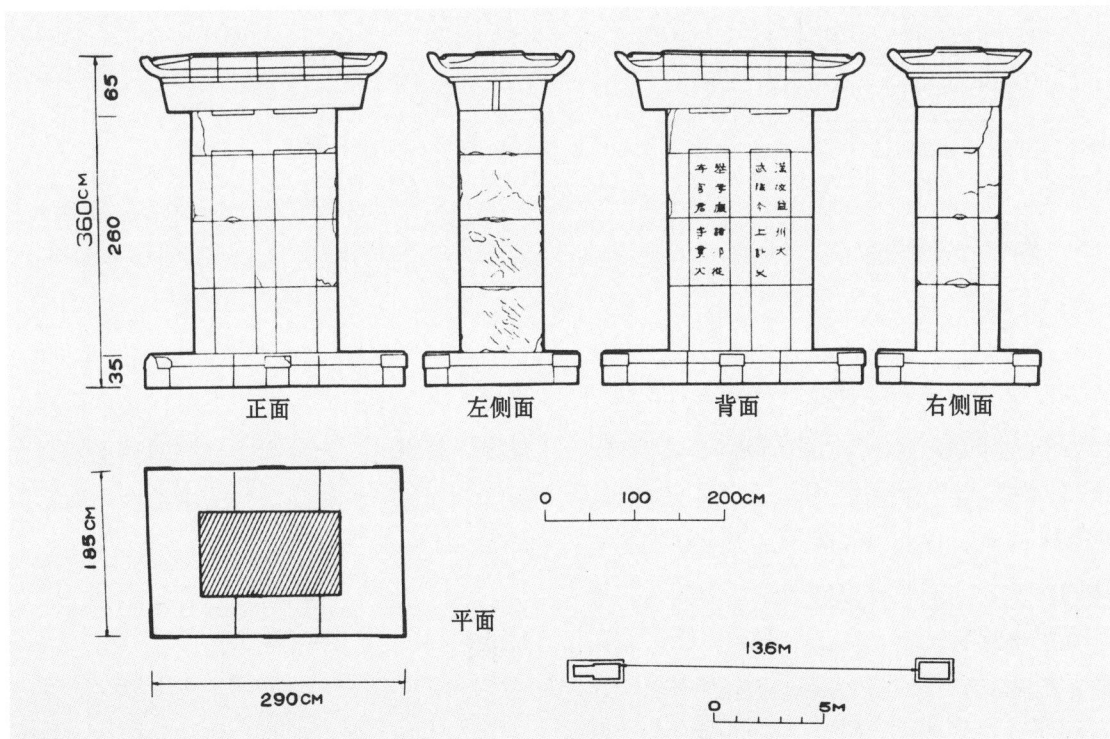

正面　　　　　左侧面　　　　　背面　　　　　右侧面

平面

雅安高颐阙左阙（包括左右阙距离）

身短裤和长靴，应是所谓的"夷人"。门外左边，也有两人。前一人椎髻，上衣窄袖，衣长不及膝，长裤，着靴，右手执长竿，左

手捧物。后一人衣带飘飞，带剑，左手也执一长形物。从两人的头饰和服装来看，一为"夷人"，一为汉吏。以上五人组成"谒见

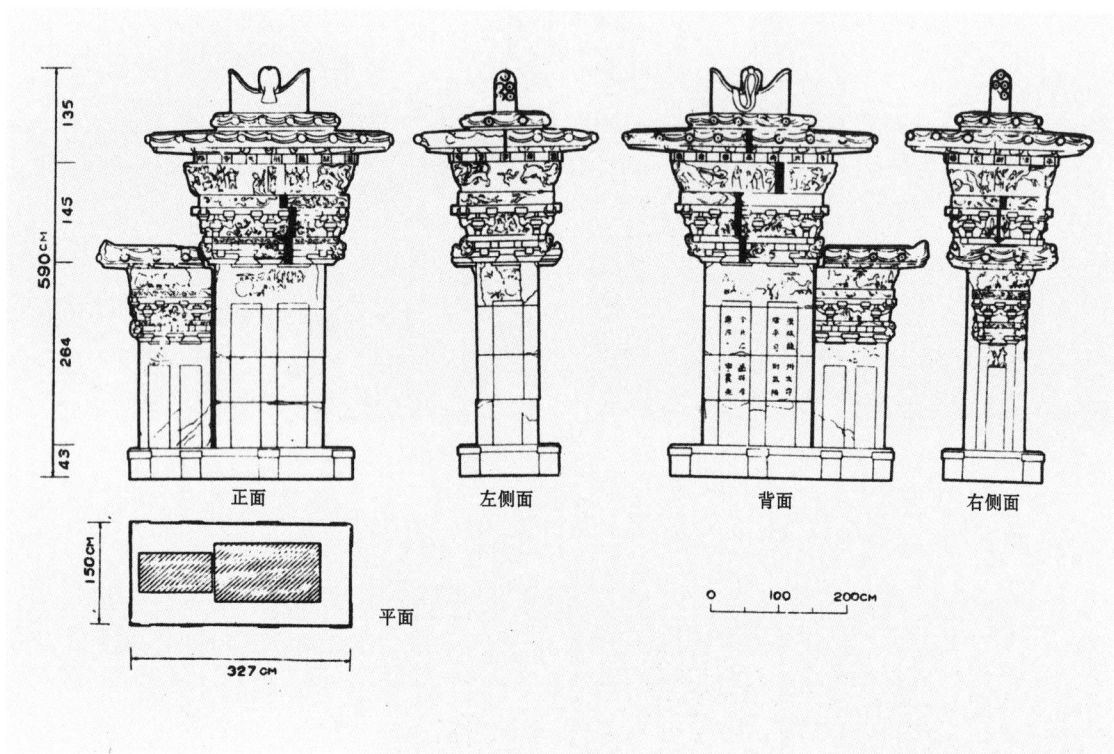

雅安高颐阙右阙线描图

进献方物图"。此层四隅有浮雕双龙，龙背立一似猴，左后角是双虎。右前角刻一马，马后一人作追赶状。右后角刻骆驼，露双峰。顶盖，由四层石材构成，第一层，高13厘米，宽238厘米，进深166厘米，为纵横相交出头的枋子，一周共露出枋子头二十四只，每只刻隶书铭文一字，共二十四字。铭文由正面左起往右，正面刻"汉故益州太守阴"，右侧面刻"平都尉武阳"，背面刻"令北府丞举孝廉"，左侧面刻"高君字□□"。第二层，为下檐，四方橼子间有雕刻，正面近左前角橼间阴刻一鸟，角橼上缠绕一咬着此鸟腹部的蛇。正面近右前角橼间刻一鼠，一蛇绕角橼而出咬着鼠腰。背面、左侧还刻蜂

房、鱼。再上为瓦垄、角脊。第三层为上檐，紧接下檐，不露支撑面。上下檐构成重檐庑殿顶。第四层，为脊饰。脊饰两端上部刻五圈纹，与瓦当纹略同。脊饰中部栖一鹰，头向北，嘴衔绶带。

耳阙

台基以上现存阙身、楼部和顶盖，脊饰失去，共有六层石材，通高294厘米。阙身为一整石，高160厘米，宽106厘米。

背面额上刻卷草纹，右侧面刻二人，皆长衣阔袖，去冠，立髻。一人挥剑进击，另一人作避让状。楼部，由四层石材构成，第

一层，纵横枋层，右后角角神戴平帽，着衣、赤足，右手托枋，左手撑足。第二层，三面各刻斗栱两垛，正面栱下刻三足乌、九尾狐，背面刻一羊，正咬食一株三叶植物。第四层，呈斗形，此层与主阙栏额平齐，所刻系与主阙车骑仪仗行列紧密连接。顶盖有檐石一层，其所刻与主阙相同。

此阙有铭文两处，其一，在檐下枋头；其二，在阙身背面柱间。旧金石学家所收多属阙身拓本，每不知有前者。阙身铭文有几个问题：其一是左阙铭文有"武阴令"，查汉地无武阴县，何来县令？其二是左铭文"贯方"，右铭文"贯光"，是否此阙分属两主？查洪适《隶释》说："予所见六十年前石刻，贯字旁刻云：'缺一字'，近世所见乃有以'光'字补之者。此阙虽无颐之名，而阴平、北府皆见之碑志可据。则两者皆高颐之阙也。"由此可见，"光"字为宋人所补。一阙两主之说，洪适是不赞成的，但是他还不知道枋头铭刻之事。在枋头刻铭文，汉代大概是比较流行的。现存的绵阳杨氏阙和已毁的新都王稚子阙都在枋头刻铭，而阙体其他部分就不再出现同样的铭文了。其实，只要比较此阙两处刻字，不难判别枋头铭文是汉代原刻，阙身柱间铭文则是据枋头铭文翻刻，因而不仅刀痕较新，字迹也大失神韵。川中汉阙铭文刻阙身者，皆在正面，此文刻在背面不合汉制。此阙上铭文翻刻在宋代，并改"方"为"光"，据方志载，高颐有子，名直，亦有墓阙，今已无存。

高颐其人，不见记载，现存高君碑的文字全泐。据《隶释》及道光乙酉（公元1825年）姚鸿运所刻碑文（碑存阙前高颐祠内），知其先世由鲁地迁川，"建安十年（公元209年）八月卒官"。建阙当在这一年或稍后。高颐所任太守益州郡，为汉元封二年所置。其地大部分在今云南省境内。阙上所刻的"夷人"活动，正是阙主高太守的生活纪实。

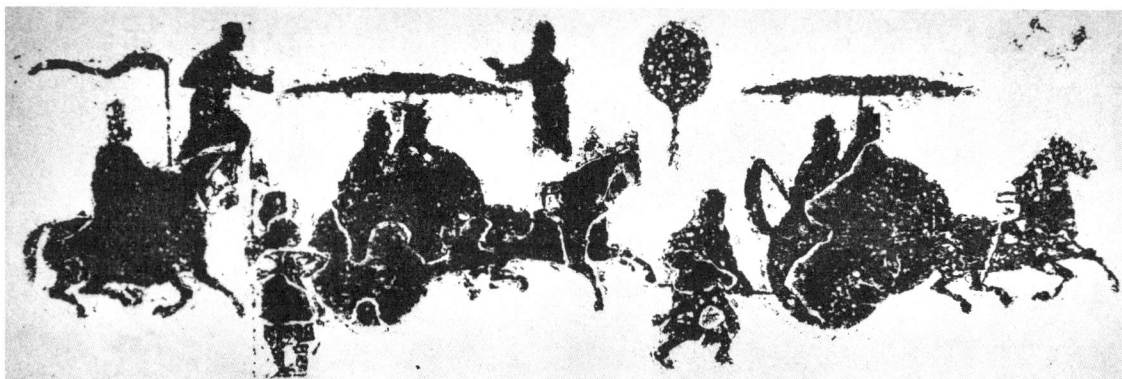

1、高颐阙车马出行图一

此图为高颐右阙主阙阙身背面刻车马出行图。图中刻两辆有盖辎车，每辆车后有伍佰和随从，左侧还有一骑吏，手执有幡，道路旁还有树木。此图造型美观大方。

2、高颐阙车骑出行图一

（上图为车骑出行，下图为辎车出行）

在高颐左阙阙身正面，用减地平铍刻车骑出行图，图中刻辎车，车前有开道伍佰十人和骑吏，车后还有骑吏。此图伍佰、骑吏众多。高颐为益州太守，系三千石以上官员，所以出行时的仪仗队人员众多。

3、高颐阙軺车出行图

图中刻一有盖軺车，车上二人，为主车。
其前后各有一軺车，均无盖。軺车由古时战
车演变而来，为一般官员出行时所乘之车也。

4、高颐阙车骑出行图二

此为高颐右阙阙身正面所刻之车骑出行
图，图中两马驾一軺车，车前有伍佰八人，

车后有骑吏和随从，跟车前行。此为三千石
以上官员出行时之场景。

5、高颐阙辎车与骑吏图

右阙上为"辎车与骑吏"，下为"车骑出行"

此图为高颐右阙耳阙楼部正面刻辎车与骑吏图。图左两马驾一辎车，车前为骑吏，

由于石刻风化，画面漫漶不清，隐约可见三排骑吏，每排有马二至三四，浩浩荡荡前行。

6、高颐阙车骑出行图三

7、高颐阙车马出行图二

8、高颐阙献礼图

　　此为高颐右阙楼部上层正中刻献礼图。图正中刻一半开门，一女童显露半身，门外左右为请求谒见的介引者和献物者，手中多持一物，有着汉人服饰者，也有似西南夷服装的。

9、高颐阙周公辅成王图

　　此图为高颐右阙主阙楼部背面刻"周公辅成王"。图左第二人，在伞下体形较小者为成王，其左右为周公、鲁公及侍者。周公名姬旦，成王名姬诵，姬诵继位时，年仅13岁，由叔父周公旦摄政理事，安定了大局。汉代画像石棺、汉阙上刻此故事者甚多。

10、高颐阙吉羊图

此图在高颐右阙耳阙楼部背面，刻一羊在嘉禾前觅食，汉代人多以羊为祥瑞之物。韩婴《韩诗外传·赵本补逸》："鲁哀公使人穿井。三月不得泉，得一玉羊焉，公以为祥。"王充《论衡·遭虎篇》："会稽东部都尉礼文伯时，羊伏厅下，其后迁为东莱太守。"东汉彭城相缪宁墓后石门口左侧也有"福德羊"、"琪驎"的画像石和榜题，河北望都汉墓壁画也有"羊酒"的画像题字。足证此为"德福羊"图也。

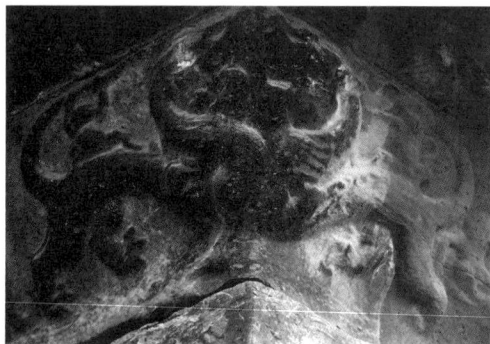

11、高颐阙双龙图

此图在高颐右阙主阙楼部左前角，刻一对双龙，头对头，前爪对前爪，交缠在一起，每条龙尾向前扬起，尾巴之下，龙的身上各站立一人，似为裸体，左方之人双手抱住龙尾，在龙尾上打秋千。右侧之人，双腿弯曲下胯作表演。

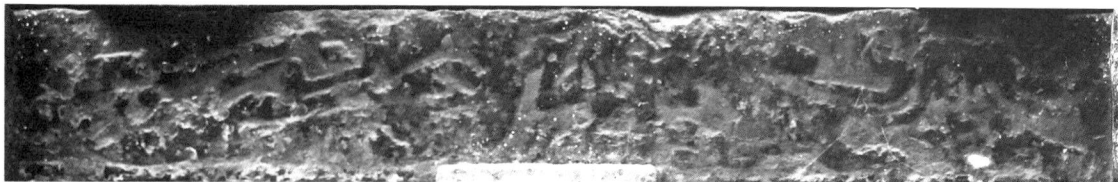

12、高颐阙神禽异兽图

中国
汉阙
全集

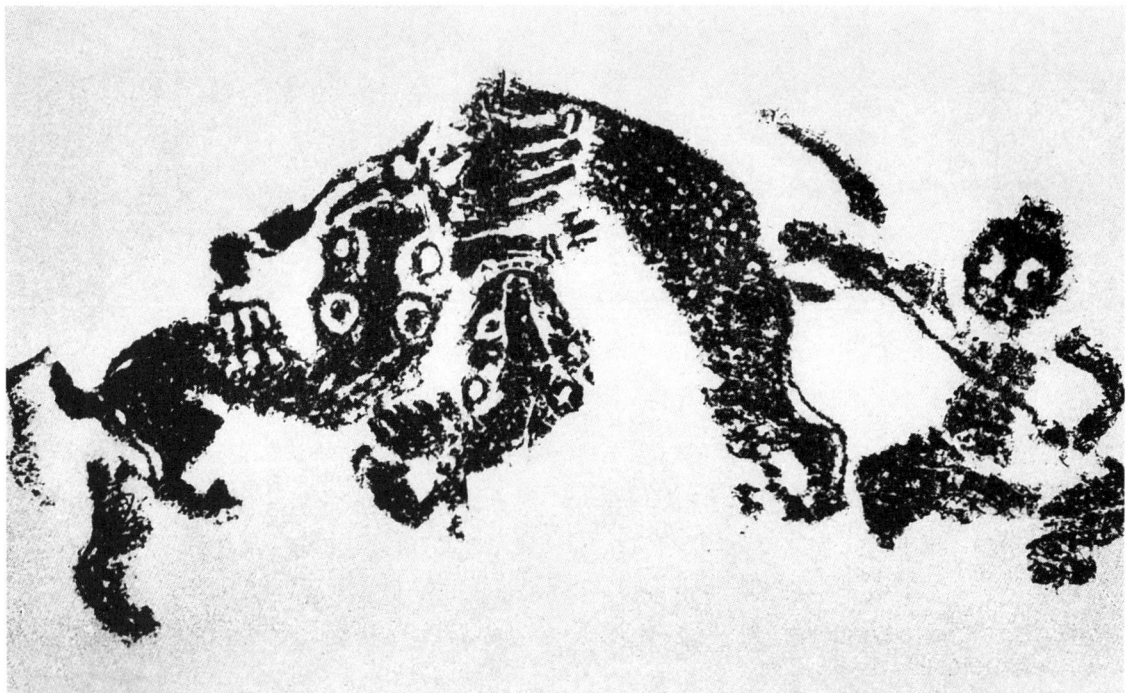

13、高颐阙双虎图

　　此图在高颐右阙楼部左后,刻一戴冠人,左腿弯曲,右腿下跪,脚尖向地跪坐,双手各执一剑(用力拽虎尾),作驯兽状。东面刻两只有翼的虎,一虎前脚用爪趾抓着另一虎后背,竖起双耳,二目圆睁咬向其腰部,被咬的一虎,卷曲身子弯头向上反咬着对方的前左腿,两虎相互嬉戏。《山海经·海外东经》:"君子之国在其北,衣冠带剑,食兽,使二大虎在旁,其人好让不争。"此图为"君子国使二虎"。

14、高颐阙黄帝遗玄珠图

　　此图位于高颐右阙主阙北面横额下三个散斗间的西面壁板上,雕刻一弯曲树枝,树冠形如扫帚,枝间结有三枚水滴形果实,一大鸟站在主干上扭头张嘴对准一果实,另一小鸟也扭头张嘴对准东头的另一果实。应当是"黄帝遗玄珠"的故事。《庄子·天地》:"黄帝游乎赤水之北,登乎昆仑之丘,而南望还归,遗其玄珠。"《山海经·海外南经》云:"三株树在厌火北,生赤水上,其为树如柏,叶皆为珠。一曰,其为树若彗。"

15、高颐阙师旷抚琴图

此图在高颐右阙主阙东面横额下的栱眼壁板处，刻有戴冠者二人相对坐于榻上，一人双手置于竖琴之上作弹奏状，一人左手抚于右膝，右手举袖挥泪。中间放置一豆形器，内盛一勺。天上有两只展翅向下飞翔的鸟，鼓琴者南边有一对挥泪并排站立的类似猿猴的兽，北面斗栱下有两头羊面向南站立一旁。

此为"师旷鼓琴"。师旷，晋平公乐师。《淮南子·原道训》："师旷之聪，合八风之调。"《览冥训》："昔者师旷奏《白雪》之音，而神物为之下降，风雨暴至，平公癃病，晋南赤地。"明董斯张《广博物志》卷三四引《瑞应阁》云："师旷鼓琴，通于神明，玉羊白鹊，翻翔坠投。"此即所谓的"神物下降"。

16、高颐阙高祖斩蛇图

此图在高颐右阙主阙南面横额下散斗之间的西面。上刻一留有八字胡须，戴帻，披甲者。右手枕头，左手握剑，侧卧于地作酣睡状。右肘前有一断蛇盘旋，脚前弃一耳杯，当为历史故事"汉高祖斩蛇"。《史记·高祖本纪》："高祖以亭长为县送徒骊山，徒多道亡。自度比至皆亡之，到丰西泽中，止饮，

夜乃解纵所送徒。曰：'公等皆去，吾亦从此逝矣！'徒中壮士愿从者十余人。高祖被酒，夜径泽中，令一人行前。行前者还报曰：'前有大蛇当径，愿还'。高祖醉，曰：'壮士行，何畏！'乃前，拔剑击斩蛇。蛇遂分为两，径开。行数里，醉，因卧。"

17、高颐阙饕餮图

18、高颐阙季札挂剑图

　　此图在高颐右阙主阙西面横额下的栱眼壁板处。刻有一戴冠之人，俯身面向一坟墓，左手抚着右边的袍袖，掩面痛哭流涕。墓边一柏树直立，上面斜挂一长剑。此图在汉代画像石棺、汉代画像石上常见，当为"季札挂剑"。

19、高颐阙张良椎秦皇图

　　此图在高颐右阙主阙南面横额下，三个散斗之间的东面，刻有一戴冠披甲的武士，二目圆睁，作弓箭步，双手拿一大槌，向中间散斗下的一条卷曲的龙作击打状。此为张良椎秦皇。《史记·留侯世家》："留侯张良者，其先韩人也……良尝学礼淮阳。东见仓海君。得力士，为铁椎重百二十斤。秦皇帝东游，良与客狙击秦皇帝博浪沙中，误中副车。秦皇帝大怒，大索天下，求贼甚急，为张良故也。良乃更名姓，亡匿下邳。"《史记·秦始皇本纪》："二十五年，始皇东游。至阳武博浪沙中，为盗所惊。求弗得，乃令天下大索十日。"

20、高颐阙九尾狐和三足乌

此图在高颐右阙主阙北面横额下三个散斗之间的东面栱眼壁板上。东面刻一有翼神兽，竖耳闭嘴，抬起左前腿，尾分九岐高竖其后，面对着长有三只脚爪的神鸟，此当为西王母神话故事里的"九尾狐"与"三足乌"。《山海经·南山经》："青丘之山……有兽焉，其状如狐而九尾，其音如婴儿，能食人。食者不蛊。"郭璞注《大荒东经》："有青丘之国，有狐九尾"则云"太平则出为瑞"，又为祯祥之物。汉代画像石、画像砖、画像石棺，常将九尾狐、三足乌、玉兔、蟾蜍等列于西王母座旁，以示祯祥。九尾狐象征子孙繁衍。汉王充《论衡·说日》："日中有三足乌"。《淮南子·精神训》云："日中有踆乌"。《楚辞·天问》王逸注引《淮南子》云："尧命羿仰射十日，中其九日，日中九乌皆死，堕其羽翼。"则三足乌当指日之精。

21、高颐阙有翼怪兽图

此图在高颐阙右阙楼部横额西北角转弯处，刻一有翼怪兽。头部向北，右前腿上举作腾踏姿态，背上有驼峰形马鞍，后半身两腿作马蹄状，尾长而粗壮，拖到前图后一人的足前。此为何物？待考。有人认为是《山海经·海外西经》中所说的，白民之国的"乘黄"，似骐，背有两角，或其状为狐。这些均与此图形状不符。

22、高颐阙伯益助禹治水图

在有翼怪兽之旁，刻两人面向南方，前一人右手持旌节靠于右肩，左手举一树枝上站一鸟。后一人右手捧一圭形物置于胸前，左臂伸直指向前面的人。此为"伯益助禹治水"。

23、高颐阙翼马图

此图在高颐右阙主楼右前角，浮雕一有翼竖鬃奔马，它张着大口面向前奔跑，左前腿上曲，后腿正跨过一山头，马尾甩向前方作奋进状。马后刻一双髻仙童紧跟，右手执鞭，左手扬起。此图即所谓的"天马行空"。《山海经·北次三经》："马成之山……有兽焉，其状如白犬而黑头，见人则飞，其名曰天马，其鸣自纠。"《史记·大宛列传》："（汉武帝）得乌孙马好，名曰天马。"

24、高颐阙翼虎图

25、高颐阙角神

26、高颐阙阙顶

中国
汉阙 全集

27、高颐阙铭文

释文：汉故益州太守阴平都尉武阳令北府丞举孝廉高
君字贯光

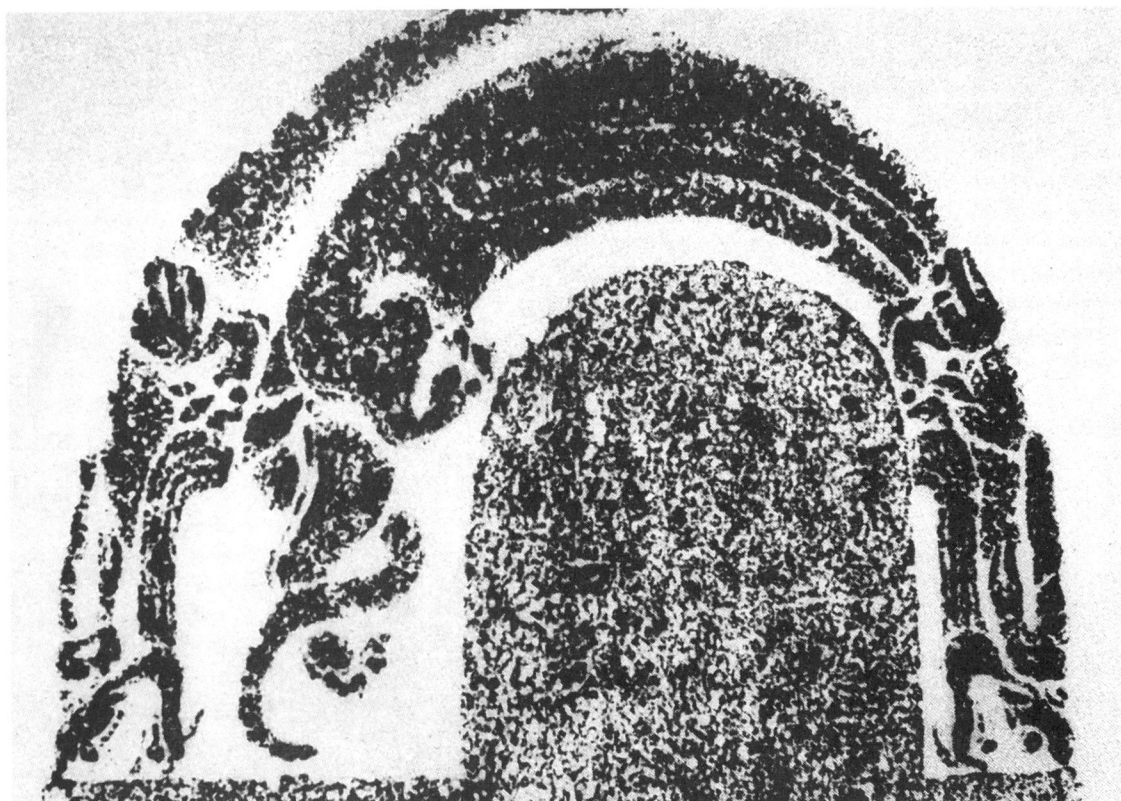

28、高颐碑额双龙图

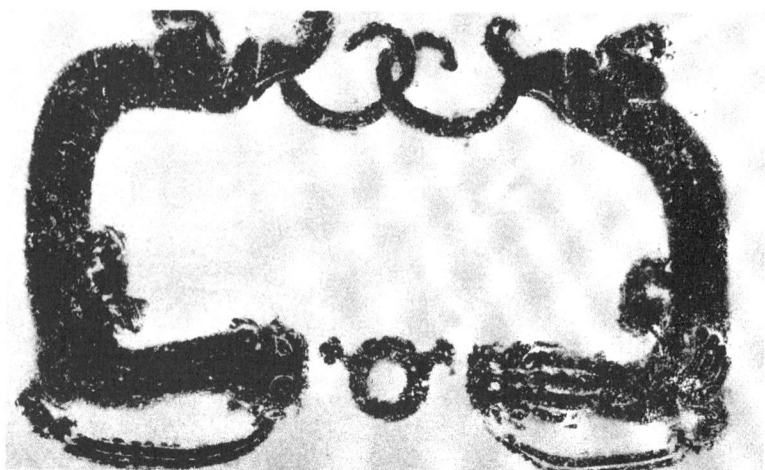

29、高颐碑基座青龙白虎图

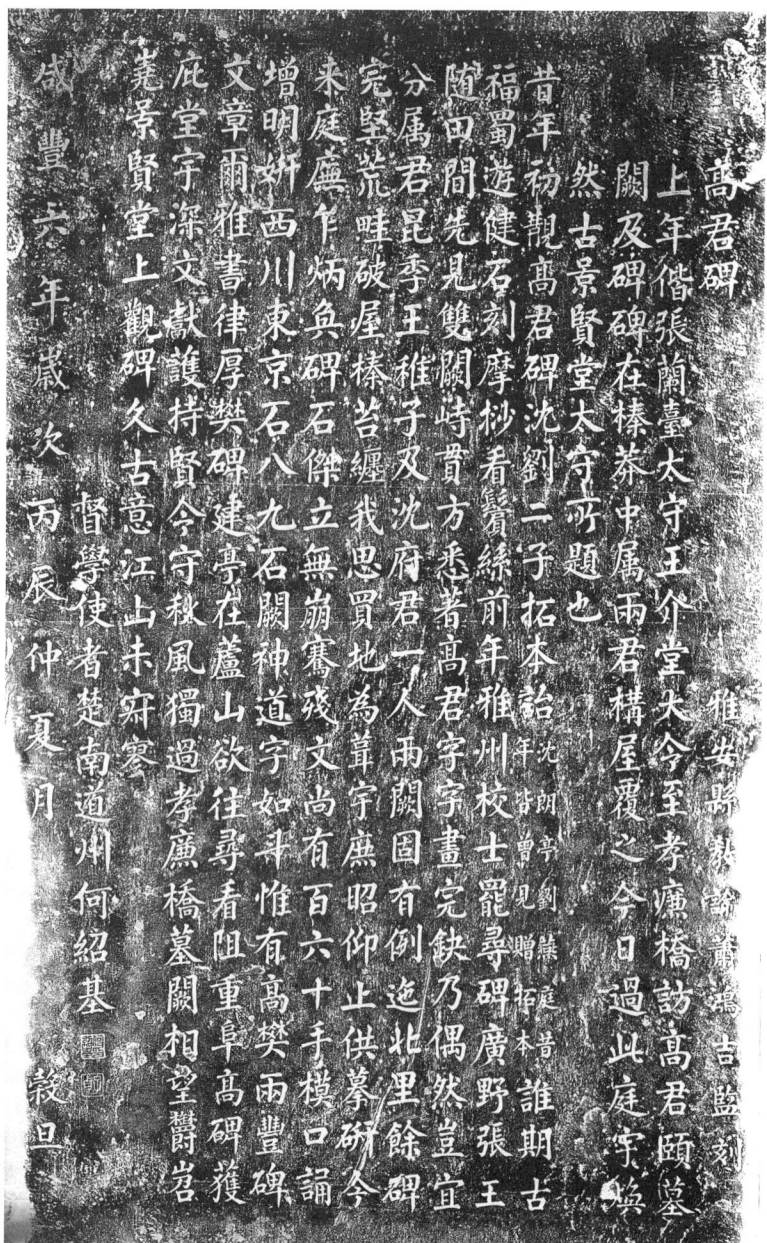

高君碑

高君碑

上年偕張蘭臺太守王介堂大令至孝廉橋訪高君頤墓
闕及碑　碑在榛莽中屬兩君構屋覆之今日過此庭宇煥
然　古景賢堂太守所題也一子拓本詒

雅安縣裴菉嶠蕭鴻吉監刻
　　沈郎曾見劉緦庭昔本拓贈

昔年初觀高君碑　沈劉
福田間先見雙闕摩挲看
分屬君昆季王稚子緦
完堅荒乍破屋榛莽苔
來庭廡炳兵京石八
增明妍西川東京石
文章雨雅書律厚樊碑建
庇堂宇深文獻護持賢令守秋風獨過
菶景賢堂上觀碑久古意江山未寂寥
咸豐六年歲次丙辰仲夏月　督學使者楚南道州何紹基　穀旦

30、高颐阙清咸丰六年
　　何绍基书高君碑

31、高颐阙楼部

32、高颐阙前石兽

十一、四川绵阳市杨氏阙

在绵阳市北郊 4 公里的仙人桥，位于川陕公路东侧，前临芙蓉溪，背距岳王山，朝向为东偏北 30°。由于大批房屋修建，此处现已变为绵阳市区。双阙俱存，左、右阙相距 26.19 米，由于城市道路的修建抬高，使该阙下陷，1990 年对双阙进行了维修，将双阙从原址上抬高，从汉阙中发现汉代五铢铜钱。

左阙

由台基、阙身，楼部及顶盖四部分，十五层石材组成，通高 514 厘米。阙身由六

绵阳杨氏左阙正面

杨氏阙现状全景

层石材（每层两石）组成。阙身额上刻减地平钑车马骑行图，图中的主车正面，因风化剥蚀，现仅能看到车盖及其饰物。阙身三面皆有佛教小龛造像及造像题记和佛教故事图画。此为梁武帝萧衍大通三年（公元529年），将阙身部分雕刻铲去，重刻了小佛造像等。楼部，由四层石材组成。第一层背面居中刻铺首，四隅角神俱毁，仅左前角的角神略具形貌。上层横枋刻丛密蔓草（又似云气），

其中有群兽出没。第二层为斗栱，装饰雕刻正面有，一人杠一杆，面前一狐，身后一羊。第三、四层由六石合成，正面居中刻一门，一人立于门内，门外为谒见献物图，背面刻狮、双虎，右后角为双龙，龙尾一物似蟾。顶盖，三层石材，枋子层残缺不全，一周共枋头二十二支，原曾刻铭文于枋头，现均漫漶不见。第二层残存檐子、连檐、瓦当、瓦垄和角脊。

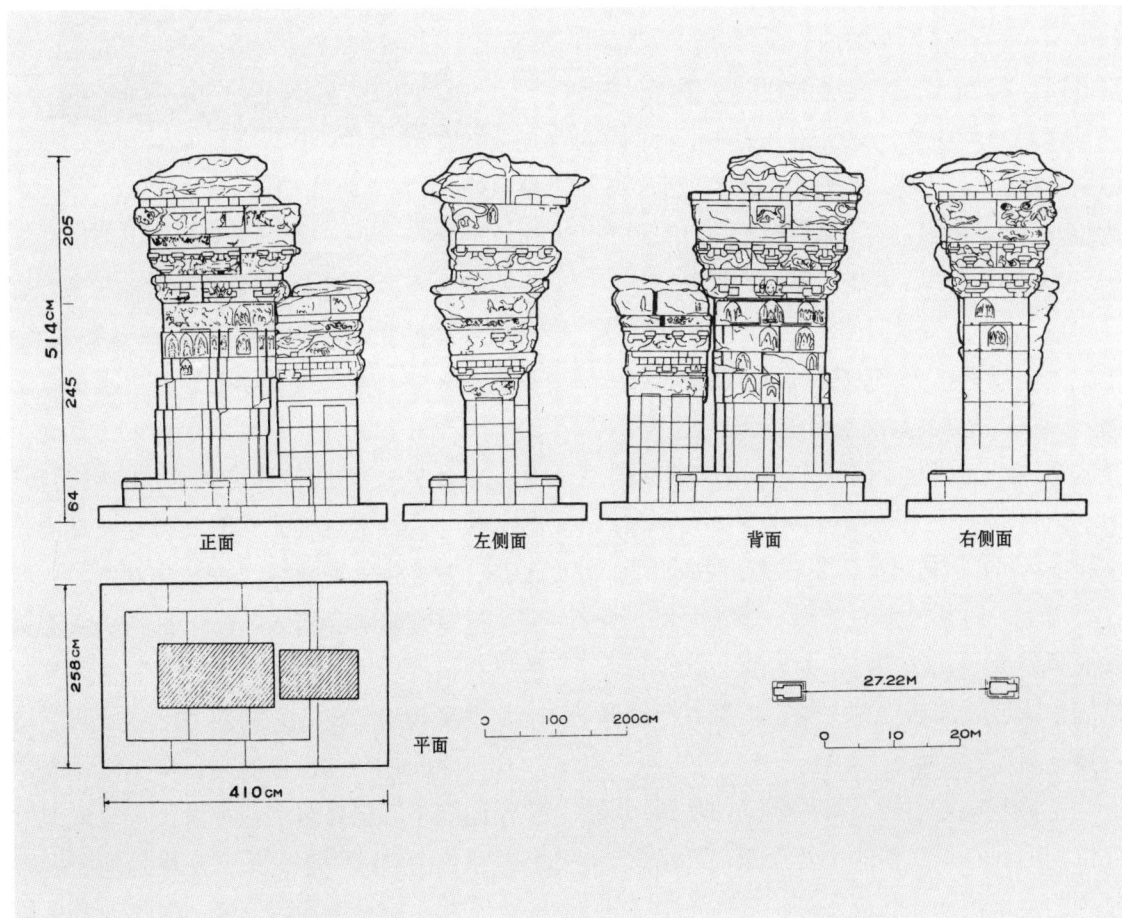

正面　　　　　左侧面　　　　　背面　　　　　右侧面

平面

绵阳杨氏阙左阙（包括左右阙距离）

右阙

由台基、阙身、楼部、顶盖四部分，由十五层石材组成，通高521厘米，右阙的主阙，其尺度、建筑形制与左阙大体相同。楼部第一层（纵横枋子）四隅的角神：左前角所刻全毁，右前角刻兽，其头残，长爪似猴，左肩负枋，肩下一小猴正向上作攀登状，右膝上又横躺一小猴，大猴以前爪抚其头。右后角刻怪物，人身兽首，两耳在额角；左后角刻一人，全裸。第二层为斗栱，正面存人、鸟、兽，另一组存一骑。背面栱间存一长尾异兽及一鸟。右侧面有一兽似狐。左侧面一抚琴者，一人倾身聆听。第四层，正面居中刻山峦叠嶂，似三神山，一女中立，似乎招一大鸟。背面居中刻一狮首，鼻下有一圆形物。左前角刻双龙，头相向，躯体相互缠绕，头部无角。右前角刻双虎戏斗。左后角刻一翼马，其前一人，衣饰飘飞，神态轻盈似仙女。顶盖，第一层（枋子层），一周有二十二支枋头，正面第一、第四、第六支枋头上，尚有汉刻铭文"汉"、"平"、"杨"三字，前两字很清晰，"杨"字略模糊，但笔画明白可辨。右侧面仅第七支枋头上"府"字尚依稀可识。枋头上其余诸字则漫漶不清，已不可见。耳阙楼部右前刻一展翅大鸟，身残而翼特大，此鸟想必即为朱雀。第二层斗栱间刻虎，背面居中刻一羊。顶盖，檐部保存较好左阙更完整。

绵阳杨氏左右阙及耳阙皆全，是四川现存汉阙中保存最完整的一处汉阙，其铭文，左阙的全部漫漶，痕迹无存，右阙尚四字，这四字很重要。宋人娄彦发《汉隶源·碑目》

绵阳杨氏右阙正面图

云："汉平阳府君叔神道，八字为一派，盖刻于石阙橡首。《墨宝》云：'平阳必姓名，如建平太守之类，叔其字也'，《隶续》上载'平阳府君叔神'六字。这些人，仅见一纸数字之拓本，既误枋头为橡首，又误认"杨"作"阳"，故有《墨宝》之臆测，此说流传至今，故皆命此阙曰："平阳府君阙"。其实，这是错误的。清人色伽兰见到枋头铭文的排列情况后说，"汉"与"平"之间差二字，"平"与"杨"之间差一字，"君"与"叔"之间差一字，依他说，铭文应该说是"汉□□平□杨府君字叔神道"。他认为第一空格应为"故"字，第二空格是地名之第一字，第三空格应为职官名。他这一意见是可取的。不过，他仅见到"汉"、"平"、

"杨"三字，其余则因"阙太高，不能审视"。因此，笔者认为他对铭文前段所作的推断是合理的，而"府"字以后排列只能存疑，总之，"平阳"联称，是不合理的，名曰："平阳府君阙"亦不恰当。此阙已公布为全国第一批文物保护单位，建议将阙名更正为"绵阳杨氏阙"较为妥当。

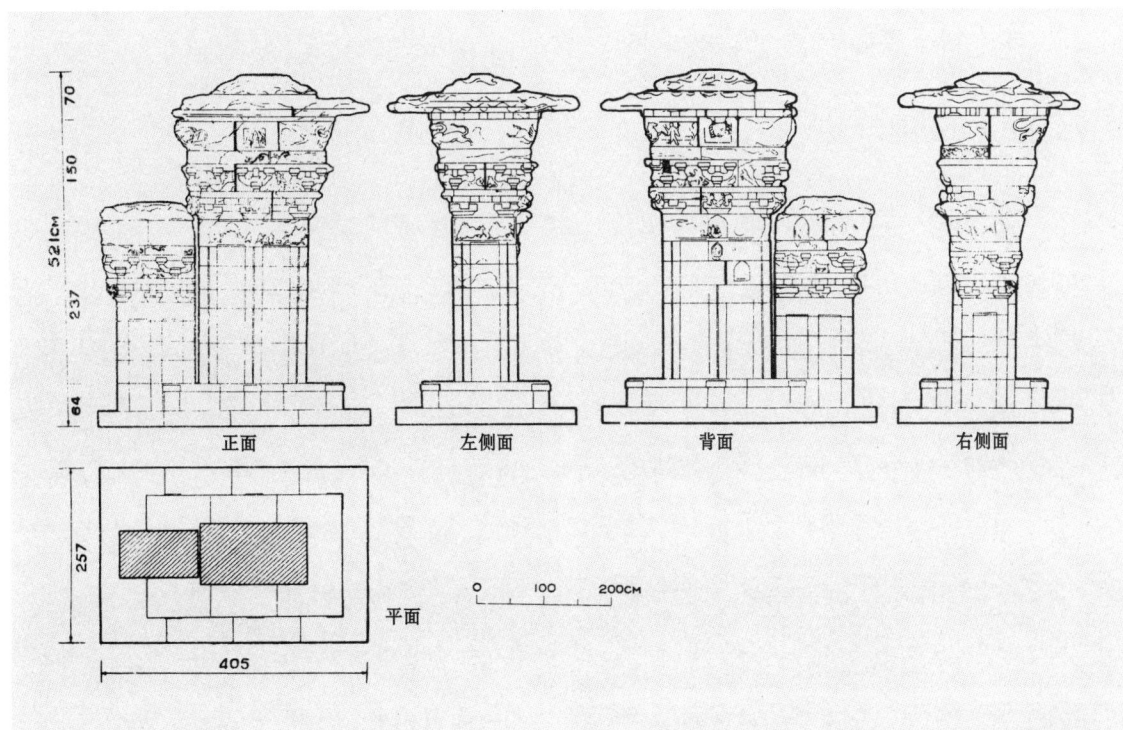

绵阳杨氏阙右阙线描图

1、杨氏阙门侍图

此图在绵阳杨氏左阙主阙楼部正面，刻一半开门，显露一侍童半身，其头饰双髻，身穿短裙，似为女性。其门的左右刻多名引介者或送礼者，此图有风化。

2、杨氏阙铺首

阙的楼部刻铺首，它面目狰狞，巨口獠牙，双爪外露。这种兽在商、周青铜器上经常出现，周代称它为"黄？"或"黄目"。汉代称"铺首"，它善于看守财物，所以把它刻画在大门上，它是一名忠实的守卫。

3、杨氏阙人物画像

4、杨氏阙车马出行图

此图在绵阳杨氏左阙主阙阙身正面，图左刻骑吏，中间刻伍伯，右侧为轺车，此图风化较重。

5、杨氏阙异兽图

此图在绵阳杨氏左阙主阙楼部背面，刻一异兽，异兽头部风化漫漶。

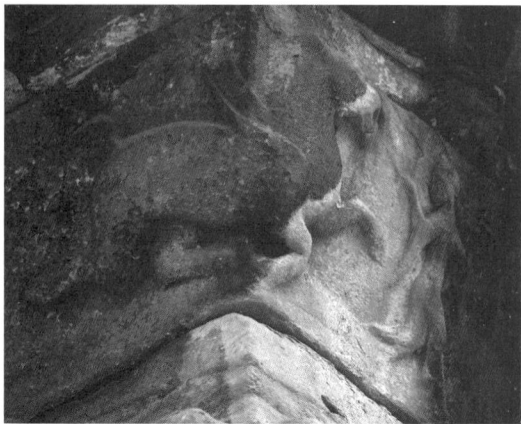

6、杨氏阙仙人翼马图

　　此图在绵阳杨氏右阙主阙楼部左后角。刻一马，马背上长翼，又称天马，正向前飞奔。马前一人，手执一物，正逗引马向前奔跑。《山海经·北次三经》："马成之山……有兽焉，其状如白犬而黑头，见人则飞，其名曰天马，其鸣自纠。"

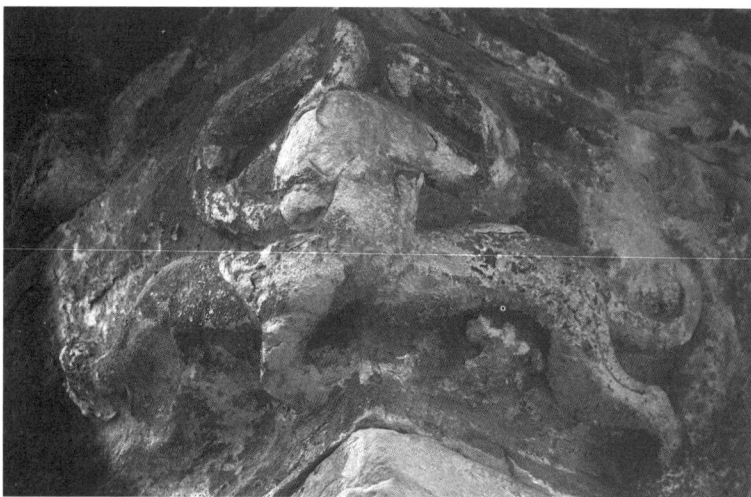

7、杨氏阙双龙图

　　此图在绵阳杨氏右阙主楼部左前角，刻两只龙，交织在一起戏玩。《说文》十一："龙，鳞虫之长，能幽能明，能细能巨，能短能长，春分而登天，秋分而潜渊。"据此，则龙盖神物，古者神人多乘龙。

中国 汉阙 全集

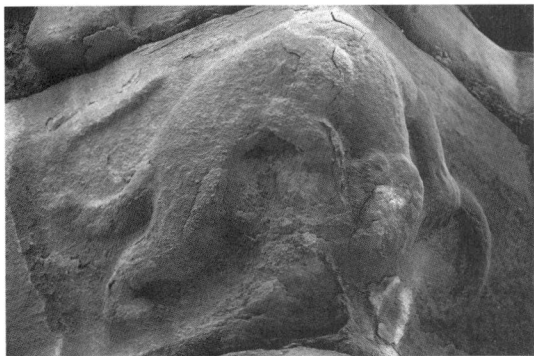

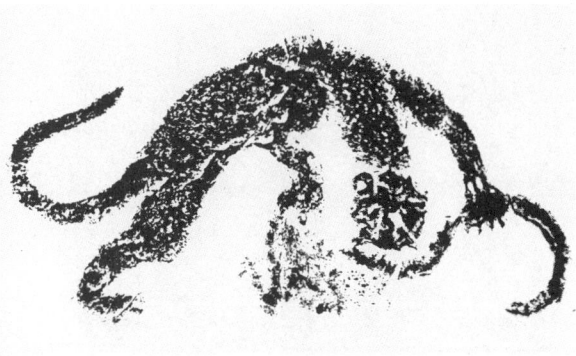

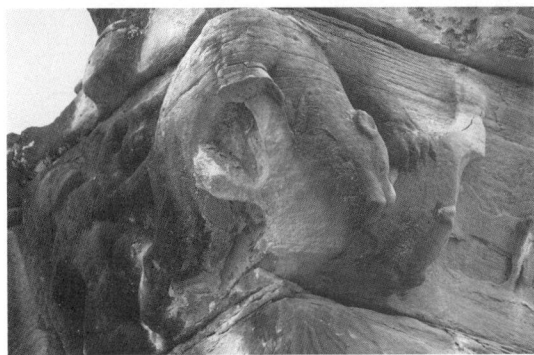

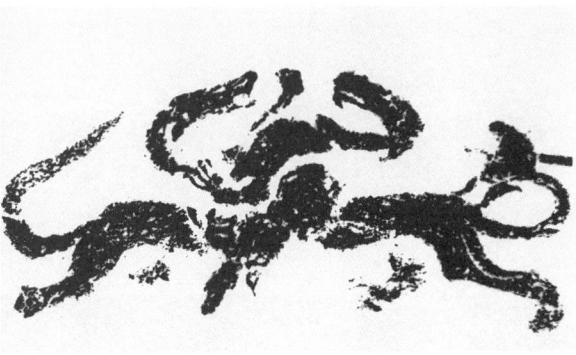

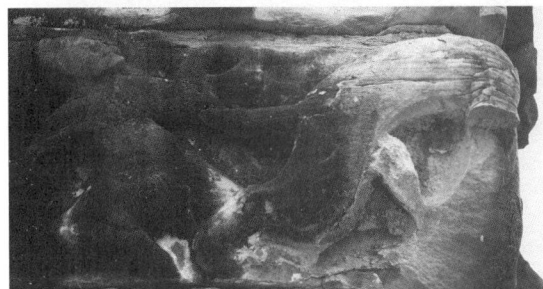

8、杨氏阙双虎图

此图在绵阳杨氏右阙主阙楼部右前角。图上两只虎交织在一起戏玩。白虎为四神之一，为祥瑞之兽，在汉代画像砖、画像石棺、汉阙、壁画上经常出现。

此图在绵阳杨氏右阙主阙楼部正面。图中刻三座山，中间一山旁站立一人，拥抱神山，右侧一神山上栖一鸟。《史记·秦始皇本纪》："齐人徐市等上书，言海中有三神山，名曰蓬莱、方丈、瀛洲，仙人居之。"

9、杨氏阙神山图

10、杨氏阙仙人狮兔图

此图在绵阳杨氏右阙主阙楼部左前角。图左刻一仙人，怀抱有节的幡，右侧刻一大狮，正扑向狮左侧的白兔，兔正伸直后腿，头向后伸窥视大狮。

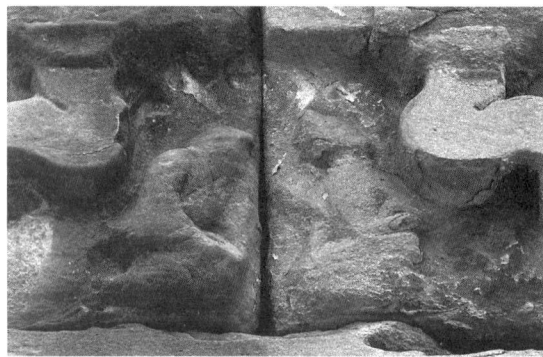

11、杨氏阙师旷抚琴图

此图在绵阳杨氏右阙主阙楼部左侧面。图右侧刻一人正在抚琴，左侧一人正抚耳听琴，其上部有飞鸟从天上飞下，似为"师旷抚琴"的故事。

12、杨氏阙高祖斩蛇图

13、杨氏阙阙铭

此为绵阳杨氏右阙檐枋正面尚存的"汉"、"平"、"杨"、"府"四个隶书。

14、杨氏阙斗栱

15、杨氏阙角神

16、杨氏阙楼部

17、杨氏阙射鸟图

18、杨氏阙后人加刻的小佛龛造像

　　杨氏阙阙身上刻有很多小佛龛，为后人所刻，从佛像的造像风格看，应是明代所刻。

19、杨氏阙阙侧

20、杨氏阙阙顶

十二、四川德阳市司马孟台阙

此阙在四川德阳市黄许镇附近的蒋家坝，东距宝成铁路约80米。当地人称高碑，或汉碑。现仅存右阙的主阙，石质为黄砂石，阙向西偏北10°。此阙早已残损，现存仅碑石、碑帽，嵌砌在砖龛中，石上只存"上庸长"三字。龛额正面题刻"汉故上庸长司马孟台神道"；背面刻"清光绪九年中瀚培修"。原有耳阙已失。右阙的主阙由台基、阙身及楼部组成，通高280厘米。

阙身独石，高170厘米，下宽90厘米，进深53厘米，上宽90厘米，进深48厘米。下侈上锐作侧脚式。四角隐起为柱形。阙上有栏额（右侧接耳阙，无栏额），额间减地平雕加阴线刻车骑出行图。其图像风化特甚，

大半剥落，正面仅存一马之前半身。楼部由两层石材组成。第一层，整石，正面中部两枋头下刻重叠山峦，左右有三足鸟，九尾狐。背面正中刻铺首衔蛇，四隅皆有角神。第二层，整石，正、背面刻斗栱，正面斗栱间刻西王母，其左刻玉兔捣药。宋人《天下碑录》、《汉隶字源》、《复斋碑目》和《墨宝》诸书对此阙都有著录。依《隶释》及方志，阙身铭文有"汉故上庸长司马孟台神道"十一字，光绪时的砖龛所刻据此。

此阙可能是上庸长司马孟台的功德碑。司马孟台系汉绵竹（今黄许镇）人，相传在上庸县（今湖北房县境内）做官时，因行善积德，口碑颇佳，故乡梓为其镌碑以颂功德。

德阳司马孟台阙现状

中国汉阙全集

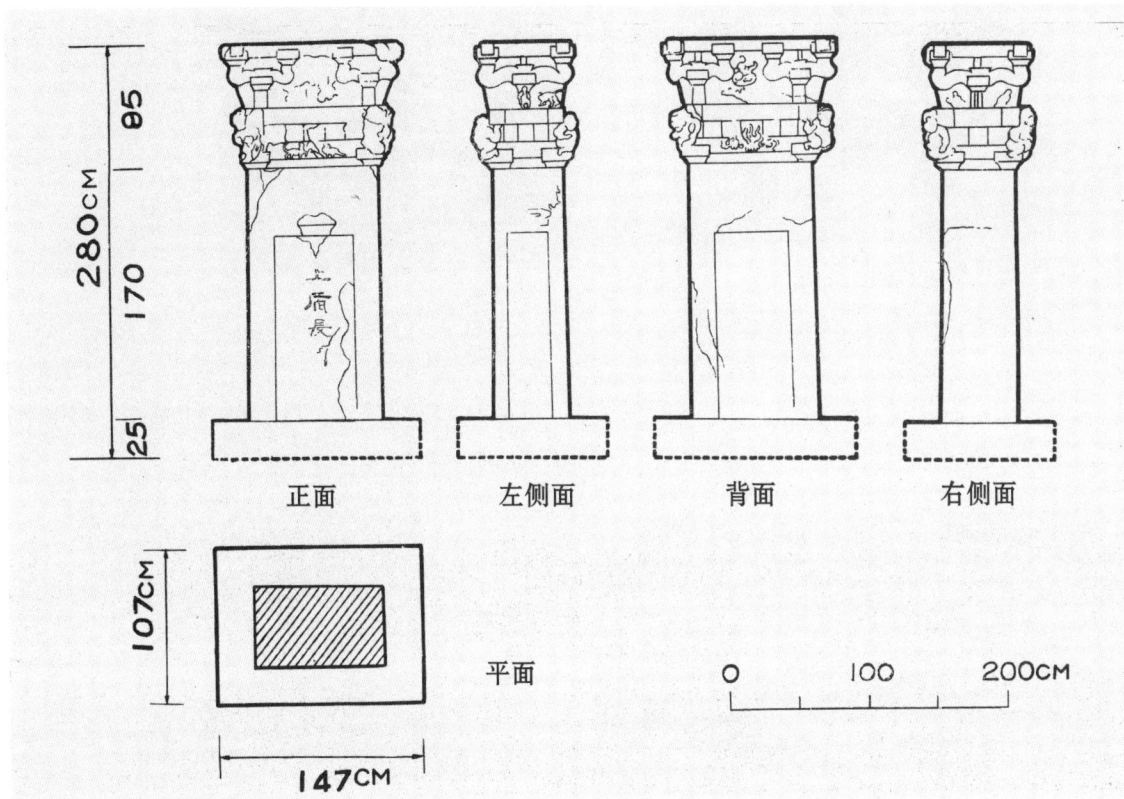

德阳司马孟台阙线描图

正面　　　左侧面　　　背面　　　右侧面

平面

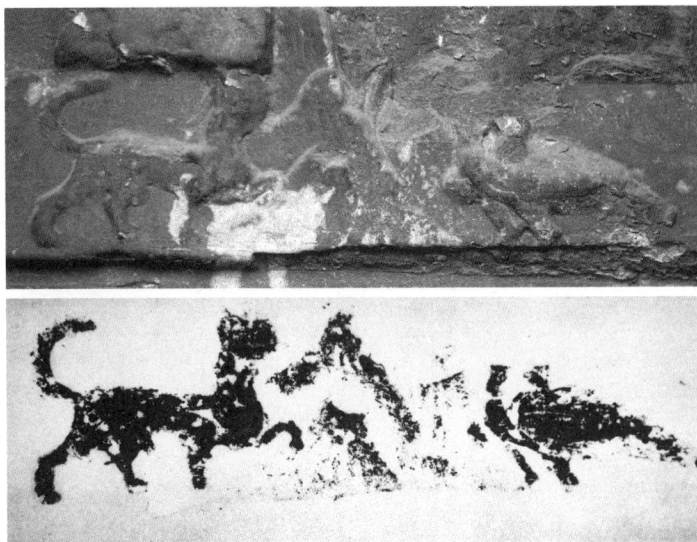

1、司马孟台阙三足乌·九尾狐图

　　在德阳司马孟台阙主阙楼部左侧面，刻九尾狐。

2、司马孟台阙玉兔图

此图中德阳司马孟台阙主阙楼部左侧面，刻一兔。汉代画像砖、画像石棺、汉阙、壁画上经常出现玉兔捣药的画像。

3、司马孟台阙抚琴图

此图在德阳司马孟台阙主阙楼部背面，刻一人正在抚琴。汉代画像砖、画像石棺、汉阙、壁画上经常出现抚琴的画像。汉代抚琴陶俑也特别多。

4、司马孟台阙铺首图

5、司马孟台阙角神

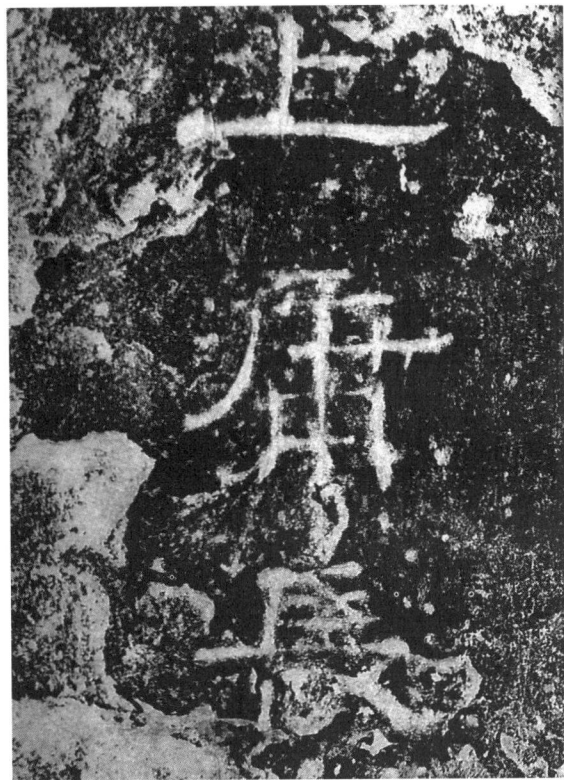

6、司马孟台阙阙铭

7、司马孟台阙阙身及楼部

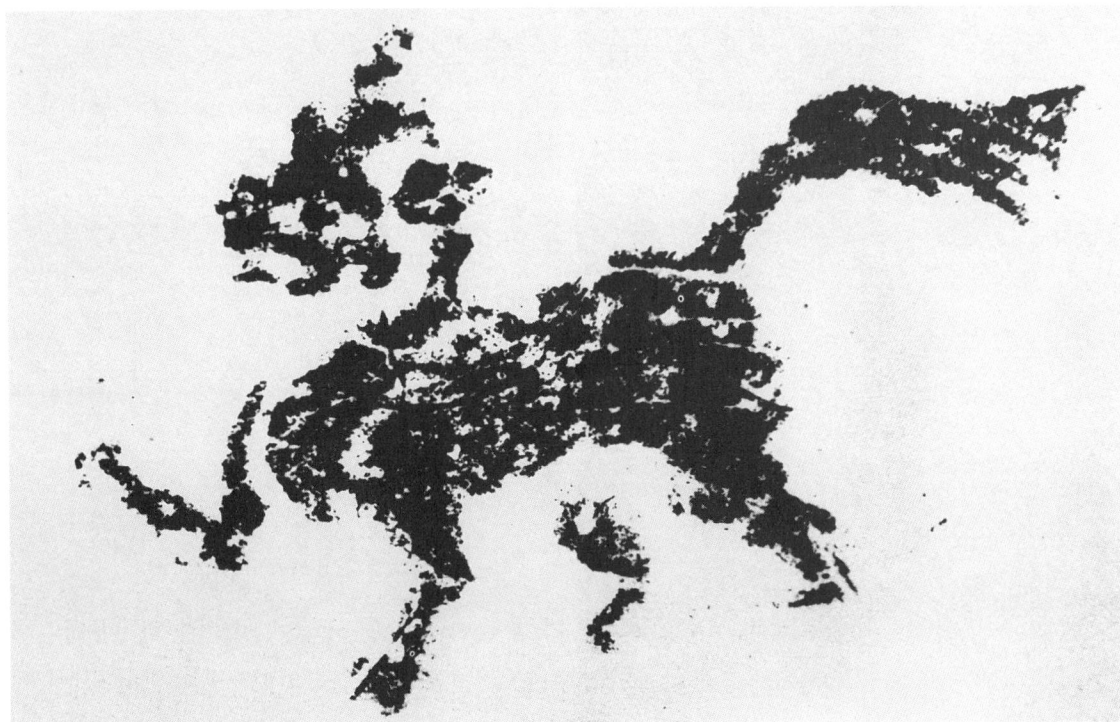

8、司马孟台阙九尾狐图

十三、四川芦山县樊敏阙

在芦山县城南溪沫东乡石箱村石马坝，其后即"汉故领校巴郡太守樊府君碑"碑亭，前50米为青衣江，现存左阙，石质为红砂石，方向为西偏南22°。

樊敏阙左阙的原貌无从全知，其现状系以出土构件，参照雅安高颐阙于1957年修复。主阙现有台基、阙身、楼部和顶盖四部分，通高495厘米。台基、阙皆配置。楼部，由多石合成，现存两块汉阙原石。右前角角神头残，裸身，双手托枋头。另一块置正面中部，刻铺首。此铺首口衔大鱼，又以双爪捉鱼。第二层，正面横臂下刻一人作挥锤进击状，右侧面栱心栖一大鸟。第四层，现存一块汉阙原石，正面刻一株枝叶繁茂的大树，树下坐着三人，右侧二人，皆似在伴奏乐器。树后一人，躬身用手顶坛，另三人正向一头巨象挑斗，象的长鼻正向前伸张，象身上骑一人，此为汉代百戏之象戏表演。顶盖，第一层，新配置；第三层，为檐石，有数石合成，皆为汉阙原石。上刻椽子、连檐、瓦

樊敏阙现状照

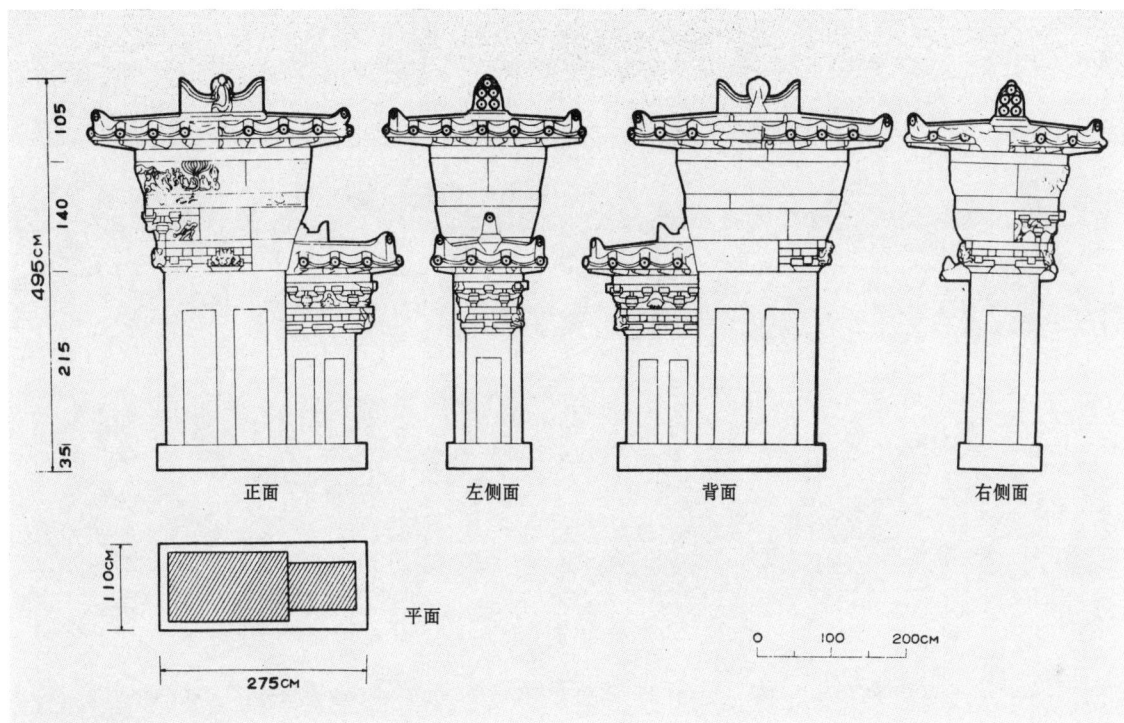

215

495cm 140

105

35

正面　　　　　　左侧面　　　　　　背面　　　　　　右侧面

110cm

275cm

平面

0　　100　　200cm

樊敏阙线描图

当、瓦垄及四角脊。樊敏阙耳阙，除了基石，现有阙身、楼部、顶盖三部分，高270厘米，进深87厘米。楼部，第一层为栌斗及纵横枋子。第二层为斗栱层，三面各有斗栱三垛，正面栱间刻西王母端坐于龙虎座上。背面栱间所刻龟蛇已大半剥落。

樊敏碑为国内现存较完整的汉碑，其铭文含义广博，具有较高的历史学术价值，为历代史学家、金石家所重视。碑高293厘米，宽120厘米，厚26厘米。碑额为圆琬圭首形，碑身上丰下削，嵌峙于巨石龟（赑屃）背上。上端龟首浮雕为双螭交曲环拱形，栱下穿孔上镌刻"汉故领校巴郡太守樊府君碑"12字，双行立排，书为大篆。碑身正面碑文共557字，分列22行，均为八分隶书，字迹至今尚辨一部分。碑阴龟首仍刻双螭，与正面同式，但栱下无字，仅于栱内刻一朱雀（凤凰）。碑阴上段刻北宋芦山县令丘常跋，下段刻南宋芦山县令程勤跋，均为记述发现和扶持樊敏碑经过。碑身前方右下侧落款处部分损坏，"盛息懆书"四字已不可见，今文据《金石录》补记。

1、樊敏阙象戏图

此图在芦山樊敏阙主阙楼部正面，图中刻一株枝繁叶茂的大树，树下坐数人，右侧山峦重叠，有四人作登山状。左侧转角处刻一大象，象身上披鞍衣，象的脖子上带项圈，似在进行象戏的表演。

2、樊敏阙西王母图

3、樊敏阙人物画像

4、樊敏阙角神

5、樊敏阙主阙阙顶

6、樊敏阙子阙斗栱

7、樊敏阙子阙楼部及顶

8、樊敏碑亭及碑刻拓本

9、樊敏阙阙前石兽

10、樊敏阙及樊敏碑亭

十四、四川芦山县无铭阙

此阙在芦山县芦阳镇石箱村乐家坝一个叫马岩的地方，因阙身由四块大型石条组成形似四个石箱子，"石箱村"由此而得名。2006年10月进行了发掘，整理出土汉阙顶、台基等残件十余块，现搬运回雅安市博物馆恢复保存展出。目前该阙仅存左阙的耳阙，同时出土的有雕刻精美的石兽，应与阙同属一墓。左阙耳阙现存台基、阙身、阙顶等部分，由七层石材构成，通高297.5厘米。台基，为两块石材拼接组成，高45厘米，宽230厘米，进深175厘米。左侧尚有石衔接，以承主阙，现已失去。阙身，现存四块石材，通高196厘米，第一块石材高51.5厘米，宽135.5厘米，进深79.5厘米；第二块高49厘米，宽133厘米，进深77.5厘米；第三块高47.5厘米，宽130.5厘米，进深75厘米；第四块高48厘米，下宽127.5厘米，上宽125厘米，进深73.5厘米。残阙的屋檐部分高28.5厘米，宽155厘米，进深122.5厘米。残阙的顶部分西边高28厘米，东边高17厘米，宽93厘米，进深21厘米。四方隐起六柱，正、背面各有三柱。此阙方志不载，亦未见其他书著录。芦山县石阙较多，但均倒塌。尚有大型石兽遗留。

此阙应为汉阙，现藏雅安市博物馆。

石箱村无铭阙早期图片

1、无铭阙发掘现场

2、石箱村无铭阙现状

3、石箱村无铭阙
阙顶

4、石箱村无铭阙　阙身

5、石箱村无铭阙　阙基

6、石箱村无铭阙阙基仿木构件

7、石箱村无铭阙残件　双龙

8、石箱村无铭阙残件　瓦垄

9、石箱村无铭阙残件　瓦当

10、石箱村无铭阙
石兽

11、石箱村无铭阙
石兽早年出土时情况

十五、四川夹江县杨公阙

杨公阙，在夹江县东南10公里的甘露乡双碑村附近，左右阙均存主阙，相距11.38厘米，方向为北偏东20°，石质为红砂石，风化漫浸严重，双阙南约100米处有一土丘，纵横约20米，当地农民称"响堂"，今为晒坝。这座土丘或者是墓地，或者是与此相关同墓的响堂。未经试掘，不知究竟。

左阙

主阙由台基、阙身、楼部和顶盖四部分构成，共有石材十二层（地面），通高515厘米。台基，高35厘米，宽170厘米，进深140厘米，为两层石材合成，无刻饰。阙身，由五层石材构成，每层皆整石，呈侧脚式。其高275厘米，下宽139厘米，上宽124厘米，进深80厘米。正、背面各隐起三柱，上有栏额，下有地栿。右侧面现二柱，左侧面接耳阙，无柱，有凿痕。正面柱间刻隶书铭文两行："汉故益州牧杨府／君讳宗字□仲墓"。楼部，由四层石材构成，每层角刻一大兽；右前角浮雕双虎，右面大虎的尾部有一兔奔逃；背面刻两人，一为汉服，一为夷服。顶盖，现

杨公阙左阙（包括左右阙距离）

中国汉阙全集

杨公阙 左阙

杨公阙 右阙

存石材一层，为重檐的下檐，原为两石合成，左段失去，现存右段。

右阙

主阙现存台基、阙身、楼部、顶盖四部分，共有石材十二层（地面），下檐仅存一半。其尺度、结构与左阙基本一致，此阙保存较完整，楼部四层可辨者有左前角的双龙，龙尾还有一人仰卧地上。

左、右阙背面有数处后代题刻，一般题名之外，右阙有北宋景德题记一则，内容无可取。左阙有南宋淳熙刻隶书柏梁体诗十六句，字多漫漶。《金石录》作："汉故益州太守杨府君讳宗字德仲墓阙"。另外，宋人郑樵《通志·金石略·两汉金石》及《天下碑录》、《隶释》、《汉隶字源》、《舆地纪胜·碑记》、清人叶奕苞《金石录补》、冯登府《金石综例》、李富孙《汉魏六朝墓铭纂例》、刘宝楠《汉石例》诸书所记，皆作"太守"，不作"牧"。宋人赵明诚跋云："《汉杨宗墓阙铭》在蜀中，凡十六大字，云'汉故益州太守杨府君讳宗字德仲墓阙'。汶阳李长茂为蜀使者，罢归，以此本见遗。长茂名公年，东州善士，以画山水著称者。"由此可见，赵明诚亲得蜀中拓本者，他的记述是无可怀疑的。今左阙铭文仅十四字，未见"太守"，但见"牧"字。经细审阙上所

297

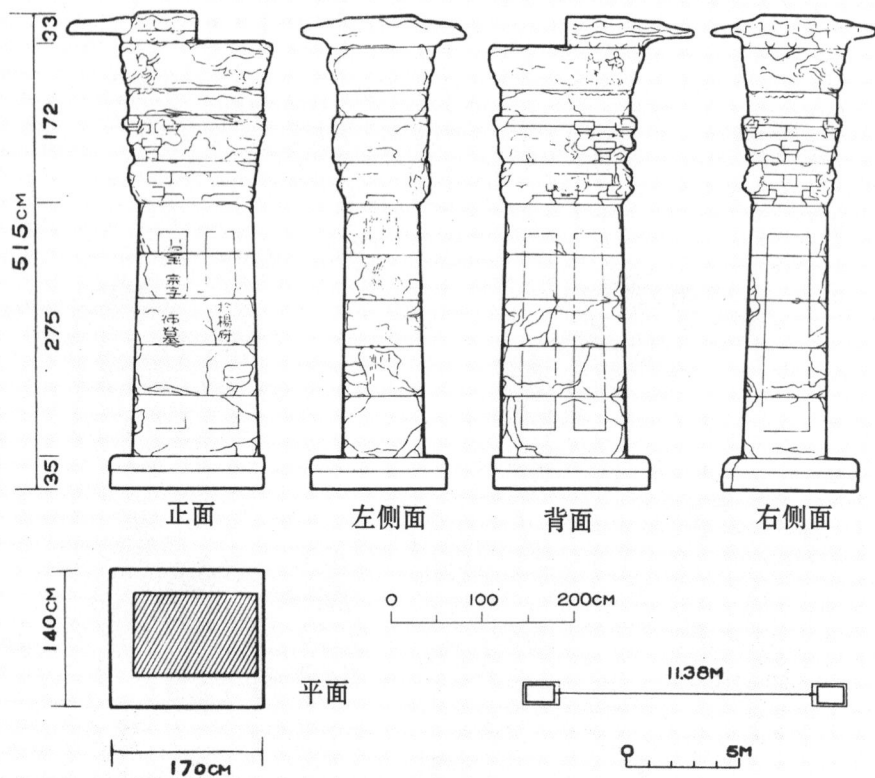

正面　　　　　左侧面　　　　背面　　　　右侧面

平面

11.38M

杨公阙右阙（包括左右阙距离）

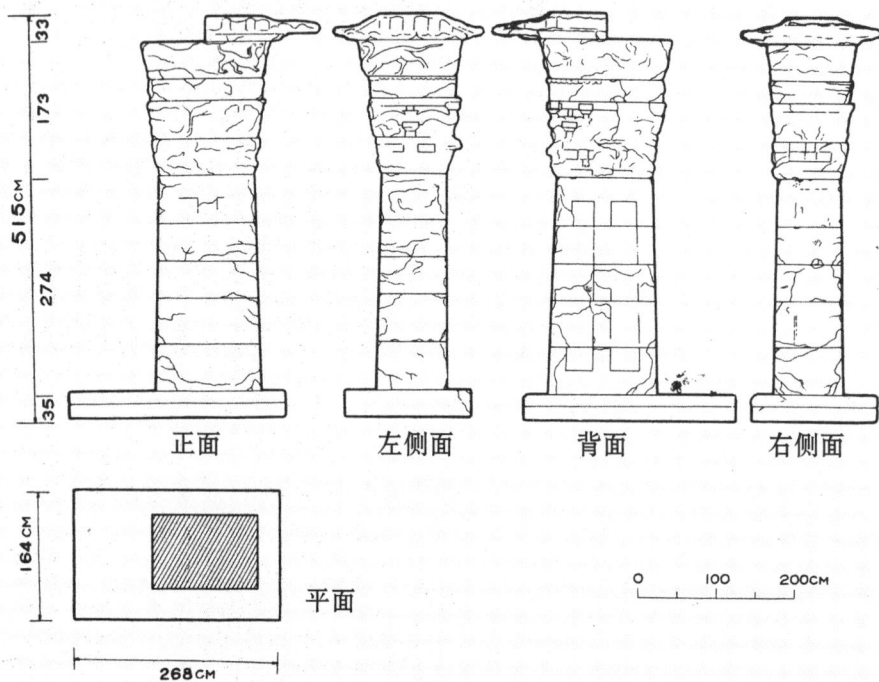

正面　　　　左侧面　　　　背面　　　　右侧面

平面

杨公阙右阙

刻，"府"字上有两笔残刻，不是自然剥蚀，明显是錾刻痕迹。此残刻正合"杨"字笔画。再以此两行文字排列看，如为"牧"，则第一行仅七字，而第二行为八字；如为"太守"，则两行平齐。前者与习惯不合。因此可知，"牧杨府"三字是补刻的。补刻者并非存心作伪，想是因见第二行仅有七字（末一字"阙"字剥落），故补"牧杨府"三字以合七字之数。其补刻时间，当在清中叶以前，所以清道光本《金石苑》、赵子谦《补寰宇访碑录》就作"牧"了。清嘉庆时所修《四川通志·舆地志》中作"太守"而"墓"字后未书"阙"字。奇怪的是，民国24年修的《夹江县志》中仍作"太守"而不加说明，想是照抄旧县志而又未实地考察之故。

杨宗其人未载于《后汉书》。《夹江县志·凡例》中说："人物志如汉杨宗为益州太守，杨畅为中宫令，均南安人，李志列入名臣，旧县志以无事绩可考，删去。今仍旧志补，免致年久失传。"查《华阳国志·巴志》、《三国志·蜀志·霍峻传》注引《襄阳记》、《晋书·唐彬传》，有名杨宗者，巴郡临江人，三国时任蜀汉尚书郎、参军、入晋任安蛮护军，迁武陵太守，晋武帝考虑巴东将军一职，以宗嗜酒乃任唐彬，以后再不见其踪迹。因居里、职官与左阙铭文中的杨宗均不符，录以备考。

各金石书及方志均谓左阙原有铭文。《舆地纪胜·碑记》作"汉故中书令杨府君讳畅字仲普墓道"。宋人郑樵《通志·两汉金石》等作"中宫令"。从左阙题诗看，右阙铭文在宋淳熙十六年（公元1189年）即已不存。

所谓"中书令"、"中宫令"，汉无其名。魏文帝黄初年间始设中书令。此杨仲普，当非杨宗兄弟。究竟是何关系，用不着去推测，笔者认为，两人共一阙，尚无明确无误的实例可证，此铭存疑。

1、杨公阙驯兽图

此图在杨公阙主阙楼部正面，图右刻一兽，正向前行走，其后有一人，手执皮鞭，正追赶此兽，该图现已漫漶不清。

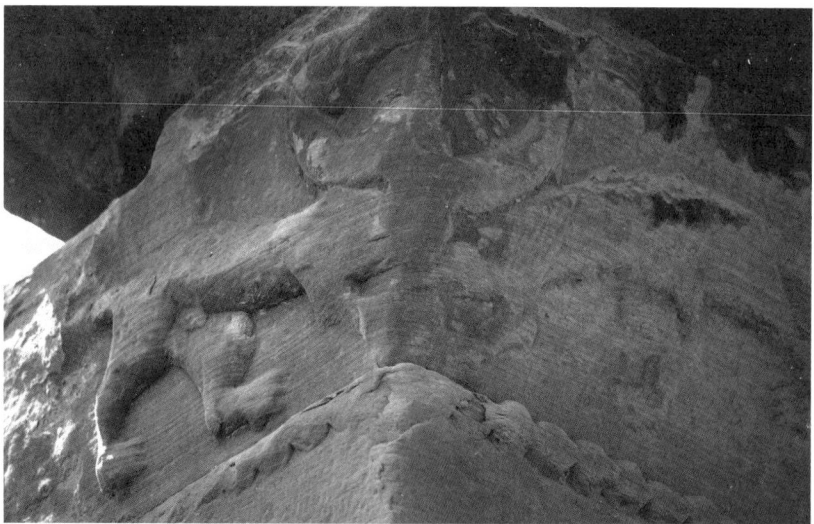

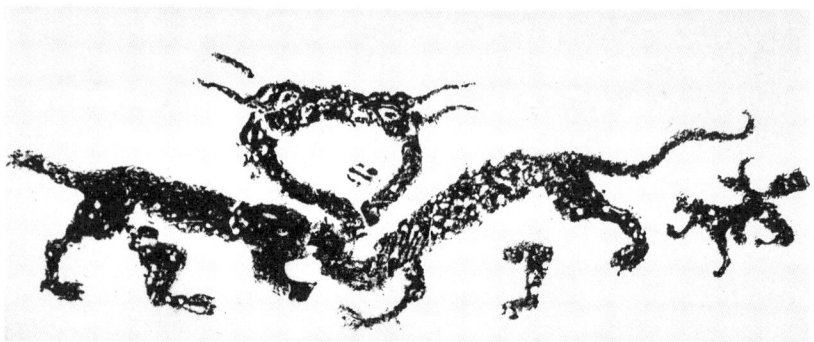

2、杨公阙双龙图

此图在杨公阙主阙正面楼部左前角，刻双龙对咬，右侧刻一人，斜躺在龙尾之下。《说文》十一："龙，鳞虫之长，能幽能明，能细能巨，能短能长，春分而登天，秋分而潜渊。"龙是四灵之一，在汉代画像砖、画像石棺、汉阙、壁画上经常出现。

中国
汉阙 全集

3、杨公阙双虎图

此图在杨公阙主阙楼部右前角，刻双虎一大一小，在一起戏斗。左侧虎尾之下有一小兔，向左奔跑，正回头窥视虎斗。

4、杨公阙人物画像

此图在杨公阙主阙楼部背面，图中刻二人，均头戴冠，身着长衣，两手中各执一物，似为规矩。

5、杨公阙阙铭

在杨公阙主阙正面柱间刻隶书铭文两行：

"汉故益州牧杨府　君讳宗字□仲墓"。

6、杨公阙铺首

8、杨公阙角神

7、杨公阙铺首杨公阙斗栱

9、杨公阙楼部

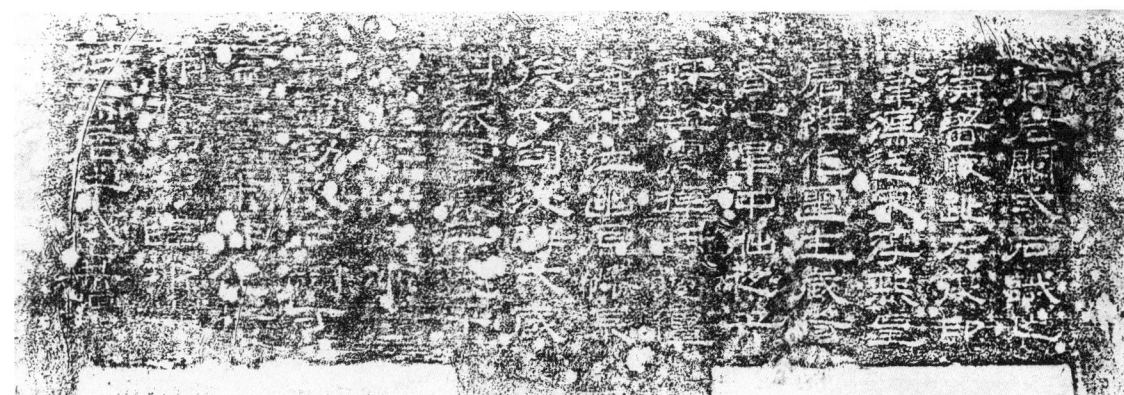

10、杨公阙宋代柏梁体诗

十六、四川梓潼县李业阙

梓潼李业阙

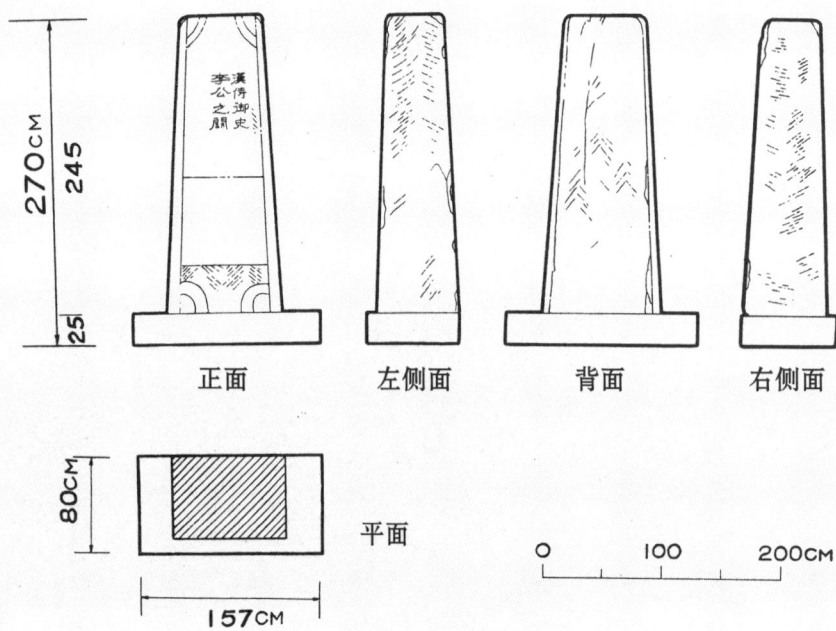

梓潼李业阙线描图

此阙在梓潼县城南约2公里的长卿山下的石马坝，位于川陕公路西侧400米的李蓳祠内。祠系明代修建。祠已废。此阙设有亭阁保护。阙基石上仅存一独石，基石高25厘米，下宽79厘米。阙身宽157厘米，进深80厘米，正面上方刻隶书两行八字："汉侍御史李公之阙"。其下刻清道光乙巳（公元1845年）邑令周树棠《移阙记》。记述知县周树棠发现此阙及移置祠内之经过。此阙其余三面无刻饰，亦无题记。

宋王象之《舆地纪胜·碑目》有："梓潼县李业阙，在县西五里，前汉侍御史李业葬处，遭赤眉毁破二阙"。明嘉靖年间，地方官大兴土木为李业阙建祠、立碑。后来祠毁于火。《后汉书·独行传》、《华阳国志》均载：李业，梓潼人，西汉末年举明经，除为郎。新莽时举孝廉方正，不就。公孙述据蜀，业抗拒不从，为述所鸩。建武十二年（公元36年）来述旌表其间，为赤眉所毁，现存之阙为后人所建。也有人认为现存之独石阙，不是阙，阙上所刻的八个大字，是后人加刻的。

1、李业阙阙铭

2、李业阙阙顶

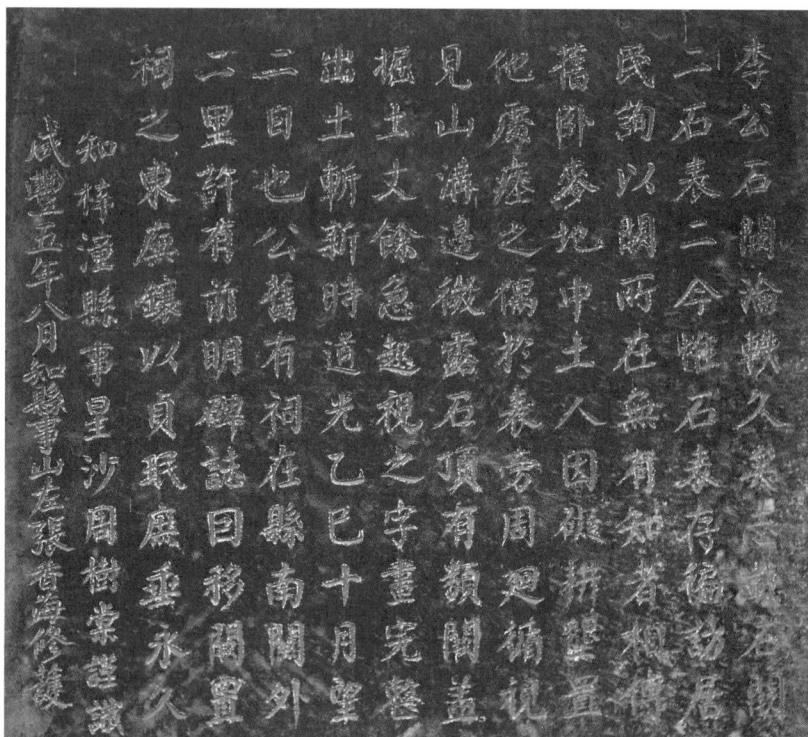

3、李业阙清代移阙记

此为清咸丰五年（公元 1855 年）梓潼知县周树棠《移阙记》，系直接阴刻在阙身正面。

4、李业阙李节士传

明嘉靖《读李节士传》拓本

5、李业阙题李节士新祠

明嘉靖《题李节士新祠》拓本

十七、四川梓潼县贾氏双阙

在梓潼县城南2.5公里的公路左侧，双阙，两阙风化剥蚀严重，雕刻已无从辨认。因其上部皆失去，远望只见大小相近的两石堆，当地人称"书箱石"。两阙相距17.2米，方向为北偏西23度，石质为青灰色细砂石。石阙严重下沉。该阙形制与绵阳杨氏阙相似。

此阙的阙主，有多种推测。刘燕庭《金石苑》谓得"旧拓"，其铭文残迹为"蜀中书贾公之"。旁有宋人题记，残存五行："十六国春秋云贾夜宇 / 李雄闻其名拜行西将 / 部尚书墓在县东 / 路东皇宋乾道六 / …… 尉尚"。《十六国春秋》为北魏崔鸿所撰，原书于北宋时已散失，今流传的为明人屠乔孙等人刊本，系汇编诸作而成。《汉魏丛书》中收有崔书十六卷的节抄本，清汤求曾以此节抄本为主，重加辑补而成《十六国春秋辑补》。邓少琴《益部·汉隶集录》说："杨、贾（阙）皆题曰蜀，蜀非先主国号，其时应属李雄，故本篇下隶于晋。"同理，"蜀"又何尝是李氏国号，也许只是指蜀郡。同样的例子如山东平邑皇圣卿阙、功曹阙，不书"汉"而只书地名"南武阳"一类。陈明达在《汉书的石阙》中说："咸丰梓潼县志卷三丘墓中记有'蜀汉邓芝墓，县西南五里有二石阙。芝高阳人，仕蜀为车骑将军'。所记方位、距离，恰与此阙相当，因又疑其为蜀汉邓芝墓阙。"这一推断是很有价值的。因为该志提到的七处阙，凡它书所曾著录均无遗漏，独少贾氏阙而出邓芝阙。不过《金石苑》成书在道光丙午（公元1846年），

梓潼贾氏双阙现状

梓潼贾氏阙

其所录贾氏阙铭文与今日所见大体相同,而咸丰八年(公元1858年)县志,未录此阙铭文及宋人题记。"邓芝阙"除了县志,未见它书著录,恐也难以简单地用 来取代贾氏阙。

仔细考察这寥寥数字的铭文,其中是有问题的,第一,现存诸铭文或在檐下枋头,如雅安高颐阙、绵阳杨氏阙;或在阙正面居中,如渠县冯焕阙、沈府君阙、杨公阙和德阳司马孟台阙等。此阙的铭文在阙身侧面,不伦不类,显然有失章法。第二,从铭文字形看,笔者认为并非汉刻。陈明达的意见其实就包含了这个意思。陆增祥《八琼室金石补正》则更直接地说"或即宋人所题"。在没有更多资料刻作依据时,此阙的建造年代仅能靠建筑本身来大致判断。尽管阙体分化、残缺过甚,毕竟不能以不可靠的铭文中有"蜀"字,就断定此阙为晋物(包括成汉),在四川还没有见一处晋代的建筑。从阙身形貌,台基结构来看,此阙与本县无铭阙和绵阳杨氏阙完全一致,此阙建造年代当为东汉晚期。

梓潼贾氏双阙现状

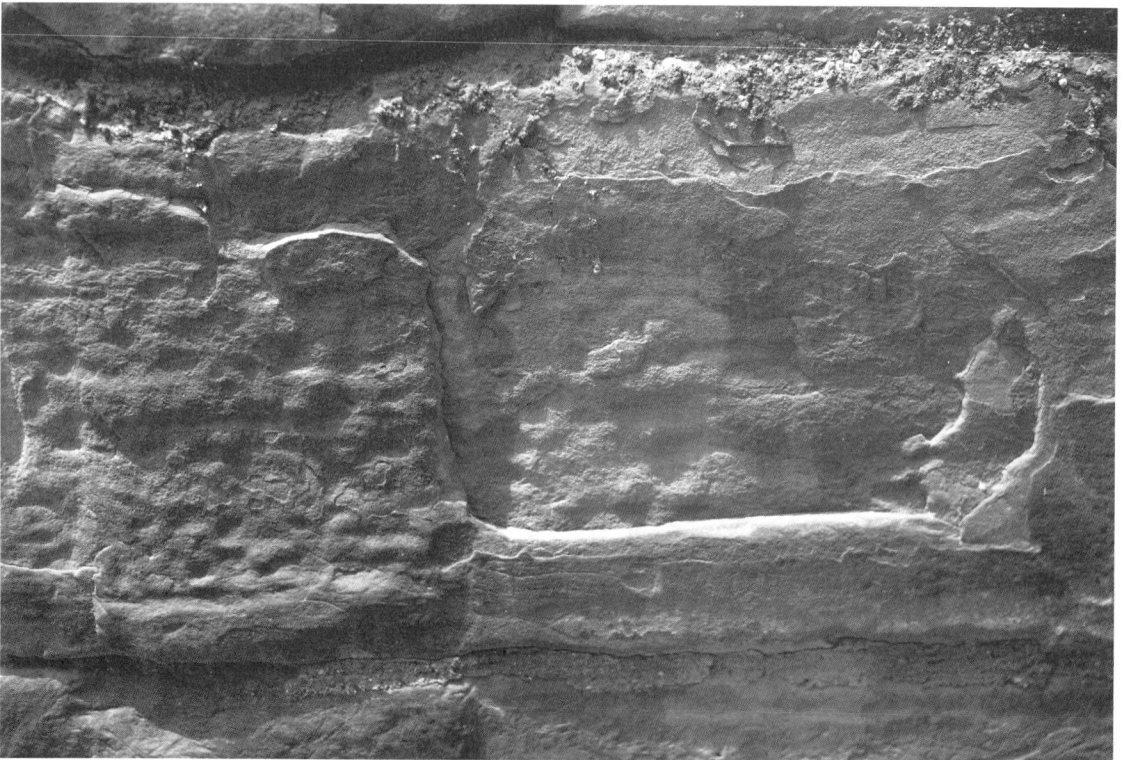

贾氏阙阙身细部

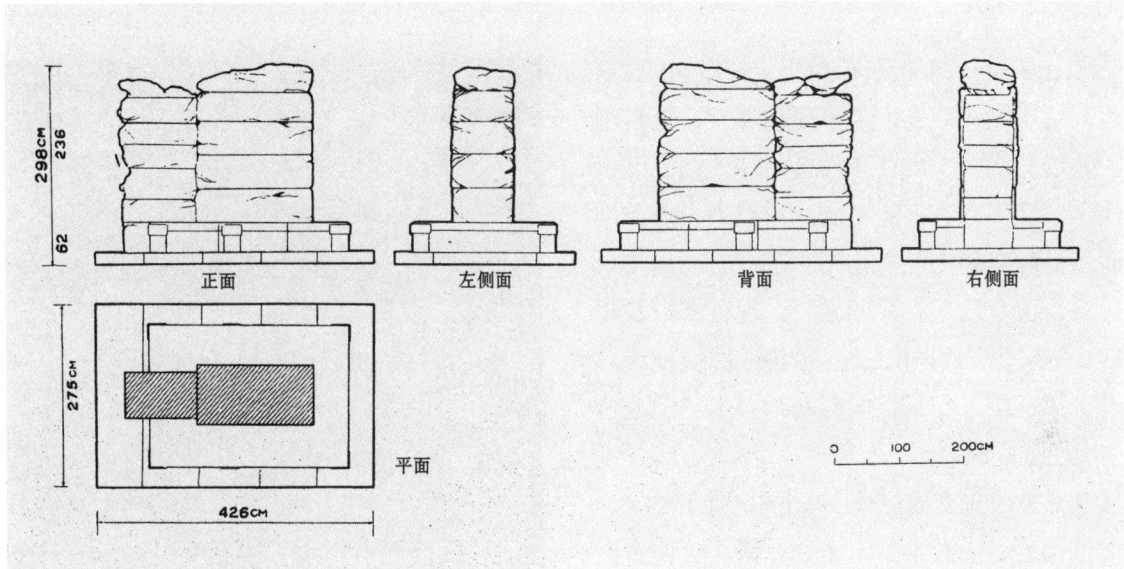

梓潼贾氏阙左阙线描图

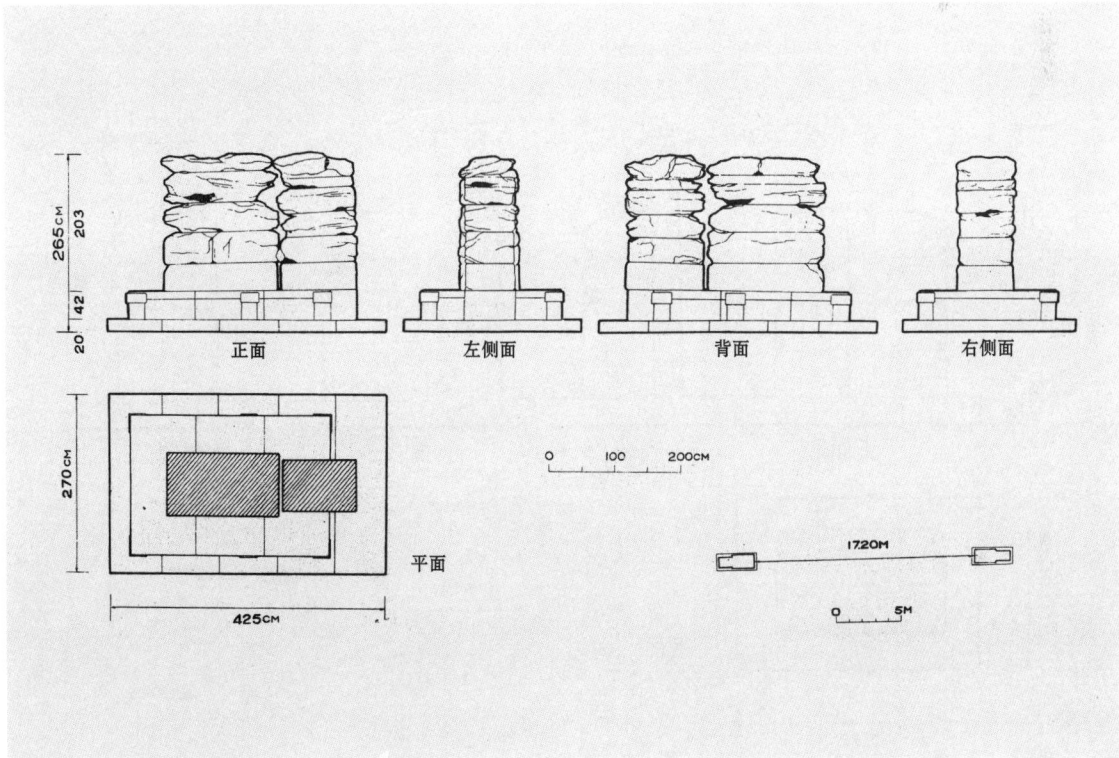

梓潼贾氏阙右阙线描图

十八、四川梓潼县杨公阙

　　此阙原在梓潼县城北约一公里的宏仁堰内，新中国成立初，为了便于保管，迁西坝大队堰管局内，1964年再迁县城北门外北街西侧，现仅存右阙的主阙。石质为青灰色细砂石，与梓潼无名阙相同。基石与顶盖均已失去，现有的基石并非原石，现存阙身及楼部石一层，剥蚀风化严重。阙通高260厘米。阙身第三层、四层正面刻两行隶书"口故侍中／口公之阙"。

　　该阙不见宋人记载，而是由《金石图》、《隶篇》、《石索》、《金石聚》、《金石苑》及《校碑随笔》等著录。诸书所记原铭刻有八字，即"蜀故侍中杨公之阙"，隶书八字铭刻。钱大昕《十驾斋养新录》以为是

梓潼杨公阙现状

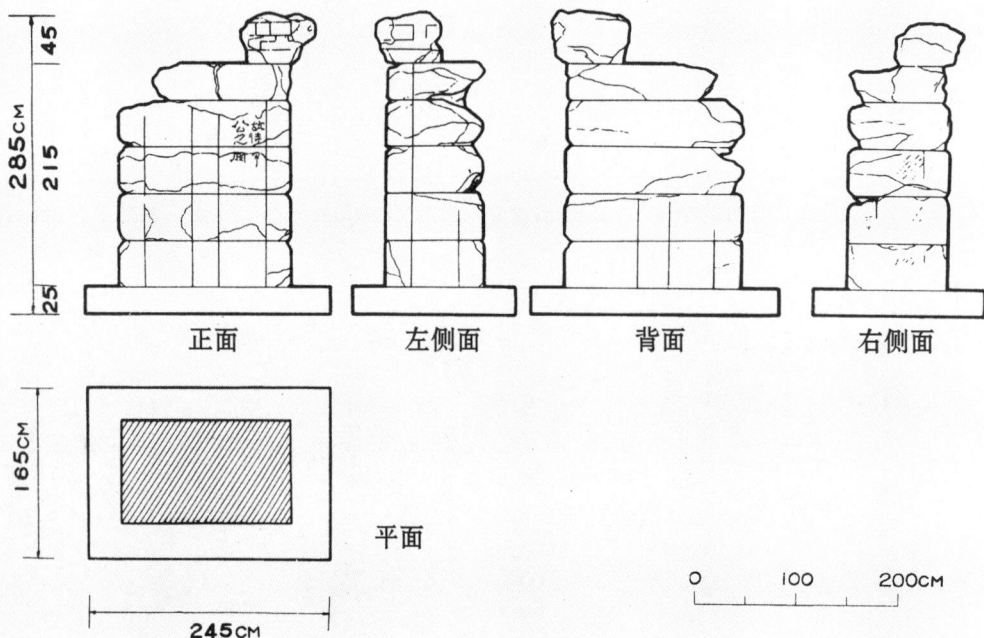

正面　　　　左侧面　　　　背面　　　　右侧面

平面

四川梓潼杨公阙线描图

1、杨公阙阙铭

阙铭能辨认的只余"故侍"二字。

伪刻，而翁方纲《两汉金石记》又信为真迹。此阙之时代与墓主等，清人有多种探索。《石索·碑碣》说："此阙当在蜀汉时……考《蜀志》杨氏之列传者三……惟杨戏字文？揵为武阳人，为尚书右选部郎，又为治中从事，迁中郎参军，领梓潼太守……此阙正在梓潼，岂即此人欤？《志》言治中、中郎，未言侍中，或曾为侍中而略之耳。"《八琼室金石补正》中亦此阙列入蜀汉。它以为，题"蜀"而不题"蜀汉"，是因建阙关系蜀亡后追表其墓而立之故。清咸丰八年《梓潼县志》说："汉侍中杨休墓。俗传如是。有石阙十余字，仅一杨字可辨，修字无考。'汉书'亦不载，杨修亦未官梓潼，未知为何方人氏，俟考。"

以上诸说，有的是所谓"俗传"，有的所记铭文情况与此阙不相符。"四川汉代石阙"的编撰者和笔者均认为，此阙铭文数字为后人所刻。此阙形制与梓潼贾氏阙、无铭阙的结构风貌都相仿，其建造时间应在东汉晚期。

2、杨公阙阙顶石

此阙顶石似为斗枋残留物

十九、四川梓潼县无铭阙

在四川梓潼县城西川陕公路侧，当地人称"九块石"，现仅存左阙的耳阙，其主阙及右阙已不存。阙的方向为西偏南8度。左阙的耳阙现存台基、阙身、楼部及顶盖四部分，通高354厘米。此阙剥蚀十分严重，只能辨识大体轮廓及斗栱等形象，其形制与杨公阙相似。此阙宋、明诸籍不见著录。清咸丰八年刊刻的《梓潼县志·丘墓》说："汉边韶墓县西关外。""流窝"中说"边韶先遊处，

碣存"。于是，遂有人以此阙为边韶阙。据《后汉书·文苑列传》，边韶，为陈留浚义人，"桓帝时，为临颍厚相，徵拜太中大夫，著作东观。再迁北地太守，入拜尚书令。后为陈相，卒官。"陈留浚义、临颍均在今河南省。北地，秦、汉置郡，在今甘肃和宁夏南部一带。即今边韶曾流寓梓潼，"卒官"于陈，也无远葬四川的可能。故暂称此阙为无铭阙。

梓潼县无铭阙现状

中国 汉阙 全集

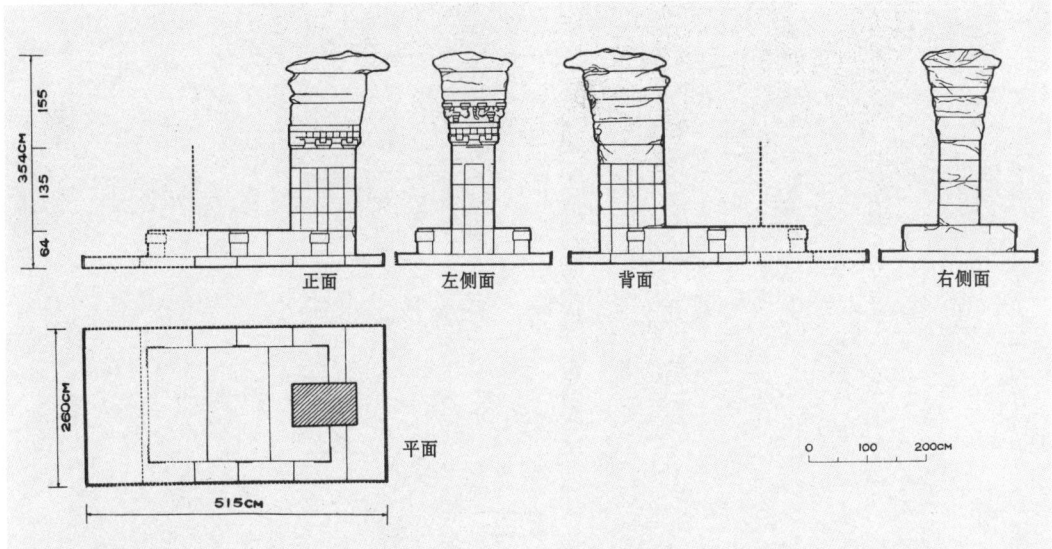

梓潼无铭阙线描图

梓潼无铭阙

1、无铭阙现存耳阙图

耳阙正面

耳阙背面

耳阙楼部斗栱

2、无铭阙早年图

3、无铭阙斗枋

二十、四川渠县沈府君阙

此阙在渠县城北 34 公里的岩峰场沈家湾。双阙俱存，惟各自的耳阙皆失去，阙身雕刻完整，但楼部风化严重，漫漶极多。两阙相距 21.78 米，方向为南偏东 26 度。

左阙

主阙现存台基、阙身、楼部、顶盖四部分，由五层石材构成，通高 485 厘米。阙身，独石，高 274 厘米，正面居中竖刻一行隶书铭文："汉谒者北屯司马左都侯沈府君神道"。其上刻一展翅朱雀。铭文下面石层剥落，不见带雕刻痕迹。背面无刻饰。右侧面柱间刻青龙衔璧绶，璧悬于上层横枋。楼部，由两层石材构成，正面居中置铺首，四隅刻有角神。第二层正面居中为西王母坐于龙虎座上，其右一人宽衣博袖，捧笏而揖，后有飞鸟、奔兔，以女荷长竿，竿悬两物，乘鹿疾驰。背面刻大树下一人侍立，一人坐独轮车上，应为董永侍父。楼部斗栱下，一人拉弓射猎，栱上有鸟，有猿猴。栱间正面居中浮雕一女乘鹿，其后有玉兔捣药。顶盖，一层石材，为两石合成之重檐顶，其上刻出椽子、连檐、瓦当、瓦垄及四角脊。

四川渠县沈府君双阙现状

渠县沈府君左阙

渠县沈府君右阙

右阙

此石阙的主阙与左阙的主阙部件及形制略同。阙身，其上朱雀图案下竖刻一行隶书铭文："汉新丰令交阯都尉沈府君神道"。铭文下有一巨型兽面。此兽大耳、双角，角间一戟形物直指而上达于铭文。左侧刻白虎衔璧绶，璧系于楼部横枋。楼部，第一层四隅刻角兽，惟后角存留较多，尚可见人身兽首，皆裸上身。第二层为浅浮雕，正面刻西王母、三足乌、蟾蜍、玉兔及求长生仙药的二使者。上段正面大斗的短木呈如意云头状，显系华

栱之栱端，栱下亦有一仙女乘白鹿。

沈府君阙装饰雕刻和阙身铭文，都很精美。尤其是阙上的独轮车，与蒲家湾的无铭阙和四川出土的汉代画像砖上见到的同类图形呼应，反映了独轮车在汉代已普遍使用。右阙大斗下如意形栱端的显露，证明了此构件为华栱而非一般所谓的短柱，澄清了建筑史家的疑问。阙前有一亭，其中有清代道光二十九年渠县知事王椿源撰写的《勒建汉谒者北屯司马左都侯新丰交阯都尉沈府君神道碑亭记》，叙述了访得此阙后建亭保护的情况。

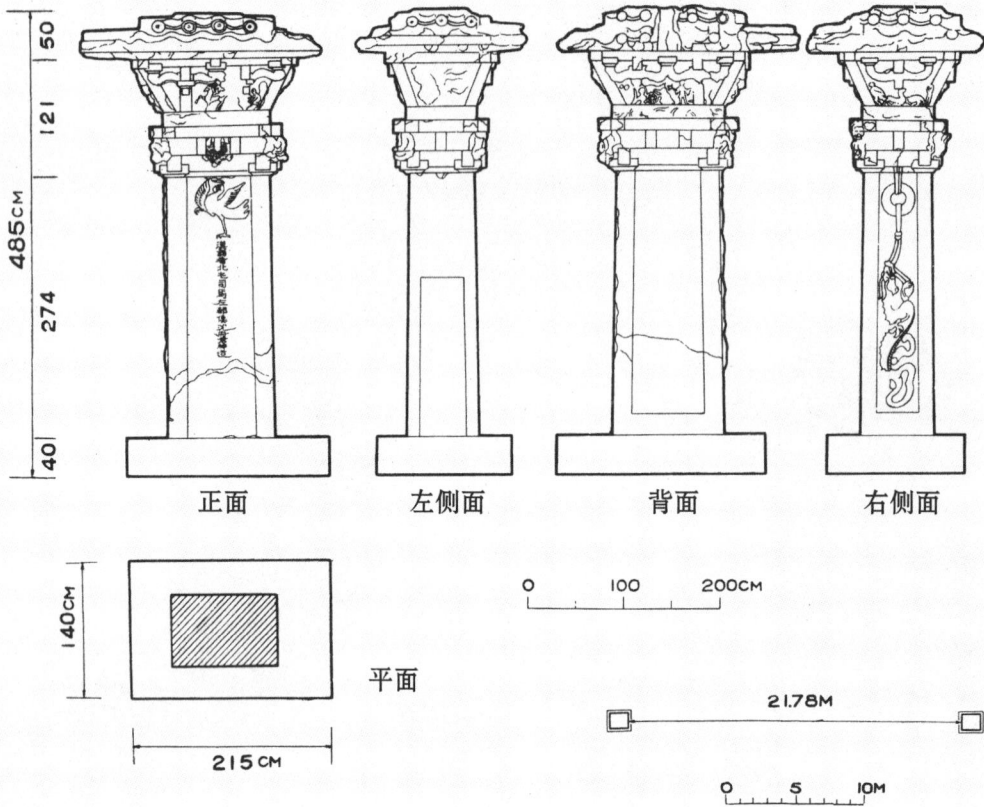

正面　　　　左侧面　　　　背面　　　　右侧面

50
121
485cm
274
40

140cm
215cm
平面

0　　　100　　　200cm

21.78M

0　　　5　　　10M

渠县沈氏阙左阙线描图

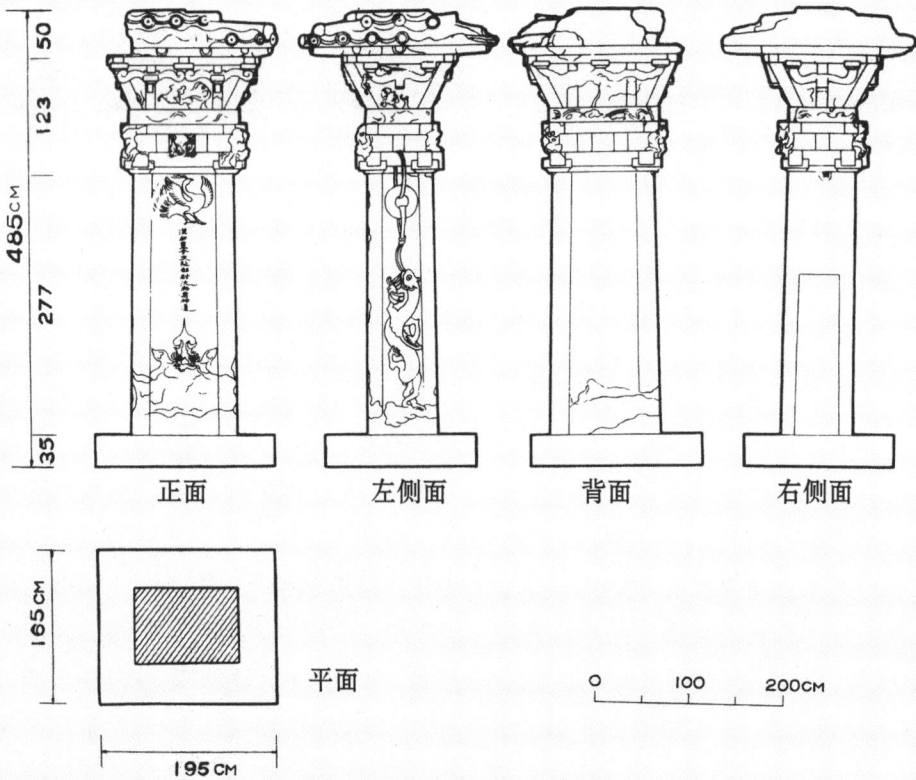

正面　　　　左侧面　　　　背面　　　　右侧面

50
123
485cm
277
35

165cm
195cm
平面

0　　　100　　　200cm

渠县沈氏阙右阙线描图

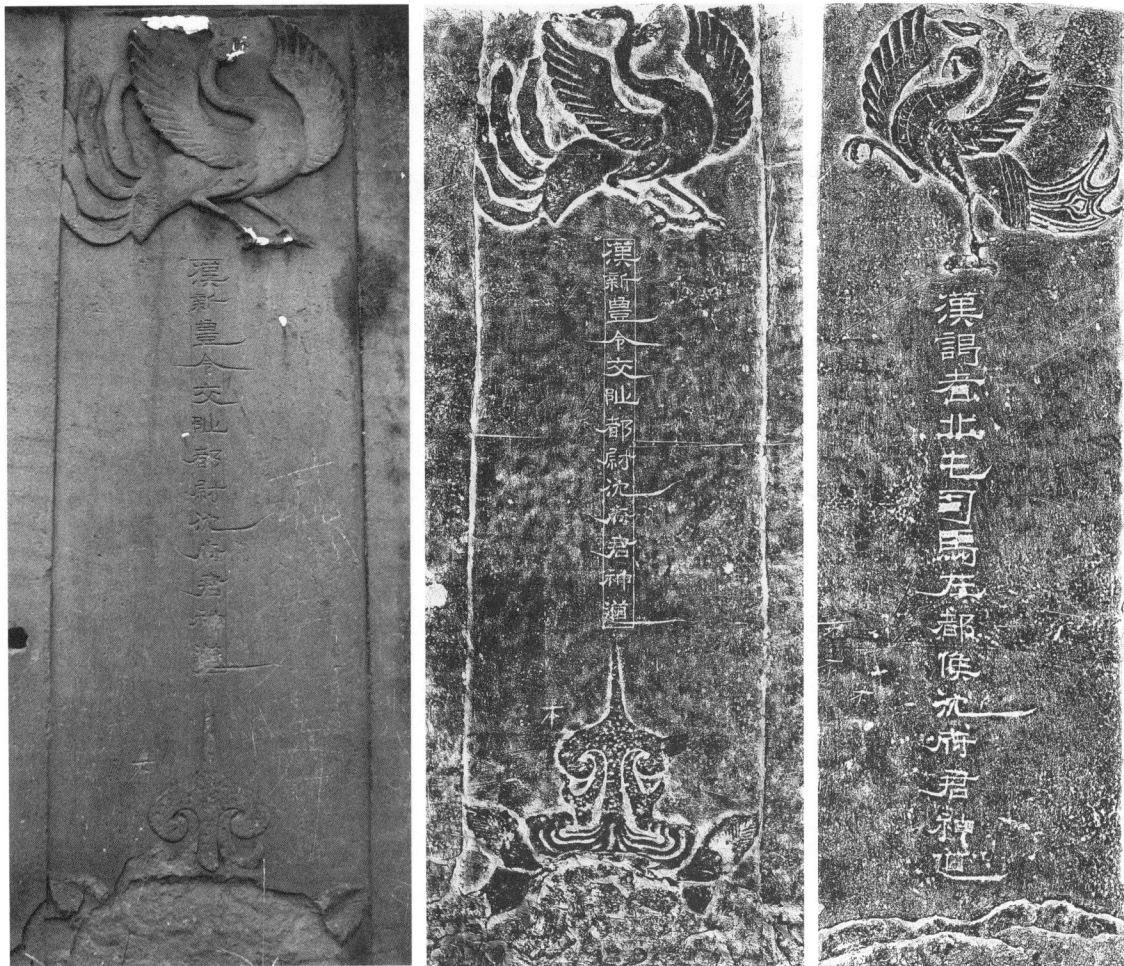

1、沈府君阙阙铭

左阙铭文 渠县沈府君阙左阙主阙身正面刻隶书一行："汉谒者北屯司马左都侯沈府君神道"十五字。

右阙铭文 渠县沈府君右阙主阙身正面刻隶书一行："汉新丰令交阯都尉沈府君神道"十三字。

2、沈府君阙朱雀

朱雀主阙阙身正面 左阙

此图在渠县沈府君左阙主阙阙身正面，刻一朱雀。

左阙

右阙

3、沈府君阙仙人骑鹿图

此图在渠县沈府君左阙主阙楼部正面，刻一人骑鹿，鹿在向前飞奔，骑鹿者头饰髻，似为女性。《山海经·西次四经》："上申之山……兽多白鹿。"《太平御览》卷九〇

六引《抱朴子·玉策篇》（今本无）云："鹿寿千岁；满五百岁则其色白。"故古称白鹿为瑞兽，白鹿又常与仙人为伍。

4、沈府君阙董永侍父图

此图在渠县沈府君左阙主阙楼部背面，图左刻一大树，树下一独轮车，车上坐一老者，为董永之父，一手拿锄，一手执一物正往其父口中喂送。唐道世《法苑珠林》卷六二引刘向《孝子传》："董永者，少偏枯，与父居，乃肆力

田亩，鹿车载父自随。父终，自卖于富公以供丧事。道逢一女，呼与云曰'女为谁'？答曰：'永妻，欲助偿债'。公曰：'汝织三百匹，遣汝'。一旬乃毕。出门谓永曰：'我天女也，天令我助子偿人债耳'。语毕，忽然不知所在。"

左阙

右阙

5、沈府君阙神灵异兽图

6、沈府君阙青龙衔璧图

　　此图在渠县沈府君主阙阙身右侧面，刻
一龙衔住悬璧上的绶带。此龙有角，有翼，
下部风化漫漶。

7、沈府君阙白虎衔璧图

此图在渠县沈府君主阙阙身左侧面，刻
一虎正衔住悬璧绶带，虎有翼。

8、沈府君阙铺首

铺首

图中刻一面目狰狞，巨口獠牙，口衔圆环的兽面。这种兽面在商周青铜器上常见。它善于看守财物，把它的形象雕画在门或器物上，称铺首衔环。

9、沈府君阙怪兽图

10、沈府君阙射猿图

11、沈府君阙斗栱

12、沈府君阙角神

13、沈府君阙拽虎图

14、沈府君阙楼部

15、沈府君阙阙顶

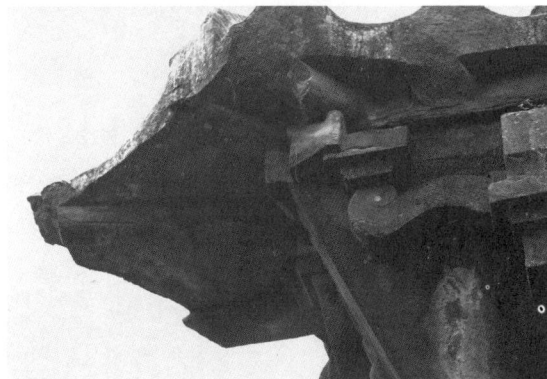

二十一、四川渠县蒲家湾无铭阙

蒲家湾无铭阙

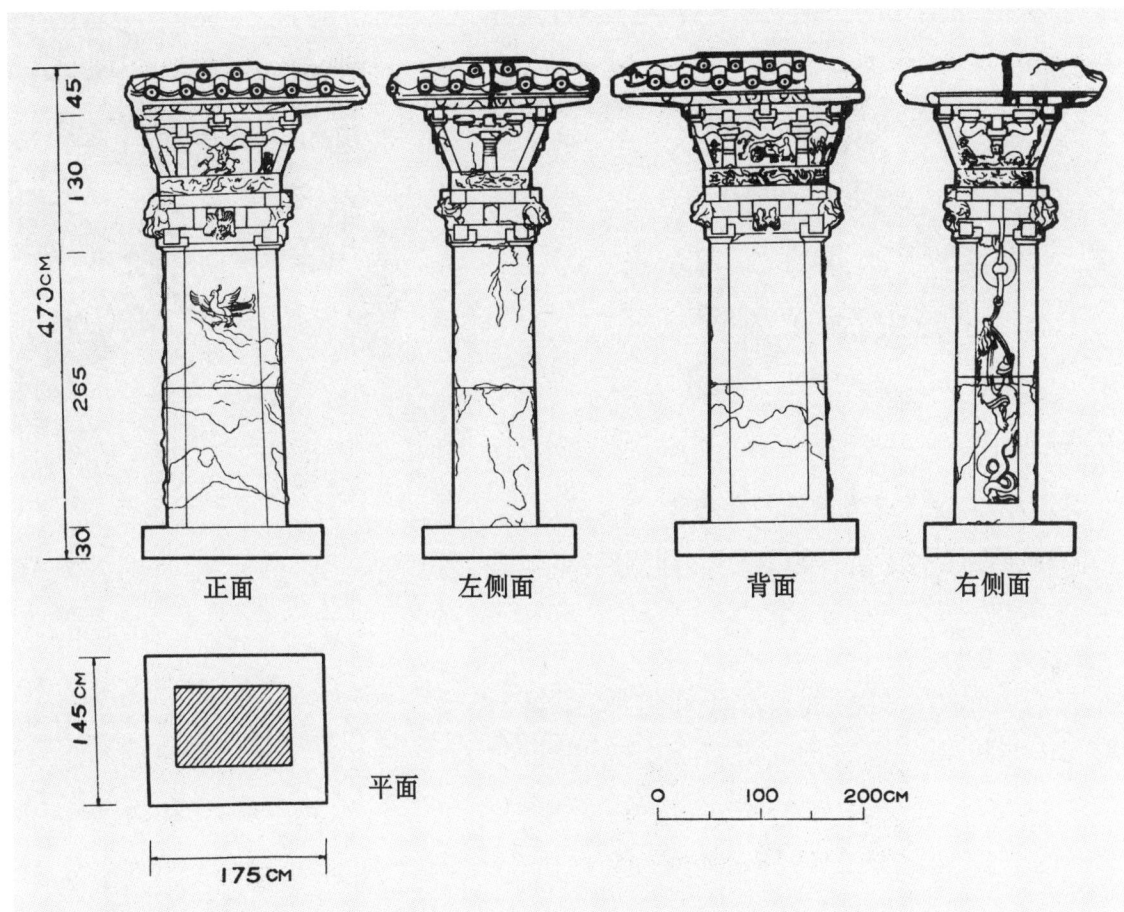

渠县蒲家湾无名阙线描图

　　此阙在渠县汉碑乡团林村，距沈府君阙200米。原为双阙，现仅存东阙，西阙及子阙均毁。阙为黄砂石，其方向为南偏东8度。东阙的主阙现存台基、阙身、楼部和顶盖，共石材六层，通高470厘米。阙身，由上、下两石合成，下部刻饰已全部剥落，上部刻展翅朱雀。右侧面刻青龙，口衔璧绶，璧悬于枋子上，背面正中刻铺首臀部，右后爪抓获一小兽。第二层正面居中西王母端坐于龙

虎座上，左右各有一人趋拜，可能是求仙药者，其后一人乘马，一人执荜捕猎。背面及两侧所刻为仙禽神兽，能明显分辨的有翼马、翼龙、朱雀、三足乌、九尾狐、双头鸟，形态极为生动。第三层为楼壁正面栱间刻骑乘鹿，一侧护斗旁刻玉兔捣药。背面栱间刻大树下有三人，一人侍主，一人坐独轮车上，应为董永侍父图。此图两侧有嘉禾和三株树。顶盖，为重檐庑殿顶，略残。刻连檐、瓦当、瓦垄。

1、蒲家湾无铭阙仙人骑鹿及白兔捣药

　　此图在蒲家湾无铭阙主阙楼部正面，刻
一仙人骑鹿，鹿正在向前飞奔。仙人头后飘
一连环球之物。

　　"玉兔捣药"，刻一玉兔，用前爪一爪
端盂，一爪执杵捣药，造型生动。

2、蒲家湾无铭阙朱雀

　　此图在蒲家湾无铭阙主阙楼部正面，刻
一朱雀。

3、蒲家湾无铭阙青龙衔璧

4、蒲家湾无铭阙董永侍父

此图在蒲家湾无铭阙主
阙楼部背面。

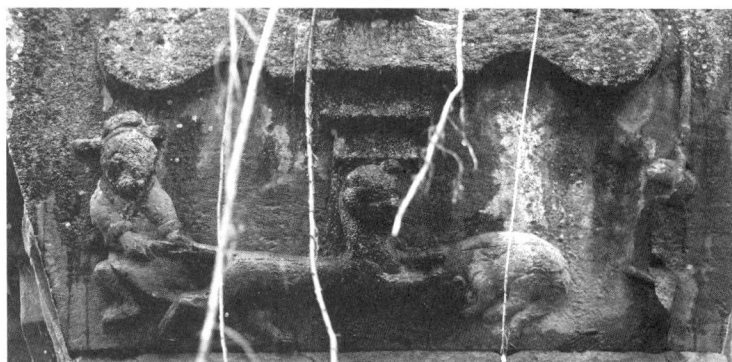

5、蒲家湾无铭阙拽虎图

此图在蒲家湾无铭阙主
阙楼部右侧面，刻一人头饰长形
双髻，正双手用力拽住虎的尾
巴往后拖拽，其虎的前爪正抓
住一小动物用力拖入其怀。

6、蒲家湾无铭阙铺首

图中刻一铺首，它面目狰狞，巨口獠牙，有衔环，也有不衔环者，由于它善于看守财物，所以把它刻画在门上，或器物上，让它当一名忠实的守卫者。

**7、蒲家湾无铭阙神灵
　　异兽图**

在主阙楼部中央雕饰一圈浅浮雕"神灵异兽"。

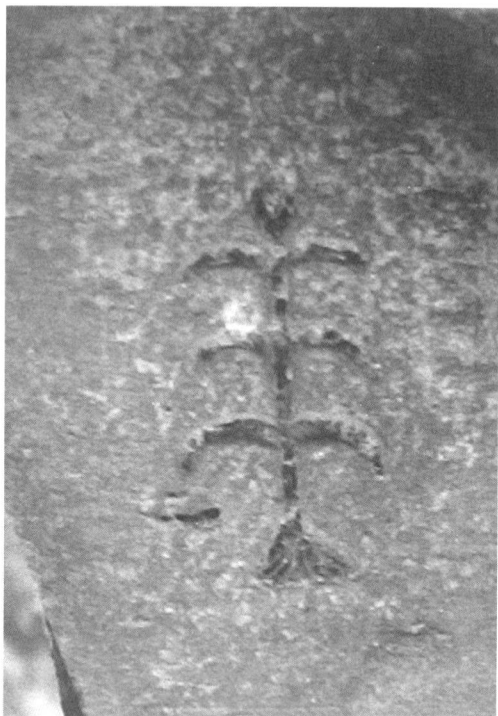

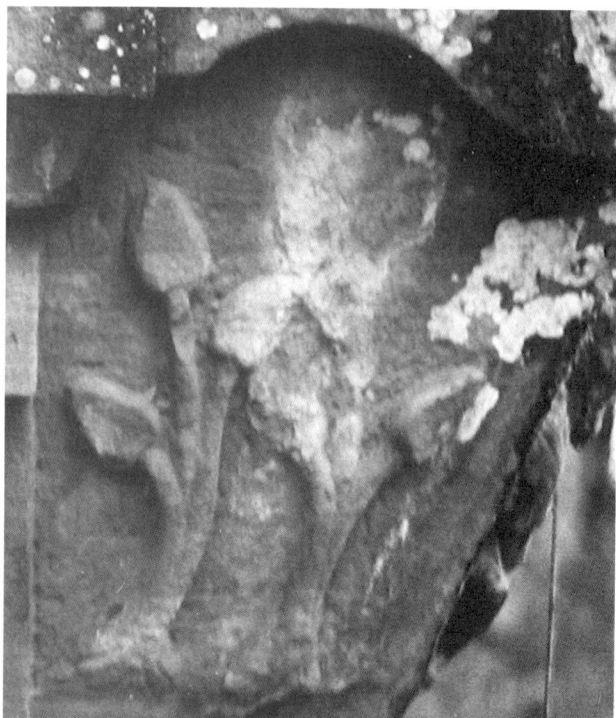

8、蒲家湾无铭阙嘉禾图

9、蒲家湾无铭阙角神

10、蒲家湾无铭阙楼部

二十二、四川渠县赵家村东无铭阙

渠县赵家村东无铭阙现状

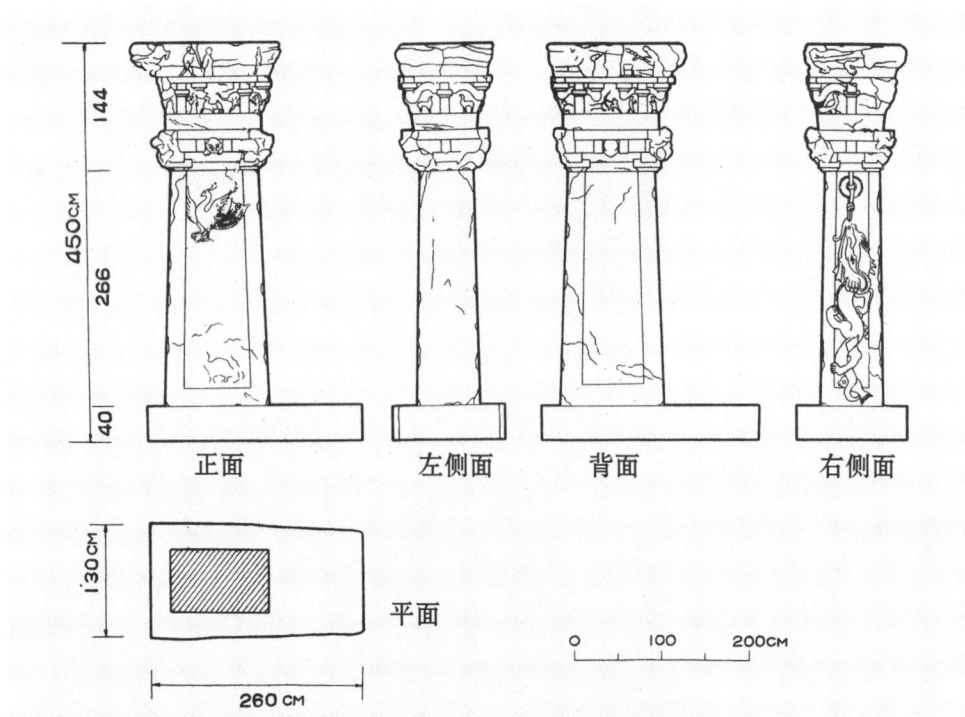

正面　　　左侧面　　　背面　　　右侧面

平面

赵家村东无铭阙线描图

渠县赵家村东无铭阙正面

在渠县土溪乡赵家村，距县城29公里，距冯焕阙仅200余米，现仅存主阙，子阙和阙顶已损坏。除阙顶外高417厘米，阙身正面素平无铭文，上端浮雕朱雀，下端浮雕玄武已漫漶不清，西侧壁雕青龙，尾卷一鱼。该阙由台基、阙身、楼部石材五层组成。阙身之上的斗栱层，四角为力士，承托整个楼部。楼四周布满雕刻，如执物女、庖厨、二妇执物相对而行、射猎、赶鹿等，均为其他阙所不见的精美佳作。此阙建造风格、形制与赵家村西无铭阙、王家坪无铭阙相似。建造年代有的认为是东汉末期，有的认为可能晚至西晋。

1、无铭阙朱雀图

此图在赵家村东无铭阙主阙阙身正面。刻一朱雀，朱雀为神鸟，在汉代画像石棺、汉代画像砖、崖墓画像、汉阙上经常出现。

2、东无铭阙谒见图

此图在赵家村东无铭阙主阙楼部正面，图中刻四人，图像略有残损，其中二人，正在交谈。

4、东无铭阙仙人戏鹿图

此图在赵家村无铭阙主阙楼部正面。图中刻双阙，阙中间刻一鹿，鹿之左右各有一人，手执嘉禾或仙草，正在斗鹿。双阙之外，也各有一人，手执嘉禾或仙草。

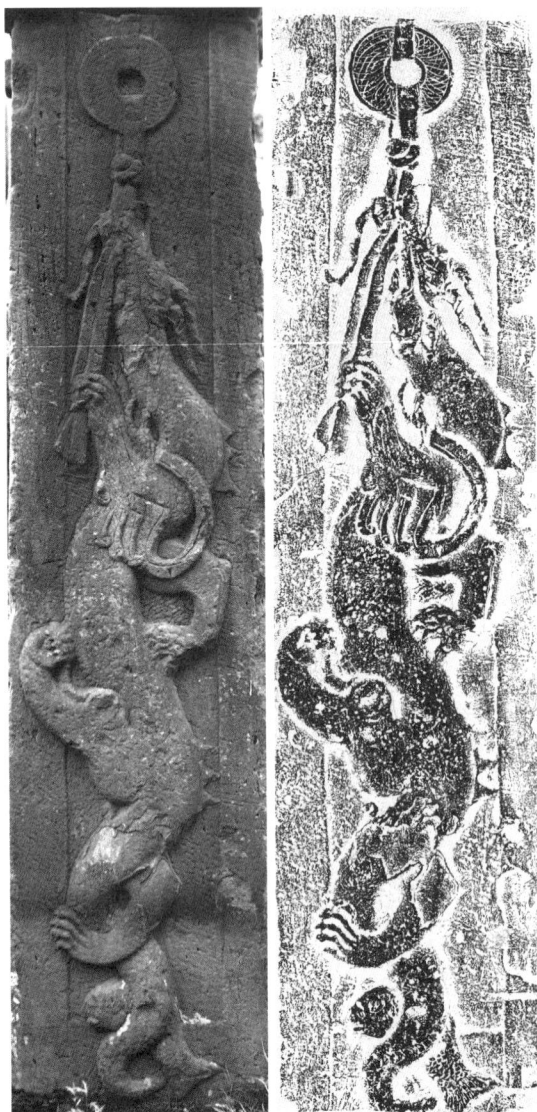

3、东无铭阙青龙衔璧图

此图在赵家村无铭阙主阙阙身右侧面，刻一龙。背有翼，头有角。口衔玉璧上的绶带，尾部有一鱼。《广雅》："有鳞曰蛟龙，有翼曰应龙，有角曰虬龙，无角曰螭龙。"

中国
汉阙
全集

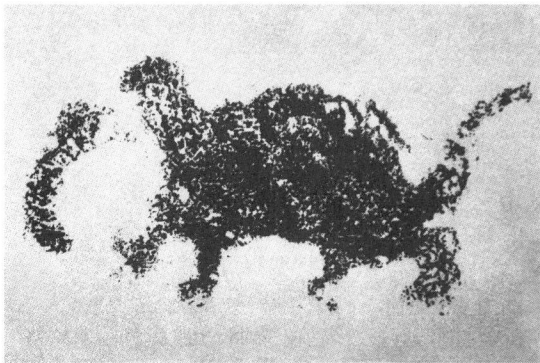

5、东无铭阙玄武图

玄武为四神或四灵之一，为祥瑞之兽。汉代画像石棺、汉代画像砖、崖墓、汉阙，经常出现。

7、东无铭阙人物图

此图在赵家村东无铭阙主阙楼部背面，刻一人，头戴冠，身着长袍，手抱一长物，似为鸠杖，或为金吾。

6、东无铭阙行猎图

此图在赵家村东无铭阙主阙楼部背面。图中刻一人正拉弓射箭，追赶一野兽，其前还有两个野兽。右侧有二人，其中一人头饰双髻，似为女性。

8、东无铭阙鸟衔虾蟆丸图

此图在赵家村东无铭阙主阙楼部右侧面，刻一鸟口衔一物，似为虾蟆丸，虾蟆丸为玉兔捣出之仙药，为西王母所掌握。

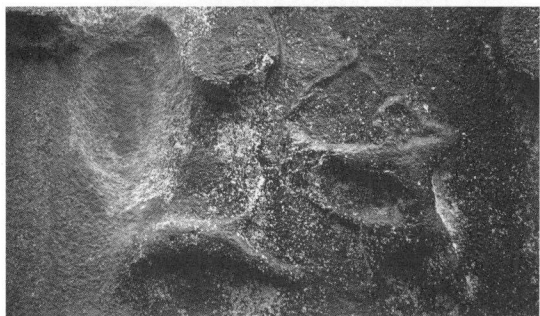

9、东无铭阙角神

10、东无铭阙双兽图

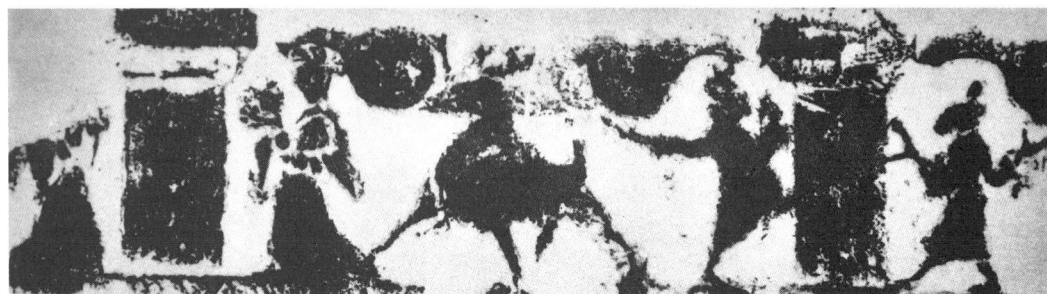

11、东无铭阙仙人骑鹿图

12、东无铭阙铺首

13、东无铭阙楼部

二十三、四川渠县赵家村西无铭阙

赵家村西无铭阙现状

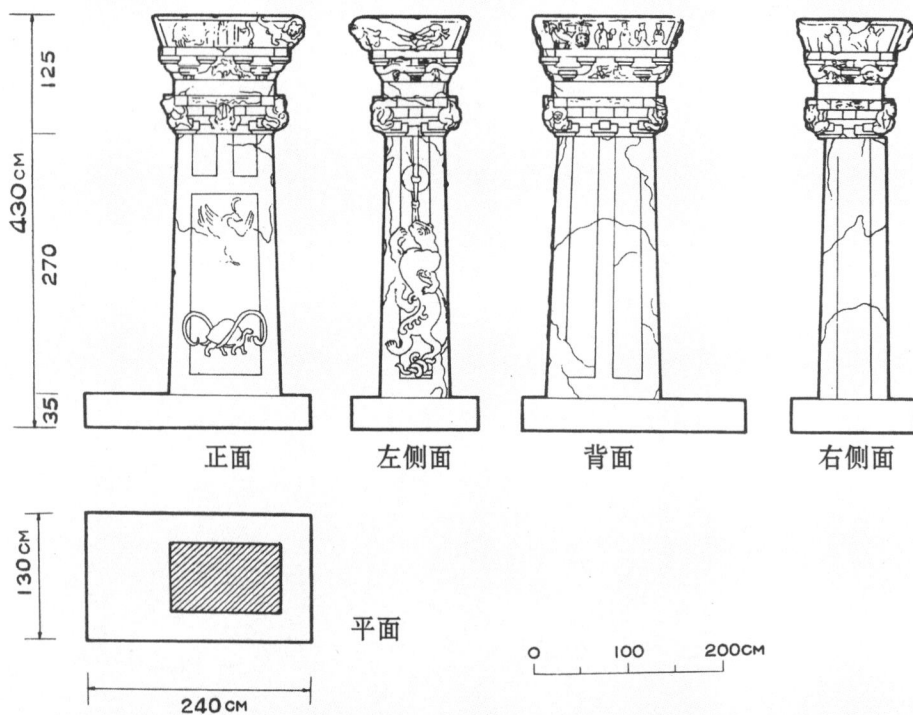

正面　　　　　左侧面　　　　　背面　　　　　右侧面

平面

赵家村西无铭阙线描图

在渠县土溪乡赵家村，距县城29公里，矗立于冯焕阙与赵家村东无铭阙之间，原为双阙，现仅存右阙，子阙与阙顶已损坏。右阙主阙现存台基、阙身及楼部，共有石材五层，高430厘米。阙身，独石，正面平，上刻朱雀，下刻玄武。左侧刻白虎衔璧绶，虎尾卷一蟾。

楼部之下四角为力士，四周布满雕刻，如六博、戏虎、斗栱人物、兽首人身像、骑怪兽、交换物品等各种形象和场面。背面刻有官人出行图，左刻一轺车，车上二人，车后四人，手执便面随行。此阙建造年代，有人认为是东汉末年，也有人认为是西晋时所建。

1、西无铭阙献礼图

此图在赵家村西无铭阙主阙楼部正面。图中刻一半开门，一头饰双髻的侍童，正开门，迎候送礼之人，门之左右有为请求偈见的引介者和献物者，有的兽执灵芝仙草，有的端一碗状物。

2、西无铭阙玄武图

此图在赵家村西无铭阙主阙阙身正面，刻一蛇缠乌龟，称玄武，为四灵之一，在汉代画像砖、画像石棺、汉阙等上经常出现。

4、西无铭阙仙人六博图

此图在赵家村西无铭阙主阙楼部背面，图中刻二人，头饰双髻，或饰花髻，身长羽，似为仙人，二人正在博弈，中有棋盘。六博，历史悠久，盛行于汉代，是古代的一种游戏。

3、西无铭阙送别图

此图在赵家村西无铭阙主阙楼部背面，图中刻一箱车，又称棚车，车后四人，左一人，头戴冠，身着长袍，似为主人，右侧三人，似为主人出行前，送别主人。

5、西无铭阙双虎图

此图在赵家村西无铭阙主阙楼部左前角，刻双虎戏斗，一体态较大的虎正回头欲咬一只小虎，有一人在右侧正抓住大虎的尾巴，阻止大虎欺负小虎，造型生动。

6、西无铭阙铺首图

图中刻一铺首，面目狰狞，巨口獠牙，这种兽在商周青铜器上常出现。

7、西无铭阙朱雀图

此图在赵家村西无铭阙主阙阙身正面，刻一朱雀。朱雀是四神、四灵之一，为祥瑞之鸟，又称神鸟。在汉代画像砖、画像石棺、汉阙、壁画上经常出现。

8、西无铭阙鲁秋胡图

此图在赵家村西无铭阙楼部右侧面，图中刻一树，树下一头饰髻妇人，正在采摘树叶，其右一人残半身，似为秋胡。此为"鲁秋胡戏妻"之故事。

9、西无铭阙角神图

12、西无铭阙仙人骑鹿图

10、西无铭阙射猿图

11、西无铭阙捉鸟图

13、西无铭阙白虎衔璧图

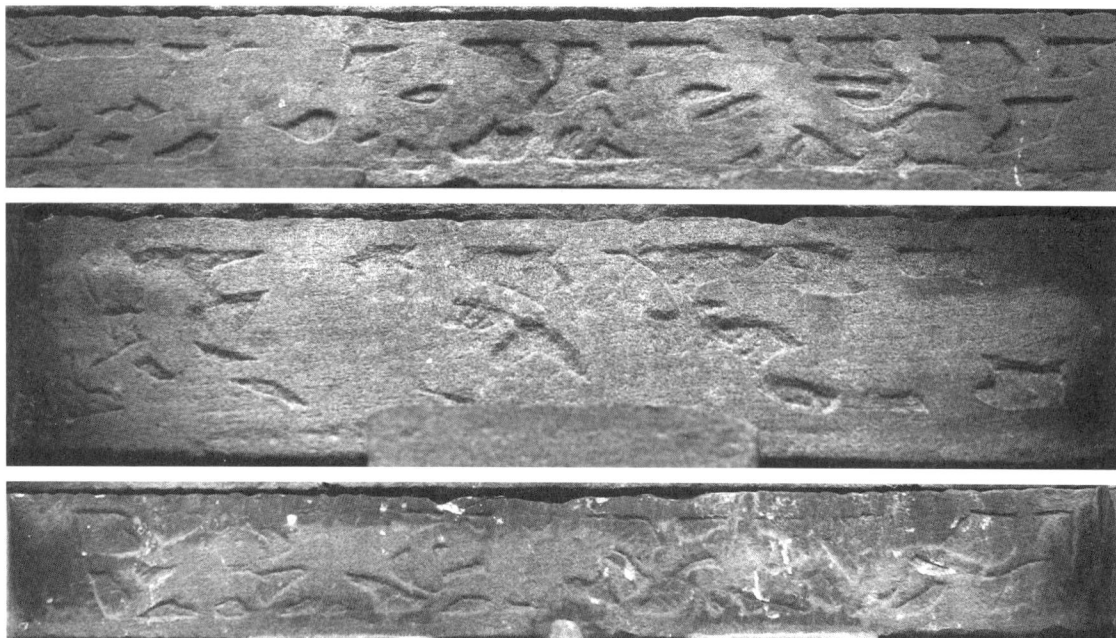

14、西无铭阙神灵异兽图

15、西无铭阙斗枋

16、西无铭阙楼部及阙顶

17、西无铭阙斗栱

二十四、四川渠县王家坪无铭阙

王家坪无铭阙全景

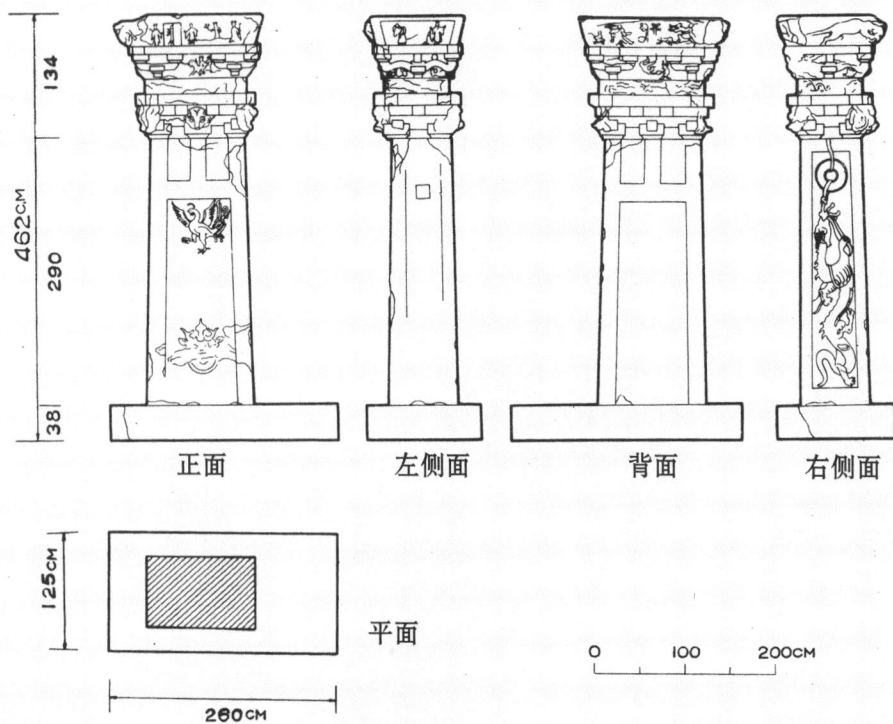

正面　　　　左侧面　　　　背面　　　　右侧面

平面

王家坪无铭阙线描图

王家坪无铭阙　　　　　　　　　无铭阙正面　　　　　　　　　无铭阙侧面

在渠县青神乡王家坪，现存左阙主阙，其耳阙及右阙存，阙为黄砂石，其方向为南偏东5度。左阙主阙现存台基、阙身和楼部，共有石材五层，高462厘米。阙身为独石，正面额下刻展翅翘尾朱雀，尾有三羽，中羽有三眼，其下为铺首衔环。右侧面刻青龙衔璧绶，青龙左后足跨于尾上，最为别致。楼部，现有石材三层，第一层，正、背面及右侧用减地平阴刻（雕）仙人、神兽。正面刻仙女乘龙，龙作劲走姿态。背面刻一仙人自上跃下，下部玉兔捧药敬奉。右侧面横栱上栖一长尾鸟，其下一人举弓欲射。左侧面横栱下刻一仰面飞翔、身上有圆形标志的大鸟，可能是日月神。第三层，正面刻一门，门半开，一侍女倚门而立，门外四人，从服饰看，似非汉人，这大概是一幅偈见献礼图。背面刻荆轲刺秦王，樊於期的头颅、荆轲、

秦王、秦舞阳等都一一出现在画面上，荆轲所投的匕首正好钉在中柱上。空中飘飞一物无疑是秦王被扯掉的衣袖，柱边跪伏献图的人为秦舞阳，秦王旁边一人则是侍医夏无且。至于一力士拦腰抱住荆轲，为《史记》中的有关记载所没有。四角中仅有右前角刻双虎戏斗，浮雕颇高，一虎的躯干占去右侧面的大部分。阙旁有残石共九块，其中有瓦垄和脊饰的形状，此应是该阙顶盖的残石。此阙无铭刻，在清代以前亦未见著录和留下阙的碑刻。从阙的形制和风格来考察，此阙与赵家村东西阙及重庆盘溪无铭阙相近，其时代应晚于夹江杨氏阙和赵家村东西阙相近，约在东汉晚期。

1、无铭阙青龙衔璧图

此图在渠县王家坪无铭阙右侧面，阙上
悬一璧，一条青龙用口衔住玉璧上的绶带，
龙的前爪抓住绶带。龙的造型生动。

2、无铭阙谒见图

此图在王家坪无铭阙主阙楼部正面，图左刻一半开门，一侍童，显露半身，其左刻一人，头饰髻，手抱一节，门的右侧刻三人，第一人手执一物，身着羽服，正欲往前行走。

第二人，头饰双髻，身着紧身衣，一手执灵芝。第三人头戴三山冠，身着羽服，手持鸠杖。此为仙人偈见。

3、无铭阙朱雀图

此图在王家坪无铭阙主阙身正面，刻一朱雀。刻图造型精美。

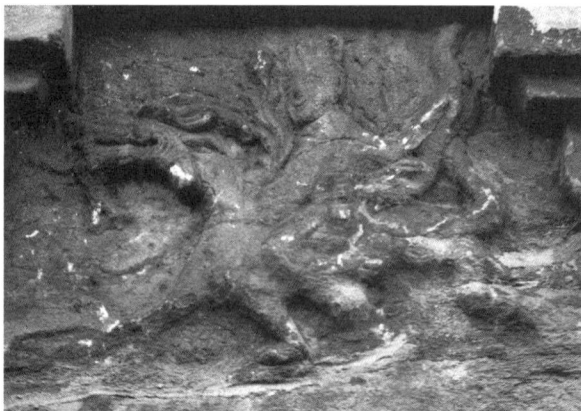

4、无铭阙仙人乘龙图

此图在王家坪无铭阙主阙楼部正面，刻一仙人骑龙，头饰双髻，乘坐龙背上，此即乘龙升天。《说文》十一："龙，鳞虫之长，能幽能明，能细能巨，能短能长，春分而登天，秋分而潜渊"。据此，则龙盖神物，古者神人多乘龙。如祝融"乘两龙"，夏后启"乘两龙"等等。

此图在冯焕阙主阙楼部，刻一仙人骑龙。

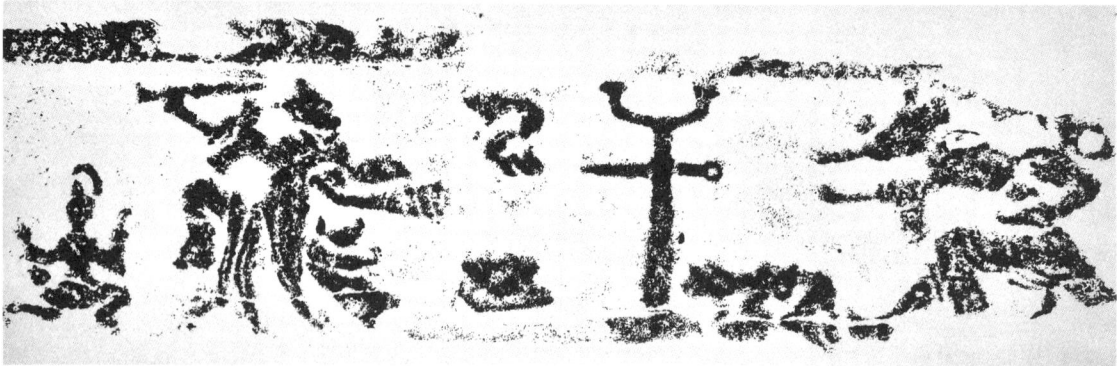

5、无铭阙荆轲刺秦图

6、无铭阙玉兔献药图

此图在王家坪无铭阙主阙楼部背面,刻一仙人从天上飞下,玉兔迎面而来,双手捧着一物,内装着仙药,仙人正用手拿筐内之药。晋付玄《拟问天》:"月中何有,白兔捣药"。

7、无铭阙双虎图

此图在王家坪无铭阙主阙楼部右前角,刻双虎,正在搏斗。

8、无铭阙行猎图

此图在王家坪无铭阙主阙楼部右侧面,刻一人正拉弓箭射前面之禽鸟等。

9、无铭阙人物图

10、无铭阙铺首

11、无铭阙楼部

12、无铭阙斗栱

13、无铭阙斗枋

14、无铭阙阙檐瓦当

15、无铭阙角神

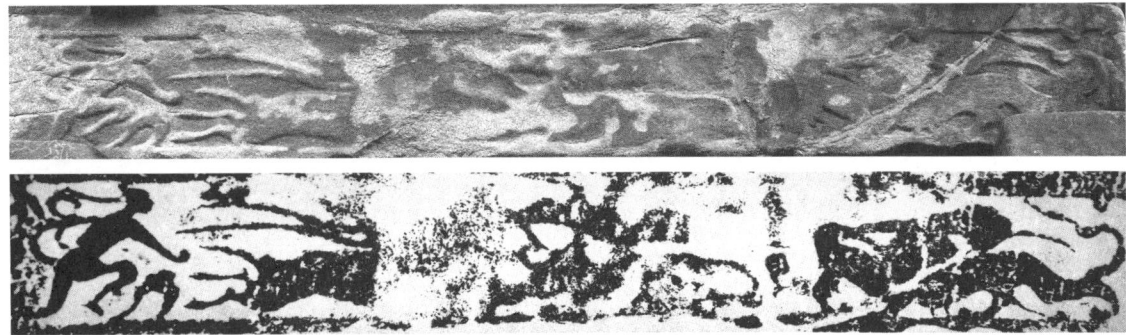

16、无铭阙神灵异兽图

17、无铭阙日月神图

二十五、四川渠县冯焕阙

冯焕阙现状图

　　在四川渠县土溪乡赵家村，县城北30公里。原为双阙，现仅存左阙主阙，耳阙及右阙已毁。阙为黄砂石，方向为南偏西20度。主阙包括台基、阙身、枋子、楼部、介石、顶盖六部分，由多层石材构成，是一座完整的仿木结构建筑。通高460厘米。阙身，独石，呈侧脚式，正面柱间铭文两行隶书："故尚书侍郎河南京令／豫州幽州刺史冯使君神道"。字的笔道较细瘦，但皆完好。铭刻下侧正中刻一铺首。楼部由3层大石块叠成。第一层

刻纵横相交的坊子。第二层为介石，上面布满浮雕方胜纹图案。第三层石块向上斜挑出，呈倒梯形，四角刻斗栱，两侧为曲栱，皆为"一斗二升"，富有装饰性。栱眼壁上正面雕青龙，背面刻玄武，线刻，细腻生动，刀法简练。最上面为阙顶，仿双层檐，庑殿式、筒瓦，瓦当雕草叶纹。

　　冯焕，东汉安帝时巴郡宕渠（治所在今渠县土溪乡）人。其子冯绲，桓帝时官至车骑将军及廷尉。《后汉书·冯绲传》说：其"父

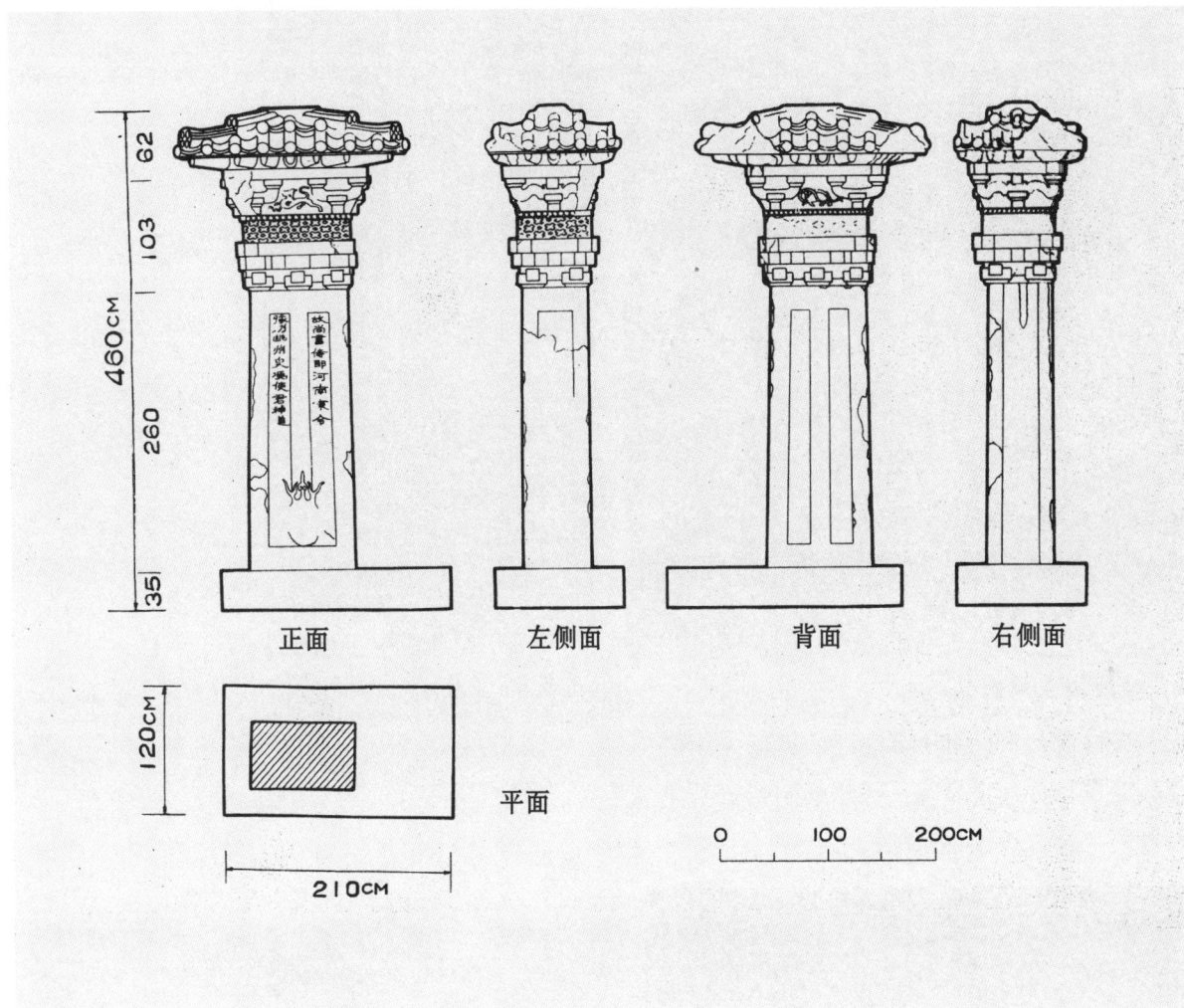

正面　　左侧面　　背面　　右侧面

平面

渠县冯焕阙左阙线描图

焕，安帝时为幽州刺史，疾忌奸恶，数致其罪。时玄菟太守姚光亦失人和。建光元年（公元121年），怨者乃诈作玺书谴责焕、光，赐以欧刀。又下辽东都尉庞奋使行刑。奋即斩光收焕。焕欲自杀，绲疑诏文有异，止焕曰：'大人在州，志欲去恶，实无它故，必是凶人妄诈规肆奸毒。愿以事自上，甘罪无晚'。焕从其言，上书字讼，果诈者所为，徵奋抵罪。会焕病死狱中，帝愍之，赐焕、光钱各十万。"

1、冯焕阙左阙阙铭

铭文拓片

　　阙身为独石，正面柱间刻铭文两行，隶书："故尚书侍郎河南京令／豫州幽州刺史冯使君神道"。铭文下刻一铺首。

2、冯焕阙左阙青龙图

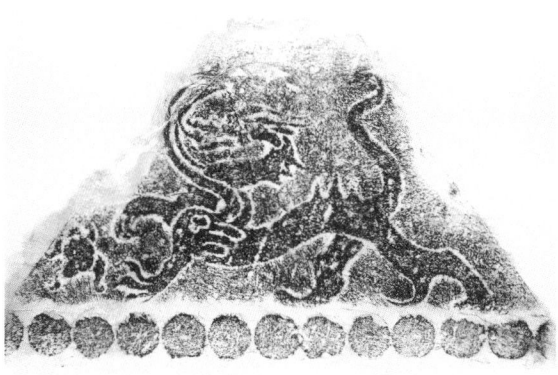

青龙图拓片

　　此图在冯焕阙主阙楼部正面，刻一龙，头长角，背有翼，尾上扬，龙正向前奔走，龙前有蟾蜍。

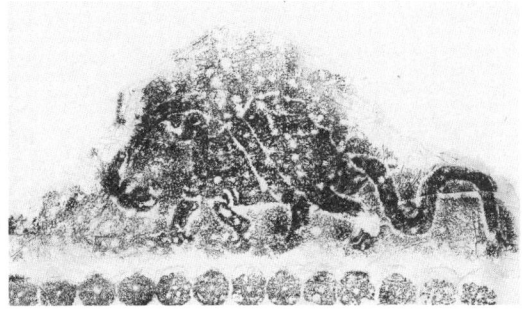

3、冯焕阙左阙玄武图

4、冯焕阙左阙铺首

5、冯焕阙左阙楼部及阙顶

6、冯焕阙左阙斗栱

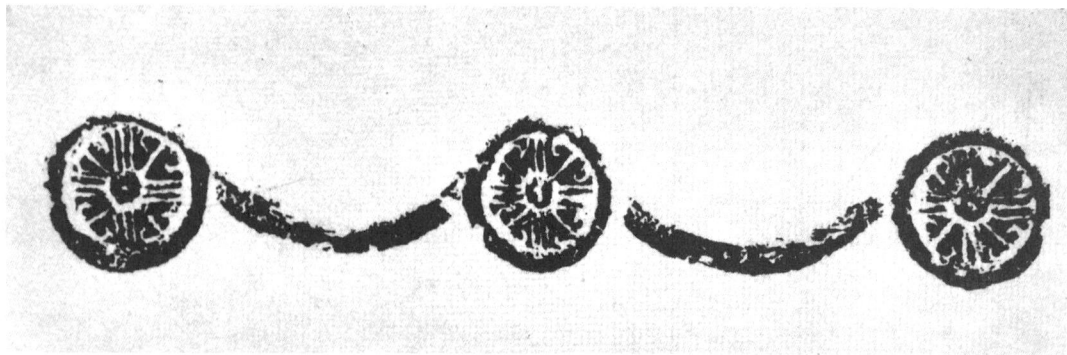

7、冯焕阙左阙瓦当图

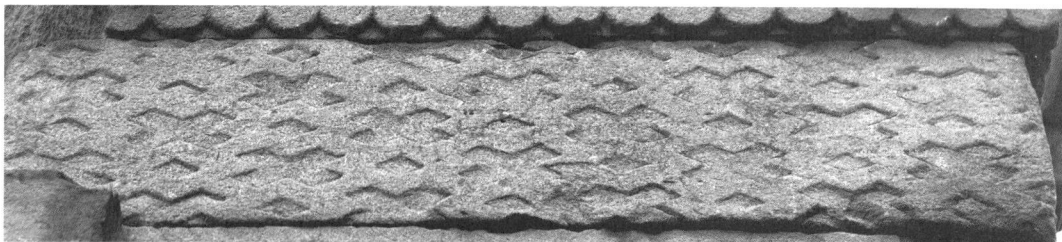

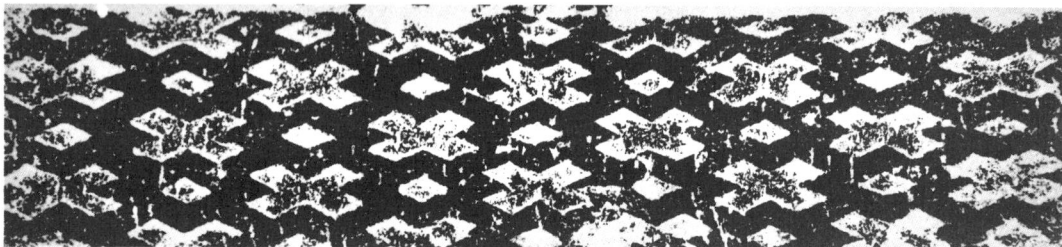

8、冯焕阙左阙菱形纹饰

9、冯焕阙右阙阙盖

10、冯焕阙右阙残石及纹饰

二十六、四川西昌市无铭阙

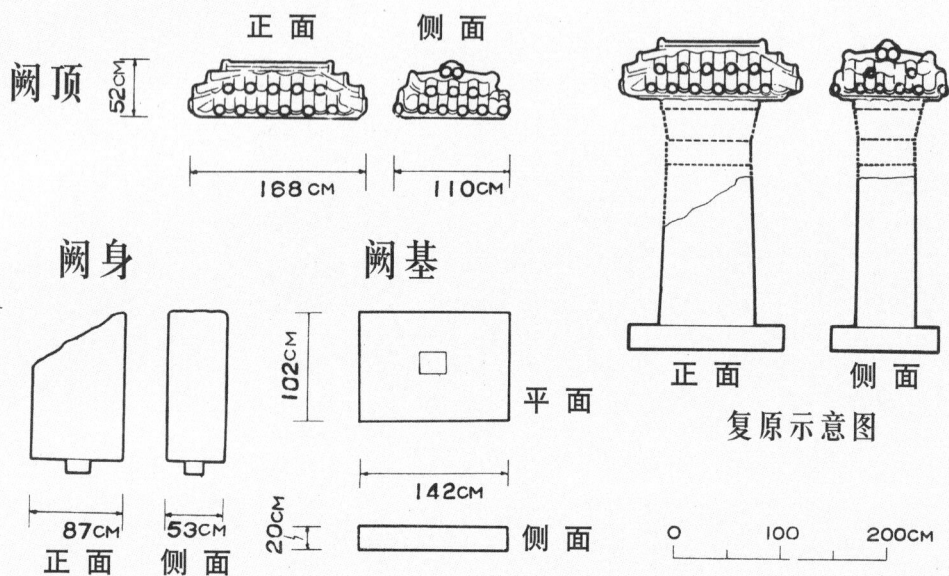

四川西昌市无铭阙线描图

　　1975 年 4 月，在西昌市西郊乡南坛村东南约 1.5 公里处农田内发现此石阙，位于西昭公路东侧，1977 年西昌市博物馆对此阙进行清理发掘。两阙东西排列，相距约 8 米，坐北朝南。左阙出土三石，右阙出土一石，石质为当地的红砂石，左阙由台基、阙身（残）、顶盖三部分构成。台基为长方形整石，高 28 厘米，宽 145 厘米，进深 105 厘米。基石中部有一方形榫眼，长 28 厘米，宽 20 厘米，深 14 厘米，上移下收，用以接纳阙身榫头。其外刻一圆圈，直径 50 厘米，用途不明。台面较平，四方未作两次加工。阙身，独石，上部残缺。阙石上收下移作侧脚式，残高 140 厘米，下宽 87 厘米，进深 53 厘米。近残缺处原宽 90 厘米，进深 52 厘米。

其榫头尺度较台基榫眼略小，正好吻合，阙身四方均无纹饰、题记，表面不甚平，略显有錾痕。

　　顶盖，整石，为九脊重檐四阿式，高 55 厘米，宽 170 厘米，进深 110 厘米。其下四面各现一横枋子及辐射形椽子，其上刻连檐、瓦当、瓦垄，再上作重檐庑殿顶，无脊饰。右阙出土顶盖石一块，其形制、尺度与左阙顶盖相同。此阙出土诸石未见显著风化痕迹，估计此阙倒塌事件可能较早。此阙形制虽极简朴，体量又较小，但各部结构仍与川中诸阙近似。阙石附近曾发现清理多起东汉墓葬，其中有元初五年（公元 118 年）砖出土。以此推测，此阙亦属墓前阙，建造当在东汉中期。此阙现藏西昌市文管所。

无铭阙早期出土遗址　　　　　　　　　　无铭阙 阙顶

无铭阙 阙身　　　　　　　阙顶上檐部分

阙顶下檐部分

二十七、四川昭觉阙

1983年2月在四川省凉山彝族自治州昭觉县四开区好谷乡发现石表1座，石阙残石10块，石狮残足1块。石表、石阙位于乡东150米的山坡下，前距三湾河约500米。石表、石阙均于早年坍塌，其附近有汉墓群，地面散布许多汉代几何纹砖。据彝族农民介绍，此处于100年前开为耕地，近年来，不断从土中发现残石，还发现一个无头无足的石狮，因为当地彝族群众习惯，认为有浮雕的刻石都是不祥之物，所以石狮刚出土不久就被人运至1公里外的土沟中埋掉。现存的石表、石阙原位置虽不十分清楚，但二者位置相距不过数米，石表和石阙应为同时所立，早年倾倒埋入土中，石表为上细下粗的长柱形，断面呈长方形，表座及表顶情况不明。表身高162厘米，表面最宽62.5厘米，侧宽42厘米，表身已断为两截。正面文字九行，侧面文字三行，共约400字。皆为隶书体。主要记载了东汉光和四年，越嶲郡太守任命苏示县有秩冯佑为邛都县"安斯乡有秩"，还有"复除"上诸、安斯二乡赋役及有关当地乡、里等组织内容，其命令有的是以"五曹诏书"的形式，由劝农督邮书椽李仁下达，这座石表是邛都县安斯乡十四里丁众所立。

石阙构件不全，残石10块，其中阙顶残石5块，阙身石构件5块。阙顶残石所雕刻的斗栱、瓦当和瓦垄清晰可见。石构件中有一完整的长方形立石，高110厘米，宽

昭觉阙现状图

62.5厘米，厚13.2厘米。正面下雕麒麟和上刻凤凰，凤凰于本石仅有双足，显系此石之上另有凤凰全身主体刻石。此刻石背面，尚有横刻"官匠所造二"5字，字属草隶。此石当为石阙构件主要画像石之一。石表文字因长期风蚀，部分漫漶不清。现将石表释文录之如下：

正面

领方右户曹史张湛白前换苏示有秩冯佑转为安斯有秩庚子诏书听转示部为安斯乡有秩如书与五官橡……司马议请属功曹定人应书时簿下督邮李仁邛都奉行言到日见草行丞事常如橡……主簿司马追省……府君教诺……正月十二日乙巳书……昌延……光和四年正月甲午朔十三日丙午越巂太守张勃知丞事大张……使者益州治所下三年十一月六日庚子……长常叩头死罪敢言之……诏书听郡则上诸安斯二乡复除……齐……乡及安斯有秩诏书即日……劝农督邮书橡李仁邛都奉行……勃诏……诏洲郡……死罪敢言之……下庚子诏书即日理判也……三月十四日丙午诏书太守勃行于东大官守长常叩头死罪敢言之……使者益州……治……言……高官……诏书即日始君迁里……等十四里……将十四里丁众受诏高米立石表师齐驱字彦新

侧面

越巂太守丞橡奉书言……常……都……光和四年正月甲午朔十三日……大官守长常……部曲部劝农督邮书橡李仁邛都……于诏书到奉行务……真……湛书佐延主

该阙现藏于四川昭觉县图书馆内。

1、昭觉阙 麒麟纹饰及拓片

2、昭觉阙　东汉光和四年石表铭文正面及拓片

3、昭觉阙　东汉初平二年石碑及拓片

4、昭觉阙　东汉光和四年石表侧面

二十八、四川成都市王平君阙

1980年6月，在成都金牛区圣灯乡猛追村基建施工中，发现两块有铭文的刻石，它早已被明代人损坏而作为砌筑墓室之用。此阙刻石系两块整石雕琢而成，除铭文外，还镌刻有图案花纹、动物浮雕。因两块刻石大小差不多，又一同出土，所以曾有人认为此二石为一个阙的两块刻石。经过反复考证，此二石系两个石阙刻石。为便于叙述暂定为甲阙、乙阙刻石。甲阙刻石长221厘米，宽57厘米，厚33厘米。阙的正面、右侧面均镌刻有文字。

甲阙刻石正面文字为：

永元九年七月乙丑楗为江阳长王
君平君字伯鱼

甲阙刻石侧面文字为：

永寿元年孟秋中旬己酉之日王求人进赵率孝子孟恩仲叔廉忉党悔厉……消荆斯志颠仆心怀不宁发愤修立以显光荣惟乾运动川道静贞夫人淑……川之灵十六适配教诲有成来……瑛束脩舅姑洁以不瘝年逾七十如……如……阴阳丧度三纲离道明星陨坠……表寝疾固绅大命催□魂灵归……

乙阙刻石长225厘米、宽57厘米、厚39厘米。阙身正面开槽，槽长147厘米、宽35厘米、深30厘米，上下左右留边宽度对称。有铭文一组，镌于槽内底部。铭为：

永元六年九月下旬王文康不禄师友门人闵其行正来飨厥功传曰欷者章之门生等五十二人共……维王文康……兴闺心绝望不……良……不……当……翼济德渊……帝……自远来……谁分畴纪厥行表……墓

以上两阙刻石铭文120余字，全国诸阙

中可以算得上是最长的了。这两个刻石的书法字体与陕西省褒城县北褒斜谷中的东汉崖墓刻石《故司隶校尉楗为杨君颂》（即《石门颂》，也叫《杨孟文颂》）相近似，书法逸纵豪宕，纤劲古拙。江阳，即今泸州，江阳长，是官名。秦统一中国后，万户以上的称县令，万户以下的称长。任江阳的王君平（字伯鱼）和王文康，在《后汉书》中均无记载，其他文献和地方志中也未见著录，故这两人事迹不可考。它的出土，对研究汉代历史、书法、雕刻等提供了重要资料。此两阙石刻，现藏成都博物院。

1、王平君阙　纪年铭文

铭文为："永元九年（公元97年）七月乙丑楗为江阳长王君平君字伯鱼"。

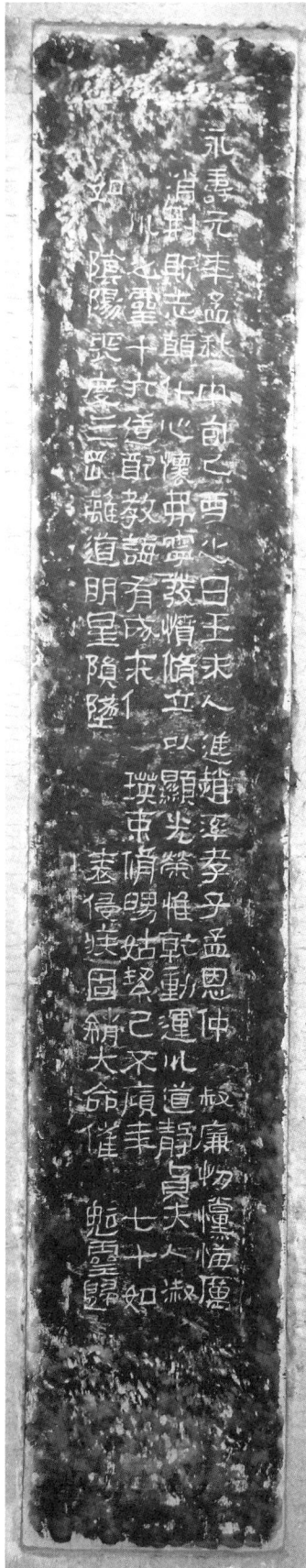

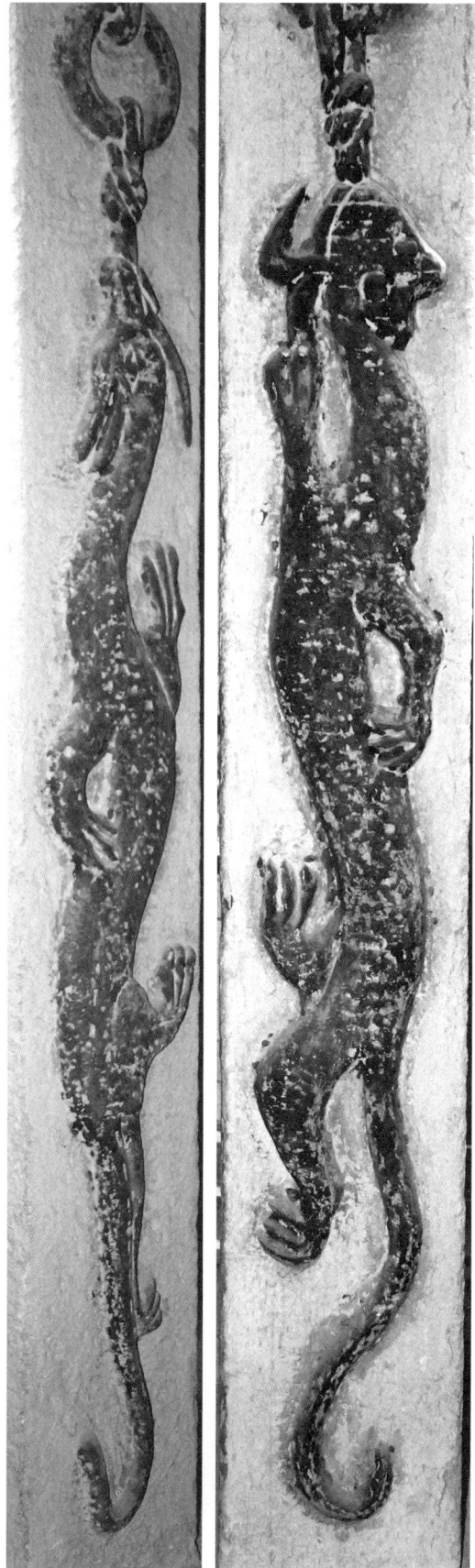

2、王君平阙　铭文　　　　　3、王君平阙　青龙和白虎

二十九、重庆忠县邓家沱阙

2003 年在忠县邓家沱遗址，由郑州大学历史学院考古系发掘，出土石阙构件 9 个，分别是基座一件，阙身三件，枋子层二件，斗石 2 件，阙顶 1 件。根据石阙构件的分布情况以及形状、尺寸、榫卯结构的差别，将其复原为双阙，即基座、阙身、枋子层、斗石为右阙。阙身、阙顶为左阙。右阙底座长 110 厘米，宽 76 厘米，高 28 厘米。阙身下

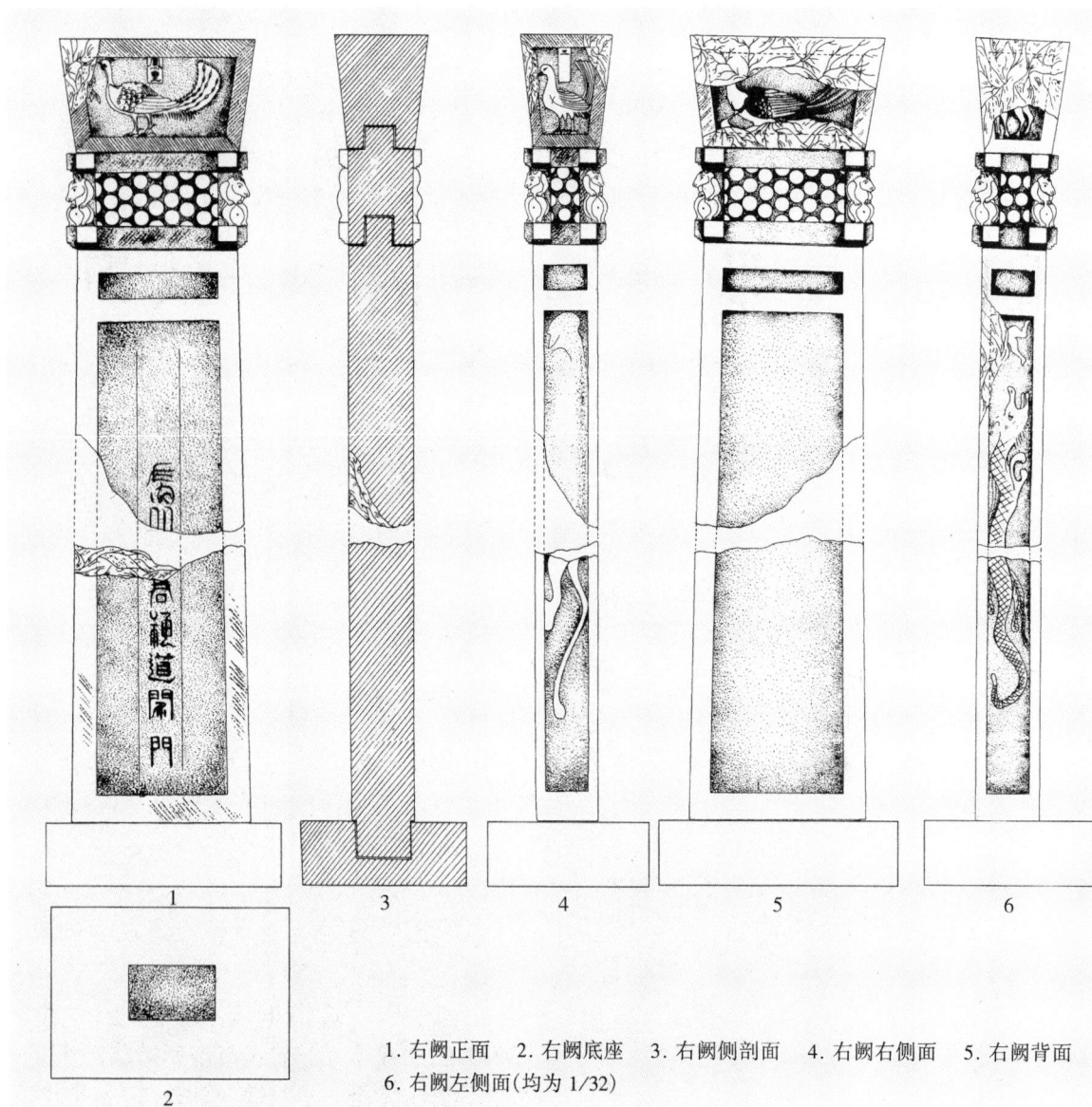

1. 右阙正面　2. 右阙底座　3. 右阙侧剖面　4. 右阙右侧面　5. 右阙背面
6. 右阙左侧面(均为 1/32)

重庆忠县邓家沱右阙复原示意图

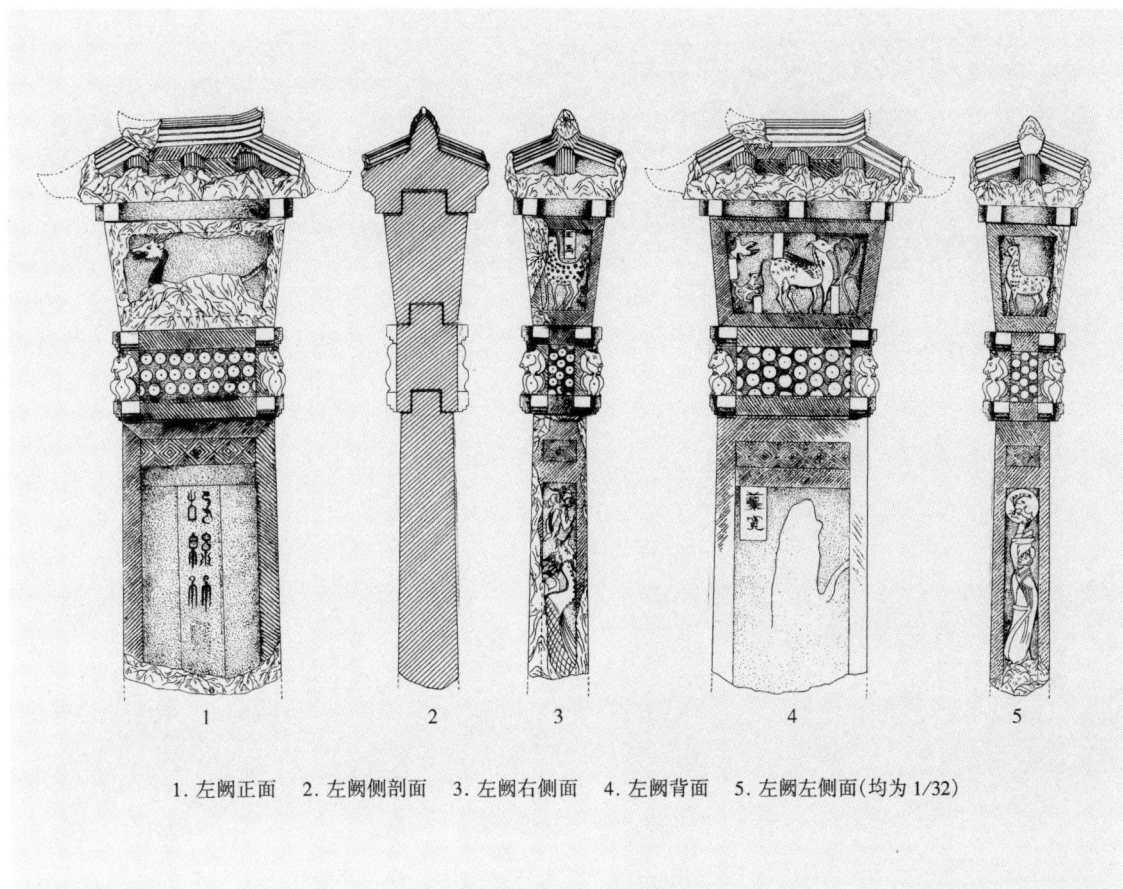

1. 左阙正面　2. 左阙侧剖面　3. 左阙右侧面　4. 左阙背面　5. 左阙左侧面（均为1/32）

左阙复原示意图

部底宽80厘米，厚28厘米，残高122厘米，上部顶宽72厘米，厚28厘米，残高120厘米。枋子层，长80厘米，宽38厘米，高40厘米。斗石，上部残长69厘米（复原长度85厘米）。左阙阙身顶宽71厘米，厚25～26厘米，残高116厘米。枋子层，长80厘米，宽38厘米，高41厘米。斗石，上部长84厘米，下部长72厘米，上部残宽20厘米（复原宽度27厘米），高48厘米。右阙阙身正面上

部有两、三个字漫漶不清，下部隶书"故绵竹□"。左阙阙身背面，左上方有方形榜题，内存隶书"□宽"。画像分布在阙身两侧及斗石、枋子层的四面，均为减地浮雕，内容有龙、虎、神人、戏龙、神人托月、凤凰、三足乌、天鹿、飞兔、鸾鸟、木连理、天马、天禄、角神和联璧纹等。此阙的部分画像陈列于中国重庆三峡博物馆。

1、邓家沱阙神人戏龙图

　　此图位于左阙阙身的右侧上部。神人头戴道冠，右腿后伸，左手执瑞草伸向龙口，右手后举。龙口衔瑞草，曲颈飞舞向前，身饰菱形鳞片。

2、邓家沱阙凤凰图

　　此图位于右阙斗石的背面。整幅图画为一只站立的凤凰，形体与孔雀相似，昂首翘尾，

凤凰

口衔瑞草。其上部正中浮雕纵长方形榜文，隶书，"凤凰"。

天鹿

3、邓家沱阙天鹿图

　　此图在左阙斗石的背面，整幅画像由天鹿、飞兔、鸾鸟、木连理组成。天鹿居中而立，头上见一耳一角，肩生双翼，身饰圆点纹，口衔木连理的枝条，天鹿左下方有一只呈奔跑状的飞兔，左上方为一只口衔瑞草，逆向飞行的鸾鸟。天鹿、飞兔、鸾鸟、木连理旁均有榜题，榜文已漫漶不清。

天禄

4、邓家沱阙天禄图

　　在左阙斗石的左侧面，图中只画一站立的天禄。形体似鹿，但头上长有三锥形角与两耳，身饰圆点纹，肩似生翼。背部上方的榜题呈圭形，榜文无存。天禄也称天鹿，两角者为辟邪，此三角者可能是"辟邪、天鹿二而一也"。

5、邓家沱阙天马图

此图位于左阙的右侧面，为一马昂首而立，马身饰卷云纹。马背上部正中刻榜文"天马"二字。"天"字有"王"字之形，但其下面横笔曲度颇大，应释为天马。西汉时期，天马特指大宛马，又称神马。

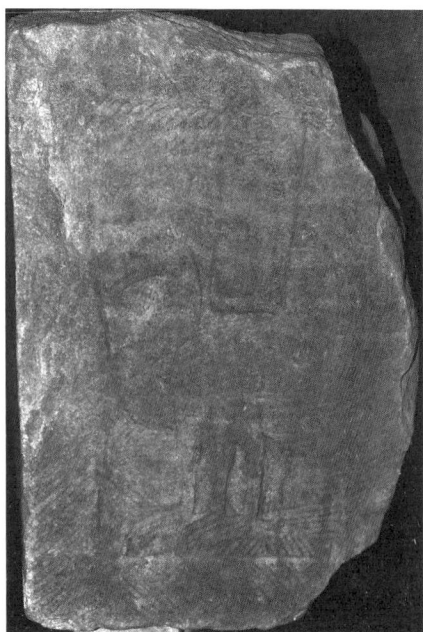

6、邓家沱阙三足乌图

此图在右阙斗石的右侧面，图中画一只三足乌，其背上方为榜题，仅存一个"三"字。

中国 汉阙 全集

神人托月

7、邓家沱阙神人托月图

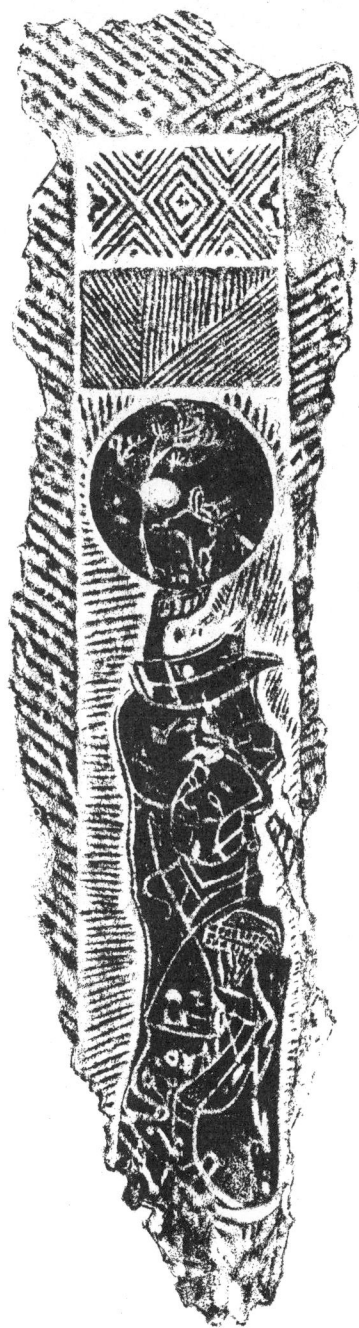

此图在左阙阙身的左侧。神人头戴高冠，身着宽袖长袍，右手托举圆月于头顶之上，月中有桂树和玉兔。《山海经·大荒南经》云："羲和者，帝俊之妻，生十日。"

《山海经·大荒西经》云："有女子方浴月。帝俊妻常羲，生月十有二，此始浴之。"据此托月者可能是常羲。

8、邓家沱阙阙身

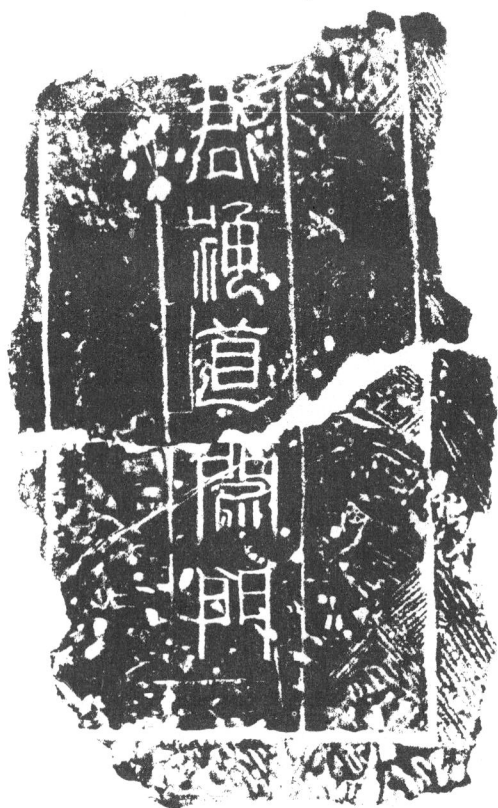

9、邓家沱阙铭文（左图：右阙阙身铭文；右图：左阙阙身铭文）

10、邓家沱阙角神图

在枋子层的四个转角处，形体似熊，弓背、鼓腹、屈腿，作支撑状。

11、邓家沱阙构件

12、邓家沱阙残件

三十、重庆忠县丁房阙

此阙原在忠县东门土主庙前，现已迁入忠县白公祠内，汉代双阙，高约7米。左右阙主阙的台基以上由阙身、腰檐、二楼、顶盖五部分组成。左阙身原无刻饰，已无早期的铭刻痕迹。正面现刻明万历丙辰（公元1616年），撰《重修巴国忠贞祠铭》。第二层正面浮雕两兽。右侧面浮雕两人，一乘鹿，一抱物随从。背面浮雕剥落，形状不明。一楼由三层石材构成。第一层，正面刻铺首，上下各一横枋。四隅枋头相交伸出，各枋头

均作叠涩形。右前角枋头间刻一兽，右后角枋头间置一角神。右阙阙身二层正面曾有题刻，字迹模糊，不易辨认。上石上端有刻饰，已风化剥落。一楼正面居中刻铺首。二层正面刻花鹤图，背面刻麒麟图。二楼正面栱间刻一门半开，有一人露半身。

丁房阙下列两个问题应加以探讨：

1、阙主的问题。自宋代王象之《舆地纪胜》著录以来，历代学者根据阙上题名均认为此阙是"汉都尉丁房"的墓前阙。近来有

新中国成立初期的丁房阙

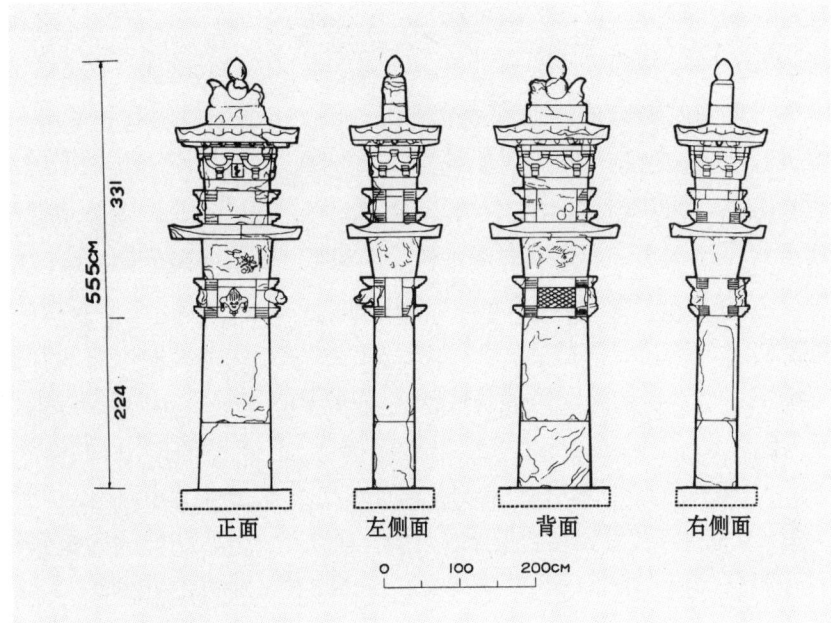

正面　　　　左侧面　　　　背面　　　　右侧面

0　　　100　　　200CM

忠县丁房阙右阙线描图

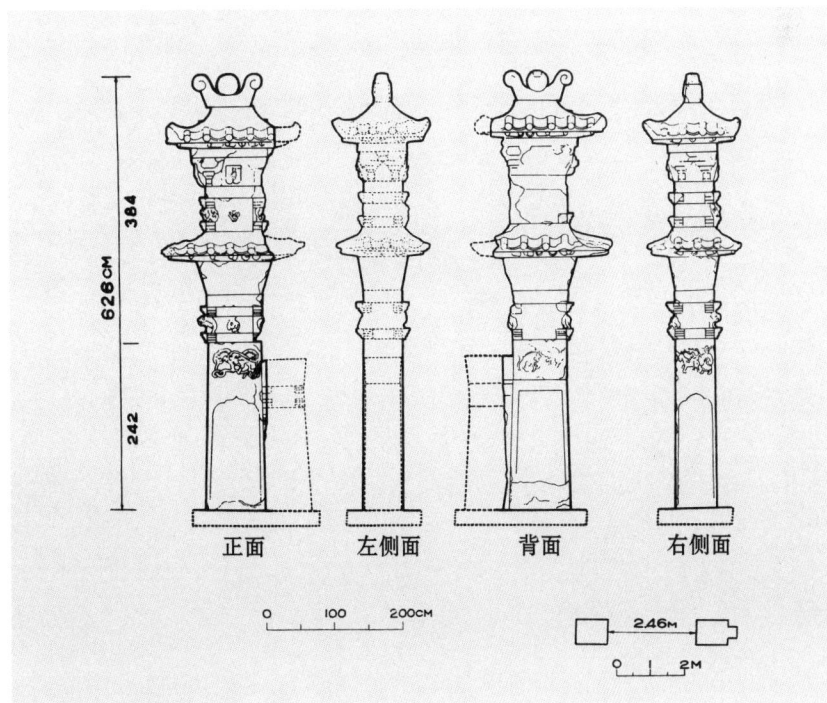

正面　　　　左侧面　　　　背面　　　　右侧面

0　　　100　　　200CM

2.46M

0　　1　　2M

忠县丁房阙左阙线描图

人对此提出疑问，认为该阙可能是巴王庙庙阙。宋人所见到的"汉都尉丁房"铭刻，不知能否说明此阙确属丁房。明代曹学佺的叙述虽较王象之略微详细，但那时他已经不能通读铭刻。据他说，北阙（即右阙）正面"汉隶十行，行三十字，虽半剥落，惟'汉都尉丁房'五字相连可读。他无恙者，为三十二字"。可惜他无录出这三十二字，现在则已完全不可辨识。可以说，此阙可能是庙阙，也可能是墓阙。

2、阙石的原貌问题。此阙的左阙有耳阙，右阙也应该有。仅是毁塌后重建时未能补建。阙身无立柱形，这是四川、重庆汉代诸阙所没有的现象。左阙的修复失真。其阙身第二层的三面浮雕，既不是汉刻风格，也不是汉时内容。另外，一楼的第一层，二楼的第一层，顶盖的第二层也都值得怀疑。阙身上的明代万历刻《巴国忠贞祠铭》说："毗左阙圮"，可见左阙是倒塌后明代重建的。右阙更是面目全非。阙身第二层以上的腰檐、楼部、顶盖等都不是原物。《蜀中名胜记·重庆府·忠州》说："右边阙就圮。近日为有司者新之，了非故物"。当时仿左阙刻配重建，但工极粗略，既未配耳阙，又在应安置耳阙的地方，将兽首刻出，很不合理。斗栱的造型既不准确，部件又随意增设。檐部、瓦当、瓦垄都未刻出，左右两阙的建筑结构多不对称。左阙阙身的双兽是仿制的，人物不是汉代衣冠。右阙的花、鹤、麒麟等为明代风格，铺首、角神、角兽是拼凑的，工艺低劣。

1、丁房阙门侍图

此图在丁房阙主阙楼部正面，斗栱之间，刻一半开门，显露半个身子的侍童。

2、丁房阙铺首

3、丁房阙阙顶脊饰

4、丁房阙斗栱

5、丁房阙角神

6、丁房阙右阙楼部

7、丁房阙左阙楼部

8、丁房阙阙檐

9、丁房阙阙身宋刻画像

三十一、重庆忠县干井沟无铭阙

　　此阙原在忠县城东北 8 公里的干井乡佑溪村东岸古驿道旁。2003 年迁移至忠县白公祠内。左阙无存，现存右阙。阙身右侧面与正、背面的作法一样，刻有柱形，别无特别痕迹，推想始建时即未设置耳阙，其方向为南偏西 45 度。右阙由台基、阙身、一楼、腰檐、二楼、顶盖九块石料构件组成，通高 585 厘米。阙基为一整石板，阙身为独石，高 253 厘米，左侧面浮雕白虎，其余三面均无刻饰。一楼，正面上下两枋头之间，各置一角神，左前角者男性，全裸，显露生殖器。正面居中刻铺首。腰檐上刻瓦当、瓦垅、连檐、椽子等。檐椽作扁形排列，檐口直平，翼角隐约有反字迹象。腰椽上置一方石，雕饰与下面方石相同，惟正面居中铺首头部、背面刻尾部，从侧面看前后相接，饶有风趣。其上施扁石一层，

忠县干井沟无名阙现状图

正面　　　　　　　　左侧面

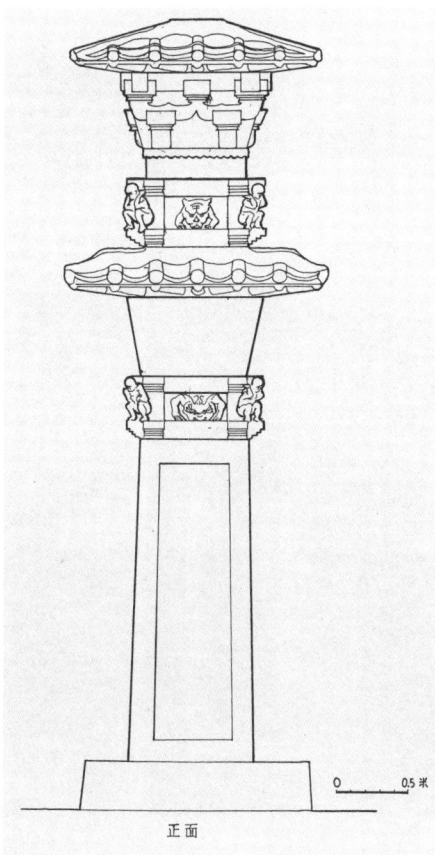

正面　　　　　　　　右侧

忠县干井沟无名阙
线描图

扁石上沿用边饰以半联珠形线脚。此上为一斗状块石，四面浮雕斗栱，正面刻一斗二升斗栱二朵，作鸳鸯交首状。横栱下沿为弧形栱，上沿作装饰性处理，在两端近散斗处曲起一尖角，与散斗交结处又内卷成一小圆角，背面以饰斗栱。此上为四阿式阙顶。有人认为该阙为晋阙，最近在修复该阙工程中，在阙身和阙基板的搁榫中发现数枚东汉光武帝时所铸五铢，因此，该阙的始建年代，应为东汉中期。

当地人称此阙为"石塔"、"宝塔子"。有人认为这是王象之《舆地纪胜·碑记》中所指的忠州"屈原塔"。苏轼有诗云："南宾旧属楚，山上有遗塔。应是奉佛人，恐子就沦灭。此事虽无凭，此意固已切。"陆游亦说："屈原古碑在，忠州不当有此。意者后人追思为之。"当地人称此为塔，这是一种误解。屈原居里不在此处，其墓地也不在此地，故此阙与屈原无关。此阙也不是《舆地碑目》所录的"汉江原君石阙"。

1、干井沟无铭阙铺首

3、干井沟无铭阙斗栱

4、干井沟无铭阙楼部

2、干井沟无铭阙白虎图

此图在干井沟无铭阙主阙阙身左侧面，刻白虎。

三十二、重庆忠县乌杨阙

2001年6月至2002年7月，为进行三峡水利工程建设，重庆市文物考古所、湖北长阳县博物馆、宜昌博物馆、枝江博物馆、忠县文物管理所等组成考古队，对忠县乌杨镇花灯坟墓群进行考古发掘，出土有：主阙基、阙身、枋子层、扁石、阙顶、脊饰、子阙身等16件。对散落在墓区的上述石阙构件，进行复原后，迁移至重庆中国三峡博物馆陈列。

阙基，子母联体阙基。平面呈方形，中部有大小两个卯眼，上一个面饰成组的三角形錾痕。宽26厘米，进深164厘米，高5厘米。主阙身，为侧角式阙身，平、立面均呈梯形，底、顶部均有阳榫。正面和背面均留有边框，

右侧面饰减地浮雕青龙图，左侧面饰成组的三角形錾痕。下枋子层，平面呈"井"字形，上下两面四角均叠涩出枋头，底面中央有一卯眼。四隅透雕裸体力士（角神），头部已残失。正面上额线刻云龙纹样，枋柱间中央饰高浮雕铺首，两侧饰减地浮雕的搏击图。背面中央饰一怪物，前腿抓下枋柱作前扑状，两侧饰减地平钑的观望图。右侧面饰减地平钑的送行图。上枋子层，四隅透雕裸体力士，两侧饰减地浮雕狩猎图。背面枋间中央饰高浮雕老鹰叼羊图。两侧饰减地平钑的4人习武图。主阙顶，重檐庑殿顶，阙顶有两层瓦当，下层瓦当饰四瓣花蕊纹。角檐上饰一对缠蛇，蛇含鼠。正面檐下左右各饰一金瓜。

左阙

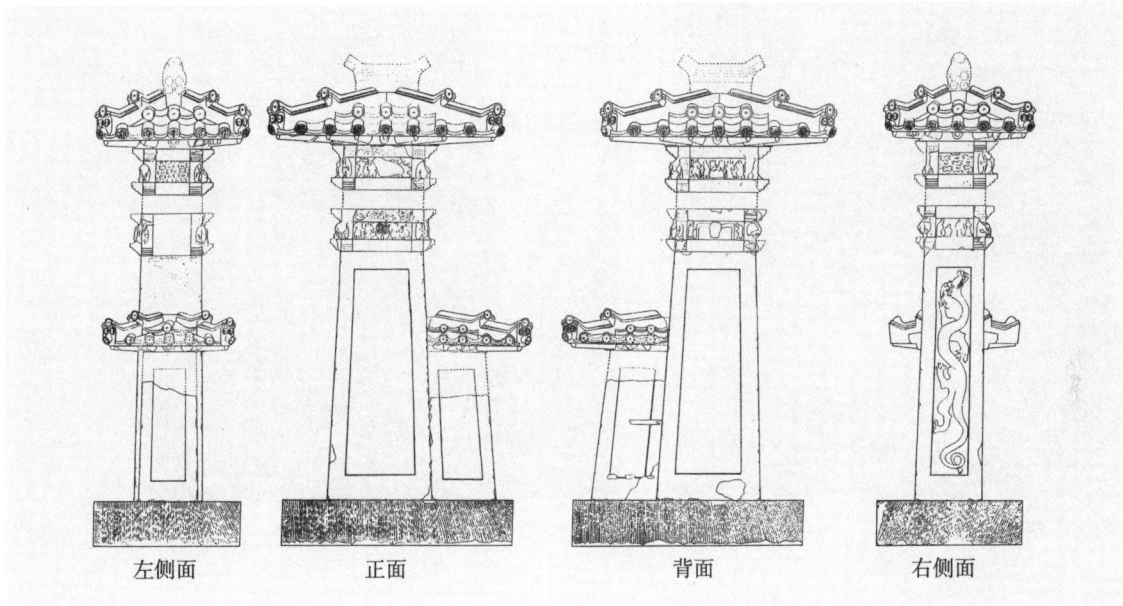

| 左侧面 | 正面 | 背面 | 右侧面 |

左阙线描图

右阙

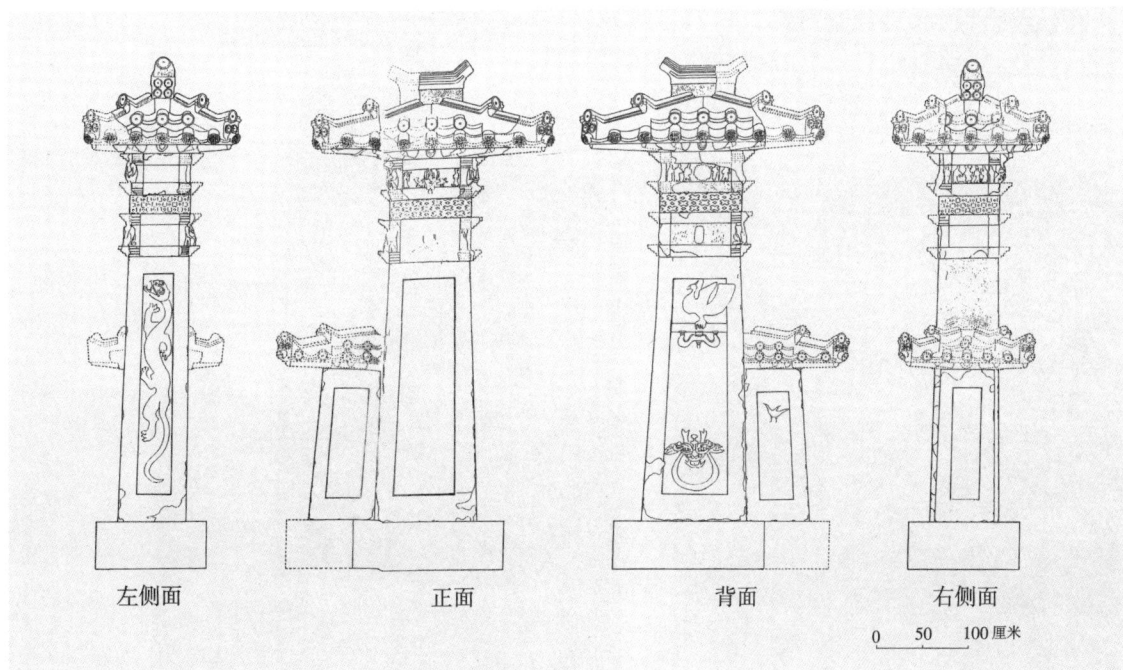

| 左侧面 | 正面 | 背面 | 右侧面 |

0　50　100厘米

右阙线描图

右阙正面

右阙背面

左阙正面

左阙背面

辟邪

1、乌杨阙铺首衔环图

2、乌杨阙朱雀图

此图在忠县乌杨右阙主阙身背面上部刻一朱雀。

3、乌杨阙人物画像

4、乌杨阙铺首

5、乌杨阙角神

中国 汉阙 全集

6、乌杨阙阙顶

7、乌杨阙楼部

8、乌杨阙青龙图

9、乌杨阙白虎图

三十三、重庆万州区武陵阙

2002 年，因进行三峡水利工程建设，在重庆万州区武陵镇发现武陵阙，仅有阙身和阙盖两部分出土，阙身残高 215 厘米，上宽 45 厘米，下宽 75 厘米，原进深不详（残存），一侧雕白虎衔璧，另一侧未雕刻纹饰；阙顶盖有残缺，为两重檐式造型，高 65 厘米，宽 175 厘米，进深 165 厘米，瓦垄和屋脊纹饰保存清晰，为典型的汉代房屋结构造型。重庆万州武陵阙发掘简报未出，现藏重庆中国三峡博物馆陈列展出。

1、武陵阙阙盖

2、武陵阙阙身石

3、武陵阙白虎衔璧图

三十四、重庆江北区盘溪无铭阙

在重庆市嘉陵江北岸的盘溪香炉湾，当地人称"香炉石"。现仅存右阙，已建亭保护。其左阙已毁，阙身残石于20世纪50年代初由重庆市博物馆运回馆中保护。此阙西向，由细黄砂石建成。右阙现存台基、阙身和楼部三部分，由六层石材构成，通高415厘米。顶盖已毁。阙身，独石，呈侧脚式。左侧面刻白虎衔璧。右侧刻一人首蛇身的形象，此像双手上举，捧一圆月，月中一蟾蜍，应是女娲。楼部，由四层石材构成，每层皆为整

右阙正面及早年图片

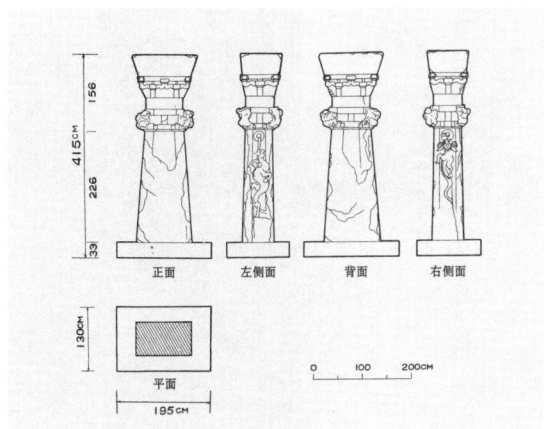

重庆盘溪无名阙右阙线描图

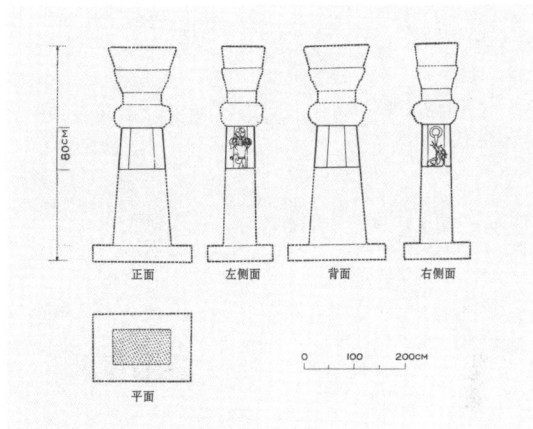

重庆盘溪无名阙左阙线描图

石。第一层为纵横枋子，其建筑结构栌斗及纵横叠置的三层枋子。四隅角神刻在栌斗上，其头部均已残毁，皆裸上身，以两肩和一手承托枋头，下身着裤。第二层，两侧面刻一斗二升斗栱各一垛，正、背面为鸳鸯交手栱。各斗的大小下均有一矮柱，栱心上有一小方柱接于横枋，散斗开口衔枋。鸳鸯栱的交手处各承散斗之半，殊为特别，不同于忠县等处所刻。重庆市博物馆（现为重庆中国三峡博物馆）所保存的左阙阙身残段，高80厘米，面宽及进深尺度与右阙相应部位相同。除了柱形，右侧面刻青龙衔璧，左侧面刻伏羲捧日。此阙左、右阙的外侧面均有伏羲、女娲图。这是四川、重庆诸阙所没有的。由此可知，此阙原无耳阙，形制特殊。此阙除常任侠在1942年撰写的《民俗艺术考古论集》中有简略记述，未见其他书著录。其建造年代可能是东汉晚期。

重庆盘溪无铭阙的建筑物

1、盘溪无铭阙白虎衔璧图

此图在盘溪无铭阙右阙阙身左侧面，刻
一虎，正衔住玉璧上的绶带。

2、盘溪无铭阙女娲捧月图

此图在盘溪无铭阙右阙阙身右侧面，图
中刻一人头蛇身，头饰三髻，双手举一圆轮，
轮内绘蟾蜍，为月的象征。《楚辞·天问》：
"女娲有体，孰制匠之？"王逸注："传言
女娲人头蛇身，一日七十化。"

此图在盘溪无
铭阙左阙阙身左侧
面，图中刻一人头
蛇身，头戴三山冠，
双手捧一圆轮，轮
中刻金乌，为日的
象征。《山海经·海
内东经》："雷泽
中有雷神，龙身而
人头，鼓其腹。"

3、盘溪无铭阙伏羲举日图

此图在盘溪
无铭阙左阙阙身右
侧面，刻一龙，只
衔住玉璧上的绶
带，正图残缺，只
显露玉璧和青龙的
上半部分。此残石
现藏重庆中国三峡
博物馆。

4、盘溪无铭阙青龙衔璧图

中国
汉阙
全集

5、盘溪无铭阙角神图

6、盘溪无铭阙斗

7、盘溪无铭阙楼部

三十五、北京秦君阙

北京秦君阙现状

　　1964年6月在北京西郊石景山上庄村东，因采石工程发现汉代石表、石柱、石柱础、石阙顶等。其中石柱2件：尺寸略有差异，通高225厘米，柱上端周长108～111厘米，下端周长127厘米，底座圆柄高25厘米，周长92～96厘米，柱额四周作长方形，长48厘米、宽43厘米，额面均用减地凸起的刻法刻字三行："汉故幽州书佐秦君之神道"。一柱字迹稍有残损，刻字内容与前相同。额

下两侧各雕石虎一个，拱托其额，虎尾相交其后，下有垂莲纹饰绕柱一周，其下柱体为直棱纹。石柱础2件：一长113厘米、宽83厘米、高26厘米，中间穿圆孔，孔径31厘米。另一长110厘米、宽81厘米、高30厘米，孔径24厘米。孔为盛石柱圆柄之用，孔之两侧各雕伏龙两只，姿态生动。方石柱三件：其中二号方石柱高207厘米、宽45厘米、厚24厘米，上端刻一朱雀作飞翔状，下部刻一

武士手持兵器，左边及顶部有锯齿纹框。左侧刻一龙，左侧面刻"乌还哺母"隶书四字。下面隶书七行："维乌微鸟，尚怀反报。回况……人，号为四灵。君臣父子。顺孙弟弟。二亲……没，孤悲悦悦。鸣号正月，……思慕。……长……五内。力……天命，年寿……永，百身莫……。……欲后显祖，……无余日。……焉匪爱，力则回于……制度。盖欲章明孔子孟母四……之贤行，上……比……奉……圣……以后昭示日永为德俭人日记人……承……仙……，敢述情徽，足斯石，示有表仪。孝弟之述，通于神明，子孙奉祠，欣肃填焉。……"该石柱正面刻"永元十七年四月……

元兴元年……十月鲁工石……宜造"。另一方形残石柱。正面及右侧均刻铭文，字迹磨泐。此外，石阙顶6件，形制大体相同，阙顶作四阿式，瓦垅多行。这批石刻根据铭文记载，是东汉元兴元年为一个秦姓的书佐所建的神道阙。由于自然的破坏，石阙已坍塌坠落。根据残存构件推测，可能是阙前的两个墓表，墓表后由母阙子阙组成。石柱所雕的朱雀，与四川渠县冯焕阙、沈府君阙、王家坪无铭阙的朱雀大体相似，与山东汉琅琊相刘君墓表及晋故巴郡察孝骑都尉杨府君神道表相似。

该阙现藏于北京五塔寺的石刻艺术博物馆

1、秦君阙阙铭

铭文用减地凸起的刻法刻字三行："汉故幽州书佐秦君之神道"。

2、秦君阙朱雀

二号方柱上端刻一朱雀呈飞翔状。

3、秦君阙白虎

4、秦君阙青龙

二号方柱左侧刻
一龙。

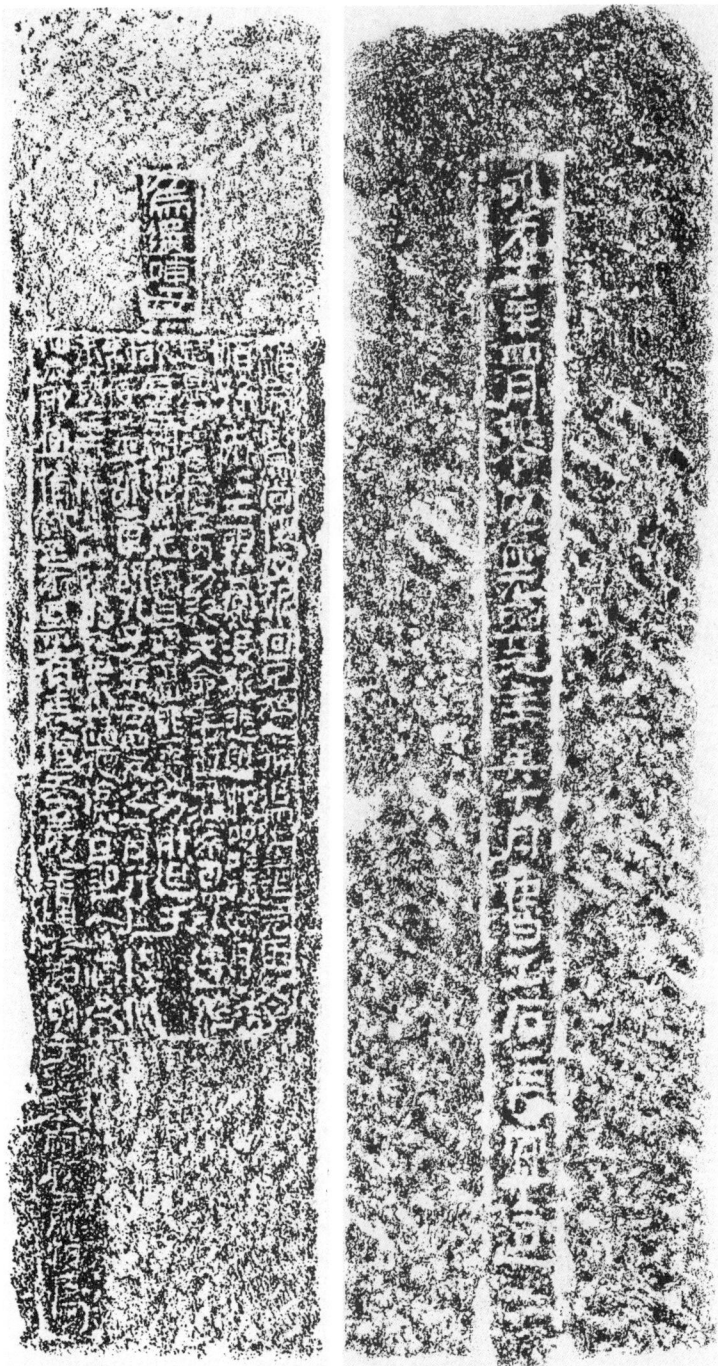

5、秦君阙"乌还哺母"铭文

　　二号方石柱左侧面刻"乌还哺母"四字，隶书。其下刻隶书七行铭文："维乌维乌，尚怀反报。回况……人，号为四灵，顺孙弟弟。二亲……没，孤悲悦悦。鸣号正月，……思慕。……长……五内。力……天命，年寿……衣。百身莫……。欲后显祖，……无余日。……焉匪爱，力则回于制度。盖欲章明孔子孟母似……之贤行，上……比奉……圣……以后昭示日永为德伶人日记人……丞仙……敢述情徽，足斯石，示有表仪。孝弟之述，通于神明，子孙奉祠，欣肃填焉"。该石柱正面刻"永元十七年四月……元兴元年……十月鲁工石……宜造"。

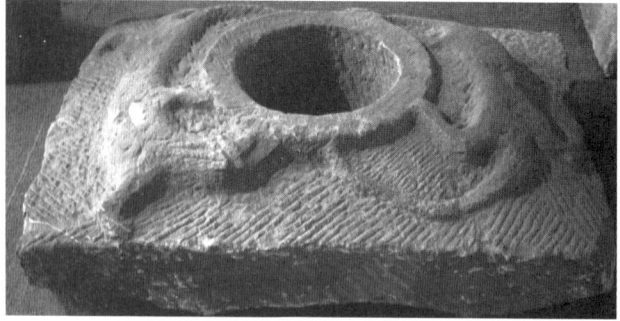

6、秦君阙柱础

7、秦君阙阙顶

8、秦君阙拓片

中国 **汉阙** 全集

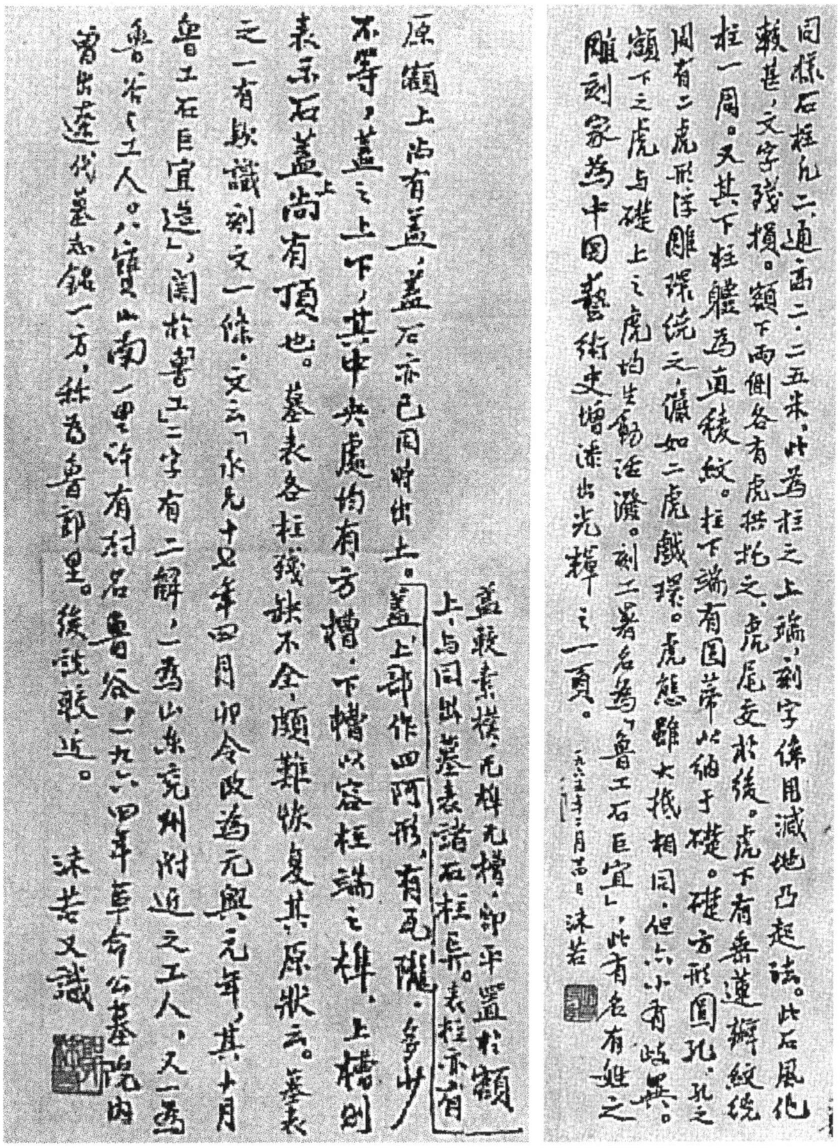

9、秦君阙名人题跋
及释文

郭沫若题跋　释文：

原额上尚有盖，盖石亦已同时出土。盖较素朴，无榫无槽，即平置于额上，与同出土墓表诸石柱异。表柱亦有盖，上部作四阿形，有瓦陇（垄），多少不等，盖之上下其中央处均有方槽，下槽以容极端之榫，上槽则表示石盖上尚有顶也。墓表石柱残缺不全，颇难恢复其原状云。墓表之一有款识，刻文一条曰"永元十七年四月卯令改为元兴元年，其十月鲁工石巨宜造"。关于"鲁工"二字有二解，一为山东兖州附近，之工人，又一为鲁谷之工人。八宝山南一里许有村名鲁谷，一九六四年革命公墓院内曾出辽代墓志铭一方，称为鲁郭里。后说较近。

沫若又识

钤"郭沫若"印

同样石柱凡二，通高二.二五米，此为柱之上端，刻字系用减地凸起法。此石风化较甚，文字残损。额下两侧各有虎拱托之，虎尾交于后。虎下有垂莲瓣纹绕柱一周。又其下柱体为直纹。柱下端有圆蒂以纳于础。础方形圆孔，孔之周有二虎形浮雕环绕之，俨为二虎戏环。虎态虽大抵相同，但亦小有歧义。额下之虎与础上之虎均生动活泼，刻工署名为"鲁工石巨宜"，此有名有姓之雕刻家为中国艺术史增添出光辉之一页。

一九六五年二月廿四日

沫若　钤"沫若"印

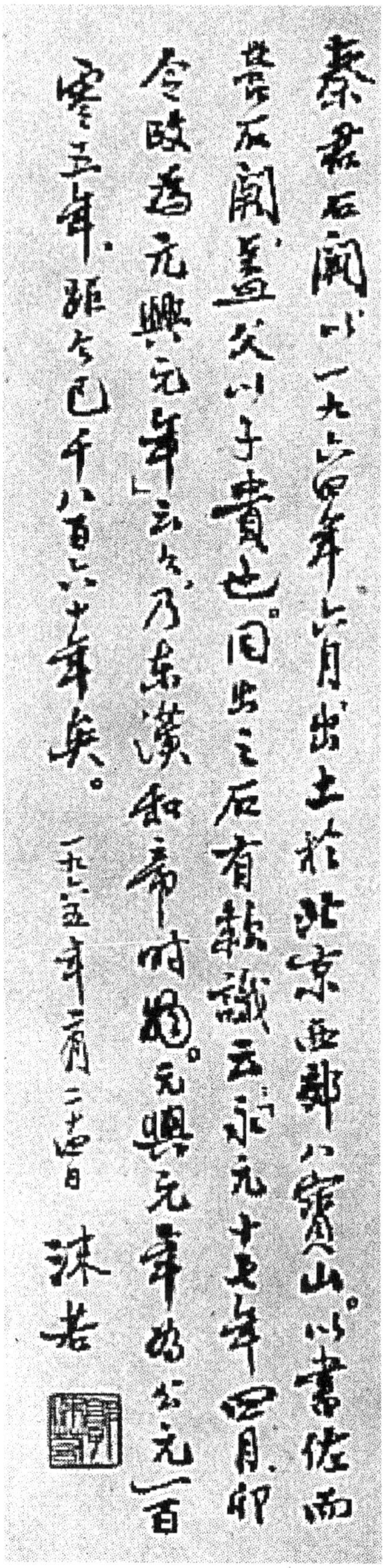

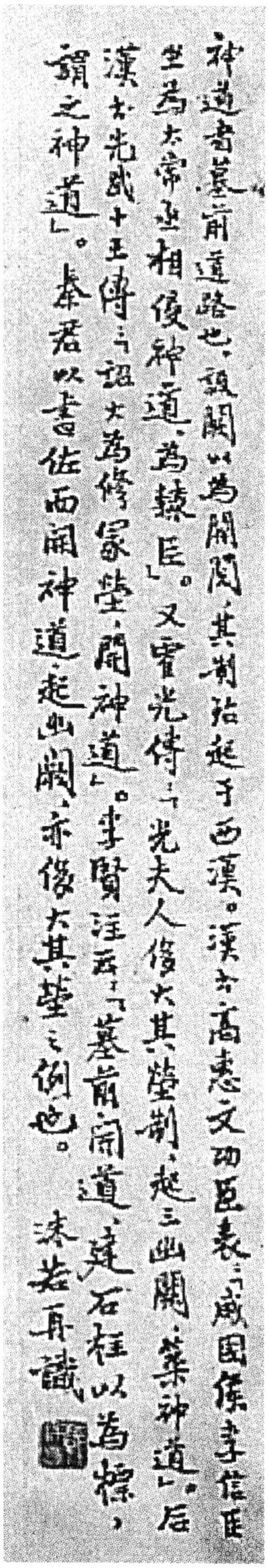

秦君石阙以一九六四年六月出土于北京西郊八宝山，以书佐而营石阙，盖父以子贵也。同出之石有款识云：「永元十七年四月卯改为元兴元年」云云，乃东汉和帝时物。元兴元年为公元一百零三年，距今已千八百六十年矣。

一九六五年二月廿四日 沫若

神道者墓前道路也。设阙以为阃关，其制始于西汉。汉书高惠文功臣表：「戚国侯李信臣坐为太常丞相侵神道，为隶臣」。又霍光传：「光夫人修大其制，起三幽阙，筑神道」。后汉书光武十王传：「诏大为修冢，开神道」。李贤注云：「墓前开道，建石柱以为标谓之神道。秦君以书佐而开神道，起幽阙，亦侈大其茔之例也」。

沫若再识

郭沫若题跋 释文：

秦君石阙以一九六四年六月，出土于北京西郊八宝山。以书佐而营石阙，盖父以子贵也。同出之石有款识云：“永元十七年四月卯改为元兴元年”云云，乃东汉和帝时物。元兴元年为公元一百零三年，距今已千八百六十年矣。
　　　　一九六五年二月廿四日 沫若
钤“郭沫若”印

神道古墓前道路也。设阙以为阃关，其制始于西汉。汉书高慧文功臣表：“戚国侯李信臣坐为太常丞相侵神道，为隶臣”。又霍光传：“光夫人侈大其制。起三幽阙，筑神道”。后汉书光武十王传：“诏大为修冢，开神道”。李贤注云：“墓前开道，建石柱以为标谓之神道。秦君以书佐而开神道，起幽阙，亦侈大其茔之例也”。
　　　　　　　　沫若再识
钤“郭沫若”印

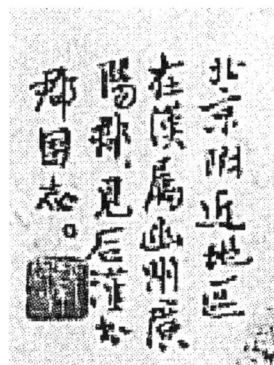

東漢秦君石闕題額之半

一九六五年二月廿五日
於北京 于立群

郭沫若题跋　释文：

幽字左下隅有一佐字，乃石阙扑地之后人所仿刻。另一石无此字。
钤"鼎堂"印

书佐乃州郡诸曹掾史之属，见后汉书百官志。秦君之子必任显职，故为其父立神道石阙也。
钤"沫若"印

文字上两道残缺处，就原石观之呈槽形，非原风化，盖曾久系缆绳而磨损也。
　　　　　　　　　　　　二月二十五日晨再往观摩后题
钤"鼎堂"印

于立群题跋　释文：

北京附近地区在东汉属幽州广阳郡，见后汉书郡国志
钤"立群"印

东汉秦君石阙题额之一
　　一九六五年二月廿五日于北京
　　　　　　　　　　　　　于立群
钤"于""立群"印

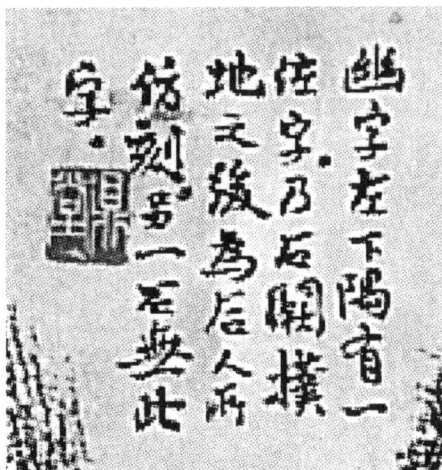

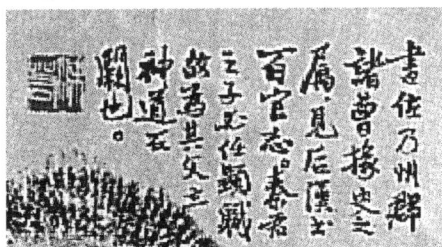

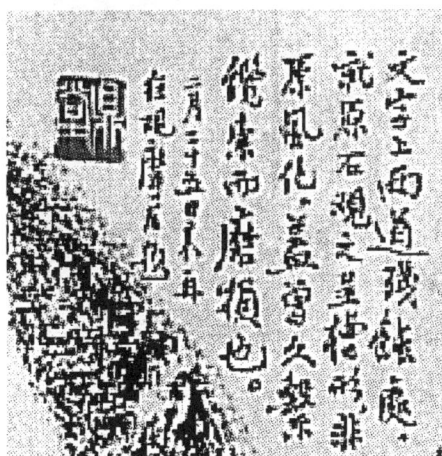

三十六、甘肃瓜州踏实土坯阙

甘肃瓜州踏实土坯阙全景

瓜州踏实阙位于甘肃省瓜州县（旧称安西）踏实乡政府东南7公里的砾石戈壁滩上，北距最近的村庄农丰村李家庄约1公里。有4座，为土坯墓阙，当地人俗称"四个墩子"。分别立于茔圈的茔口和神道口的两侧。茔圈为沙石堆积而成的方形"城墙墙体"。

神道墓阙为单体阙，其右阙由阙身及台基组成，阙身高380厘米，阙基高130厘米，通体残高510厘米。台基共由十三层长方形土坯砖横竖相间砌成，中间夹以草拌泥。每块土坯砖长约43厘米，宽22厘米，厚8厘米。阙身同样以土坯砖间夹芦苇砌成，残宽

约324厘米，厚270厘米，第一层芦苇距阙基50厘米，中间砌五层土坯砖，以上每两层芦苇间砌五层土坯砖，共五层芦苇。从上往下，第一、三、五层芦苇南北向铺垫，第二、四层东西向铺垫。由于风化严重，阙顶形状已不可辨。

神道墓阙左阙，已坍塌，其形制造型及建设方式应与右阙相同。

茔圈口阙为子母阙，两阙相对，间距18米。其右阙阙基高120厘米，东西长644厘米，南北宽556厘米，由十二层土坯砖砌成。阙基上分砌子阙和母阙，其西侧为母阙，东

甘肃瓜州踏实土坯阙早期照片

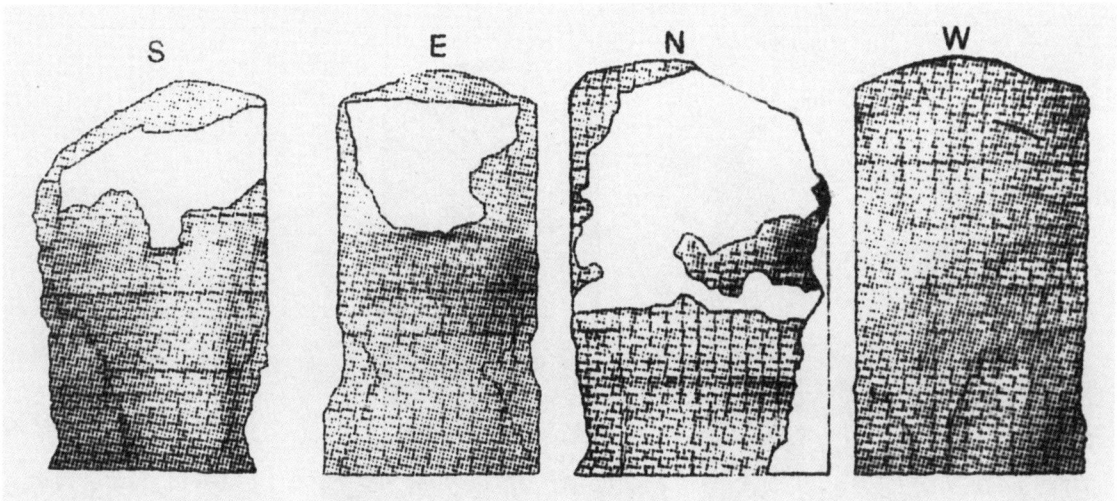

甘肃瓜州踏实单体阙 四面立体线描图

侧为子阙，母阙残高580厘米，宽440厘米，厚300厘米；子阙残高470厘米，宽210厘米，厚200厘米。阙身也为芦苇和土坯砖相间砌成，共九层，第一、三、五、七、九单数层为东西向铺垫，第二、四、六、八双数层为南北向铺垫，第一层到第六层的芦苇每两层间砌4层土坯砖，以上每层间砌5层土坯砖。

阙顶从现存的残迹看，应为截尖四面坡式。阙体外表面均以草拌泥抹平的泥皮进行了处理，但因风蚀侵害等原因，目前大部分泥皮已经剥落。阙基也因风蚀侵害等原因，已不规整，南北两面十分突出。

莹圈口左阙，阙基高110厘米，东西长602厘米，南北宽570厘米，由11层土坯

甘肃瓜州踏实子母土坯阙

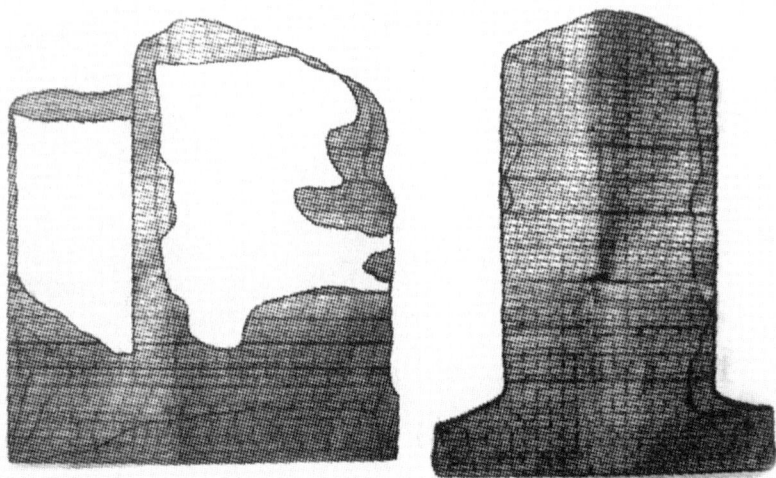

甘肃瓜州踏实子母阙线描图 北面、西面立面图

砖砌成。子阙与母阙连砌为一体,母阙残高610厘米,宽400厘米,厚306厘米;子阙高480厘米,宽280厘米,厚210厘米。阙身有八层芦苇间砌土坯砖。第一、三、五、七单数层东西向铺垫,第二、四、六、八双数层为南北向铺垫。其中第一层到第六层间砌四层土坯砖,第六层第八层间砌5层土坯砖。阙顶已残。阙体表面外层的泥皮已大部剥落。

该4座阙为踏实一号大墓的墓前阙,1990年,甘肃省文物考古研究所与安西县博物馆(现瓜州县博物馆)对踏实墓葬群中最大的一号大墓进行了抢救性发掘清理。该墓的地面遗迹有墓域(茔圈)、神道,神道两端的四座门阙,墓上由封土堆积、祭祀台等组成。前阙、神道、后子母阙、茔圈、封土堆、祭祀台构成了一个完整的墓葬规制,而子母阙是这个墓葬体系中的重要组成部分。由于该墓被盗扰乱严重,墓内随葬品几乎没有,仅见一残陶器及漆木残片、木俑、彩绘木兽头和一枚汉五铢铜钱及少量残损的丝织品,未见有纪年的资料,对该阙的墓主人是谁,也就无从查考。从其墓葬形制、规模及少量出土的文物,特别是地面的遗迹等考证,该阙应建于东汉时期。

土坯汉阙因受建造用料的限制,不可能像四川或中原一带用石材建造的石阙那样,雕刻有大量的文字或纹饰图案,但其高大雄浑的气势,一点也不比这些阙差,甚至更胜一筹,其表面抹的草泥灰,由于风化剥落和岁月侵蚀,已难以窥见当初是否绘制有文字或图案,目前文献也未见有记载,因此,给后人留下了许多谜团,待进一步的研究,只能研究和欣赏其建造艺术。土坯汉阙历经近2000年能保存至今,实属难得,在建筑选材和制作的工艺上,有其浓厚的地域特色,反映了汉代西域地区的建筑用料与建造风格,为研究汉代地域文化、建筑艺术提供了难得的实物资料。

三十七、安徽淮北无铭阙

淮北无铭阙现状

该阙位于淮北市相山公园内的"汉阙遗址"（也称奏鸣台），为显通寺附属建筑，2011年9月，淮北市博物馆对该遗址进行了田野调查，同年的12月至次年2月又对其进行了两次勘探调查。通过调查发现遗址内有大小125块石料，能明确辨认出是汉阙构件的有54块之多，其他因砌筑、凿刻或埋藏等原因暂时难以明确。

在遗址西部主要有一座石砌的平台，也称戏台，东西长7.25米，南北长7.6米，高2.5米，为清乾隆年间所建，是专为每年的相山庙会演出所砌筑的戏台，构筑戏台所用石料很多明显是汉阙的构件，可知当时为建此台，就近就地取材，致使此地的汉阙遭到毁坏。从所砌筑戏台石材构件来看，绝大部分构件为长方体，能看到阙的完整件和残件，在底层的部分构件上带有汉代流行的菱形纹、联璧纹、水波纹图案，且保存完好。戏台上部一些带图案的石构件明显有被二次加工的痕迹，石面上的菱形纹、联璧纹、水波纹等图案被刻意地凿去但仍隐约可见。戏台西壁能看到5块带有筒瓦、瓦当浮雕的阙顶构件，阙顶构件南北砌成一排，形成廊檐，为戏台起到装饰作用。戏台西侧地表散乱堆放有7

1、淮北无铭阙　瓦当

块石条，其中6块浮雕有瓦当图样，应为阙顶构件。

戏台东南90米处有一被称为"水牛墓"的汉墓，其南侧及西侧封土在建动物园时部分被毁，封土坡度较陡，近乎90度，估算该封土堆直径约20米，残高约6米，分布面积约300平方米。水牛墓是汉阙遗址重要的依托物，它的存在对于研究汉阙遗址及周边墓葬的关系、布局提供了重要的线索。墓的东北部裸露出墓石共5块，3块在墓上，2块在墓外，

2、淮北无铭阙 鱼 瓦当

3、淮北无铭阙 联璧纹

其中墓上石构件一块呈方形，另两块为石条，其上雕刻有汉代菱形纹、联璧纹、水波纹图案，墓外2块石构件皆为条状，一块在墓的东北部边缘，另一块在墓东北约40米处，均为汉阙阙顶构件，浮雕有筒瓦、瓦当等图案。

淮北市古称"相城"，汉代是沛郡的郡治、沛国的国都，曾经非常繁华，相山当时被誉为一座神山，据《宿州志》等史书记载显通寺最早建于西晋，在明代前还存有大量汉碑，足见祭祀活动之频繁。从淮北无铭阙留存的这些构件、纹饰图案来看，该阙应由阙基、阙身和阙顶三部分组成，没有阙楼，从已知的汉阙残件数量来看，可能为双阙，在风格上与中岳汉三阙相近，为仿土石结构的汉阙，但造型、纹饰更为简洁，可能为汉阙的早期类型，从附近发现有汉墓，以及相山作为神山，古人有对神灵祭祀的习惯来看，淮北无铭阙为墓阙或庙阙的可能性较大。

2004年，"汉阙遗址"被安徽省人民政府公布为第五批省级重点文物保护单位。

4、淮北无铭阙　水波纹

该残件在砌筑戏台时，将表面的大部纹饰凿平，只留下了少量的水波纹。水波纹在汉代画像石中经常出现，是汉画中的装饰图案，一般作为主图案周边的装饰纹样。

5、淮北无铭阙　基石

附录

中国 汉阙 全集

附录一 汉代画像里的阙形象

1、山东济宁师专石椁 双阙（西汉）

4、山东济宁师专石椁 双阙（西汉）

2、山东济宁师专石椁 双阙（西汉）

5、山东济宁师专石椁 双阙（西汉）

3、山东济宁师专石椁 双阙（西汉）

6、山东济宁市肖王庄一号石椁 车马临阙（西汉）

7、山东济宁市肖王庄一号石椁　双阙（西汉）

9、山东邹城北宿镇石椁　双阙·人物

8、山东济宁市肖王庄二号石椁　双阙

10、山东邹城市太平镇石椁　双阙·人物

11、山东邹城市郭里镇汉石椁　双阙（西汉）

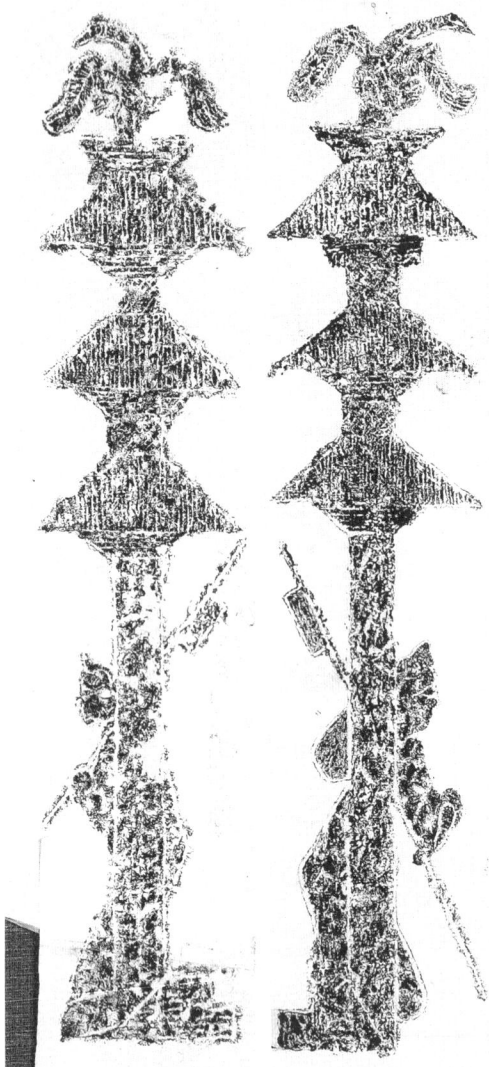

12、山东邹城市郭里镇汉石樽
双阙·人物（西汉）

13、山东平阴汉石樽 双阙（西汉）

14、山东沂水西汉石樽 双阙（西汉）

15、江苏栖山西汉墓石樽 双阙

16、四川都江堰市石樽 双阙（东汉）

17、四川郫县一号石棺　双阙（东汉）

18、四川新都二号石棺　双阙（东汉）

19、四川郫县二号石棺　迎宾图（东汉）

20、四川郫县三号石棺（残）　双阙（东汉）

21、四川大邑县同东村石棺　车马临阙（东汉）

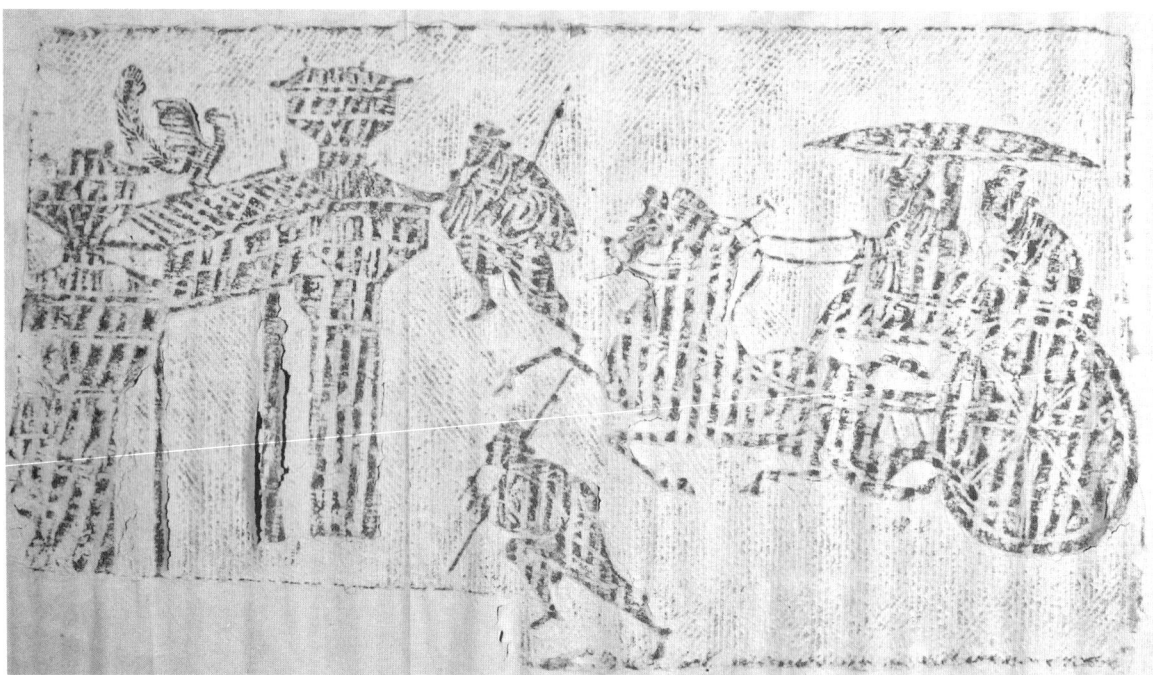

22、四川新津县六号石棺　车马临阙（东汉）

23、四川彭山一号石棺　双阙（东汉）

24、四川乐山鞍山崖墓石棺　双阙（东汉）

26、四川金堂县二号石棺　双阙（东汉）

25、四川金堂县一号石棺　双阙（东汉）

27、四川金堂县二号石棺　单阙（东汉）

28、四川简阳二号石棺　甲第双阙（东汉）

29、四川简阳三号石棺　天门（双阙）（东汉）

30、四川宜宾石棺　双阙（东汉）

32、四川南溪县二号石棺　单阙·伏羲·女娲（东汉）

31、四川宜宾翠屏区二号石棺　单阙（东汉）

33、四川长宁县二号石棺　双阙（东汉）

34、四川泸州十一号石棺　单阙·门亭长
　　（东汉）

37、四川泸州市十七号石棺　双阙（东汉）

35、四川泸州十四号石棺　双阙（东汉）

38、四川泸县一号石棺　双阙（东汉）

36、四川泸州市十六号石棺　双阙·双鱼·双
　　人舞（东汉）

39、四川泸县二号石棺　单阙（东汉）

40、四川泸县三号石棺　双阙·伏羲女娲（东汉）

41、四川合江县十九号石棺　双阙（东汉）

42、四川合江县四号石棺　车临天门（东汉）

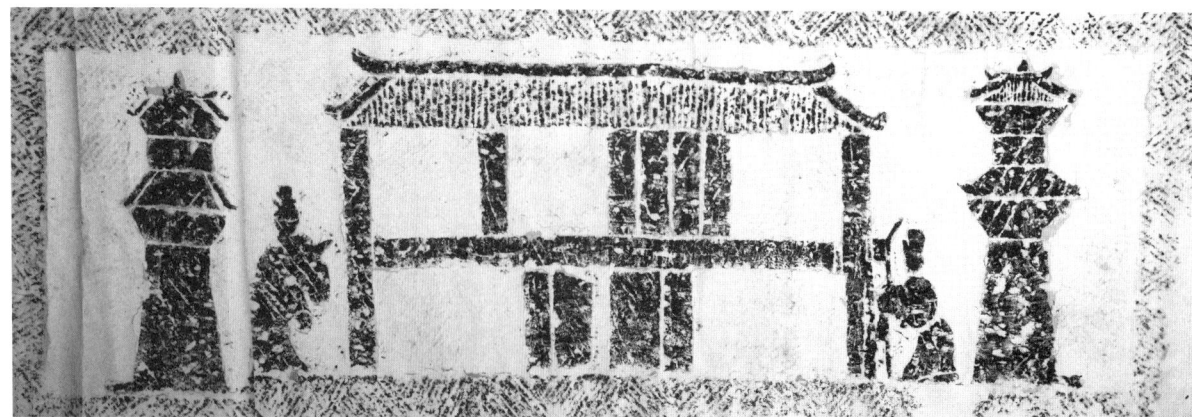

43、四川合江县十五号石棺　迎宾图（东汉）

44、四川合江县廿三号石棺　双阙（东汉）

45、四川合江县廿五号石棺前挡
　　双阙（东汉）

46、四川合江画像石棺　双阙（东汉）

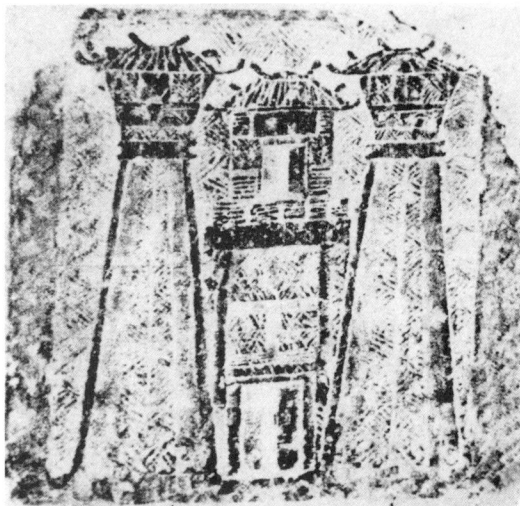
47、重庆沙坪坝一号石棺　天门（东汉）

48、重庆沙坪坝出土石棺　双阙（东汉）

49、重庆璧山一号石棺　双阙（东汉）

50、贵州金沙县后山乡石棺 双阙（东汉）

51、四川新津县崖墓崖棺 双阙

52、四川新津县崖墓崖棺 双阙

53、四川长宁县七个洞崖墓六号墓崖棺 双阙

54、四川长宁七个洞崖墓七号崖棺 阙·门亭长

55、四川射洪县崖棺 双阙（东汉）

中国 汉阙 全集

56、四川荥经石棺　双阙（东汉）

59、四川汉画像砖　双阙

60、四川汉画像砖　双阙

57、四川江安一号石棺　双阙（魏晋南北朝）

61、四川汉画像砖　双阙

58、四川汉画像砖　双阙（东汉）

62、四川汉画像砖　凤阙

63、四川汉画像砖　凤阙（残）

66、四川汉画像砖　汉阙（东汉）

64、四川汉画像砖　单阙

67、安徽淮北太尉府　门阙（东汉）

65、四川汉画像砖　单阙（东汉）

68、江苏徐州画像石

69、江苏徐州画像石

附录二 已毁的中国汉阙

1. 四川新都汉王稚子阙

《四川通志》卷五十八引《碑目考》称：
此阙在新都县五里，涣字稚子，东汉循史也。
冢前有二石阙，一题"汉故兖州刺史洛阳令
王君稚子之阙"，一题"汉故先灵侍御史河
内县令王君稚子之阙"。《蜀碑记补》云：
汉王涣墓即王稚子阙，元兴元年，字元云，
在成都府令，在新都县阙有二，其一云：汉
故先灵侍御史河内县令王君稚子之阙。其一
云：汉故兖州刺史洛阳令王君稚子之阙。《金
石录》云：《后汉书·循吏传》称：王涣，
字稚子，涣以元兴元年卒，盖和帝时所立也。
《隶释》：成都新都县有涣墓，此墓前之双
石阙也，其上各刻车马之状，一则二人乘马，
一则二人乘车挽之者橐佗也。《隶续》云：
阙之两角有斗栱，上镌耐童儿，又作重屋，
四壁刻人物，车马之类，亦有漫灭者，有先
置二字在石阙南面，"稚"字在北面，"子"
字在东面，"洛阳"二字在左阙西面。

附：八月二十三日与冯东沙任苍崖
往郫原观王稚子石阙二十二韵

东汉有循吏，稚子与为多，
既入东观记，复播乐府歌。
墓道郫原上，石阙巍嵯峨。
左右三十字，照耀锦苔窠；
八分隼尾隶，千载耿不磨。
阙端巧刻画，隐璘交森罗。
右阙向西陆，左阙望东陀；
右骑驰华騩，左挽以橐驼。

巢栖绝鸟雀，檜生无藤萝。
后溪刘巨济，评赞无觖讹。
苏台卢师召，乘骢下湔沱，
嗜奇搜鼎鼐，吊古寻轴过。
既树柏松植，仍禁樵采过。
斯人已宿草，遗镌此丘阿。
重来已湮沦，荒榛杂柔莎。
下马奠卮酒，重此贤匪他。
傍观耄及倪，骇视讶且诃。
二子冯与任，好古无殊科。
手摹且腹划，萦维久蹉跎。
昌黎比金薤，龙眠藏雕戈；
纠谬勘史传，岂徒工磔波。
作诗继猎碣，辩口愧悬河。

杨慎

附：新都读碑图

此碑原嵌于王稚子坟前，19世纪50年
代散失，碑被打碎，不知去向。现四川新都
县文管所，四川省文物商店各存拓片一张（
见图）。新都读碑图，中下部刻一汉阙，上书
"汉故兖州刺史洛阳令王君稚子之阙"。阙
前站立三人，右为雪堂和尚，左为邓质，中
为王懿荣。阙后刻树木、山水等景物。阙和
山水树木之上方左右刻题跋七。清末爱国学
者王懿荣之父王祖源署成绵龙茂道，邓质为
其幕僚，邓又与王懿荣同年，与新繁龙藏寺
方丈雪堂同乡，故懿荣入蜀省父，邓质、雪
堂邀其同游读碑，故刻此读碑图。

新都读碑图题记释文如下：

尹彭寿题记（楷书）

碑为汉故兖州刺史洛阳令王君稚子之阙，在成都新都县弥年镇道旁，今只存"汉故兖州刺史洛阳"八残字一阙。又有画像及宋人题名数石乱卧于地。壬午秋，邓君文甫孝廉与雪堂和尚为王君廉生太史送行于此。越三载，文甫来京话其情事，属彭寿作图并志。时光绪丙戌伏日，山左尹彭寿。

王懿荣题记（行书）

宝光寺内离筵晚，稚子碑前客意闲；
今日忆君在何处，斜风细雨鹿头关。

《罗江道上怀别》寄雪堂和尚、文甫同年。壬午九月二日懿荣上。

顾复初题记（草书）

汉碑今剩几，只字重兼金。
落日始康道，丢鞭驻马寻。
循良留往迹，风雨证禅心。
触我停云感，披图付短吟。

新都读碑图为雪堂和尚题。潜叟顾复初。

冯廉题记（隶书）

稚子古循吏，廉生今太史。
文甫名孝廉，雪堂诗衲子。
师友聚一图，□□情何已。
相思不相见，苍然云树里。

光绪庚寅初夏，华阳冯廉。

张瑞珍题记（楷书）

雪堂上人与余别六年矣。今以所绘汉循吏王君墓碑图□□□□嘱题。余年老才尽，然缅先贤之遗迹，感上人之多情，不能默默。聊复数行，借以应命：

老弱年来力不支，闭门少见出门时；
输君物外萧然意，远道携朋觅汉碑。
片纸遥烦寄病身，离怀借此一时伸；
扪萝别薜倏无分，且喜披图见故人。
循吏声名万古香，不须身世感沧桑；
弥年道上人来往，犹指残碑吊斜阳。
不□遗迹付沦亡，衣冕亲题墨数行；
彰美阐幽无限意，宁惟金石重欧阳。

光绪戊子长至日寿州张瑞珍题于成都寓室。

邓质题记（楷书）

稚子二阙，国初犹存，王文简《秦蜀后记》著录甚详。嘉庆朝陶□□《蜀輶日记》云：视鲁灵光□□岿然已止一阙，迨道光中，刘燕庭中丞臬蜀作《三巴汉石纪存》，所载则残如今图矣。福山廉生先生精鉴金石，到处访求，可胜于刘笃者之故昧者疑之，蒙□亲炙深见古文之学近轶。安邱远驾，祭酒国朝大老经师犹将有前贤之畏。丙戌过夏都门，曾得观真兴国王定界碑、温味秋所作读碑图合装之轴，因话惜别，适尹君竹年在座，诉为补图，携归新繁。雪堂长老见之，以为此段信因巨无流传，既为石印五百纸以贻同好，犹恐弗永，复抚上石。窃谓：有古人之好名，不可无今人之好事。若古金石之足证经史，难为见橐驼言肿背者道也。□故为志缘起，亦幸雅志好古同道之不孤焉。光绪戊子腊八日邓质记于潜西精舍。

含澈题记（行书）

光绪壬午八月廿九日，与文甫孝廉送廉生太史于新都，访汉王稚子石阙。至丙戌夏，山左尹君竹年始为文甫作《新都读碑图》于京师。又二年，吴君倬夫为予写此图作石印凡五百幅于成都，索者纷纷不已。复命徒星文勾勒潜西精舍。将尹君题图原跋、廉生太史怀别之诗镌其上，以纪一重翰墨因缘，并书予当日相与读碑时旧作：

远客归京师，访古临广汉。
循吏王稚子，石阙久糜烂。
累累一抔土，尽为荒草蔓。
盘桓周道中，仰天□□叹！

光绪十五年乙丑春，雪堂含激识。

2、山东郯令景君阙铭

山东济州任城县南，原有双阙，早已毁。其中一个阙刻"郯令景君阙铭"。据《隶释》卷六载，郯令景君阙铭为："惟元初四年三月丙戌郯令景君卒以五年二月□□□□序君存时恬然无欲乐道安贫信所好古然法不言治欧阳尚书传祖父河南尹父步兵校尉业门徒上录三千余人明明侧陋远近照闻□司聘请流化下邳未极考绩续母□之子无随没俯就礼毕故府复请司空大常博士竝举高经君为其元假涂郯□奸耶洒心澄激清静英书哀叹年□黄者终始无□被病丧身归于幽冥祖载之日游魂象生玄路皆□朱草□□达港方轧涕泣霄□诸生服义百有余人洒刻此石纪□行□见□怀德闻自叹吟千秋万世□□为□□考积德□□□堂坛罗□阙□野魂而有灵□无□"。

3、四川涪陵绵竹令王君神道

《金石录》称："广汉令王君神道"。《汉隶字原》称："建宁元年（注：汉灵帝建宁元年为公元168年）立在涪州"。

4、四川梓潼后汉赵国相雍墓石阙

《四川通志》卷六十引《碑目考》：

后汉赵国相雍墓石阙在梓潼县城北二里前有石阙石麟，其文曰：汉赵国相雍府君之墓。《蜀碑记补》舆地碑目云：在梓潼县北二里。梓潼县今属四川绵州，碑式云：汉故赵国相雍府君之阙，十大隶字，为两行，其文一面五行，一面三行，行二石三字，第七及第十五字下皆有横画。第一重惟首行及第四、五则七字，余皆虚其下一字。《金石录》云：其前历叙家世官爵，而所述雍君事甚略，故吏民，汉中太守邯郸某等慕恋恩德刊石颂焉。《隶释》云：此碑全类魏晋间所书。刘备及刘渊国中所刻碑亦题为汉存于今者，如车骑将军阙成献王碑是也，此刻甚疑，但无年岁可证，赵氏又实诸汉碑中故存之天下碑录作县东二里，按今碑在县西，碑录及王氏皆误。

5、四川梓潼汉沛相范君阙

《四川通志》卷六十引《碑目考》：汉沛相范君阙，在梓潼县城东六里。《蜀碑记补》天下碑录云：汉沛相剑门范皮墓阙，文字不甚多，记名而已。《隶续》云：图经有范伯皮阙，蜀人云，范君有二阙，州迥十六字，多磨灭，今在凤凰山寺前麦田中。近得范君一阙，其上横刻四字，尚可认，曰："府君神道"，字之下刻四人物，次横又有一马，最下三方有白纹，其中似尝刻字，阙上四人皆向右行，更有一石其人却向左行，恐是范之右阙。阙旁之砖坚厚如石，其重十斤，田夫耕垦时或得之，上有小篆韵语，每砖十行，行一句，一在汪圣锡家，其文曰嗟痛明时仲治元年结僮孳孳履践圣门之辨，赐张缺噍孔言宽博缺约性能渊泉带徒千人，行无遗衍，予亦得其一云，德积未报曷尤乾巡，茂而不实，颜氏暴颠非独范子古今皆然，想貌睹形列画诸先设往有知，岂复恨焉。石上姓名虽沦灭，而砖文有范子可证，乃知范君名皮，

附录

437

字仲冶，《图经》误衍伯字，按《舆地碑目》作沛国范伯友墓，石阙则又误相为国，误皮为友。

6、右侍无铭墓阙

据《隶续》卷二十称，阙正中刻"汉右侍之墓"五字，其左刻"光和三年"四个小字。此阙于"宣和间中分为两片，装作帙。汉官有左右署侍郎，汉人题阙作碑多省文。如郭仲奇为北军中侯，而碑中省其北字。高颐作北部府丞，而题阙省其部字"。

7、山东任城不其令董君阙

此阙早已不存，据《隶释》卷十三称："不其令董君阙碑录云，济州任城有董恢墓双石阙字一云董恢琅琊人，一云汉故不其令董君东汉循吏，有董恢传"。据《隶续》第五卷二十七所载"汉故不其令董君阙"画像为子孙展墓之状，有仆人和马休于松萩下。左上角有一墓土丘上长三树，墓前设立香炉，二人跪拜叩首，中有一小孩牵一人，后随一奴仆，右上方有六人一排恭手施礼。

8、四川乐山汉二石阙

据《四川通志》卷五十九称，在乐山县西南，皆汉武帝使唐蒙下夜郎时置。

9、四川雅安高直阙

《四川通志》卷五十九引《蜀碑记补》称，字元云，在雅州，题云："汉故高君讳直字文玉"，凡九字。《隶续》云："字画甚不工，汉人题墓有云神道者，有云墓道者，有云阙者，唯高颐及高直但书姓名字尔"。

10、云阳金君阙

《四川通志》引《蜀碑记补》碑图云：此阙在云安军（即今重庆云阳县），题云："钜

鹿太守金君阙"凡七字。《隶释》卷十三：此阙"今在蜀道，不知其人也"。《碑式》云：四旁皆刻磨纹。

11、云阳金恭阙

《隶释》卷十三载："处士金恭字□"铭文。《四川通志》引《蜀碑记补》碑图云：上刻一禽三足，次横刻金君姓名，次刻一人执扇乘马，似是金君也。旁有龙虎衔环，其下断裂。

12、四川阆中汝南令神道阙

《四川通志》卷五十八引《碑目考》称：在阆中县，郡守张晦辨云，于东面得隶字十有三，缺不可识者七。《蜀碑记补》称：字原云在阆州即今四川保宁府。《隶续》云："□故汝南上□令□□父□神"……在阆州城外一石阙，其东面刻十三字，与稚子阙相类，蜀人谓之，汝南令阙示其文，南之下一上字甚分明，盖汝南之上蔡令也，徐求《阆苑记》，以为贞观中旌表，王氏义门所立谬也。

13、重庆涪陵太守阙

《隶续》卷十一载："汉故涪陵太守昌阳庞肱神道"两行十二字，在资州。《四川通志》卷五十八引《碑目考》称：汉涪陵太守庞肱，为庞士元之子，汉后帝时，尝为涪陵太守。淳熙中贤良任子空舟过涪陵于小民家见汉隶隐然，遂载以归，碑在左绵任贤良家，至今犹存。此事得之夔路钤干冯田，乃任之甥。

14、贞女罗凤阙

此阙地址不详。据《隶续》卷二十载："汉贞女罗凤墓"六字。笔势甚清逸，颇类景谒者墓，表字之上以朱爵为额，盖墓阙也。

15、蜀郡太守任君神道

此阙地址不详。据《金石录》、《金石略》均载："汉蜀郡太守任君神道"。

16、蜀郡属国都尉任君神道

此阙地址不详。据《金石略》载："蜀郡属国都尉任君神道"。不知此阙与"蜀郡太守任君神道"为一阙否，有待后人调查考证。

17、江原长阙

据《隶续》卷五称："江原长碑，其下一兽衔环，其文三行，以左为首，似亦是墓阙也"。

18、南康简王萧绩阙

良故侍中中军将军开府仪同三司南康简王之神道

跋：

此为南康王简王萧绩阙东阙铭文，高二尺一寸，宽一尺，三行，行七字，字径一寸五分，正楷。西阙铭文为："梁故侍中中军将军开府仪同三司南康简王之神道"。萧绩字世谨，高祖第四子，天监八年封南康郡王，出为轻车将军，领石头戍军事，迁使持节，都督南徐州诸军事，南徐州刺史，进号仁威将军，征为宣毅将军，领石头戍军事，出为使，持节。都督南北兖徐青冀五州诸军事，南兖州刺史，征还，曹嘉乐等乞留之，进号北中郎将，寻征为侍中，云麾将军、领石头戍军事，出为使，持节，都督江州诸军事，江州刺史。丁董淑仪忧，摄州任，固求解职，征授安石将军，领石头戍军事，寻加护军。大通三年薨，年二十五，赠侍中，中军将军，开府仪同三司，给鼓吹一部，谥曰节。此阙所题，盖赠官也。阙当立于大通三年。大通三年即中大通元年。武帝本纪，是年闰六月己未，安右将军护军

南康王绩薨，改元在十月，故传称大通三年。通览目录，是年六月辛巳朔，七月庚辰朔，己未非闰月。九日即十日也。江宁金石待访目有南康简王萧绩碑，云在上元神泉乡。目见金石考，绩，盖绩此讹。

19、山东安丘长王君墓神道阙

清代端方藏石，现下落不明。

439

附录

后记

　　中国汉阙全集如十月怀胎的婴儿就要呱呱坠地了，其间的酸甜苦辣和艰辛只有编者自知，欣慰的是，所有的付出都是值得的。这是参与此书编辑，并为此书提供各种支持帮助的单位和个人共同努力的结果，在此，表示深深的谢意。

　　本书从策划到正式出版，历时四年有余，该书主编之一的高文老先生已年满八十有五，为确保该书的质量，不顾年事已高，与年轻人一样，跋山涉水亲临现场调查查看，无不让人动容；同时，在本书的编辑过程中，得到了出版社张振光先生、杜一鸣先生的大力支持，并承担了本书大部分图片的拍摄工作，编辑部的毋婷娴、费海玲老师和李根华老先生对本书的审校倾注了大量心血。原中国汉画协会会长顾森先生在百忙中多次询问编书情况，提出中肯的意见或建议，并为本书作了序。吕品、杨爱国、赵殿增、姚军、王进玉、邓代昆、唐长寿、白剑、李尧、高文、张孜江等专家，把各自在汉阙方面研究的成果提供了出来。还要特别感谢王晓谋、唐翔、李炳中、李晓松、张德明、胡均、张正宁、张世林等人为本书的顺利出版提供了无私的帮助。在此，一并表达衷心的谢意。

　　本书首次较为全面地收录和反映了中国现存汉阙的实际情况。很多汉阙保存在偏远地区，主编人员从选题开始，不辞辛劳，行程上万公里亲临现场，对现存的绝大多数中国汉阙实地查看了解，在掌握第一手资料的前提下，听取多方意见，以求尽善尽美。由于汉阙距今有两千年左右的历史，岁月沧桑，能遗留下来的主要是石阙，而绝大部分土阙均已损毁，少量只留下部分夯土基础层，除甘肃瓜州的一处土阙外，其他的土阙没有进行收录，而主要是对有纹饰或铭文的汉代石阙进行了收录。此外，在学术上有较大争议的"碑阙"也未进行收录，但即使这样，难免也挂一漏万。

　　由于编者学识所限，书中疏漏在所难免，还请各位专家斧正，并提出宝贵意见。

　　再次感谢为此书顺利出版提供支持和帮助的各位老师、学者。

编者

2017 年 1 月